해외 부동산 투자론

이론과 실무를 중심으로

신종웅 지음

세창출판사

머리말

부동산업에 뛰어든 지도 벌써 30여 년의 성상을 넘겼다. 부동산학을 학문으로 인정하는 데 인색한 사람이 많던 시절부터 IMF위기로 불리는 외환위기를 겪으며 시장이 열리고 새로운 시장의 패러다임이 바뀌어 외국인이 우리 부동산시장의 주역이 되던 때에서부터 우리가 비싼 수업료를 내면서 해외시장을 개척하는 시대에 이르기까지 현장에서 시장의 변화를 함께했고, 교단에서는 학생들과 함께했다.

이제 우리 경제규모가 커지고 세계가 하나의 시장이 되어가는 마당에 해외 부동산 시장으로의 진출은 피할 수 없는 선택이 되었다. 그러나 부동산 시장의 금융시장과 실물시장의 경계가 무너지면서 이른바 부동산 시장에서도 본격적인 시장융합이 이루어지고 있으나, 이를 계도할 가이드북이 없어 시장의 크기에 비해 시장의 전문화는 제대로 이루어지지 못했다. 하여 용기를 냈다. 그리고 책을 쓰기로 마음을 먹었다. 최소한 이 시장에서 지금까지 신세진 것에 대한 보답을 해야 한다는 사명감도 한몫을 했다.

미국 작가 스티븐 킹은 글을 쓰는 목적은 책을 읽는 이들의 삶을 풍요롭게 하고 아울러 작가 자신의 삶도 풍요롭고 행복해지게 하는 것이라고 했다. 행복해지자고 생각했던 이 작업은 집필기간 내내 생각보다는 엄청난 고통과 부담을 주었다. 특히 이 분야에는 아직 전문서적이 없을 뿐만 아니라, 부동산업처럼 수많은 전문 분야가 존재하고 해외란 특수한 상황이 부가되는 분야에서 이를 아우르는 책을 낸다는 것은 애당초부터 무리였는지 모른다. 어떻게 목차를 잡고 집필방향을 어떻게 정할 것인가부터 많은 시간을 필요로 했다.

그러나 틈틈이 대학 강의를 하면서 준비한 강의 노트, 세계3대 다국적 부동산 서비스회사인 DTZ를 운영하면서 얻은 정보 및 지식, 국내 최대의 부동산 산학단체인 서울부동산 포럼 등에서 다양한 분야에 종사하는 사람들을 통해서 얻은 지식 및 실제 관련업무를 하면서 습득한 지식 등을 망라하여 책을 집필했다. 다만, 집필과정에서 참고한 수많은 자료 또는 인용문 등은 부동산 시장의 속성상 발췌 과정에서 이미 법개정 및 시간의 경과로 인해 오류가 발생할 수 있는 점은 독자의 양해를 구한다.

책을 쓰기 위한 용기를 내는 데는 많은 시간을 필요로 했다. 실제로는 먹고사는 일상에서 헤어나지 못해 집필의 시기를 언젠가라는 기약 없는 시점으로 정해뒀기 때문이다. 이 시기를 확정시켜 준 사랑하는 친구인 세창출판사 이방원 사장, 집필기간 동안 묵묵히 도와준 회사 임직원, 수업시간에 많은 것을 공유할 수 있게 해준 대학원생, 존재감의 상실을 불평 없이 지켜봐 준 가족, 중국 등 해외 자료수집 등을 도와준 이혜연 선생 등 많은 사람들의 노고에 다시 한 번 감사를 드린다. 끝으로 책 목차를 정리하는 과정에서 정부가 부동산 시장에도 컨버전스 개념을 도입하여 종합부동산서비스업이란 본격적인 시장 선진화를 시도하고자 한다는 뉴스를 접했다. 아무쪼록 이 책자가 이러한 분야에 일조를 할 수 있기를 기대해 본다.

2013. 12. 31. 탈고하면서

저자 신종웅

차 례

머리말 i
참고자료 차례 xi

제1편 총론: 해외 부동산 시장론

제1장 Globalization 3
제1절 Globalization 6
Ⅰ. 국 내 6
Ⅱ. 국 외 8
제2절 접근방법 10
Ⅰ. 제도적 접근 11
Ⅱ. 기술적 접근 13
제3절 현황과 전망 15
Ⅰ. 현 황 15
Ⅱ. 전 망 24
제4절 결 론 33

제2장 해외 부동산 시장 개요 36
제1절 해외 부동산 시장일반 36
제2절 해외 부동산 투자제한 38
제3절 미국 부동산 시장 40
Ⅰ. 시장 개요 40
Ⅱ. 부동산 시장 현황 44
Ⅲ. 부동산 제도 48
제4절 영국 부동산 시장 60
Ⅰ. 시장 개요 60
Ⅱ. 부동산 시장 현황 62
Ⅲ. 부동산 제도 64

제5절 일본 부동산 시장 69
Ⅰ. 시장 개요 69
Ⅱ. 부동산 시장 현황 71
Ⅲ. 부동산 제도 73
제6절 중국 부동산 시장 77
Ⅰ. 시장 개요 77
Ⅱ. 부동산 시장 현황 80
Ⅲ. 부동산 제도 83
제7절 동남아 부동산 시장 92
Ⅰ. 시장 개요 92
Ⅱ. 시장 현황 94
Ⅲ. 부동산 제도 95
제8절 결 론 96

제3장 해외 부동산 투자 개요 99
제1절 해외 부동산 투자일반 99
Ⅰ. 해외 부동산 투자동기 99
Ⅱ. 해외 부동산 시장 players 102
Ⅲ. 해외 부동산 투자상품 115
Ⅳ. 부동산 지수 파생상품 118
제2절 해외 부동산 투자위험 129
Ⅰ. 투자위험 유형 129
Ⅱ. 국가 위험 130
(1) 요 인 130
(2) 평가기관 131
(3) 평가방법 131
Ⅲ. 외환 위험 132
(1) 대내적 관리기법 133
(2) 대외적 관리기법 133
Ⅳ. 이자율 위험 136
Ⅴ. 시장 위험 137
제3절 해외 부동산 투자성과 139
Ⅰ. 부동산 투자성과 요인 139
Ⅱ. 해외 부동산 임대차시장 140
(1) 임대유형 140
(2) 임대기간 141
(3) 임대계약 142

Ⅲ. 부동산 투자성과 산정 148
(1) 임대소득의 분류 148
(2) 투자수익률 산정방법 155
Ⅳ. 부동산 포트폴리오 성과측정 156
(1) 해외 부동산 포트폴리오 구성 156
(2) 투자성과 측정 158
제4절 결 론 165

제4장 해외 부동산 투자 전략 167
제1절 해외 부동산 투자의 특성 168
제2절 해외 부동산 투자전략 169
Ⅰ. 위험관리 방안 170
Ⅱ. 투자대상 확정 173
Ⅲ. 투자형태 수립 174
Ⅳ. 금융전략 수립 179
Ⅴ. 조세 전략 185
Ⅵ. 투자 구조 210
Ⅶ. 관리 전략 214
Ⅷ. Exit 전략 217
Ⅸ. 주요국별 투자환경 221
제3절 결 론 221

제2편 각론: 해외 부동산 투자론

제5장 해외 부동산 권리 취득 227
제1절 부동산의 성격 227
Ⅰ. 국내법 228
Ⅱ. 영미법 229
제2절 부동산 권리의 유형 230
Ⅰ. 국내법 230
Ⅱ. 영미법 230
제3절 부동산 취득 234
Ⅰ. 권리 취득 234
Ⅱ. 부동산 Due Diligence 236
제4절 요 약 239

제6장 해외 부동산 투자 분석 241
제1절 수익률 및 위험 242
Ⅰ. 수익률과 위험의 관계 246
Ⅱ. 각종 수익률 249
제2절 화폐의 시간적 가치 252
Ⅰ. 이론적 근거 252
Ⅱ. 시간적 가치 253
제3절 타당성 검토 방법 256
Ⅰ. 역사적 수익률(ex post, realized return) 256
Ⅱ. 회수기간법(payback period) 257
Ⅲ. 현금할인 분석법(DCF: Discounted Cash Flow Analysis) 258
Ⅳ. 내부수익률법(IRR: internal rate of return) 258
(1) 수정내부수익률(MIRR: modified IRR) 259
(2) 재무관리 수익률(FMRR: financial management rate of return) 261
(3) 자본 누적액 비교법(CpA: capital accumulation) 263
Ⅴ. 순현재가치법(NPV: net present value) 265
Ⅵ. 민감도 분석(Sensitivity analysis) 269
Ⅶ. 시뮬레이션 분석(Simulation) 271
Ⅷ. 한계수익률(MRR: Marginal rate of return) 274
Ⅸ. Real option 277
제4절 요 약 278

제7장 외국환 거래 280
제1절 의 의 281
Ⅰ. 환율의 표시방법 281
(1) 자국통화표시환율 282
(2) 외국통화표시환율 282
Ⅱ. 매매기준율 282
제2절 환율 유형 283
Ⅰ. 현물환율 284
Ⅱ. 선물환율 285
제3절 환율 결정방법 및 결정요인 286
Ⅰ. 구매력 평가(PPP: purchasing power parity) 286
Ⅱ. 이자율 평가(IRP: interest rate parity) 287
Ⅲ. 물가상승률 비교 평가 289
제4절 외환리스크 관리 291
Ⅰ. 내부 관리기법 291

Ⅱ. 외부 관리기법 292
Ⅲ. 외화예금 및 차입 294
Ⅳ. 통화선물 295
Ⅴ. 통화옵션(currency option) 296
(1) 마무런 대책을 세우지 않은 경우 297
(2) 선물환 또는 통화선물거래를 통해 10만 달러 매도 297
(3) 통화옵션거래를 통해 10만 달러 풋옵션 매입 297
Ⅵ. 통화스왑(currency swap) 298
제5절 요 약 300

제8장 해외 부동산 평가 302
제1절 일반적 평가방법 302
Ⅰ. 원가방식(cost approach) 303
(1) 한 국 303
(2) 미 국 303
Ⅱ. 비교방식(sales comparison approach) 304
(1) 한 국 304
(2) 미 국 305
Ⅲ. 수익방식(income capitalization approach) 305
(1) 한 국 306
(2) 미 국 307
제2절 국제 평가기준 308
Ⅰ. IVSC 309
Ⅱ. RICS 309
Ⅲ. USPAP 309
Ⅳ. IFRS 309
제3절 주요국별 시장가치 기준 310
Ⅰ. IVSC 310
Ⅱ. 미 국 312
Ⅲ. 일 본 317
Ⅳ. RICS 319
Ⅴ. 중 국 320
제4절 평가보고서의 유형 321
제5절 요 약 322

제9장 해외 부동산 중개 324
제1절 부동산 거래 유형 324

Ⅰ. 직접거래 324
Ⅱ. 중개거래 326
제2절 부동산 거래 계약 327
Ⅰ. 소유권 등의 매매거래 계약 327
Ⅱ. 임대차 계약 328
제3절 변형된 거래 형태 331
Ⅰ. 매각 후 재임대(SLB: Sales and Leaseback) 331
Ⅱ. 구매 옵션(buying option) 333
Ⅲ. 할부 판매(installement contract) 333
제4절 부동산 중개업자 333
제5절 요 약 334

제10장 해외 부동산 금융 335
제1절 대출금리 335
제2절 대출형태 336
Ⅰ. 고정금리 기준 대출유형(Fixed Rate Mortgage) 337
Ⅱ. 변동금리 기준 대출유형(Variable Rate Mortgage) 339
제3절 레버리지 342
Ⅰ. 레버리지 목적 342
Ⅱ. 레버리지 효과 343
제4절 자금의 원천 344
Ⅰ. 전통적인 자금원 345
Ⅱ. 구체적 자금 유형 346
제5절 Project financing 351
Ⅰ. 국내 부동산 PF의 구조 353
Ⅱ. 미국의 부동산PF 356
제6절 요 약 360

제11장 해외 부동산 개발 362
제1절 의의 363
제2절 개발사업 단계 365
Ⅰ. 개발사업의 절차 365
Ⅱ. 건설공사 용역 368
제3절 사업타당성 분석 369
Ⅰ. 재무적 · 경제적 타당성 분석 370
Ⅱ. 기술적 타당성 분석 372
Ⅲ. 법적 타당성 분석 374

제4절 자금조달자금조달 형태 374
Ⅰ. 공사비 계약방식 374
Ⅱ. 자금조달 형태 375
Ⅲ. 대출 형태 377
제5절 위험관리 방안 378
Ⅰ. 위험의 유형 및 관리방안 378
Ⅱ. 특별목적회사(SPC: special propose company) 380
Ⅲ. 해외 개발사업 투자구조 385
제6절 마케팅 385
Ⅰ. 기본적 접근 387
Ⅱ. 기술적 접근 388
제7절 요 약 390

제12장 해외 부동산 관리 393
제1절 의 의 393
제2절 목 적 395
제3절 효 과 396
제4절 업무 범위 397
Ⅰ. 관리의 범위 397
Ⅱ. 관리자의 업무 398
Ⅲ. 부동산 유형별 관리 399
(1) 오피스 등 사무용 부동산 399
(2) 상가 등 리테일 부동산 400
(3) 주택임대관리 401
제5절 관리 방법 402
제6절 수수료 결정 402
제7절 요 약 403

제13장 해외 부동산 시장조사 404
제1절 조사방법 404
제2절 거시경제분석 405
Ⅰ. 분석변수 407
Ⅱ. 지표분석 407
제3절 사회경제환경분석 408
Ⅰ. 일반적 요인 408
Ⅱ. 지역분석 409
제4절 개별입지 분석 410

Ⅰ. 개별요인 410
Ⅱ. 최유효 이용의 판단 411
제5절 가치판단 411
Ⅰ. 투자가치 판단 목적 411
Ⅱ. 포트폴리오 구성 기준 412
제6절 기 타 413
제7절 요 약 413

제14장 국내의 해외 부동산 관련제도 414
제1절 투자단계 415
Ⅰ. 취득단계 415
(1) 신고대상과 신고인 415
(2) 신고수리요건 심사 416
(3) 신고절차 416
Ⅱ. 보유단계 418
Ⅲ. 처분단계 419
제2절 세 제 419

부록: 아시아 주요국의 투자 환경 421
제1절 호 주 421
제2절 중 국 422
제3절 인 도 425
제4절 인도네시아 427
제5절 일 본 429
제6절 베트남 430

참고문헌 433
찾아보기 435

참고자료 차례

HNWI 5
해외펀드 규모 32
국내 거주자 해외 부동산 취득 규모 32
해외투자금액 규모와 투자 국가별 분포 34
일본 부동산 종합디벨로퍼 현황 76
홍콩시장 82
중국의 한국 토지 매입 규모 97
국가명칭 102
주택형태 116
주택저당증권 119
행동경제학 127
신흥국 컨트리 리스트 132
선물환 거래 135
투자국 선정기준 138
전용면적 150
관리유형 151
수익관련 용어 153
기타 각종 CF유형 156
부동산 신디케이션 177
부동산 펀드 설정액 183
미국 임대용 부동산의 소득세 과표 산정 방법 예시 188
미국 부동산 양도차익에 대한 과세 190
국가별 세제 196
외국인의 성씨체계 229
Gewere와 Possesio의 성격 231
국내펀드의 해외 최적투자 포트폴리오구성 245
외환투기거래 300
외국 실거래가 공개 308
REIT와 RCF의 비교 351

해외 신도시개발사업 367
공사비 차이 발생요인 375
해외 SPC 사례: 일본 387
광고 매체별 분류 389
임대료 등의 결정 방법 400
상권범위 내에서 추정매출액 산출방법 406
조사방법의 분류 407

제 1 편 총론: 해외 부동산 시장론

제1장 Globalization

제2장 해외 부동산 시장 개요

제3장 해외 부동산 투자 개요

제4장 해외 부동산 투자 전략

Chapter 1 Globalization

지난 200년의 역사는 "지구화의 확산, 심화, 가속화의 역사" 였다는 주장에도 불구하고, 지구화가 무엇인지 그리고 그것이 실제로 발생하고 있는지 여부에 대해서는 논자마다 근본적인 견해 차이를 보이고 있다. 실제로 globalization은 지구화 또는 세계화란 용어로 혼용되어 왔다.[1]

일부학자는 세계화라는 번역보다는 경제, 평화, 인권, 환경 등 지구적 의식이 증대되고 지구촌화되어 간다는 점에서 지구화라는 용어가 보다 적절하며, 실제로 일본에서는 이를 범지구화, 중국에서는 전지구화라고 부르고 있기 때문에 지구화라고 쓰는 것이 옳다고 주장한다. 그리고 여기에는 당시 김영삼 정권이 추진했던 세계화 정책 (나중에 worldizaton 등의 신조어를 만들어내기도 했음)에 대한 비판적인 입장도 포함되어 있는 것 같다.

어떤 학자들은 지구화를 세계화와 독립된 다른 개념으로 보기도 한다.

세계화란 용어체계하에서는 '국가간 경제적 상호의존의 통합이 고도로 진전되어 경제활동의 지리적 경계가 전 지구로 확산되고, 경제활동과 관련된 제도, 정책, 의식이 세계 공통의 것으로 바뀌어 가는 현상' 또는 '국가간의 경계를 넘어 사람, 물자, 정보의 교류가 활발해지면서 국제경쟁이 치열해지는 동시에 국제협력

1) 글로벌라이제이션이라는 개념은 1970년대 이후에 활발히 쓰이기 시작했다. 이의 기원에 대해서는 여러 견해들이 존재한다. 예를 들어, 이마뉴엘 월러스타인(Immanuel Wallerstein), 롤란드 로버트슨(Roland Robertson)은 1500년대에서, 앤서니 기든스(Anthony Giddens)는 1800년대에, 그리고 존 톰린슨(John Tomlinson)은 1960년대에서 글로벌라이제이션의 기원을 찾고 있다. 통상적으로는 글로벌라이제이션은 제2차 세계대전 이후에 본격화되었다고 볼 수 있다. 글로벌라이제이션이 실제로 어느 정도 진행되고 있는가에 대한 진단도 논자에 따라, 보는 시각에 따라, 글로벌라이제이션이 객관적으로도 상당히 진행되었다고 논하는 사람들이 있는가 하면 다른 한편으로는 글로벌라이제이션은(예를 들면 19세기 말부터 20세기 초와 비교하여) 별로 진전되지 않았다는 회의론자도 적지 않다. 반면에 글로벌라이제이션을 1980년대 중반 이래의 현상이라고 보는 사람도 있으며, 그것을 오래전부터 존재한 것으로서 연속적인 것으로 보는 사람도 있다.

과 분업이 정착되는 과정'으로 보고, 지구화란 용어는 '세계화가 더욱 진전되어 경제, 정치, 문화, 환경 모두가 하나의 지구적인 울타리 내로 동질화 되어가는 현상'(*Globalization can be described as a process by which the people of the world are unified into a single society. This process is a combination of economic, technological, socio-cultural and political forces.*)으로 보는 시각도 있다.

이와 관련된 용어로 internationalization(국제화)란 용어가 병용되어 사용된다.

국제화란 세계질서의 기본단위인 국민 · 국가를 바탕으로 정치, 경제, 문화, 사회적인 접촉, 교류가 증대되는 현상을 의미하는 데 반해, 세계화는 국민국가를 포함하여 초국적행위자(국제기구, 다국적기업 등), 지방, 비정부기구, 대체정부조직, 그리고 개별시민들이 국경을 넘어 정치, 경제, 문화적으로 교환, 교류하는 것을 의미하므로 이것을 실천적으로 옮기기 위해서는, 국제 사회에서 공통으로 통용되는 가치 · 준칙 · 제도 · 관행에 대해 합의가 필요하다. 결국 이 용어는 국제화 시대에서는 가장 중시되는 가치는 보편성이기 때문에 국내의 법과 제도 · 경제 체제를 국제적 상황에 맞게 정비할 필요가 생기게 된다고 주장하는 사람들의 논거다.

그러나 이러한 정의 체계는 구분의 실익이 없는 것으로 판단된다.

globalization이란 경제, 정치, 문화 등 다양한 분야에서 공간, 시간이 압축되어 세계가 일체화되어 가는 것 또는 그러한 의식이 형성되는 것을 의미한다고 본다. 실제로 이 개념은 1980년대 말부터 1990년대에 걸쳐 하나의 개념으로서 사회학, 경제학, (국제)정치학, 문화인류학 등 많은 학문분야에서 사용되어 왔다. 이러한 시대적 배경에는 냉전의 종결과 정보 · 통신 · 운수기술의 급속한 발전으로 물질, 금전, 사람, 정보가 국경을 초월하여 왕래함으로써 지구전체의 경제활동이 일체화되는 현상이 점차 현재화된 데 기인한 것으로 보인다.

바꾸어 말하면 globalization은 국가 · 국경을 초월한(초국경적인) 기준에 따라 자본 · 인력의 흐름이 국경을 초월(cross-border)하여 이동함으로써 하나의 글로벌한 시스템을 만들게 되고, 생산 · 판매에 있어서는 세계 단일시장이라는 것이 형성되어 가는 현상이다. 이러한 시장은 이에 부응하는 규칙(국제경제 체제)을 만들게 하였으며 이러한 규칙 아래 정부, 기업이 경쟁하게 만들었다. 이는 세계의 경제후생을 증대시켜 개발도상국의 발전[2]을 촉구함과 동시에 다른 한편으로 개개의 국가, 기업에 구조적인 변화를 요구하고 이와 관련한 경쟁에 패한 국가 및 기업을 주변화 시장에서 퇴출시키는 결과도 가져왔다.

이것은 anti-globalization 운동을 촉발시키는 계기가 되었다.

globalization은 문화나 생활양식의 측면에서 할리우드 영화나 맥도널드가 상징하는 것처럼 세계를 균질화하는 경향을 가지고 있음과 동시에 지역문화와 융합하는 과정에 때론 분쟁을 일으키기도 한다. 또한 globalization은 인권이나 인도주의(또는 민주주의)라는 규범을 세계적으로 수용해야 한다고 규정하고 그것에 따른 국내 · 국제 행동을 종용한다. 그러나 이것은 국내의 정치 체제 또는 내정 불간섭

참고 자료

HNWI

아시아 태평양 지역 부자들의 자산 규모가 곧 북미를 추월할 것으로 전망됐다. 또 한국 부자들의 자산 규모는 전년대비 10% 이상 증가했으며 이들의 수는 전세계에서 10위권인 것으로 조사됐다.

RBC 자산운용과 캡제미니 파이낸셜 서비스가 발표한 '아시아 태평양 부자 보고서'에 의하면 100만 달러(약 10억 8000만 원) 이상의 투자가능 자산(investable assets)을 보유한 아시아 부자들의 자산 규모는 2012년 12조 달러에서 2015년에는 15조 9000억 달러로 늘어날 전망이다.

반면, 북미 부자들의 자산은 동년기준 12조 7000억 달러를 기록했으며, 2012년까지 5년간의 연간 증가율 평균이 아시아와 비교해 3분의 1 수준을 보이고 있기 때문에 2014년에는 추월당할 것으로 보고서는 내다봤다.

각국별 100만 달러 이상의 투자가능자산 보유 부자수(단위: 1,000명)

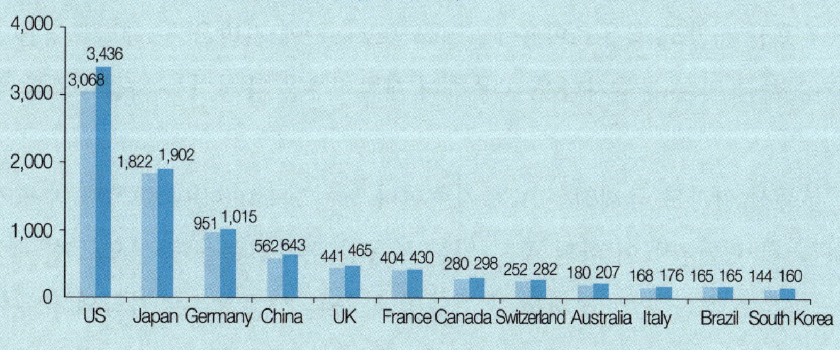

그래프 앞쪽은 2011년, 뒤쪽은 2012년/ ©RBC 자산운용과 캡제미니 파이낸셜 서비스 뉴스1, 2013. 9.25[JS1]

2) 캡제미니(www.capgemini.com)가 발표한 2013년 world wealth report의 백만장자(HNWI, High Net Worth Individual: 주거, 소비재, 골동품 등 제외 금융자산 백만$ 이상 소유자) 수를 지역별로 보면 아시아(337만 명)〉미국(335만 명)〉 유럽(320만 명) 순(단, 총액은 미국이 1위)으로 아시아지역의 이러한 성장은 globaliztion의 수혜효과로 보인다. 한국은 2012보고서에 의하면 16만 명으로 조사 발표되었다.

의 원리와 종종 충돌하는 현상으로 나타나기도 한다.

이상에서 알 수 있듯이 globalization은 지구를 일체화시켜 균질화시키는 측면[pro-globalization (WTO 탄생 등)]과 지역간 분열과 격차화를 강화시키는 측면[anti-globalization (NGO 활동 등)]을 상존하게 한다.

제1절 Globalization

Ⅰ. 국 내

국내 부동산 시장은 1997년부터 발생한 외환위기 이전에는 세계화와는 거리가 먼 폐쇄적 시장을 중심으로 발달하여 왔다. 따라서 부동산에 대한 시각도 수익보다는 자본이득에 초점을 맞추고, 부동산 금융시장도 고정금리의 단순 대출형태를 띠고 있었다. 어떤 의미에서 부동산과 금융시장은 절연되어 있다고 해도 과언이 아니었다. 마찬가지로 부동산 중개는 단순한 일반중개(open listing)로 체계적인 시장분석을 기반으로 한 고도의 전속 중개 서비스를 제공할 필요성을 시장참여자들은 느끼지 못하고 있었다. 물론 부동산 관리 체계도 전통적인 FM(facility management)을 중심으로 한 단순한 관리체계였던 것이다.

부동산 개발도 최유효이용(highest and best use)[3]에 기반을 둔 개발모형을 중심으로 자체자금 및 수분양자금을 이용하여 개발비용을 충당하는 자금구조를 갖고 있었다.

부동산 평가도 국제적인 IVSC 기준이나 또는 USPAP(미)나 RICS(영)의 평가 기준에 근거한 평가관행이 아닌 주로 일본 부동산 평가기준을 중심으로 한 평가기준을 금과옥조로 한 평가 체계를 갖고 있었다. 물론 각종기준은 각국의 고유한 부동산 시장 관행을 근거로 하지만, 이러한 전통적인 부동산 시장 체계는 외환위기를

3) 최유효이용(highest & best use)을 일본은 最高最善의 부동산이용으로 보고 일반적이고 양식 있는 보통의 사람기준 이용 방법을 말하나, 미국 등은 부동산 자체를 기준으로 합법적 이용, 물리적 개발가능성 및 재무적 타당성을 갖춘 개발안 중에서 가장 수익을 많이 내는 부동산 이용방안을 말하고 있다. 국내에서는 일부 이를 혼용하여 사용하고 있다.

거치면서 엄청난 시장의 변화를 불러일으켰다.

부동산 중개시장은 중개업자가 매도자와 매수자 양자의 이익을 중간에서 조정하여 거래를 성사시키는 전통적 쌍방대리(민법에서 금지)에서 매수자 또는 매도자 일방만을 위해 중개 업무를 하는 전속 중개계약이 도입되고, 부동산 시장의 참여자들도 전통적인 자본이득(capital gain) 중심의 시장에서 임대수익(income return) 중심으로 부동산을 보는 시각을 바꾸게 되었다.

금융시장에서도 외환위기를 극복하기 위해 도입된 기법 중의 하나인 부실 저당권(NPL: non performing loan)의 매각을 통한 구조조정 방법이 이제는 일상의 비즈니스로 자리 잡았고, 소액 투자자들이 고액의 부동산 자금을 모아서 대형 부동산 투자시장에 진입하게 하는 것을 가능케 한 REIT(real estate investment trust)가 도입되고, 부동산 사모펀드가 부동산 포트폴리오를 설정하고 이러한 포트폴리오 수익과 시장 수익률에 대한 국제비교의 필요성이 대두되자, 해외의 부동산 수익 지수를 전문으로 산출하는 회사인 IPD 등이 한국에 진출하는 등 부동산 투자운용시장도 급속도로 세계 부동산 투자기준에 적응하게 되었다.

부동산 제도 중에서도 부동산 평가는 국제적인 IVS, USPAP 및 RICS기준을 이용하기 시작하였고, 부동산 회계도 전통적인 USGAAP에서 국제기준인 IFRS(국제회계기준)으로 변경되었다.

부동산 서비스 시장에서도 다국적 부동산 서비스회사[4]의 한국 진출이 이루어져 지금은 세계 주요 부동산 서비스 회사가 모두 한국에 진출한 형국이 되었다.

이 과정에서 먹튀 논란을 불러일으킨 Lone Star 등의 사모펀드가 과세회피를 위해 사용한 조세피난처 등에 설립한 페이퍼 컴퍼니는 국내 과세체계를 손질하는 계기를 가져왔다.

이처럼 globalization은 국내 부동산 시장에 부(負)의 효과만 가져온 것이 아니라 국내 부동산 시장을 보다 선진화시키는 데 일조를 한 것도 사실이다.

4) JLL, CBRE 등을 필두로 현재는 DTZ, Savills, Colliers 등 세계 유수의 다국적 부동산 서비스 업체가 한국에 지사를 개설하고 있다.

Ⅱ. 국 외

영국은 자본의 축적이 시작되는 시대부터 해외 시장에 눈을 돌려 왔다. 이 과정에서 영국은 해외 자본 시장의 개척과 더불어 이러한 자금을 관리하는 방법과 관리 기준을 비교적 빠른 시기에 구축하였다.

그러나 1930년대부터 유럽 각국은 경쟁적으로 통화 절하를 통해 자국의 이익을 구축해 오다 2차 대전의 발발로 인해 세계 경제의 흐름은 유럽에서 미국으로 옮겨 가게 된다. 미국은 세계 대전을 바탕으로 세계 금의 70% 정도를 보유하게 되자 1944년 G5로 구성된 브레튼 우즈 협정을 통하여 금 태환이 가능하다는 전제하에 금 1온스당 35달러로 한 달러본위제도를 구축하게 된다. 그러나 미국의 금보유 규모가 전세계 50%대로 후퇴하자 1971년 미국은 금태환을 포기하고 1985년 뉴욕 플라자 합의를 통해 달러가치를 낮추고 일본 엔화가치를 높이는 체제 변환을 시도한다.

이에 대응하기 위해 일본은 엔고로 인한 경기 불황을 막기 위해 국내금리를 5%에서 2.5%대로 낮추자 일본 부동산 시장은 저금리와 무역수지의 흑자로 인한 인플레로 부동산 시장은 엄청난 거품이 발생하고 이러한 거품을 기반으로 한 해외 부동산 투자가 본격적으로 일어나게 된다. 그러나 이러한 거품을 막기 위해 금리를 다시 상향하고 총량규제를 실시하자 부동산 시장은 급냉하고, 마침 해외 부동산 경기 하락과 맞물려 일본 부동산 시장은 거품의 붕괴와 함께 장기 불황에 빠지게 된다.

한편 미국은 달러 약세를 이용하여 경상적자를 해소하고자 하였지만 경상적자가 줄지 않자, 경상수지 균형을 포기하고 자본수지 흑자를 통해 경상수지를 보전하는 방향으로 외화 정책을 바꾸고, 1995년 역 플라자 합의를 도출해 달러 강세의 기조로 접어 들게 된다.

이때 한국은 OECD가입 후 1996년 자본자유화 정책을 도입하게 되자 단기자본의 과도한 유입으로 인해 통화가치가 절상되고 이로 인해 수출경쟁력이 약화되는 반면에 부동산 시장은 거품이 발생하게 되는 과정을 겪게 되어 부동산 시장이 호황으로 이어지는 착시 현상을 가져왔으나 선진국이 금리 인상을 단행하자 단기자금이 급속히 빠져나가면서 외환 · 금융시장의 시장기능이 마비되고 나아가서 실물 부동산 시장도 붕괴되는 이른바 IMF외환 위기로 이어졌다.

그러나 미국도 2000년 이후 닷컴 버블과 저금리 정책을 통해 주택가격 거품이 발생하고 이를 이용한 부동산 파생상품의 증가로 부동산 시장이 과열되어 이를 완화하고자 FRB는 금리인상을 단행하게 되자 2008년 서브프라임 모기지로 인한 금융위기를 겪게 되고, EU도 단일 통화로 인해 환율 조절기능의 상실과 재정위기 등으로 세계 부동산 시장은 침체를 겪게 된다. 일본은 그동안의 수세적인 입장에서 벗어나 아베노믹스를 통해 엔화 가치 하락을 시도하여 경기 활성화를 시도하고 있다. 이는 근린 궁핍화로 이어져 한국은 이에 강력한 반대를 하고 있으나 한국경제는 해외의존도가 높아 이에 대한 적정 대응에 한계를 드러내고 있다. 이처럼 세계 부동산 시장은 금리와 환율에 의해 부침을 거듭하고 있다.[5]

나아가서 이러한 시장의 부침의 원인 중 일정 분야는 글로벌라이제이션과 관련된 시장의 규칙이 제대로 작동하지 않거나 일부 종사자의 도덕적 해이(moral hazard)에 기인한다고 보고 세계는 다음과 같은 규제안[6]을 내고 있다.

- FASB/IASB: 임대차는 재무제표에 각기 표시
- AIFMD: 대체투자, 부동산 투자펀드 매니저도 각종 규제 대상이 됨(사모펀드도 포트폴리오 자산에 대해 외부 평가받고, leverage 제한, 조세회피 자유이용규제, M&A 등 투자정보 공개 등의 규제)
- EMIR: 파생상품의 투명성 제고 및 운용제한
- Basel III/Dodd Frank: Basel III은 은행에 대한 자본건전성 강화(자기자본비 제고) 및 美 Dodd-Frank(상원 · 하원의장 이름)법은 금융업의 정보공개 강화, ABS 등의 발행규제 강화, 6개월 이상 된 감정평가서 무효 및 현장실사의무 등을 규정함.

5) 현재, 외환규제 3종 세트 ① 선물환포지션 규제(은행 선물환 매수 규모를 자기자본 대비, 해외은행 국내지점: 200%, 국내은행: 40% 이하로 규제→선물환 매수 과정 중 발생하는 단기 외채 증가를 규제), ② 외국은행 채권투자 과세 부활(2009년 1월, 외국인 채권투자, 이탈방지 면세조치에서 채권투자 확대 후 다시 과세 결정으로 변경), ③ 외화부채 관련 거시건전성 부과금(은행의 외환표시 부채에 세금 부과→단기 0.1%, 장기 0.03%)이 있으나 이를 좀더 적극적으로 투기적인 외환거래를 규제하기 위해 채권거래세 또는 외환거래세로 불리는 '토빈세' 도입을 검토하고 있다.

6) 2013년 시행 예정된 규제안이었으나 시장의 불황이 지속되자 일부 제도의 시행이 연기되었다.

※바젤위원회(우리나라를 포함하여 27개국 중앙은행 또는 금융감독 당국이 참가) Basel III: 레버릿 규제 및 손실보전 완충자본신설하고 은행의 보통주자본비율은 현재 2% 이상에서 7~9.5% 이상, 기본자본비율은 4% 이상에서 8.5~11% 이상, 총자본비율은 8% 이상에서 10.5~13% 이상으로 대폭 강화토록 하고 은행은 2013년부터 2019년까지 단계적으로 새로 마련된 자본건전성 기준을 충족시켜야 한다.

제2절 접근방법

글로벌라이제이션은 문화적 요인(culture), 행정적 요인(administration), 지리적 요인(geography) 및 경제적 요인(economic)에 대한 국가 간의 차이와 유사점에 대한 비교 분석을 통하여 이러한 차이에 적응(adaptation)하게 되고 나아가서 이러한 차이를 극복(aggregation)하거나 이러한 차이를 이용(arbitrage)한 접근 방법을 통하여 완성하게 된다.

그러나 부동산 시장의 국제화는 부동산의 고유한 특성[7]으로 인해 다른 일반재화 시장과 다른 양상을 가진다. 이러한 맥락에서 부동산 시장은 부동산이 소재하는 지역과 개별 부동산의 특성을 먼저 파악한 후에 국제화 기준과 규칙에 맞는 형태로 변경하여 접근하여야 한다.

즉, 마케팅은 로컬 시장을 글로벌한 시각에서 생각하되 지역에 주안점을 두어야 하고(think global, market local), 같은 맥락에서 표준화(standardization)와 지역화(localization)를 병행 사고하는 이중적 잣대가 필요하게 된다.

이러한 개념을 세계화(globalization)와 지역화(localization)의 합성어로 만들어 글로컬라이제이션(glocalization) 또는 세미글로벌라이제이션(semi-globalization)이란 용어로 1980년대부터 미국과 일본을 중심으로 사용하고 있다.

다음은 이러한 개념 중에서 상호 상치되는 개념 등을 항목별로 정리해 보면 다음과 같다.

7) 토지 등은 부동성, 부증성, 영속성 및 개별성이란 자연적 특성과 용도의 다양성 등 인문적 특성을 가지고 있다.

- consolidation(일체화)과 individualism(개별성)
- globalization(세계화)과 localization(지역화)
- standardization(표준화)과 diversity(다양화)
- securitization(증권화)과 physical goods(유형재)

글로컬라이제이션은 기업경영에 있어 세계화를 추진하되 현지의 기업풍토를 존중하는 경영전략을 의미하기도 한다. 즉 cross-border 비즈니스의 증가는 글로벌라이제이션을 필요로 하지만 분명히 border란 국경의 개념-지역의 개념을 동시에 갖고 있는 것이다.

Ⅰ. 제도적 접근

세계화는 통일된 규칙과 기준을 필요로 하고 이를 관장하는 기구의 탄생을 필요로 한다. WTO(세계무역기구) 등은 글로벌라이제이션에 의한 다국가 간의 요구에 의해 탄생한 기구이다. 한편 지역적 블록 단위로 구성되는 글로벌라이제이션은 NAFTA와 같이 양 국가간의 요구에 의해 만들어진 제도들이다.

부동산 제도의 글로벌라이제이션도 목적과 기능에 따라 다양한 형태를 띠고 있다.

먼저 부동산 관련 서비스 자격제도 전반을 아우르는 RICS(왕립측량사협회)는 1800년대부터 영국을 중심으로 유럽 및 동남아 시장에서 시장의 기준을 관할하는 자격제도로 자리를 잡고 있다. 반면에 미국을 중심으로 한 부동산 서비스 자격제도는 기능별로 국가가 관장하는 경우와 민간이 관할하는 경우로 세분화되어 있다. 한편 한국, 중국, 일본 등의 동아시아 국가는 대부분, 국가가 자격제도를 통할하고 있다.

전술한 바와 같이 평가기준은 미국 USPAP(uniform standards of professional appraisal practice)에서 IVS(international valuation standards)로, 회계기준은 US-GAAP에서 IFRS(international financial reporting standards)로 이동하고 있다.

대체투자(alternative investments: AI)[8] 펀드도 AIFMD(alternative investment fund managers directive) 적용 지침에 따르도록 하고 있다.

GIPS(global investment performamce standards)는 CFA 자격증 시험을 관장하는 미국투자관리연구협회(AIMR)가 정한 투자성과 집계 및 공시기준이다. 이 기준은 펀드 등 간접투자상품 수익률 공시에 있어 세계적으로 통용된다.

세부 내용은 ① 운용사의 펀드 유형별 성과 공시, ② 자산의 시가평가 의무화, ③ 보수를 제외한 총수익 통일, ④ 설립 이후 전체기간의 수익률 공시, ⑤ 실제 성과 공시, ⑥ 일관된 원칙의 지속 공시, ⑦ 객관적으로 윤리 기준에 맞는 투자 설명서 등이 있다.

2008년부터 국민연금은 GIPS를 우선적으로 도입해 국제기준에 맞는 평균적 수익률 등을 공개한 바 있다. 이에 따라 민간 공제회 및 자산운용사에도 전면적으로 자산운용성과를 외부에 투명하게 공시하고 투자 성과가 좋은 펀드만 골라서 공시하는 소위 '체리피킹'을 사라지게 할 수 있고, 성과 측정과 관련된 모호한 기준 때문에 발생한 성과 왜곡현상을 완화시킬 수도 있다. 예를 들어 취득가액 100(타인자본 30, 출자지분 70으로 구성된 것으로 가정)인 자산의 평가액이 97이 되면 펀드 출자지분 가치도 67이 되고 반대로 103이 되면 출자지분 가치는 72로 평가된다.

부동산 서비스 관련 다국적 회사는 CBRE, DTZ, JLL, Cushman & Wakefield, Savills, Colliers 등이 있으며 대개는 영국에서 출발한 회사이거나 미국회사와 영국회사가 합병을 통해 다국적 서비스회사로 성장한 경우가 대부분이다.

부동산 관련 정보를 제공하는 단체나 회사는 다양한 모습을 보이고 있으나 대표적인 것으로 Real Capital Analytics, DTZ[9]등 다국적 부동산서비스회사가 수익 부동산에 관한 자료를 발표하고, 주거용 부동산은 S&P 등에서 Case & Shiller 지수를, Global Property Guide에서는 시장상황 관련자료를 발표하고 있다.

부동산 투자 수익률은 IPD, NCREIF 등이, 리츠(REIT) 관련 정보는 NAREIT,

8) 주식과 채권의 전통적인 투자상품(traditional investments)에 대한 상대적 개념으로, 주식과 채권을 제외한 모든 투자상품들이 대체투자상품에 해당한다. 대표적인 대체투자상품으로는 뮤추얼펀드, 헤지펀드, 부동산, 사모펀드, Venture Capital, 원자재투자펀드, SOC투자 등이 있다.

9) real capital analytics(http://www.rcanalytics.com)은 세계 상업용 부동산 시장 흐름(투자자, 투자금액)을 나타내는 자료를 생산하고 있다. 미국 내에서는 $2.5 M 이상, 미국 외에서는 $10M 이상 거래자료를 중심으로 자료를 수집하고 이를 유료로 판매한다.
이 외에도 JLL은 각국별 부동산 시장투명도 조사자료를, DTZ는 세계 부동산 시장의 자금흐름 및 공정가치로 표시되는 시장 상황, 업종별 사무실 면적의 변동상황 등의 자료를 발표하고 있다.

ERPA(www.erpa.com)가, 비상장 펀드 등의 경우에는 INREV(www.inrev.org), 대체투자 및 헤지펀드 등의 경우에는 PREQIN(www.preqin.com)이 주요 자료 제공원이다.

부동산 관련 국제회의는 국제적으로 수없이 열리고 새로운 회의를 주관하는 업자(Trade Show Week)[10]들이 있으나 MIPIM(Marche Int'l des professional de l'immobilier; the int'l property market)이 가장 큰 부동산 관련 부동산 업자들의 모임이고, 부동산 투자는 APREA, AFIRE(Association of Foreign Investors in Real Estate) 등이 있고, 평가는 IVSC, WABO, PPC, TEGoVA 등이 있다. 나아가서 다양한 부동산 소유자(BOMA) 또는 서비스 업자들의 모임이 국가별로 형성되어 있다.

중개의 경우에는 미국은 NAR(www.realtor.org), 영국은 NAEA(www.naea.co.uk), 세계적인 기구로는 FIABCI(www.fiabci.com) 등이 있다.

부동산 관련 뉴스 및 정보를 제공하는 매체로는 영국에서는 Propertywire (www.propertywire.com), PERE(www.perenews.com), 미국에서는 Globest(www.globest.com) 등이 있다.

Ⅱ. 기술적 접근

Cross-border 비즈니스는 국가간 자금이동 즉 투자를 수반하게 되는데 이는 다음의 2가지 방법을 이용하여 이루어지게 된다.

- 해외직접투자(foreign direct investment: FDI)[11]
- 해외간접투자(foreign portfolio investment)

전자는 투자현지에 경영참가를 목적으로 자본, 생산시설, 경영기술 등 생산요소를 현지에 이전시키는 것을 말하며

① 국내 외국환거래법과 외국환거래법시행령에 정하고 있는 해외직접투자는

10) 해외 부동산 전시 정보는 www.expodatabase.com, www.tradeshowweek.com, www.exhibition.com 등의 사이트에서 얻을 수 있다.
11) 우리나라에서는 FDI 유출(outflow)인 외향(outward) FDI를 해외직접투자라 하고, FDI 유입(inflow)인 내향(inward) FDI를 외국인 투자라고 한다.

외국 법인과 지속적인 경제관계를 수립하기 위하여 당해 법인의 발행주식 총수 또는 출자총액에서 차지하는 비율의 10% 이상을 취득하는 행위 등을 말한다고 정하고,

② 외국인투자촉진법은 외국인투자란 외국인이 대한민국 법인(설립 중인 법인을 포함) 또는 대한민국 국민이 영위하는 기업의 경영활동에 참여하는 등 당해 법인 또는 기업과 지속적인 경제관계를 수립할 목적으로 대통령령이 정하는 바에 따라 당해 법인이나 기업의 주식 또는 지분(이하 "주식 등"이라 한다)을 소유하는 것 등 5천만 원 이상 또는 10% 이상 주식을 취득하는 행위로 정하고 있다.

외국인 투자의 절차에는 신주 등의 취득에 의한 투자, 기존 주식 등의 취득에 의한 투자, M&A에 의한 주식 취득, 장기차관방식의 외국인 투자를 포함시키고 있다.

경제개발협력기구(OECD), 다자간투자협정(MAI)에서는 국내 기업의 사업부문과 영업권 등을 외국인에게 매각한 경우도 FDI(외국인 직접투자)로 본다. 이 밖에도 기업경영에 실질적인 영향력을 행사하기 위해 외국인이 주식과 지분을 취득하는 투자도 FDI(외국인 직접투자)로 볼 수 있다.

투자 방법은 다양한 기법이 동원될 수 있으나 다음 3가지 방법이 기준이 될 수 있다.

- 단독투자(sole venture)
- 자본합작투자(joint venture)[12]
- 국제인수(international acquisition)

일반적으로 기업의 해외 직접투자는 ① 자원추구, ② 시장추구, ③ 생산요소추구, ④ 수출지향(기지구축), ⑤ 수출대체효과 등을 얻기 위해 이루어지며, 이러한 직접투자는 투자 목적에 따라 ① 투자국과 본국에서 동일한 제품을 생산하는 수평적

12) 별도로 후술하겠지만 회사설립은 (1) 지분구조: majority, equality, minority 중에서 선택, (2) 설립형태: partnership[GP+LP.LP, joint venture(설립목적 이외의 사업을 영위할 의도가 없다는 점에서 partnership과 구분)], corporation (법인), 합자회사(합작) 등을 이용, (3) 설립방식: 단독, club deal, JV, REIT, Fund of Fund 등을 고려하여 결정하게 된다.

직접투자, ② 투자국에서 원료나 중간재를 생산하기 위한 수직적 직접투자, ③ 소비와 생산의 다각적 네트워크 형성을 위한 다각적 직접투자로 나누어 생각할 수 있다.

그러나 해외 부동산 투자는 물론 투자자 개인의 거주 목적 등을 위한 투자 형태 외에도 ① 임대수익과 자본수익을 추구하는 형태, ② 투자위험을 저감하기 위한 포트폴리오 구성목적, ③ 건설 또는 공장 등 건설과 부수하여 발생하는 부동산 투자 형태, ④ 인플레이션 헤지 및 환율 효과를 얻기 위한 목적, ⑤ 투자국의 금융 상황 및 세제상의 구조 등을 이용한 레버리지 효과 제고 및 절세효과 등을 얻기 위한 투자 등으로 대별할 수 있다.

부동산 투자는 부동산 실물 기준으로 투자하는 ① 자산투자와 부동산회사 또는 기업의 주식을 취득하여 부동산을 취득하는 ② 주식투자 형태로 나누어 볼 수 있다. 해외 부동산 투자의 경우에는 지역 또는 투자 형태에 따라 다음과 같이 나누기도 한다.

① 나지 등에 생산시설건설을 위해 신규로 투자하는 경우(greenfield investment)

② 쇠락한 지역 등에 철강, 오일공장 등의 건설을 통하여 다시 재생을 기하는 경우(brown field investment)

③ 낙후한 지역 또는 최유효 이용 상태에 있지 않은 건물을 쇼핑몰 등으로 개발하는 경우(grey field investment)

제3절 현황과 전망

Ⅰ. 현 황

해외에서 거래가 이루어지는 상업용 시장의 규모에 대해서는 정확한 자료가 없으나 다음 표에서처럼 Property Fund Research는 16조 달러 규모로 보고, 시장의 규모는 북미, 유럽, 아시아 순이고 이 지역 외의 다른 지역은 아직 미미한 수준에 그치고 있는 것으로 발표하고 있다.

표 1-1 글로벌 투자 시장 규모

(단위: 10억 달러)

Asia	Austral-asia	EU	Latin America	EMEA	North America	Total
4,448	323	5,393	443	468	5,505	16,580

자료: Property Fund Research

그러나 DTZ 리서치 자료는 글로벌 상업용 부동산시장의 규모를 33조 달러로 보고 이 중에서 소유자가 사용 중이거나 투자 부적격 자산이 36%를 차지하고, 현재 소유자가 점유 중이나 향후 투자 시장에 나올 수 있는 자산이 26%, 나머지 37%가 투자자가 보유하고 있거나 신규 개발상품 등으로 현재 투자 가능자산으로 분류한 다음 그림을 발표하고 있다(2012). 이 자료에 의하면 자산규모는 아시아 지역이 다른 대륙에 비해 크나 실제 투자 불가 자산 규모가 크고, 투자 가능 부동산이나 투자부동산의 규모는 상대적으로 작다. 이는 아시아 지역이 실제 투자 등급에 속하는 규모와 등급을 갖는 부동산의 수가 적기 때문이다. 아시아 지역의 시장 규모도 국제화의 정도에 따라 일본, 중국, 호주, 홍콩, 싱가포르, 서울 등의 순이다(〈그림 1-3〉).

부동산 시장의 지역별 cross-border 비즈니스 규모는 아래 〈그림 1-2〉에서 보듯이 2007년을 정점으로 급격하게 거래규모가 줄어 들고 있는데 이는 미국발 서브프라임 모기지와 유럽발 재정위기 등에 의한 영향 때문이다. 2010년 이후 서서히 상승세를 보이고 있으나 2007년 수준에 이르기에는 앞으로 상당한 기간이 걸릴 것으로 보인다.

특히 지역별로 보면 2010년 이후 아시아 지역의 부동산 거래 규모는 유럽시장을 앞지르는 형태를 보이고 있다. 이 중에서도 중국시장의 거래 규모가 압도적인 비중을 차지하고 있고 아시아태평양지역(APAC)은 2000년 이후 대체로 꾸준한 성장세를 보이고 있다.

〈표 1-2〉는 세계 주요 도시별 부동산 거래 규모 및 당해 시장의 환원이율[13]에 관한 통계 자료와 각 기간별 주요 투자자의 명이다. 대개 연기금 및 중국의 부동산

그림 1-1 기관투자자 투자가능 부동산 규모

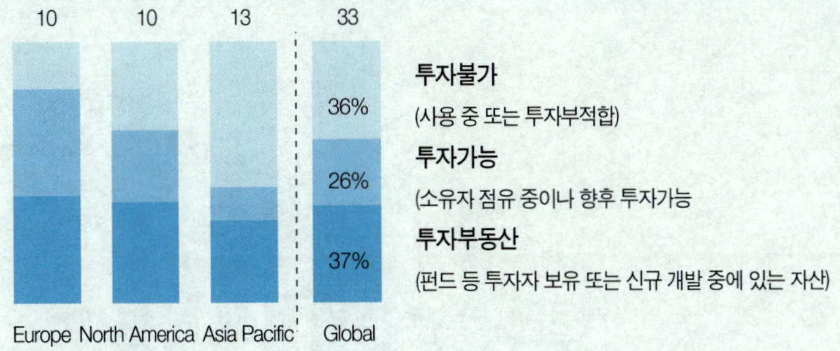

그림 1-2 부동산 투자 · 거래 규모

(단위: USD bn)

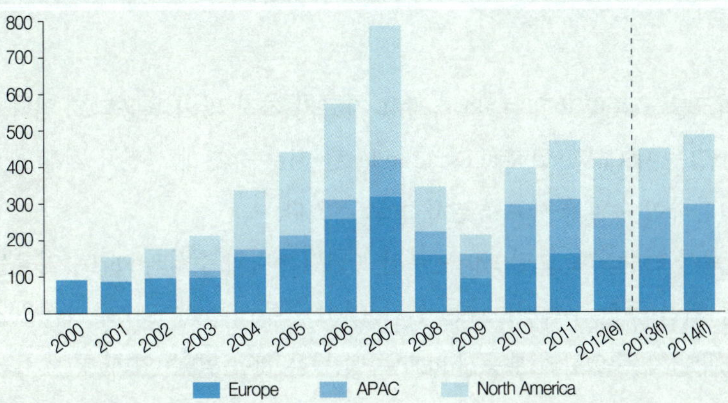

자료: DTZ Money Into Property.

관련 기업들이 2010년 이후 주요 시장의 투자자들인 것을 알 수 있다.

국가별 상업용 부동산의 투자 수익률은 여러 기관[14]이 발표하고 있으나 글로

13) 환원이율(capitalization rate)로 불리고 약칭하여 cap rate로 부른다. 이는 부동산 임대소득 중 순운영소득(net operating income: NOI)을 부동산가격(Price:P)으로 나누어 얻는 값으로 부동산의 레버리지 효과를 감안하지 않은 값으로 경제학적 측면에서 보면 투자수익률로 볼 수도 있다.

14) 대표적인 기관으로 NCREIF(national council of real estate investment funds)가 있다. 이 기관은 미국의 부동산 펀드관리자, 부동

그림 1-3 아시아태평양 지역의 부동산 투자 · 거래 규모

(단위: USD bn)

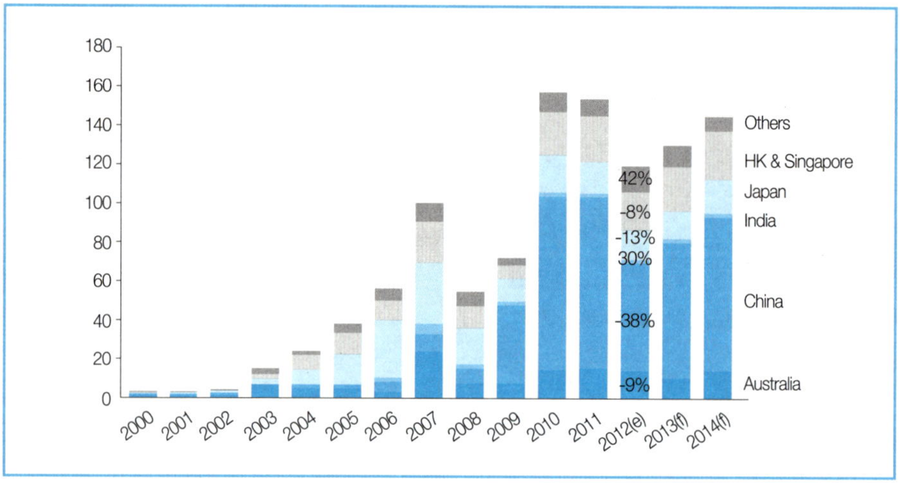

자료: DTZ Money Into Property.

벌 네트워크를 구축하고 있는 IPD[15] 발표 자료가 가장 많이 원용되고 있다. IPD를 매입한 MSCI는 MSCI World Real Estate Index란 지수를 23개 선진국 시장의 REIT수익률과 취합하여 수익률 자료를 발표해 오고 있다.

이 자료를 기준으로 보면 1995년부터 2013년까지의 주식과 REIT수익률을 비교해보면 동 기간 동안 부동산REIT는 연간 11.02%, 주식은 5.7%의 수익률을 실현하였으나 표준편차는 오히려 부동산 REIT 쪽이 높은 것을 알 수 있다.

IPD는 소득수익률(임대소득/전기 부동산가격: income return)과 자본수익률(부동산가격의 증감/전기 부동산가격: capital return)을 병합하여 종합수익률을 산정하고 있다. 다음 그림에서 보듯이 2011년의 경우 유럽의 PIGS지역의 수익률은 낮은 반면에 미국

산 전문가, 교수, 감정사 등으로 구성되어 있으며 매 분기별로 자기가 관리하는 부동산의 수익률 자료를 제공하여 통계 자료를 작성한다. 단, 분기별 평가는 내부평가에 의하지만 1년에 한 번은 외부 평가기관에 맡기도록 하고 있다.

15) IPD(Investment Property Databank)는 2012년에 부동산 지수군의 수익률 산정을 위해MSCI에 약 $125백만에 매각되었다. MSCI는 Morgan Stanley Capital International의 약자로 미국 모건스탠리 증권이 1986년에 캐피털인터내셔널사를 인수하여 설립된 회사의 명칭이며, MSCI지수는 이 회사에서 작성해 발표하는 지수를 말한다. MSCI지수는 전세계를 대상으로 투자하는 대형펀드, 특히 미국계 펀드의 운용에 주요 기준으로 사용되는 지수이다. 즉, 다수의 글로벌 펀드들이 각국의 자본시장에 투자를 할 때 MSCI지수를 포트폴리오 구성의 주요한 기준으로 삼는 것이다. 따라서, 전세계 시장을 대상으로 투자하는 글로벌 펀드매니저들의 실적 평가를 할 때 MSCI지수가 주요 벤치마크로 사용되는데, MSCI지수를 벤치마크로 이용하는 펀드 규모는 대략적으로 2~4조 달러로 알려져 있다.

표 1-2 세계 주요 도시별 부동산 거래 시장현황 및 주요 구매자

(단위: 10억, %)

순위	도시 명	규모(10억)	Cap rate	주요 구매자	규모(10억)	자산수
1	NYC Metro	$42.6	5.88%	Equity Residential	$16.2	155
2	London Metro	$35.5	5.71%	AvalonBay Communities	$15.6	154
3	LA Metro	$27.6	6.23%	Blackstone	$12.1	1,470
4	Tokyo	$26.0	5.64%	Lehman Brothers Holdings	$9.4	290
5	Hong Kong	$25.7	3.13%	NBIM	$7.9	401
6	SF Metro	$22.6	5.81%	CPP Investment Board	$7.7	73
7	Shanghai	$19.6		China Vanke	$6.9	58
8	DC Metro	$19.2	6.14%	GIC (Gov't of Singapore)	$6.6	70
9	Singapore	$18.5	4.77%	Poly Real Estate Group	$5.1	29
10	Paris	$16.6	6.27%	Invesco RE	$5.1	36

자료: Real Capital Analytic, 2012.

표 1-3 주식과 REIT수익률의 비교

(단위: %)

연 도	부동산(REIT)	주 식
2012	26.69	16.54
2011	-6.4	-5.02
2010	21.24	12.34
2009	33.94	30.79
2008	-47.59	-40.33
2007	-4.96	9.57
2006	40.9	20.65
2005	15.91	10.02
2004	36.99	15.25
2003	37.68	33.76
2002	-5.65	-19.54
2001	-11.98	-16.52
2000	1.14	-12.92
1999	16.46	25.34
평균(%)	11.02643	5.709286
표준편차	24.96966	21.52585

그림 1-4 세계 각국의 상업용 부동산의 수익률

(단위: %, pa)

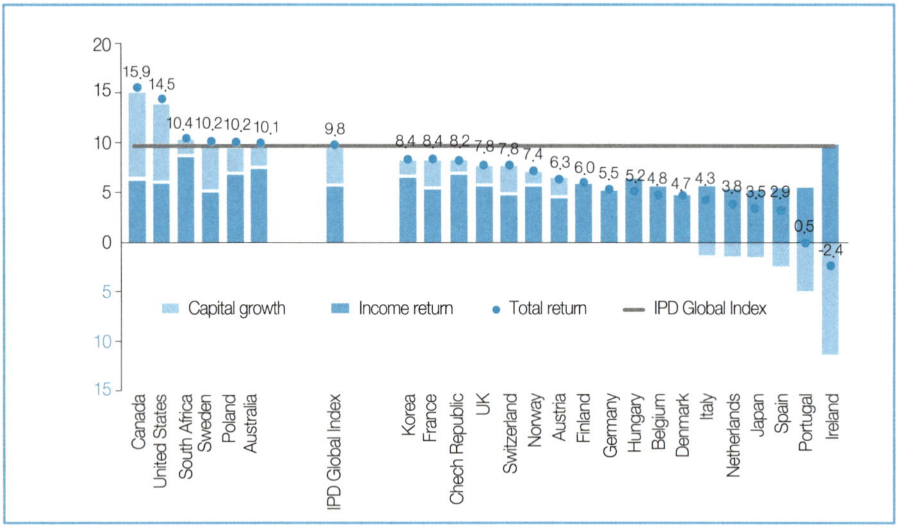

자료: IPD 2012(2011년 기준)

등 북아메리카시장은 높은 수익률을 시현하는 시장으로 나타났다. 전세계적으로 평균 자본수익률과 소득수익률의 합은 9.8%로 나타났다.

그러나 이는 각국의 자국 화폐단위로 수익률을 산정한 경우로 외국 투자자가 투자국의 화폐단위로 정산할 경우의 수익률은 상당한 차이를 보인다

아래의 〈그림 1-5〉에서 보면 아시아지역 특히 일본을 제외할 경우의 아시아 수익률이 가장 높고, 유럽은 낮지만 이를 투자자의 통화 단위로 환산하여 수익률을 정산하면 〈그림 1-6〉과 같다. 즉 유럽계 투자자가 가장 높은 수익률을 실현하게 되는 것이다. 이는 동기간 중 유로화의 가치가 상대적으로 다른 통화 대비 평가절하되어 상대적으로 높은 수익률을 얻게 된 결과이다.

여기서 환헤지를 한 경우와 그렇지 않은 경우의 수익률은 상당한 차이를 보일 것이다.

그러나 미국 Foreign Investment in Real Property Tax Act of 1980 (FIRPTA)[16]에서 규

16) 30만 달러 이하의 주택일 경우에는 예외로 하고 있지만 대부분의 거래에서 매수자가 10%의 양도소득세 원천징수를 한다.

그림 1-5 대륙간 수익률 비교

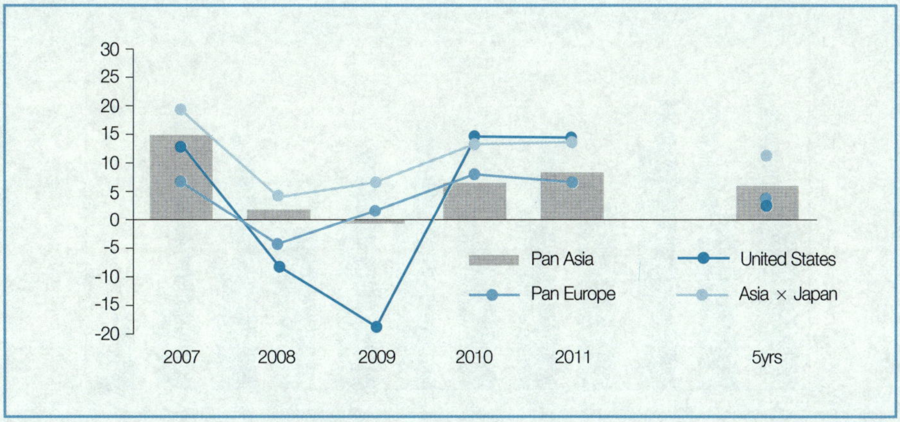

그림 1-6 통화별 아시아 지역 수익률 비교

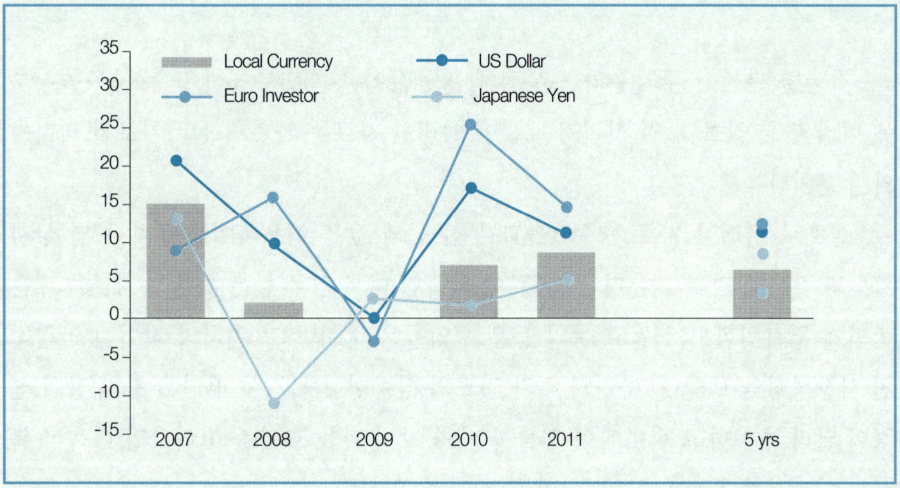

자료: IPD.

정하고 대부분의 국가에서 시행하고 있는 해외자본의 투자국의 부동산 처분시 징수하는 원천징수세(withholding tax) 공제 후 수익은 이 숫자보다는 실제로 낮을 것이다. 대개는 세금, 환율 위험 등에 따른 헤지 비용 등을 고려하면 실투자 수익률은 명목소득 수익률 대비 1% 정도 낮게 산정된다.

그림 1-7 국가별 투자위험도(수익률평균/표준편차 평균)

(단위: %)

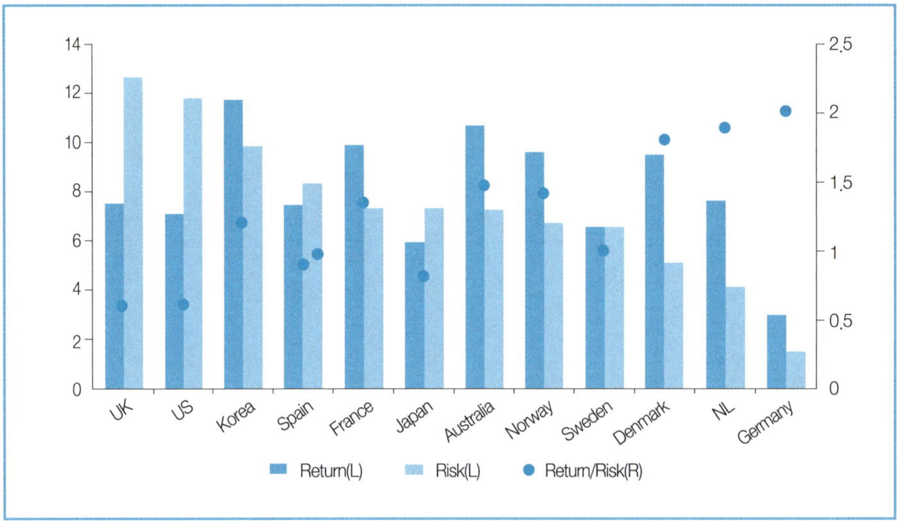

자료: IPD 세미나(서울).

각국별 부동산 투자수익률은 전체 평균값이고 개별부동산 또는 포트폴리오에 따라 다른 값을 보일 것이기 때문에 이러한 자료는 과거의 실적치로서 의미를 가질 뿐이다.

실제로 이러한 자료를 수익률과 분산 등의 값을 이용하여 산정해 보면 상기 그림과 같은 결과를 얻는다. 이 자료에 의하면 미국 영국 등은 높은 수익률을 내는 반면에 투자위험도가 높고 독일 등은 수익률은 낮지만 그 편차가 작아서 안정적인 시장성향을 보인다. 따라서 투자 펀드의 성향이나 목적에 따라 투자 대상의 선정이 달라져야 하고 나아가서 전술한 바와 같이 환율 효과를 고려하면 더욱더 복잡한 의사결정과정이 수반되어야 함을 알 수 있다.

주거용 부동산의 경기 상황이나 예측은 각국별로 다수의 기관에서 발표하나, 글로벌 마켓의 현황은 Global Property Guide의 발표자료가 유명하다.

이 회사의 주거용 부동산 시장의 투자 판단 기준은 ① 조임대소득(gross rental yield), ② 소득세율(income tax), ③ 양도소득세율(capital gain tax), ④ 거래비용(transaction

표 1-4 주요 도시별 주택가격 변동률

(단위: %)

국 가	연간변동률(%)	
	2010. 2월	2011. 2월
Hong Kong	21.79	19.76
Brazil-Sao Paulio	15.89	19.50
Thailand	-4.83	7.78
Taiwan	11.51	6.43
Norway	6.35	5.93
Israel	11.93	5.40
Singapore	34.00	5.27
Estonia-Tallinn	-0.66	4.94
France	-1.71	4.65
Switzerland	0.92	2.19
Iceland	-9.04	0.60
South Korea	0.53	0.54
Finland	10.24	0.18
Japan-Tokyo	4.09	-0.52
Germany	1.37	-0.65
Belgium	3.29	-0.67
Indonesia-14 cities	-1.42	-1.29
Sweden	7.91	-1.35
Turkey	-3.53	-1.56

자료: Global Property Guide.

costs), ⑤ 임대 및 임차관련 문제발생여부(potential landlord and tenant problems), ⑥ 장기 GDP성장률(long-term GDP growth), ⑦ 과잉공급의 가능성(potential over-supply), ⑧ 주택구입능력지수(affordability), ⑨ 장기적 투자 매력도(a view of long-term appeal to investors) 등을 참고하여 판단한다. 〈표 1-4〉는 이 회사가 산정하여 발표하는 인플레이션율 조정 후 각 도시별 주택가격의 변동률이다.

나아가서 주택 시장에 버블(bubble)이 존재하는지에 대한 판단은 〈표 1-5〉의 가격대비 주택임대료(Price To Rent: PTR)[17]비를 기준으로 판단한다.

17) PTR은 주식시장의 PER(주가/주당순이익)와 같은 개념으로 볼 수 있다. PIR(Price to Income Rate)은 PTR과는 다른 개념으로 이

표 1-5 주택가격과 임대료기준 시장 판단 기준

(단위: %)

가격/임대료비	조수익률(%)	판 단
5	20	Very undervalued
6.7	15	Very undervalued
8.3	12	Undervalued
10	10	Undervalued
12.5	8	Borderline undervalued
14.2	7	Fairly priced
16.7	6	Fairly priced
20	5	Borderline overvalued
25	4	Overvalued
33.3	3	Overvalued
40	2.5	Very overvalued
50	2	Very overvalued

Ⅱ. 전 망

FDI의 흐름을 보면 글로벌 투자 자금의 흐름과 투자 산업의 유형을 파악할 수 있다.[18]

FDI 자료는 OECD(www.oecd.org) 사이트 등에서 현황을 파악할 수 있으며 다음 표에서 FDI의 국내 유입(inflow)을 살펴보면 전세계 FDI 자금의 약 80% 정도는 OECD국가에서 투자하는 자금이고 이 중에서 미국과 중국이 최종 투자국이 되는 경우가 많다.[19]

국내기업 등의 해외투자는 다음 〈표 1-6〉에서 보듯이 글로벌 FDI흐름과 비슷한 양상을 띠고 있다. 그러나 이를 눈여겨보면 동남아 시장에 대한 부동산 투자 등

는 주택가격과 연간 가처분소득 등의 소득과의 비를 의미하고 3~5는 적정한 것으로 10을 넘으면 거품이 있는 것으로 본다. 현재 국내의 PIR은 8~9수준으로 본다. 그러나 이 통계는 소득과 주택가격을 중앙값으로 하느냐 평균값으로 하느냐에 따라 달라질 수 있다.

18) WTO의 무역과 투자에 관한 연구팀이 작성한 FDI유입이 경제 발전에 미치는 효과를 (1) 자본형성 효과, (2) 기술과 경영 노하우 전파효과, (3) 수출시장 접근효과, (4) 기업가 양성 및 전후방 연계효과, (5) 경쟁효과, (6) 고용효과, (7) 국제수지와 거시경제 안정효과 등으로 나누고 있다.

19) 국가별 보다 상세한 자료는 countrywatch(www.countrywatch.com) 또는 CIA의 World Fact Guid(www.cia.gov) 등을 통하여 얻을 수 있다.

그림 1-8 Global FDI inflow(유입) 및 outflow(유출) 현황('97~Q2 2013)

(단위: 10억 달러)

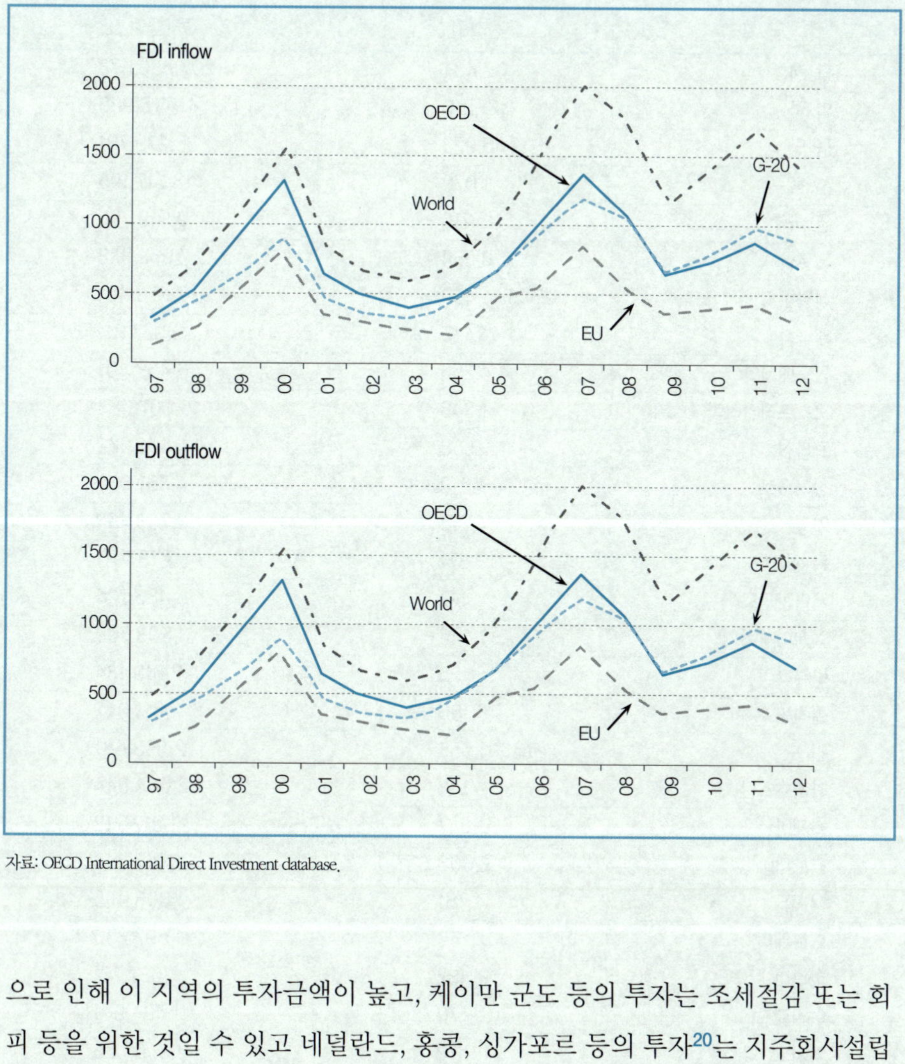

자료: OECD International Direct Investment database.

으로 인해 이 지역의 투자금액이 높고, 케이만 군도 등의 투자는 조세절감 또는 회피 등을 위한 것일 수 있고 네덜란드, 홍콩, 싱가포르 등의 투자[20]는 지주회사설립과 관련된 것일 가능성이 높다. 캐나다, 인도네시아 및 오스트레일리아 등은 자원투자와 관련된 경우가 많을 것으로 추정된다.

20) 중국 투자의 경우는 홍콩에, 유럽투자시에는 네덜란드(참여면제제도: 네덜란드 지주회사, 타EU국가에 5% 이상의 모회사지분을 가진 자회사를 설치할 경우 자회사 배당소득, 양도소득에 대해 법인세 및 자본이득세 면제), 동남아는 싱가포르에, 인도는 모리셔스 등에 지주회사를 두는 경우가 많다.

표 1-6 한국의 국가별 해외직접투자(outflow) 총액

(단위: 건, 천US$)

국 가	신고건수	투자금액
합 계	117,434	207,980,473
미 국	21,316	41,776,986
중 국	45,923	38,279,781
홍 콩	4,070	13,217,195
영 국	716	9,019,766
베트남	6,554	7,982,828
네덜란드	459	7,370,481
캐나다	1,125	6,967,811
인도네시아	4,253	6,458,401
오스트레일리아	1,346	5,807,083
브라질	558	4,666,262
싱가포르	1,512	4,361,630
일 본	4,213	3,738,452
독 일	871	3,737,111
케이만군도	447	3,485,724
말레이시아	1,446	3,308,709
버뮤다	55	2,619,134
필리핀	3,186	2,611,057
인 도	1,555	2,598,681
카자흐스탄	512	2,064,944
러시아	1,047	1,912,912
캄보디아	2,008	1,857,546
태 국	1,781	1,806,455
노르웨이	40	1,697,230
파나마	482	1,687,771
아일랜드	70	1,484,941
멕시코	579	1,346,700
미얀마	168	1,317,269
폴란드	361	1,310,927

자료: 한국수출입은행(2012년 9월말까지의 투자실적).

한국 투자자들의 해외 직접투자 중 해외 부동산업이나 임대업종 등에 투자한 투자 상황은 〈표 1-7〉과 같다. 이 표에서 보듯이 국내 투자자들의 투자 지역은 중

표 1-7 국내 부동산업 및 임대업종의 해외투자

(단위: 천 달러(2012 누계))

국 가	신고건수	신고금액	투자금액
중 국	9	606,658	608,427
파나마	17	257,833	192,801
브라질	7	151,223	138,228
홍 콩	8	206,709	102,618
케이만군도	4	150,967	97,497
베트남	18	17,964	17,474
미 국	31	193,893	15,948
싱가포르	11	72,682	11,487
캄보디아	6	12,732	9,527
필리핀	8	5,962	5,509
러시아	1	2,500	2,500
인도네시아	3	2,000	2,284
몽 골	6	2,036	2,040
일 본	5	191,960	1,935
마셜군도	19	104,105	1,560
캐나다	11	1,095	1,044
오스트레일리아	3	157,010	830
말레이시아	6	920	749
카자흐스탄	7	576	571
대 만	1	460	185
터 키	2	180	179
인 도	4	176	176
우즈베키스탄	1	34	7

자료: 수출입은행.

국, 동남아, 미국뿐만 아니라 전세계에 결쳐 투자가 진행된 것으로 조사되고 있다.

이러한 자본흐름을 바탕으로 cross-border 업무의 향후 방향이나 글로벌 부동산 경기를 전망하는 것은 부동산 시장에 영향을 미치는 다양한 변수와 부동산시장의 특성[21]으로 인해 항상 모든 경제주체에게 어려운 일이다. 그러나 경기변동

21) 부동산 시장은 완전경쟁시장인가, 과점시장인가, 독점적 경쟁시장인가 등에 대해 다양한 연구결과가 발표되고 있다. 그러나 부동산 시장은 거래규모가 크고 조세 등에 따른 큰 거래비용 발생, 상품의 비균질성, 국지적 시장, 소수의 거래자 등의 제약이 있어 약형효율적 시장의 특성을 가진 독점적 경쟁 시장으로 본다.

이론을 응용하여 부동산 순환 주기와 이의 특성으로 이를 설명하는 시도는 늘 있어 왔다.

경기변동(business cycle)은 생산량, 고용, 이윤 등의 거시 경제지표로 측정한 경제활동이 확장되어 절정(peak)에 이른 후 점차 위축되어 저점(trough)에 떨어진 후 다시 회복되어 확장되는 과정이다. 경기변동은 산출량이나 고용과 같은 특정한 하나의 변수의 움직임이 아니라 다양한 경제변수들의 공통된 움직임(co-movement)을 나타낸다. 일반적인 경기변동이론은 산업혁명 이후에 Kontratief가 45~65년의 장기 사이클과 6~12년의 단기 사이클을 이룬다고 처음으로 경기 변동 주기를 설명한 후, 19C 이후에도 경기변동이 주요 이슈가 되었으나 1930년 Keynes가 불황은 정책의 실수로 인해 발생하고, 이는 장기적으로 사라진다고 보는 시각 때문에 경기변동 이론은 점차 시장에서 관심을 잃어갔다.

특히 1950년 이후에 정보가 곧 가격에 반영된다는 주식시장의 효율적 시장가설이 발표되고 나서는 경기변동 사이클의 존재에 대한 부정적인 인식이 시장을 지배하고 있다.

다만 단기적으로 수요공급의 차이 및 정책 등의 영향으로 사이클은 존재한다고 인정한다. 그러나 Case-Shiller 등의 행동경제학자는 재무의사 결정자의 투자행동에 대한 심리행태요인을 분석한 결과 부동산 시장은 효율적 시장이 아니므로 경기변동 사이클이 존재한다고 주장한다.

일반적으로 경기변동의 국면은 ① 확장(expansion), ② 침체(recession), ③ 수축(contraction), ④ 회복(revival)의 네 기간으로 구분된다. 경기변동 분석을 체계적으로 발전시킨 미첼(Wesley Mitchell)은 경기의 저점에서 정점에 이르는 기간을 확장 또는 상승국면으로, 정점에서 저점에 이르는 기간을 수축 또는 하강국면으로 구분했다. 정점에서 저점에 이르는 하강국면은 침체기와 수축기로 구분되고, 저점에서 정점에 이르는 기간은 회복기와 확장기로 구분한다.

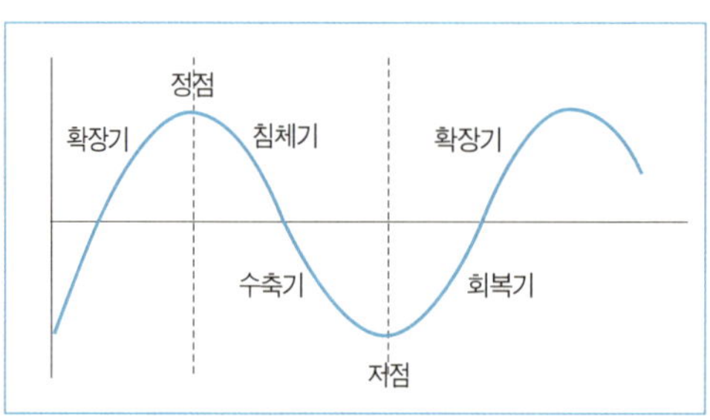

부동산 시장의 경기이론은 그 역사를 오래하나 체계적인 이론

구성을 갖고 있지는 않다. 다만 부동산은 다른 재화와 달라서 수요(가격변동)의 변동에 따른 공급(건축기간소요)에 시차가 발생하여 수요와 공급의 탄력성의 정도에 따라 시장이 수렴하거나 발산한다는 거미집이론(cobweb thereom)에 따른다고 본다.

가격과 공급량의 주기적 변동을 설명하는 거미집 이론은 1934년 미국의 계량학자 W. 레온티에프 등에 의해 거의 완전한 형태로 정식화되었으며, 가격과 공급량을 나타내는 점을 이은 눈금이 거미집 같다고 하여 거미집 이론이라고 한다. 이 대응 경로는 공급과 수요의 탄력성의 관계에 따라 다음 3가지 경우를 생각할 수 있다.

[그림 1] 수렴적 변동

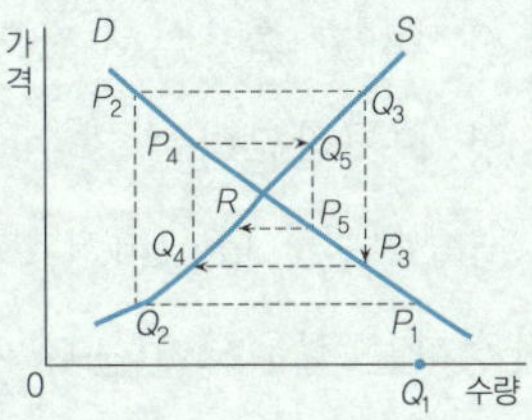

[그림 2] 발산적 변동

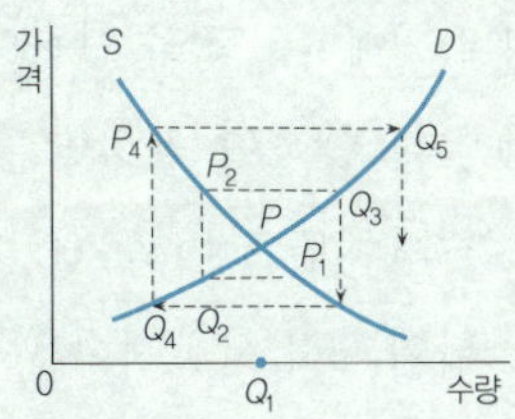

[그림 3] 순환적 변동

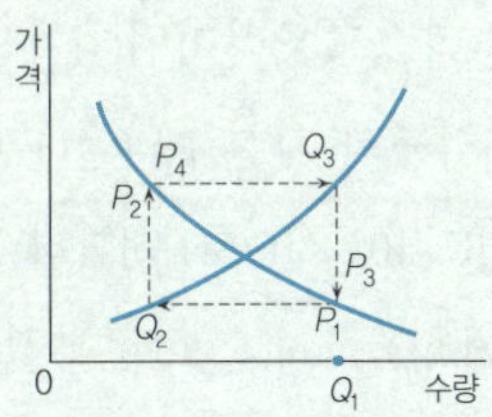

(1) 수렴적(收斂的) 변동: 공급의 탄력성이 수요의 탄력성보다 작은 경우, [그림 1]에서 제1기의 공급량 Q_1은 가격 P_1으로 수요된다고 하자. 이 가격으로 제2기에 공급되는 양은 Q_2이다. 그러나 이 Q_2는 가격 P_1때의 수요량과 동일하지 않으며 초과수요 Q_2P_1이 생긴다. 이 초과수요로 인해 가격이 P_2까지 오른다. 가격등귀는 제3기의 생산량을 Q_2에서 Q_3까지 증가시킨다. 그러나 공급의 탄력성이 수요의 탄력성보다 작기 때문에 가격변화는 공급량의 증가 쪽이 수요량의 감소보다도 작은 변화를 일으킨다. 따라서 공급 Q_3은 Q_2보다 작아진다. 이처럼 가격과 수요 · 공급은 P_2, Q_3, P_3, Q_4 …로 대응하면서 점차 균형점 R로 수렴한다.

(2) 발산적 변동: 공급의 탄력성이 수요의 탄력성보다 큰 경우에는 [그림 2]에서처럼 제1기의 공급량 Q_1이 수요되는 가격은 P_1이다. 이 가격은 제2기의 공급량 Q_2를 결정한다. 그러나 이 가격으로는 초과수요 Q_2P_1이 생기고 가격은 P_1에서 P_2에로의 가격 등귀는 수요와 공급의 탄력성 차이 때문에 Q_1보다도 더 큰 공급량 Q_3를 낳는다. 그래서 이 기간의 초과공급은 전기의 초과수요보다 커지고 가격도 전기에 상승한 것보다 크게 하락해야 그 초과공급을 흡수할 수 있다. 이처럼 공급량은 P_3에서 모두 수요되고 가격과 공급량은 더욱 그 폭을 넓히면서 대응 경로를 발산한다.

(3) 순환적 변동: 공급의 탄력성과 수요의 탄력성이 같은 경우에는 [그림 3]에서처럼 제1기의 공급량 Q_1은 P_1의 가격으로 수요된다고 하자. 이 P_1의 가격은 제2기의 공급량 Q_2를 결정한다. 그러나 이때 Q_2가 수요량과 일치하기 위해서는 가격이 P_2까지 등귀해야 하고 이 P_2가 제3기의 공급량 Q_3을 결정한다. 이때 P_2Q_3은 Q_2P_1과 같으며 이 공급은 가격이 P_3즉 P_1까지 하락할 때 모두 수요된다. 따라서 이 경우는 $P_1 \to Q_2 \to P_2 \to Q_3 \to P_1$ …으로 계속 같은 경로를 순환한다.

자료: 두산백과.

실제 경기 변동상황을 확인할 수 있는 자료[22]는 많지 않을 뿐만 아니라 있다고 하더라도 정해진 가정에 대한 결과일 뿐이다.

부동산 서비스업체 중 DTZ은 각 주요 부동산 시장별 또는 부동산 유형별로 Fair Value Index를 발표하여 부동산 시장의 호황, 불황 등의 척도를 제시하고 있고 DTZ, CBRE 등은 부동산 시장별 소유자 및 임차인 입장에서 부동산 시장의 투자 적기 등을 제시하고 있다.

Fair Value Index는 투자시장별로 시장의 투자요구수익률(M)과 공정가치수익률(F)을 산정하여 시장의 투자 상황을 판단하는 지수로서 전자는 5년물 채권수익률과 리스크프리미엄(감가상각비, 거래비용 등)을 합하여 산정하고 후자는 시장의 임대수익률과 자본수익률(5년 예상)을 합하여 산정한 후 양자를 비교하여 지수(K)를 산정[K=100×(F/M−1)]한다. K<−5%이면 hot market, K>5% 이면 cold market, 그 외는 warm market으로 구분한다. 나아가서 시장지수를 산정하는 경우도 있는데 이는 다음과 같이 산정한다.

FVI=(hot market의 수−cold market의 수)/전체 market의 수×50+50.

FVI가 50 이상이면 hot market 수가 cold market 수보다 크다는 것을 의미하고 이 값이 크면 클수록 부동산 시장 상황이 좋다는 의미를 가진다.[23]

다음 자료는 CBRE에서 발표하는 자료로 각 시장별 상황을 색깔로 표시하고 있다. 즉 투자자 입장과 임차인 입장에서 부동산 시장을 분석하여 시장 흐름의 예측자료를 내고 있다.

이러한 참고자료는 연구소 또는 다국적 부동산 서비스 업체 등에서 얻을 수 있다. 이 외에도 시장 전망을 예측하는 자료들이 많으므로 이러한 자료를 활용하여 해외 부동산 시장의 흐름을 갈음할 수 있다.

향후 해외 부동산 투자는 저금리가 지속되고 국제간의 교류가 커지면 커질수록 해외 부동산 투자는 꾸준히 증가할 것으로 판단된다. 특히 부동산 펀드 등은 수

22) 세계적으로는 www.businesscycle.com 등이 주요 경기변동과 관련된 정보를 제공하는 사이트들이다.
23) DTZ는 동 자료를 매 분기별로 발표한다.

그림 1-10 Fair Value Index 예시

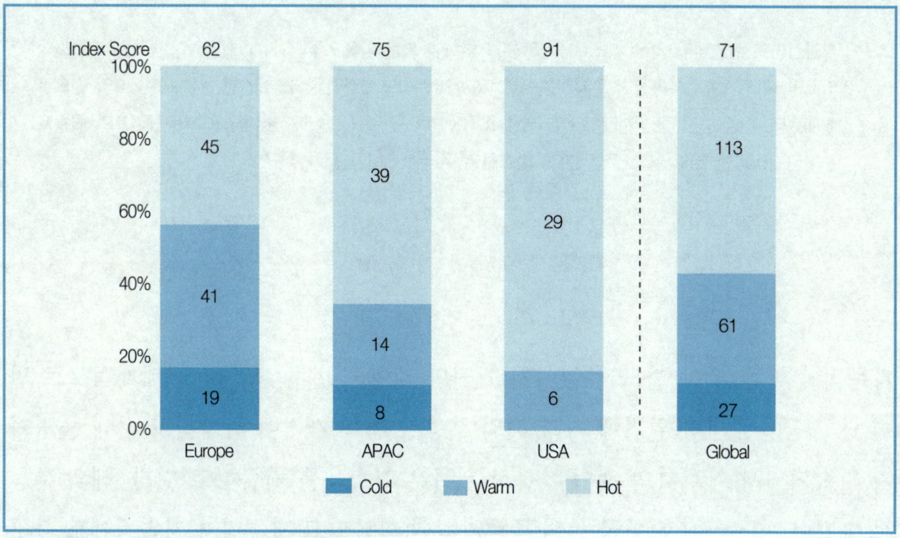

자료: DTZ.

그림 1-11 소유자 및 임차인의 입장에서 본 시장상황 예시

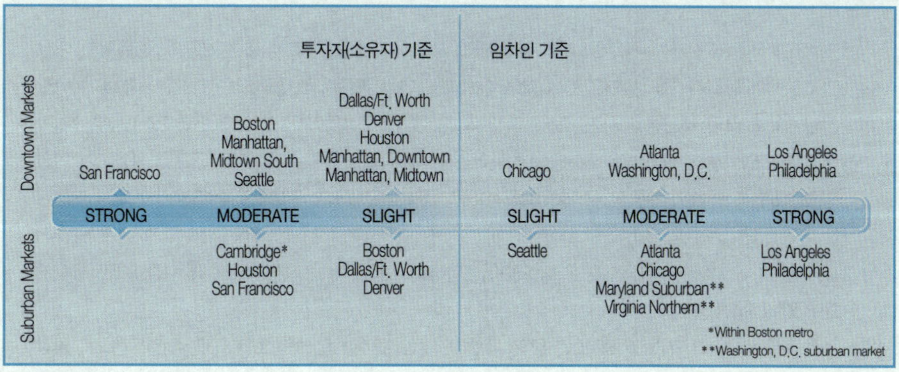

자료: CBRE.

익제고 및 위험분산 포트폴리오 구성을 위해서 이러한 흐름을 피하기 어려울 것으로 예상된다.

그러나 국내거주자의 해외 부동산 취득은 1998년 6월 2일 이후에는 주거 및 투

참고
자료

해외펀드 규모

부동산펀드 설정액이 사상 최초로 21조 원을 넘어선 가운데 해외투자가 크게 늘었다. 금융투자협회에 따르면 국내 · 해외 부동산에 투자하는 사모 및 공모 펀드 설정액은 6월 말 현재 21조5000억 원으로 집계됐다. 이는 1년 전인 지난해 6월 말(17조4000억 원)보다 23.5% 늘어났고 부동산펀드가 최초로 출시된 2004년 6월 말(1387억 원)과 비교하면 무려 155배가 증가한 규모다.

자료: 이투데이 2013 7. 17.

자목적에 따른 투자 한도가 없어지고 전면 개방되었다. 그러나 전세계적으로 밀어 닥친 금융 · 재정 위기에 따라 해외 부동산 취득 가격이 하락하고 국내 불경기가 지속되면서 거주자의 해외 부동산 취득은 감소세를 거듭하고 있다. 해외 부동산 환경이 2013년 이후 미국 등의 주택가격이 회복되고 저금리가 지속됨에도 불구하고 이러한 추세를 보이는 것은 국내 거주자의 해외 부동산 취득은 국내 경기에

참고
자료

국내 거주자 해외 부동산 취득 규모

2012년 국내 거주자가 사들인 해외 부동산의 규모가 주거용 국외 부동산 취득을 자유화한 지난 2006년 이래 최저치를 기록했다. 2012년 4분기 및 연간 거주자의 국외부동산 취득 동향'에 따르면, 작년 한 해 국외 부동산을 사기 위해 내국인이 송금한 돈은 1억9200만 달러(한화 2조700억 원)다. 이는 2006년 주거 목적의 국외부동산 취득이 완전 자유화된 이후 최저치다. 글로벌 금융위기 이전인 2007년에는 해외 부동산 투자가 8억7400만 달러에 달했으나 2008년 4억3800만 달러, 2009년 2억100만 달러 등 해마다 반토막이 났다.

2010년 2억5100만 달러, 2011년 2억5300만 달러로 소폭 반등했으나 지난해 다시 감소세로 돌아서 전년 대비 24% 줄었다.

주체별로는 지난해 개인 1억8220만 달러(94.9%), 법인 980만 달러(5.1%)로 개인이 압도적으로 많았다. 취득 목적은 투자용(1억1880만 달러, 61.9%)이 주거용(7320만 달러, 38.1%)보다 많았지만, 투자용의 비중은 1년 전(69.2%)보다 7.3%포인트 하락했다.

지역별로는 북미지역의 비중이 76.3%로 전년과 비슷했고 아시아는 16.0%로 2011년보다 2.3%포인트 늘었다.

자료: 아시아 투데이 경제 2013-02-17.

크게 의존하는 경향을 보인다고 볼 수 있다.

제4절 결 론

본장에서는 2000년대에 가장 화두가 된 단어인 글로벌라이제이션(globalization)이라는 용어에 대한 다양한 시각을 조명해 보았다.

글로벌라이제이션은 국가 · 국경을 초월한(초국경적인) 기준에 따라 자본 · 인력의 흐름이 국경을 초월(cross-border)하여 이동함으로써 하나의 글로벌한 시스템을 만들게 되고, 생산 · 판매에 있어서는 세계 단일시장이라는 것이 형성되어 가는 현상이라고 정의하였다.

그러나 부동산 시장은 다양한 직업군과 표준화되지 않는 상품특성으로 인해 다른 어떤 분야보다도 글로벌라이제이션이 어려운 분야이나 1980년 이후 국내외 부동산 시장에서 진행되어온 글로벌라이제이션 과정을 국내외의 사례를 통해 알아보고 이러한 시장에서 작동되는 각종 규칙 중에서 해외 부동산 시장에서 적용되는 각종 규칙들에 대해 알아보았다.

나아가서 부동산 시장의 글로벌라이제이션을 위한 접근방법들도 함께 검토하였다.

마지막으로 현재 글로벌라이제이션이 진행되는 정도를 국내외 자료를 이용하여 살펴보고 전망하였다.

현재 전세계적으로 해외 부동산 투자시장 규모를 33조 달러(DTZ 자료)로 보고 각 대륙별 규모를 보면 아시아 시장의 규모가 가장 큰 것으로 조사되어 있지만 실제 투자 거래가 일어나는 시장규모는 미국, 유럽보다는 작다. 이는 아시아 대륙의 성장세가 다른 어떤 지역보다 빨라 급속도로 시장 규모가 성장한 데 기인하지만 투자시장의 질과 규모는 이에 따르지 못한 결과이다.

부동산 시장의 사이클은 오랫동안 많은 사람의 관심이 되어 왔지만 인터넷의 출현으로 시장의 정보가 넘쳐나고 이러한 정보를 획득하는 데 소요되는 비용도 적어지면서 부동산 시장도 상당히 효율적 시장으로 발전되어 가고 있다. 따라서

참고 자료

해외투자금액 규모와 투자 국가별 분포

다음 그림은 해외 부동산 투자시장에서 한국투자금액 규모와 투자 국가별 분포를 정리한 것이다. 이 그림을 보면 한국부동산투자금액은 영국, 미국, 호주 등 선진국시장에 집중되어 있다(미국투자금액은 2010~2013 동안의 누적차임).

아시아 해외 부동산 투자 자금원별 규모(2008~2013)

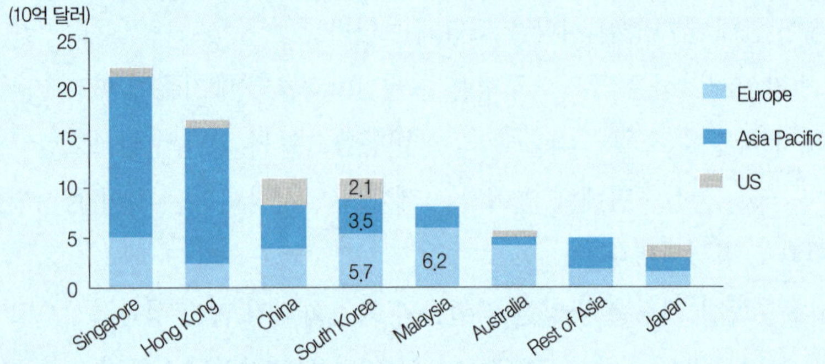

한국 해외 부동산 투자금액의 국가별 분포(2008~2013)

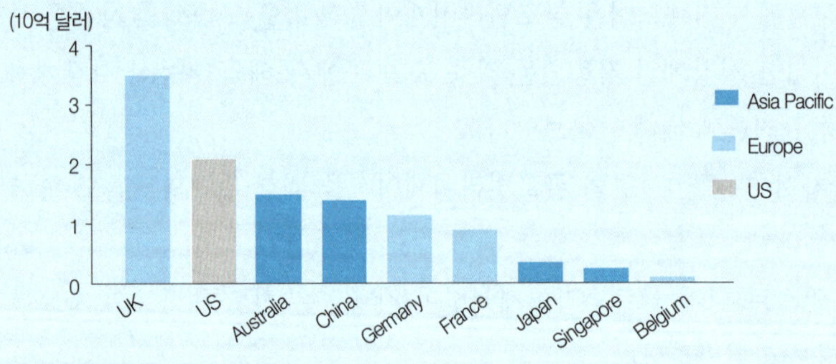

자료: DTZ Research.

이러한 시장에서 부동산 순환주기이론은 점차 자리를 잃어가고 있지만 부동산은 공급에 시간에 걸리는 문제로 인해 순환주기 이론이 아직은 설득력을 갖고 있다.

부동산 시장의 순환은 정치상황, 지역경제 상황, 환율변동 상황 등에 좌우되지만 아시아지역 부동산시장의 발전 가능성에 대해서는 의문의 여지가 없다. 나아가서 국내 부동산 투자 펀드도 국내시장보다 나은 수익을 얻기 위해 해외 부동산 시장으로의 진출이 본격화되고 있다.

본장에서는 글로벌라이제이션이 본격화되면서 해외 부동산 시장에 대한 이해의 필요성이 강화되고 있음을 보았다.

Chapter 2 해외 부동산 시장 개요

해외 부동산 시장은 국가별로 고유한 인습과 전통, 인구구성, 국가의 탄생연혁에 따라 다양한 형태를 띠고 있다. 그러나 글로벌라이제이션을 통하여 매크로적인 측면에서는 어느 정도 투자 기준 등의 표준화가 이루어지고 있으나 마이크로한 측면에서 보면 각각의 시장 고유의 특성으로 인해 각국별 부동산 시장의 구조에 대한 이해 없이는 투자가 어려운 것이 해외 부동산 투자거래의 특성이다.

본장에서는 해외 투자 시장에 대한 전반적인 개요를 살펴보고 주요 투자권역을 영미권과 동양권으로 나누고 이러한 시장을 대표하는 국가의 시장 구조를 알아봄으로써 해외 부동산 시장의 구조 및 시장의 작동 원리를 이해할 수 있을 것이다.

제1절 해외 부동산 시장일반

각국별 부동산 시장은 전술한 바와 같이 사회적 · 문화적 배경의 차이로 인해 다양한 형태의 제도와 관행을 가지고 있다. 상각자산인 건물의 경우에는 원칙적으로 개인의 소유를 인정하는 편이나 토지의 소유권에 대해서는 영미 등 유럽권에서는 중세 이후 국왕, 영주 등의 소유를 원칙으로 했기 때문에 부동산 시장은 소유보다는 이용상황을 기준으로 법제 및 거래 제도가 형성되어 왔다. 중국은 사회주의 체제를 골격으로 한 부동산 관리체계를 갖고 있어 원칙적으로 토지의 사유는 인정되지 않고 임차권의 형태를 띤다. 일본은 메이지 유신 이래 프랑스 민법을 바탕으로 개인의 부동산 소유를 근간으로 해서 부동산 관리체계를 구성했다. 따라서 이처럼 다양한 역사적 배경으로 인해 각국별로 특이한 부동산 제도 환경을 갖고 있다.

먼저 토지 관련 제도의 차이점을 보면 토지 소유권을 영미계통은 Freehold(완전보유권)와 Non-freehold(임차권)로 나눈다. 그리고 전자는 상속이 가능한 경우와 상속이 가능하지 않은 경우로 나눈다. 후자는 기한부 임차와 무기한부임차로 나눈다. 이와 관련하여 토지의 표시 및 면적 측정방법,[1] 등기제도[2]도 다양한 형태를 가진다.

나아가서 국가가 개인 간의 사적 거래에 우선하여 토지를 취득할 수 있는 선매권,[3] 공익 목적을 달성하기 위한 토지 수용권, 이와 관련된 임료의 규제 방법,[4] 금융시장의 규제 및 그 형태도 달리할 것이다.

또 건설사업의 경우 근로자의 업무시간, 주 근무시간, 노동력 획득방법, 근로자에 대한 정부보조금 등의 유무가 근로자 관리 및 공기와 관련하여 중요한 변수가 되기 때문에 이에 대한 심도 있는 연구가 필요할 것이다. 또한 후진국 등 시장의 투명도가 약한 시장은 지하자금 및 그 규모 등에 대해서도 별도의 연구가 필요할 것이다.

사회 · 문화적 다양성은 사회경제 수준의 다양성을 가져오고 이로 인해 부동산 가격이 형성되는 과정이 달라질 것이고 이로 인한 차이는 가격의 차이로 나타날 것이다. 특히 다민족으로 구성된 나라의 경우에는 자국민에 대해서는 특별한 거래조건[5]이 수반되는 경우가 많다.

1) 건물면적 측정의 경우 건물내벽, 외벽 또는 중심선을 기준으로 면적을 산정할 것인지, 또한 주차장 면적을 임대 또는 분양면적에 포함하는지, 발코니 등의 면적 처리 기준, 부동산 매매 및 임대거래시 전용면적 또는 전용면적+공용면적 기준으로 하는지의 여부, 공용 · 전용면적이 아닌 별도의 용어의 존재 및 관행[인도는 carpet 면적(공용면적), super built up 면적(매매면적), loading factor(전용률) 등의 용어사용] 등 국가별로 다양한 시장거래관행을 확인하여야 한다.
면적기준을 측정하는 방법은 BOMA, American Institute of Architects의 면적산정기준 및 IPD의 기준이 있다.

2) 우리나라처럼 부동산별로 등기부를 구성한 물적 편성 제도가 있는가 하면 거래기록을 중심으로 소유권의 실질을 판단하는 방법도 있고, 등기공무원이 실질적 심사권을 갖고 소유권의 내용을 판단하고 이에 문제가 발생하면 보상하는 제도가 있는가 하면 등기가 선택사항인 국가도 있다.

3) 독일과 프랑스의 대륙법 계통의 법제로 국가가 일반 사인거래에 우선하여 토지를 취득할 수 있는 권리(preemption)를 말한다.
그러나 선매제도는 토지소유자의 양도의사 발동을 전제로 하기 때문에 토지수용제도보다 사적 재산권 침해의 정도가 작다. 이 제도는 개발을 위한 토지비축 수단으로 사용될 수도 있고, 토지가격통제를 위한 정부의 개입형태로도 사용할 수 있다.

4) 국내의 상가 및 주택임대차보호법, 영국에서는 「1977년 임대료 법」(Rent Act, 1977)에 의해 임대료 등록제에 의한 임대료 규제가 실시되고, 프랑스도 임대료 상승제한 규정을 두고 있다. 일본은 직접적인 규제보다는 차지차가를 통하여, 미국은landlord tenant board 등을 통하여 규제를 하고 있다. 소유주는 land trust(조합)에 위임하여 이러한 규제를 피하기도 한다.

5) 말레이시아의 경우 1976년부터 추진해 온 말레이인 우대정책으로 부미푸트라가 있다. 이는 말레이어로 「토지의 아들, 토착민」을 의미하며 말레이계 등 말레이시아 원주민을 일컫는다. 말레이계는 말레이시아 총인구의 55%를 점하고 있지만 경제의 실권은 대부분 34%에 불과한 중국계 주민이 장악하고 있기 때문에 원주민의 불만이 많았다. 그 결과 1969년에는 인종폭동(5 · 13 사건)이 발발,

중국의 경우 만다린 언어를 사용하는 지역권과 캔토니즈 언어를 사용하는 지역권의 문화적 내밀한 차이는 부동산 분양시장에 영향을 미치게 된다.

자연환경은 부동산 개발 사업의 종류에 따라 상당히 중요한 요인이 된다. 골프장 등 개발 사업의 경우는 일조일수가, 리조트 개발의 경우에는 기후, 온도 및 습도 등의 자연적 조건이 절대적인 기준이 될 것이다.

다음은 이러한 정보를 얻을 경우에 유용한 사이트들 모음이다.

- 기후 정보: www.climate-zone.com
- 해안정보: www.surfline.com
- 부동산 소유권 제도: foreign & commonwealth office(FCO)/www.fco.gov.uk
- 부동산 거래 규제: int'l consortium of real estate professionals(ICREA)/www.icrea.org
- 조세제도: PWC/www.pwc.com, www.doingbusiness.org, www.worldwide-tax.com
- 부동산 주요기사: www.globalpensions.com, www.globest.com

제2절 해외 부동산 투자제한

각국별로 해외 부동산 투자 유치를 위해 다양한 인센티브[6]를 제공하는 반면에 한편으로는 자국민의 이익을 위해 다양한 투자 제한 조치를 병행해서 시행하고 있다.

「경제협력개발기구(OECD) 자본자유화 규약」 보고서에 의하면 OECD 30개 회원국 중 20개국은 자국 부동산에 대한 외국인의 투자목적 취득을 조건부로 허용하거나 아예 불허하고 있다고 한다.

이를 주요 국별로 살펴보면,

800명의 사상자가 발생하였다. 말레이시아 정부는 이 사건을 계기로 1990년까지 자본, 경영인, 기업종업원의 인종 구성비를 주로 화교인 비말레이인 4, 말레이인 3, 외국인 3의 비율로 재편할 것을 목표로 1970년부터 부미푸트라 정책을 실시하고 있다. 이러한 정책 때문에 부동산거래도 이러한 규제를 받는다. 현재는 이러한 제도로 인해 비말레이시아인에 의한 불만의 목소리가 커지고 있다.

6) 우리나라도 제주도에 5억 원 이상 투자하면 5년 영주권을 주고 있으며 콘도도 2인소유가 가능케 하고 있다. 실제 이러한 효과 때문에 투자가 활성화되고 있다. 비슷한 인센티브를 주는 지역은 강원도(알펜시아 구입시 10년 영주권), 송도, 여수엑스포 등이 있으나 실적은 미미하다.

호주의 외국인 투자에 대한 전반적인 제도를 조율하고 있는 Foreign Investment Review Board(www.firb.gov.au)는 ① 외국인이 실거주 목적으로 주택을 취득하거나, ② 500만 달러 이하 상업용 부동산을 취득하는 것은 허용하고 있지만 단순투자 목적일 때에는 연방법에 따라 원칙적으로 불허, ③ 다만 기존 주택이 아닌 신규 분양 주택은 전체 가구수의 최대 50%까지 외국인 매입을 허용(수분양대금은 잔금납부 전까지 사용불가, trust account에 예치, 준공전 건축물 · 미분양건축물 담보가능)하고 있다.

폴란드는 외국인의 부동산 취득은 원칙적으로 정부의 허가를 필요로 한다. 다만, 4,000m^2 이내의 부동산을 정해진 용도로 사용할 경우에는 허가를 필요로 하지 않는다. 북구의 덴마크, 스웨덴은 별도 제한이 없으나 노르웨이는 허가를 받아야 한다.

멕시코의 경우에는 외국인이 소유권을 취득할 수 있지만 등기는 지방 등기소 및 멕시코 시티소재 국립 외국인 투자 등기소에 등기하여야 한다. 그러나 멕시코 헌법 27조는 원칙적으로 해안선에서 50km, 국경에서 100km 이내의 부동산을 외국인이 소유할 수 없도록 하고 있으나 외무성의 허가를 받아 멕시코 은행을 신탁인으로 하는 신탁 형태를 취하여 부동산을 매입할 수는 있다. 수익용 부동산의 경우에는 외국인이라도 법인을 설립하여 부동산을 매입할 수 있다.

스페인도 해안선에 소재하는 지역 등에 대해서는 제한을 두고 있으나 그 외 지역에 대해서는 별도의 매입제한을 두지 않고 있다.

크로아티아는 상호주의를, 헝가리는 외국인의 농지 등의 매입에 제한을 두고 있다. 스위스는 canton별로 다른데 주거용에 대해서는 매입제한을 두고 있으나 상업용에는 제한을 두지 않고 있다.

일본, 프랑스, 독일, 영국 등은 외국인의 자국 부동산 투자에 별다른 제한을 두고 있지 않다.

캐나다는 서부 해안 지역은 제한이 따른다. Manitoba[7]는 2년 이내 동 지역으로 이주하지 않는 외국인은 부동산 매입이 불가능하나 동부지역, 즉 Nova Scotia, Newfoundland, New Brunswick, Quebec, Ontario, British Columbia 주는 제한을 두고

7) 이 지역은 비주거용 부동산의 임대료를 신고하지 않으면 향후 이의신청을 하지 못하도록 강제하고 있다.

있지 않다. Saskatchewan주는 외국인의 10 에이커 이상의 토지 취득을 금지하고 있다. 그러나 지방세나 연장정부세 및 토지이전세 등은 부담한다.[8]

미국은 외국인의 부동산 취득에 원칙적으로 제한이 없지만 위스콘신주는 640 에이커 이상 토지의 취득을 금지하고 있으며, 일부 주에서는 소유권 보유기간 등에 제한을 두고 있다.

동남아에서는 원칙적으로 건물은 외국인의 소유권을 인정하나 토지 소유권에 대해서는 자국민과 외국인의 투지지분비율에 제한을 두는 경우가 대부분이여 원칙적으로 외국인의 토지 취득을 인정하지 않는다.

그러나 이러한 투자제한이나 투자촉진조치는 경제상황이나 집권당의 정책기조에 따라 수시로 변경되기 때문에 당해 지역 투자시 그 변경 사항에 대한 검토가 우선되어야 한다.

제3절 미국 부동산 시장

Ⅰ. 시장 개요

미국 부동산 시장은 국제 부동산 시장에서 기축통화의 이점을 가장 많이 받는 시장으로 달러화의 부침에 가장 영향을 많이 받는 시장이기도 하지만 가장 안정된 시장으로 간주되고 있다. 미국시장의 특성은 다음과 같이 정리할 수 있다.

- 우호적 시장환경: 전세계적으로 풍부한 자금력을 가진 시장 참여자가 많을 뿐만 아니라 부동산 자본시장에 관심을 가지는 투자자도 어느 나라보다 많다. 그리고 이러한 투자환경을 조성하기 위한 세제와 투자기구 등도 가장 잘 조성되어 있다.
- 합리적 시장체계: 미국은 정치 · 경제적으로 안정되어 있으며, 합리적이고

8) 상세내용은 www.investincanada.ic.gc.ca 참조.

효율적인 시장 논리가 적용되는 예측가능한 시장이다. 즉, 상대적으로 투명한 시장 정보의 획득이 용이하고 그 제도도 또한 잘 발달되어 있다.

- 상대적으로 낮은 위험: 시장규모가 크고 거래활동이 빈번하여 유동화가 용이하여 유동성 리스크가 상대적으로 낮으며 시장이 안정적이어서 가격 변동성이 낮다.
- 성숙된 자본시장: 금융 및 자본시장이 제도적으로 개방되어 투자자의 진입에 별다른 제약이 없다. 오래전부터 부동산과 금융시장의 병합이 이루어져 있어서 자본시장 요건에 부합되는 선진 부동산 금융기법이 발달되어 있다. 특히 부동산은 오랫동안 기관투자자들에게 대체투자자산으로 자리 매김을 하고 있다.

미국 부동산 시장은 대개 15년 또는 20년의 부동산 순환 사이클을 가지고 있다고 본다. 미국은 1970년 이래 3번의 주요한 부동산 격변기를 경험하였다.

이러한 격변기에는 항상 풍부한 유동성이 이러한 변화를 가져오는 주인이 되었다. 즉, 풍부한 유동성은 가격 급등을 가져오게 되고 이는 필연적으로 개발업자의 과잉공급으로 이어지게 되었다. 이처럼 경제적인 수요 · 공급 요인에 의한 가격 상승이 아닌 시장의 유동성 장세로 인한 부동산 가격급등 및 공급과잉은 필연적으로 부동산 시장의 침체를 불러오게 되었다.

1970년대에는 풍부한 유동성이 부동산 시장에 대한 풍부한 경험을 쌓지 못한 금융기관, REIT(Real Estate Investment Trust)[9]으로부터 투입되어 부동산 시장의 가격 상승을 가져왔으나 1973년에 제1차 석유파동으로 인해 부동산 시장은 1980년대 초반까지 침체기를 벗어나지 못한다.

1980년대에는 미국의회가 경기 불황을 극복하고자 부동산 투자에 대한 세제 혜택을 주는 ERTA(Economic Recovery and Tax Act)를 제정하자 연기금, 외국 자본 및 LP(Limited Partnership)로부터 유동성 공급이 확대되고 부동산 시장이 과열되기 시작

9) 1960년대 미국 의회에 의해 도입된 이 제도는 고액 자산가들만이 고액의 부동산 구매를 가능케 한 시장의 틀을 소액 지분만으로도 투자가 가능하도록 틀을 바꾸어 놓았다. 이 당시 미국 상업은행이 부동산 대출업무에 규제를 받자 이들은 상업어음 등을 기초로 조성된 자금을 바탕으로 mortgage reit를 조성하여 대출업무에 뛰어든다.

한다.

그러자 미국 의회는 다시 TRA(Tax Reform Act)를 제정하여 부동산 규제에 나서기 시작한다. 이후 부동산 시장이 급냉하자 호황기에 적극적인 장기 대출을 한 주택대부조합(S&LA; Saving & Loans Association)은 파산하게 되고 부동산시장은 대규모 불황으로 이어진다.

1990년대에 들어서자 이러한 불황을 극복하기 위해 미국은 정리신탁공사(RTC: Resolution Trust Corpration)를 설립하고 파산 부동산 정리에 나선다. 이 정리과정에서 여러 부동산을 pooling하여 일괄 매각하는 방안이 만들어지고 여기에 기관투자자가 참여하게 되고 이로 인해 CMBS(Commercial Mortgage Backed Securities) 등 투자기법 등이 부동산자본시장에서 성장하게 되는 근인이 되었다. 그러나 이 제도는 후일 또 다른 부동산 위기를 불러일으키는 아이러니를 가져오기도 한다. 한편, 이러한 부동산 시장의 구조조정 과정을 거쳐 부동산 시장이 다시 반등하자 REIT 공모가 활성화하게 된다. 이러한 활성화의 근간은 1992년에 도입된 UPREIT[10]의 도입효과에 일부 기인하기도 한다. 1990년 후반에는 dot.com 버블로 인해 과잉 공급된 부동산 물량의 거품이 붕괴되자 부동산 시장은 또 다른 형태의 침체기로 빠져든다. 그 후 잠시 반등 기세를 보이던 부동산 시장은 9 · 11 테러로 다시 불확실성으로 둘러싸이게 된다.

2002년부터 다시 부동산 시장은 반등하기 시작하고 풍부한 유동성을 갖고 있던 금융기관들은 공격적으로 부동산 대출시장에 뛰어들게 된다. 특히 부동산 시장의 cap rate는 2002년에 8.5~9.5% 수준이었으나 2007년도에 오면 부동산 시장별로 차이는 있지만 5%대 이하로 떨어진다. 따라서 대출기관은 경쟁적으로 대출시장에 뛰어들어 낮은 LTV, IO(Interest only) 대출, 신용등급이 낮은 subprime 등급의 채무자에게도 대출을 확대하게 된다. 여기에 주택대부 시장의 신용 확장뿐만 아니라 상업용 부동산에 대한 대출도 증가하게 되어 CMBS시장도 급성장하게 된다.

그러나 2007년 이후 낮은 신용등급자에 대한 대출 확대는 부동산 시장의 가격

10) Umbrella Partnership REIT(UPREIT): 부동산 소유자가 신설REIT에 자산 이전하면 LP 형태의 Operating Partnership이 만들어지게 되고 UNIT란 이름의 지분을 보유한다. 결국 REIT는 GP가 되고 자산을 이전한 前부동산소유자는 LP가 된다. 이러한 자산 이전을 미국 세법은 "like-exchange" 에 해당한다고 보고, 양도받은 주식의 실질적 매각시(예:일반적으로 1년 후 unit를 REIT주식으로 교환하거나 unit를 매각하여 현금화)까지 양도세를 유예하는 제도이다.

상승이 이들이 대출금을 계속 갚을 만큼 상승하지 않게 되자 subprime급의 대출자는 부도로 이어지게 되고 이는 이와 관련된 파생상품 시장에도 엄청난 충격을 가져오게 한다.

이러한 금융위기는 다시 부동산 시장의 수요를 상실하게 만들게 되고, 수요의 상실은 부동산 가격의 급락으로 이어지는 소위 subprime 위기로 불리는 금융위기를 야기하게 된다.

이러한 금융위기를 극복하고자 미 의회는 미국 월가의 투자은행과 헤지펀드와 파생상품에 대해 정부가 엄격히 관리 통제하겠다는 내용의 Dodd-Frank Reform[11]을 통과시키고 금융기관관리감독 강화, 대출규정 강화, 평가관리에 보다 강력한 규제를 두기 시작했다.

또 미국 부동산 시장에 투자한 외국인이 투자 부동산 매각시 매각 대금에서 우선 10% 원천징수하는 공제 규정을 두고 있는 외국인 부동산 투자법(FIRPTA; Foreign Investment in Real Property Tax Act)의 각종 규제 조항에 대한 완화를 시도하고 있다.[12]

이러한 부동산 순환 사이클은 전세계 다른 나라에 그대로 지대한 영향을 끼치게 되어 미국 부동산 시장의 순환은 세계 부동산 순환 사이클에 그대로 투영되어 왔다.

그러나 2000년대 이후 아시아 경제권의 부상과 미국 시장의 부침과 유럽경제의 침체를 바탕으로 아시아 시장은 미국 시장과 다른 형태를 띠기 시작했고 실제로 미국경제와 세계 경제의 동조화 경향은 상당히 감소한 것도 사실이다.[13]

그러나 미국 부동산 시장 투자자들로 구성된 외국 부동산 투자자 협회(AFIRE)는 금융위기 이후에도 여전히 미국 시장, 중국 시장 등을 주요 투자 대상국으로 보

11) 오바마 행정부가 2008년 발생한 금융위기 재발을 막기 위해 2010년 7월 발표한 광범위한 금융개혁법안이다. 3,500쪽에 걸쳐 400개 법안을 담고 있어 대공황 이후 최대 금융개혁법안으로 불린다. 법안은 주요 금융회사에 대한 규제 및 감독 강화, 금융감독기구 개편, 중요 금융회사 정리절차 개선, 금융지주회사 등에 대한 감독 강화, 지급결제시스템에 대한 감독 강화 등을 골자로 하고 있다. 도드-프랭크법은 상업은행과 투자은행의 업무를 엄격히 제한한 1930년대 글래스-스티걸법의 부활이라는 평가를 받고 있다. 왜냐하면 이 법안에는 금융지주회사에 대한 감독 강화방안의 하나로 상업은행과 투자은행의 역할을 분리한 볼커룰(Volcker Rule)이 포함되어 있기 때문이다.
그러나 2012년 현재 공화당과 금융권의 반대로 하부 규정 마련이 늦어지면서 실제 시행에 들어간 것은 급여에 대한 주주 발언권과 은행 예금보험금 상향 조정 등 100개에도 미치지 못하고 있다.

12) 외국법인이 미국 리츠 지분의 5%에서 10%까지 투자 지분을 늘리도록 완화하는 등의 시도를 하고 있다.

13) 미국이 세계경제에서 차지하는 비중도 아시아지역 및 자유수출국의 경제규모가 커짐에 따라 2002년 31.9%에서 2006년 27.5%로 하락하고, 세계 경제성장률과 미국 경제성장률 상관계수도 97%(2002~2003)에서 68%(2004~2007)로 점차 낮아지고 있다.

그림 2-1 미국 주요 부동산 시장 권역

고 있다.

Ⅱ. 부동산 시장 현황

미국 부동산 시장에 대한 조사보고서를 작성하는 기관은 주요 다국적 부동산 서비스 회사, NCREIF 외에도 임대료상승률 등은 Korpacz and Associates (www.korpacz.com)에서 부동산 수익률 예측은 Property & Portfolio Research(www.ppr-research.com) 및 REIS reports(www.reisreports.com) 등에서 발표하는 자료도 유용하게 인용된다. 다음 표에서 보면 미국시장에서 부동산은 국공채보다 높은 수익을 보일 뿐만 아니라 위험도 상대적으로 적다.

미국 부동산 시장 현황을 섹터별로 나누어 보면 주택시장은 평균 주택가격은 $176,000로 2011년 이후 상승세를 보이고 있다. 지역별로는 뉴욕을 중심으로 하는 북동부와 LA를 중심으로 하는 서부 지역의 가격이 상대적으로 높은 것을 알 수 있다.

표 2-1 미국 시장의 자산별 수익률(1979~2010)

(단위: %)

	수익률	위 험
주 식	13.1	17.3
국공채	8.2	9.9
부동산	9.0	8.3

자료: NCREIF, S&P500, Barclays Capital 10-year treasury 10-year index.

표 2-2 미국 주택시장 현황(평균가격)

연 도	U.S.	Northeast	Midwest	South	West
2010	$172,900	$243,500	$141,600	$150,100	$214,800
2011	$166,100	$237,500	$135,400	$144,200	$201,300
2012	$176,600	$237,700	$143,000	$153,900	$229,200

자료: NAR 2013.

실제로 미국 S&P/Case-Shiller Home Price 지수의 추세를 보면 이러한 추세 변동 경향을 다시 확인할 수 있다.

주택거래 기간[14]은 〈그림 2-3〉에서 보듯이 3개월 이내에 거래가 이루어짐을 알 수 있어 시장 회복세가 진행되고 있음을 다시 확인해 볼 수 있다.

상업용 부동산 시장은 오피스 시장, 상가 등 리테일시장, 공장 · 물류시설 등의 인더스트리얼시장 및 임대주택 등 다가구 주택으로 나누어 보면 2012년 현재 상업용 부동산의 현황은 호전되는 양상을 보이고는 있으나 공실률 등의 수치에서 여전히 침체된 시장임을 알 수 있다.

오피스 및 임대주택의 경우는 공실률(vacancy rate)이란 용어를 사용하나 산업용 및 상업용 자산에 대해서는 가용률(availability rate)이란 용어를 사용한다.

그러나 미국 상업용 부동산의 자본 이득률을 포함한 수익률 형태를 보면 상가 및 임대주택이 상대적으로 높은 수익을 실현한 반면, 오피스 및 호텔 등은 안정적

14) Marketing time과 Exposure time은 별개의 개념으로 사용되고 있다. 전자는 감정평가 등이 이루어진 후 거래가 되기까지의 기간으로 후자는 감정평가가 이루어지기 전에 시장에 출품되어 있는 시간으로 정의한다(해외 부동산 평가편 참조).

그림 2-2 S&P/Case-Shiller Home Price 지수(2013)

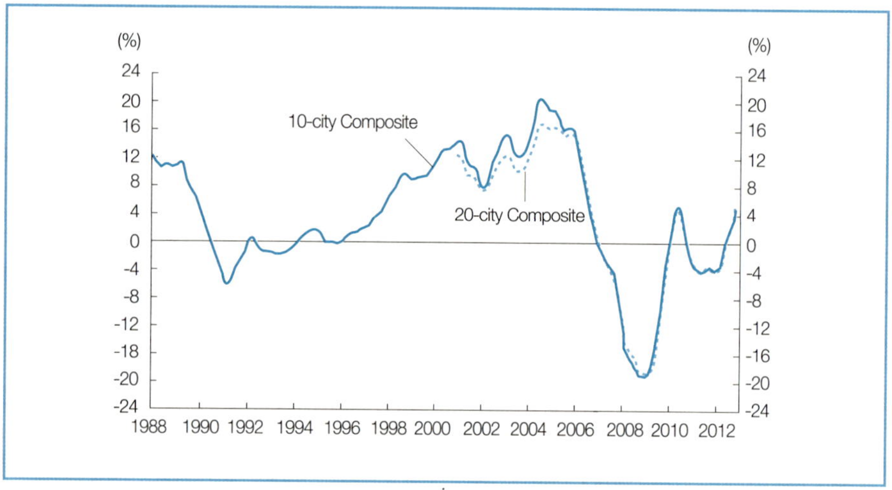

주: 월별로 산출되는 20개 도시지수 및 10, 20대 도시 종합지수와 미국 전역을 9개 구역으로 구분하여 분기별로 산출. 3개월 이동평균 방식을 이용하여 산출된 월별 지수는 현재 시카고 상업거래서에서 파생상품으로 거래되고 있음.

그림 2-3 주택거래기간(2012. 10)

(단위: %)

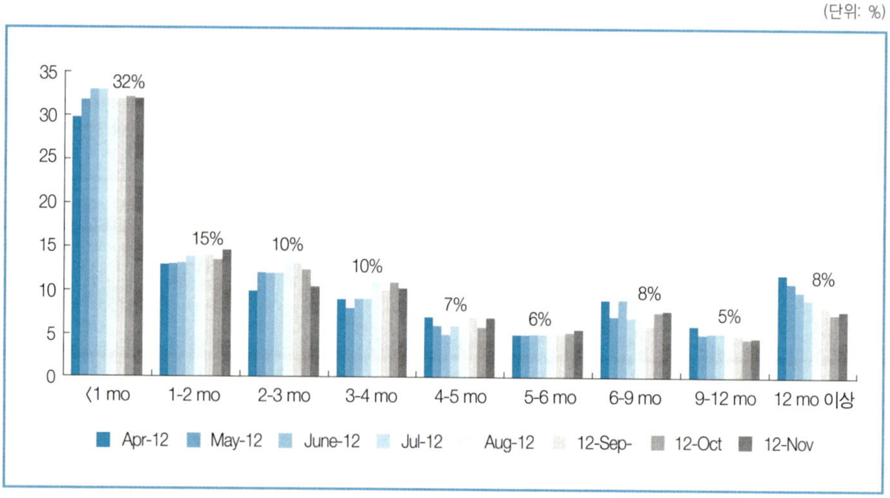

표 2-3 미국상업용 부동산 시장

(단위: %)

Property Type	Indicator	Q3 2012	Natural Rate
Office	공실률	15.5	13~15
Industrial	가용률	13.1	9~10
Retail	가용률	12.9	9~10
Multi-Family	공실률	4.6	5~6

자료: CBRE.

그림 2-4 미국 부동산 유형별 수익률

(단위: %)

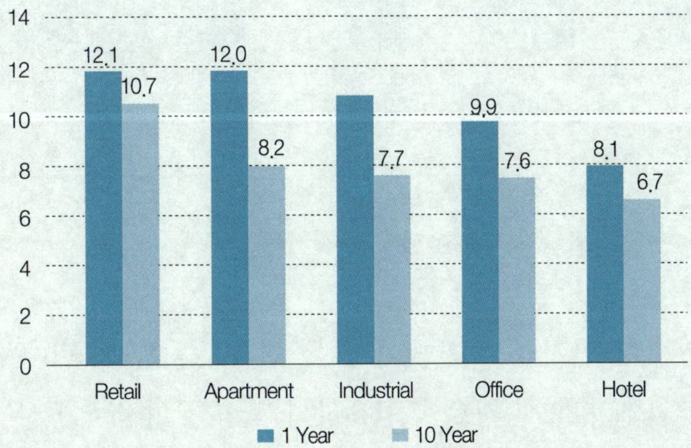

자료: NCREIF Property Index Q3 2012.

인 수익산출 양상을 보이지만 평균적인 수익률은 상대적으로 타 부동산군에 비해 낮은 편이다.

미국 오피스 시장에 대한 비용·수익 자료는 미국 건물 소유자 협회(BOMA: Building Owners Management Association)가 매년 발표하는 Income-Expense Report가 대표적인 자료로 인용된다. 그러나 이 단체는 소유자의 모임인 만큼 별도로 정부에 운영비용에 대한 세금 공제혜택을 확대하기 위해 Washington D.C.에 별도 로비 사무실을 두고 있다.

그림 2-5 미국 부동산 시장 예측치

(단위: %)

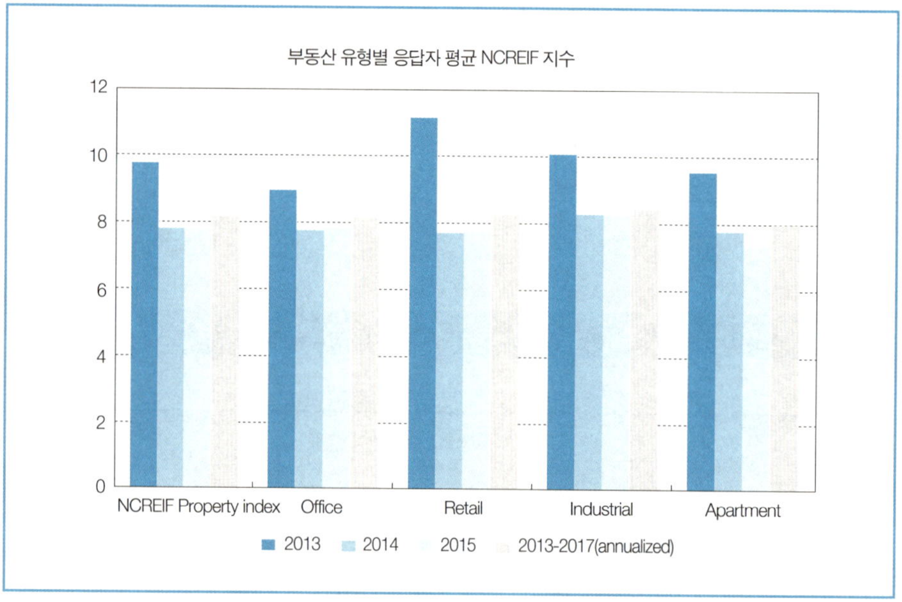

자료: Pension Real Estate Association.

1979년에 전세계 연기금 기관들이 만든 연금부동산 협회(Pension Real Estate Association: PREA)[15]가 NCREIF의 자료를 인용하여 작성한 미국 부동산 시장 전망 향후 예측치는 소득 수익률과 자본 수익률을 포함하여 장기적으론 평균 8%대의 수익률을 보일 것으로 전망하고 있다.

Ⅲ. 부동산 제도

미국 부동산 시장은 주별로 다양한 역사적 배경을 갖고 있어 소유제도, 관리제도 등에서 다소 차이를 보인다.

15) PREA는 the United States, Canada, Europe and Asia에 걸쳐 600여 개의 협회로 구성된다. 구성원은 공적 · 사적 연기금, 재단, 보험회사, 유증운용기관, Taft-Hartley기금 및 투자자문, REIT, 개발업자, 부동산 운영회사 및 서비스 제공자들로 구성되어 있다.

소유권 제도를 보면 소유권과 임차권으로 나누고 소유권은 상속이 가능한 권리와 그렇지 못한 권리로 나누고 상속이 가능한 경우에도 완전 상속이 가능한 경우, 유증이나 기증을 받은 경우에도 기증 조건이 만족되지 못하면 기증자에게 권리가 복귀하는 경우 및 부가조건이 설정되어 있는 경우에 그 조건이 충족되지 않으면 기증자가 권리를 복귀시킬 수 있는 권리 등으로 나눈다.

상속이 되지 않는 경우에도 처분권이 제한되어 살아 있는 동안만 소유권을 가지는 생애권, 환부산권(鰥夫産權: 사망한 배우자에 대해 생존한 배우자가 가지는 권리)이나 배우자나 사실혼 관계에 있는 사람에게 주어지는 거주권(homestead) 등을 들 수 있다.

임차권은 예를 들어 99년 동안의 장기 토지 임차권 등의 장기 임차권, 미리 약정한 임차기간 동안 사용·수익할 수 있는 임차권 및 계약기간 만료 후 임대기간을 약정하지 않고 임대차계약이 유지되는 경우 등으로 나눈다.

단독소유(sole ownership)가 아닌 재산을 공동으로 소유하는 경우 우리와 다소 다른 법적 개념을 갖고 있다.

joint tenancy란 동일한 지분과 권리를 가지는 공유의 개념이나 상대방에 대해 생존권(생존자에 상대방권리의 귀속)이 부여된다. 여기서 공유는 4개의 구성요소를 가지는데 동일시간에 동일권리에 대해 공동지분을 가지고 있으며 사용·수익권리에 대해서도 공동의 점유사용권을 가지고 있어야 한다. 지분은 동일지분으로

그림 2-6 미국의 부동산 권리제도

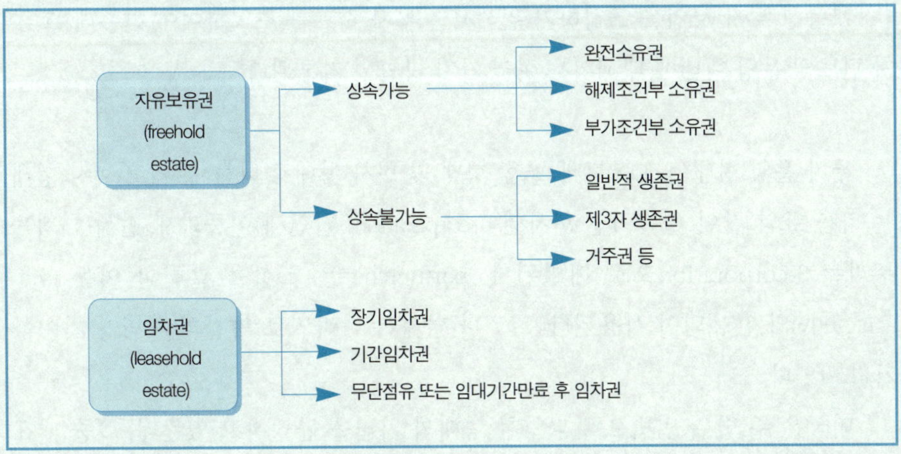

추정하고 이 지분은 전술한 바와 같이 상속인에게 이전되지 않는다.

이러한 권리는 대개 긴밀한 공동사업자나 가족간에 발생하는 경우가 많은데 특히 플로리다에서는 부부간에 발생하는 경우를 tenancy by the entirety라 부른다. 그러나 이것은 상대방의 동의 없으면 매매가 불가하고 이혼하면 공유 · 법률관계가 복잡해지게 되어 많은 주에서 사라지고 있다.

이와 유사한 개념으로 tenancy in common(共有부동산권)이 있는데 이는 각기 다른 지분의 공유형태로 지분별 매각이 가능하고 전자와 같은 법적 구성요건이 없는 공유형태로 전자와 차이점은 이 조건하에서는 생존권이 존재하지 않는다는 점이다.

마지막으로 tenancy in partnership이란 개념은 계약을 통해 공동의 사업을 수행하기 위해 조합형태의 partnership을 형성하고 운영전반을 책임지는 무한책임사원인 general partner와 출자자인 유한책임사원형태인 limited partner로 구성된다. 미국 48개주는 Uniform Partnership Act를 도입하여 파트너십 형태로 부동산을 취득할 수 있도록 했다.

부동산 투자시장은 직접 투자가 대개 5% 범위 내외이고 대부분은 간접투자 형태의 시장을 갖고 있다. 간접 투자제도는 사모펀드, 혼합펀드, REIT, 부동산 운영회사 등에 의한 부동산 투자 운영체계를 갖고 있다. 〈표 2-4〉는 미국 부동산 시장의 주요 간접투자 시장 형태를 요약한 표이다.

부동산 투자 사업을 조성하기 위해서는 투자 펀드를 조성하여야 하는데 그 투자 펀드의 운영 형태에 대해서는 여러 가지 방안이 거론된다.

투자 운영 형태는 club 형태, 조합 형태 및 회사 형태로 나눌 수 있고 회사 형태는 다음 표와 같이 일반적인 회사인 C-corporation, 법인세 이중과세 면세 혜택을 누리는 S-corporation으로 대별된다. partnership은 조합을 말하나 이는 joint venture(JV)와 혼용되어 사용된다. 그러나 양자는 나라별로 약간의 개념상 차이를 가지고 있다.

미국은 주 단위 입법으로 다양한 형태의 기업을 규정하고 있는데, 그중 대표

표 2-4 미국 부동산 투자 시장 형태

구분		
Separate accounts[16]	Discretionary Non-discretionary	투자 대상을 명시하고 투자하는 경우, 그렇지 않은 blind펀드 등으로 나눌 수 있다
Commingled fund[17]	Closed-End	일정한 만기(보통3~8년)가 존재하는 펀드, 수익률은 좋으나 가입 및 환매가 제한적이다
	Open-End	영속적인 펀드로 일정 주기별로 가입 및 환매가 자유롭다
REITs	Public	거래소에 상장된 펀드로 환금성이 좋고 소액투자가 가능하다
	Private	비상장 형태의 펀드. 공모에 비해 유동성이 낮다
부동산운영회사[18]		Operating companies

적인 두 가지 주법은 Corporation Act와 Partnership Act이다.

미국의 경우, 상호 이익을 위해 2명 이상이 프로젝트 수행 목적으로 개개인들이 뭉쳐진 JV는 합명회사와 유사한 형태로 Partnership의 한 종류이지만, 장기 목적이 아닌 단기 목적으로 형성된다는 점에서 Partnership과 다르다.

JV는 주로 국내 기업이 해외시장 진출시 널리 사용되는 방법이다. 예를 들어, 국내 기업이 해외에 부동산 투자 사업을 위해 JV를 설립하려 할 때는, 그 상대 기업이 국내 기업이 가지고 있지 않은 기술과 사업부문을 가지고 있으며, 투자에 필요한 법적 조치 및 정부, 세금 · 관련 제반 서류들은 이미 당해국의 국내법 조항에 따라 적절히 준비되어 있을 경우에 설립되는 경우가 많다. 따라서 JV의 지분은 투자 기업이 50% 이하로 한 자본 참여를 하는 경우가 많아서 대개의 경우는 JV의 지

16) 사모 형태에 의한 투자로 대개는 최소 100,000달러 이상의 투자자들로 구성되는데, 유사한 의미로 보험회사 변액보험 등의 운영을 위한 특별투자 계정을 지칭하기도 한다.

17) 복수의 펀드의 집합으로 규모의 경제 및 관리 비용의 저감 효과를 기대할 수 있다. 이는 대규모 부동산 취득을 위한 또 하나의 Separate account의 한 형태로서 폐쇄형, 개방형의 두 가지 형태로 나뉜다.

18) Real Estate Operating Company (REOC)는 부동산에 투자하고 그 지분을 공개시장에서 거래하는 회사를 말한다. 미국에서, 두 가지 고려사항을 제외하면 이 형태는 부동산투자신탁과 유사한 증권화된 투자상품을 의미하게 된다. 하나는 리츠에 제공되는 세금투과혜택(tax pass-through benefit)이 없다는 것과, 또 하나는 리츠와 달리 지분보유자들에게 소득의 95%를 반환하는 요건이 면제된다는 것이다. 리츠의 경우 수익을 지분보유자들에게 분배하지만, 부동산운영회사는 그 수익을 사업에 재투자한다. REOC는 지분보유자들에게 배당하지 않고 수익을 재투자하기 때문에 리츠의 공통적 특성인 낮은 법인세율과 같은 혜택을 받지 못한다. 그러나 REOC는 부동산 투자유형면에서 REITs보다 유연성이 있다. REOC의 투자자들은 수동적인 현금수지가 아니라 자본이득을 추구한다.

분비율은 49 : 51 비율이 흔하다.

조합형태는 합명회사형태의 GP(general partner)로 구성된 경우, 합자회사 형태로 무한책임 사원인 GP와 지분 범위 내에서 책임을 지는 LP(limited partner)로 나눈다.

전자는 국내 법기준으로 임의조합[19]의 성격을 가지고 후자는 익명조합[20]의 성격을 가진다고 볼 수 있다.

이 외의 변형 형태로 Limited Liability Partnership(LLP)는 단순히 LP로 구성되는 LP 회사와 달리 적어도 한 명의 unlimited partner가 필요한 점에서 LP와는 다르다. 영국에서는 이를 Corporation으로 등재한다. 미국 법률가들은 Limited Liability Partnership을 'special type of general partnership'이라고 설명하기도 한다. Limited Liability Limited Partnership(LLLP)는 GP가 무한 책임을 지는 GP와 달리 GP도 일부만 책임지는 형태로 구성된다.

그러나 대부분의 외국인이 미국 부동산 시장에 설립하는 투자조합은 외국인이 누릴 수 있는 세제혜택효과 때문에 〈표 2-5〉의 LLC(limited liability company)형태를 취한다.

등기제도는 우리나라는 소재지별로 권리변동을 기록하는 물적 편성주의인데 반해 미국은 물적 recording system(날인증서제도)을 적용하여 토지의 처분에 관한 날인증서 등의 내용을 등록해 두어 후일의 증거로 삼는 방식의 등기제도로서, 프랑스, 영국의 일부 주, 미국의 대부분의 주에서 시행하고 있다.[21]

대상 토지의 최초 거래부터 최근의 거래에 대한 모든 권원증서(날인증서)를 중간이 누락되지 않도록 하나로 묶어 증서부(chain of deeds)를 작성하여 기록한다. 이러한 제도는 현재 소유자에 대한 판단이 어려워 거래사고가 발생할 가능성이 있

19) 민법에서, 계약에 의하여 이루어지는 조합을 말한다. 법인격을 가지지 않는 점과 성립에 관하여 행정 관청의 처분을 필요로 하지 않는 점에서, 특별법에 의하여 설치된 조합(노동조합, 재개발조합 등)에 상대되는 개념이다

20) 출자자(LP)인 조합원과 영업자(GP)인 상인으로 구성하되 대외적으로 '영업자'가 권리의무 주체가 되고 출자자인 조합원은 대외적으로 권리의무를 지지 않는다.

21) 이 외에도 Torrens system으로 불리는 權原登記制度가 있는데 이는 보수를 받고 일정한 시점 현재 존재하고 있는 부동산의 숨은 흠(하자)으로 인하여 권리자가 입은 손해를 보상하여 주는 것을 목적으로 하는 보증의 일종이다. 이는 공시 · 공신의 원칙을 법원이 인정하는 것으로 호주에서 시작하여 영국, 미국 일부 주에서 시행된다. 등기공무원에게 실질적 심사권(독: 실질적 심사; 프: 형식적 심사)을 주면 등기권리자의 권리가 완벽하게 보호되는 반면에 비용 · 시간이 발생하는 부담이 있다. 따라서 미국에서도 점차 신청 건수가 줄어들고 있다.

표 2-5 미국의 회사형태

회사종류	C Corporation	S Corporation[22]	LLC
형식/절차	State filing (주정부 접수)	좌동	좌동
	Limited Liability Protection (유한책임)	좌동	좌동
	주주/ 이사의 연 총회 (Annual Meeting) 필요, 관련 서류 보존 필요	좌동	연 총회(Annual Meeting) 필요 없음
세 금	IRS form 2553 신청	좌동	
	이중과세	Pass-through tax entity(회사 수익/손실이 개인 소득 세금에 반영), Self-employment tax benefit	Pass-through tax entity(회사 수익/손실이 개인소득 세금에 반영됨)
주주/소유관계	주주의 숫자 제한 없음	주주의 숫자 제한 (100명 미만으로 제한)	주주의 숫자 제한 없음
	Non-U.S. resident가 소유주(주주)가 될 수 있음.	Non-U.S. resident가 소유주(주주)가 될 수 없음.	Non-U.S. resident가 LLC의 구성원이 될 수 있음.
	회사 수명의 영속성	좌동	영속성을 원칙으로 하나 대부분의 주가 청산일자를 요구
	주식을 자유롭게 매매	좌동	대부분 다른 구성원의 승인을 받아야 함

* LLP와 LLC는 세제 및 대외 경영책임의 정도 등에서 차이가 있다.

어, 날인증서등록제도를 시행하는 국가나 지역에서는 거래사고를 방지하기 위하여, 권리분석사 등 전문가의 서비스가 필수적이다. 이에 따라 권리 등의 하자가 발

22) 보다 구체적인 설립요건은 다음과 같다
① 미국 내의 법인(Domestic Corporation)이어야 함.
② 주주가 100인 이내이어야 함.
③ 주주가 개인, Estate, 비영리기관, 법에서 정한 일정한 요건을 갖춘?미국 내의 Trust이어야 함.
④ 비거주자(Nonresident Alien) 주주가 없어야 함.
⑤ 한 가지 종류(보통주 또는 우선주)의 주식을 발행하여야 함.
⑥ 은행, 보험, 국제거래업종 등 법이 정하는 일정한 업종은 제외됨.
⑦ 사업연도가 일정한 조건에 해당(예: Calendar Year 등)되어야 함.
⑧ 주주 전원의 동의가 있어야 함.

생할 경우의 손실을 보전하기 위한 권원보험(권리보험) 제도가 발달하였다. 이외에도 지자체에서 발행하는 권원증서(권원보증서 혹은 권원보험증서) 및 권원조사사가 발행하는 권원요약서(조사대장) 등이 있다. 이 조사사항에는 ① 매도자가 매매 가능한 권리를 가지고 있는가, ② 토지이용제한(지역권, 수용권, 침범 등)이 있는가, ③ 질권설정여부(세금연체, 저당대출 등)에 대한 조사 등이 포함된다.

우리가 위치를 이야기할 때 사용하는 다운타운이니 월스트리트[23]니 하는 용어는 일반적인 지명을 이야기하는 단어이나 이를 구체적으로 표기하기 위해서는 별도의 지적 제도가 필요하다.

지적은 주별로 다른 역사적 배경을 갖고 있어 이를 표기하는 방법이 여러 가지가 있으나 대개 다음과 같이 대별한다.

(1) Metes(distance) & Bounds(boundaries): 산촌교외 부동산에 적용되는 표기법으로 주요 지형지물을 기준(point of beginning)으로 지적을 표기하는 기법으로 표적이 없어지면 문제가 발생하는 약점을 갖고 있다.

(2) Government survey system: 1785년 미국정부가 타국으로부터 구입한 부동산에 적용한 기법으로 미국 중서부 등 30개주에서 적용되면서 최근에는 미국 대부분의 등기소에서 적용되는 방법으로 남북자오선을 나타내는 principal meridians와 동서기선을 나타내는 base lines로 미국 전역을 나누고, 가로 세로 1mile 단위로 section을 기본단위로 가로, 세로 각각 6개로 구성된 36개 section은 township(township line과 range line으로 구성)이 된다. 이 township이 16개가 모이면 check를 구성하는 체계로 이루어져 있다.

예를 들어 개발계획도(recorded plat map)가 표시하는 소재지가 다음 그림 우하단에서 section을 표기하는 부분의 북서측 1/4지점, 짙은색으로 표기된 부분이라고

23) uptown은 대개 고지대에 위치하는 주택지대를, downtown은 저지대의 상업지대를 midtown은 이 사이에 위치하는 지대를 칭하는 이름으로 뉴욕의 경우 맨해턴 54번가~19번가일대를 말한다. wall street는 금융기관이 밀집되어 있는 거리를 말하며, main street(미, 캐, 아일랜드)는 나라별로 high street(영) 또는 front street(자메이카)로 불린다.

그림 2-7 미국 지적 표기 예시

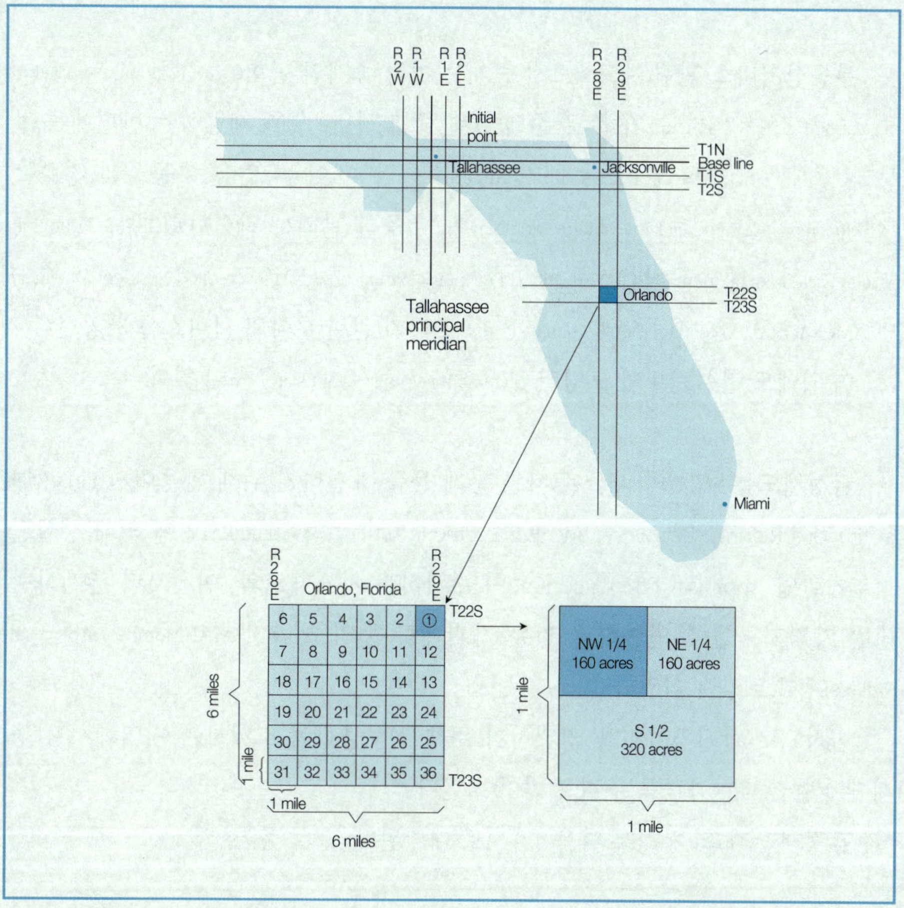

하자. 이 부분의 지적은 미국 전역을 나눈 township line과 range line으로 표기된 township 중 T23S, R29E에 위치하고 이 township 중에서도 본건은 최상단 section one에 속하되 이 section 중에서도 NW 방향의 1/4면적을 차지하고 있다. 따라서 이를 지적으로 표시하면 NW1/4 of section one T23S, R29E가 된다.

미국에서는 개발에 대한 인허가(entitlement)가 나면 개발계획도(plat map)가 작성되고 이 계획도상에 지적은 **Lot & Block** 방식으로 정리된다. 이를 구획분할제도(subdividion system)라고도 하고 이 구획분할 지역 내에 있는 모든 구획된 필지(parcel)

의 경계를 나타내는 구획분할지도(subdivision map)를 토지 개발업자가 카운티에 등록한다.[24]

부동산서비스 관련 제도[25]로서 중개는 미국 중개인 협회(NAR: National Association of Realtors) 소속의 Broker가 주로 주택 관련 중개 서비스[26]를 제공하는 반면에 공장 등의 중개는 Society of Industrial Realtors소속의 SIR이, 상업용 부동산의 경우는 CCIM(Certified Commercial Investment Member)이, 부동산 관리는 관련협회(IREM: Institution of Real Esate Management)의 CPM(Certified Peroperty Manager), ARM(Accredited Resident Manager) 및 AMO(Accredited Management Organization)[27]가 각기 관련 분야의 서비스를 제공한다.

이 외에도 컨설턴트의 모임인 CRE(Counselors of Real Estate) 등이 있다.

감정제도는 S&LA의 파산에 따른 문제 등을 해결하기 위해 만들어진 Financial Institutions Reform, Recovery, and Enforcement Act of 1989 (FIRREA)법에 의해 창설된 정부기관인 Appraisal Foundation(AF)이 주관하는 자격제도와, 이전부터 존재하던 민간 자격기구들이 인증하고 있는 자격제도 중의 하나인 MAI(Member, Appraisal Institute) 등으로 나누어진다.

법적으로 감정평가업을 영위하기 위해서는 물건이 소재하는 지역에서 감정재단이 발급하는 자격을 주별로 받아야 한다.

감정재단(AF)의 자격은 다음 3가지로 대별된다.

(1) Certified General Appraiser(모든 부동산의 평가가 가능): 3000시간의 경력이 필요

24) 일반적으로 필지를 의미하는 parcel은 나지란 의미를 가지고 있어서 개발구획에서 남겨진 토지 또는 개발 계획이 보류된 토지를 유보지(reserved land)라고 하고, 향후 개발비용에 충당하기 위해 남겨진 토지를 체비지(outparcel)라고도 한다.

25) 서비스관련 자격제도의 실익에 대해서는 여러 문헌에서 장단점을 다루었으나 가장 중요한 제도의 실익은 소비자와 공급자 사이에 존재하는 정보의 비대칭을 해소하기 위한 목적 및 자격자의 양성, 이로 인한 당해 산업 발전에 있다고 본다.

26) 중개서비스는 broker와 sales person에 의해 제공되는데 부동산회사에 소속된 broker는 자신이 받은 수수료의 30-40% (사무실 사용비, 프랜차이즈 수수료, 보험 비용 명목)를 다시 소속 부동산 회사에 지급해야 하는 구조이다. 브로커는 세일즈퍼슨 자격으로 최저 2년 이상 근무한 경험이 있는 영주권자나 시민권자만이 자격이 있으며, 4년제 대학을 졸업하고, 주 정부 부동산국이 인정한 학교에서 부동산 8과목을 이수하고 일정한 시험을 거쳐 등록해야 활동이 가능하다. 이에 비해 부동산 세일즈퍼슨은 범법 사실이 없는 영주권자나 시민권자로 일정 시험만 통과하면 되고 다른 자격 제한은 없다. 에이전트는 독립적으로 부동산 거래에 참여할 수가 없으며, 소속된 부동산 회사의 감독과 지휘를 받아야 한다.

27) CPM은 일반적인 주택관리업무를 ARM은 주택관리, AMO는 이 협회가 인증하는 관리회사를 말하는데 이는 별도의 장에서 상설한다.

하고, 시험과목은 영작, 미시 · 거시경제학, 재무관리, 대수기하, 통계학, 컴퓨터사이언스, 부동산관련법규, 다음 과목 중 2개 선택(회계학, 지리학, 농경제학, 영업관리/부동산 등)

(2) Certified Residential Appraiser(주거용 부동산만 감정): 2500시간의 경력이 요구되고 영작, 경제학원론, 재무관리, 대수기하, 통계학, 부동산관련법규, USPAP

(3) Licensed Residential Appraiser(1M$ 이하의 주거용부동산만 감정): 대학학위(2015년 시행), 2000시간(2년)의 연수교육, 컴퓨터에 의한 평가, 일반 객관식 시험

기타 금융, 조세 등의 제도를 보면 금융은 상업은행 등으로 구성되어 고정금리와 변동금리로 구성된 금융상품을 제공하는 1차 저당시장(primary mortgage market)과 이들 저당권 등을 기반으로 정부기관인 Government National Mortgage Association(GNMA, Ginnie Mae)와 2008년 금융위기 이후 정부 금융감독원[Federal Housing Finance Agency (FHFA)]하에 있는 민간기구인 Fannie Mae (Federal National Mortgage Association)와 Freddie Mac(Federal Home Loan Mortgage Corporation) 등으로 구성된 2차 저당시장(secondary mortgage market)으로 구성되어 있다.

상기 기관들은 1차 저당시장의 저당권을 매입하여 이 저당권 등을 기초자산으로 collateralized mortgage obligations (CMOs)[28] 또는 mortgage-backed securities (MBS)를 만들어 연금 및 헤지 펀드 등의 기관 투자자에게 이 채권 또는 증권을 판매하여, 1차 저당시장의 대출자가 계속하여 당해 시장에서 대출을 가능케 하는 기능을 담당하고 있다.

외국인 투자자의 경우에는 대개 약 35% 정도의 down payment를 하고 나머지는 은행 융자를 통해서 부동산을 구입할 수 있다. 다만, 이자율은 약 1% 정도 내국인들보다는 높게 예상해야 한다. 일단 외국인이 구매한 부동산을 다시 판매할 경우, 전술한 FIRPTA(Foreign Investment in Real Property Tax Act)에 원천징수 조항이 있어서, Closing 때에 구매자의 변호사가 판매 금액의 10%를 떼어서 국세청(Internal Revenue

28) 저당권에 회사채 등을 포함하여 발행하면 collateralized debt obligations (CDOs) 등이 된다.

Service)에 보관해 놓아야 한다. 그 후 매도자인 외국인이 위의 양도소득세를 신고 · 정산하는 과정을 거치도록 하고 있다(파생상품의 경우는 원천징수가 필요 없음).

부동산 관련 조세는 우리와 같은 취득세, 종합부동산세 및 다주택중과세 등의 제도는 없다. 재산세는 각 자치단체별로 익년도의 지역 커뮤니티의 운영을 위해 필요한 자금을 추계한 후 이를 기초로 재산세율을 정하여 부과한다. 이러한 조세제도를 대략적으로 정리하면 다음과 같다.

(1) 부동산 재산세(Property Tax): 1% 내외
(2) 부동산등록세(Recording fee): 없거나 미미
(3) 부동산 이전세(Realty Transfer Tax): 주에 따라서 다르게 과세하게 되며, 0.01%(Colorado주)~2.2%(Washington D.C.) 정도
(4) 호화 주택세(Mansion Tax): 이전세 외에 구입가격이 $1,000,000 넘는 경우에는 추가적으로 구입가격의 1%의 세금을 냄.
(5) 양도 소득세(Capital Gain Tax): 1년 이상 보유한 자산 기준 양도세율은 20%

- 양도가액 산정: 매도가격–매입가격으로 과표를 산정하나 매입금액은 업무용인 경우에는 cost basis(매입가+세금+거래비용 등–감가상각비) 적용하여 산정.
- 주거용 주택은 양도시점 기준으로 당해 주택에서 5년 범위 동안 2년 이상 거주한 부부는 양도차익의 50만 달러까지, 같은 조건의 독신자는 25만 달러까지 양도세가 면제된다. 단 주택 임대소득을 올린 경우는 양도세 비과세 적용이 안 된다. 다만, 양도소득세를 유예하는 방법으로 후술하는 〈1031 교환: like-kind exchange, tax-deferred exchange〉이 있는데 이는 국세청(IRS) 1031항에 근거하여 세금 납부기한을 연기하는 제도이다.
- 당해 연도 양도손익은 상계 가능하며 손실액은 $3,000까지 근로소득액 공제 가능하며 초과분은 다음해로 이월 상계가능하며 법인은 과년도 소득과 상계 가능[29]

County appraisal district 또는 County appraisal 등(다양한 명칭)은 주기적으로 부동산 감정 등을 시행하여 과표를 산정하고 다음과 같이 자료를 확보하여 소유자의 열람 및 의의신청을 가능하게 하고 있다.

양도소득세 유예와 관련하여 특이한 제도는 상술한 UPREIT 이외에 TIC(Tenant in common)란 제도가 있다.

이 제도는 2002년 연방 국세청(IRS)이 Revenue Procedure 2002-22를 발표하고 TIC 투자를 1031 exchange(like-kind exchange) 대상에 포함시킴으로 인해 각광을 받고 있는 제도로 투자조합의 지분취득이 인정되고, 등기권리증을 받는다는 점에서 REIT와 다르다.

이 제도는 부동산 교환거래시 양도 소득세를 유예받는 제도로 거래는 escrow 형태와 유사한 회사인 Qualified Intermediary(QI)에 주로 이루어지며 이 조항의 적용을 받기 위해서는 (1) 전기 거래금액 대비 높은 가격, (2) 45일 이내 물건지정, (3) 180일 이내 closing 의무를 진다.

TIC 회사의 형태는 다음과 같다.

(1) 35명 이하의 소유주가 자신이 소유한 지분만큼 이익배당, 세금혜택(tax shelters) 및 시가상승익을 받게 되는 투자방식이다. 파트너십이나 주식회사와는 달리 개인 소유주에게 증서(grant deed)와 타이틀보험이 주어진다.

(2) TIC 부동산은 전문 관리회사가 운영하고 있어 운영의 효율을 얻을 수 있고 다수의 투자자가 투자하기 때문에 소액으로 고가의 부동산을 소유할 수 있다.

(3) 최저 투자금액이 20만 달러에서 시작하므로 분산투자가 가능하고 위험부담을 줄일 수 있다.

(4) TIC 투자가는 소유지분만큼 부동산이 담보된 모기지를 분담받는다. 그러나 이 모기지는 사전에 합의된 non-recourse(비소구) 융자다. 즉 건물이 경매에 넘어가더라도 투자금액 이상의 책임은 없다.

29) 주택시장의 선순환을 위해 영국은 임차인이 재산세를 부담하고, 호주는 주택공급자가 임대주택 임대시 자금융자를 지원하고, 융자자금 이자는 임대소득에서 공제(임대소득이 부족하면 월급공제)하고 있어 임대주택의 건설을 정부가 아닌 민간시장에 이양하고 있다.

그림 2-8 미국 과표 자료

Property Address: 00 FM 529 RD							
State Class Code		Land Use Code		Building Class			Total Units
C2 - - Real, Vacant Commercial		4300 - - General Commercial Vacant		E			0
Land Area	Building Area	Net Rentable Area	Neighborhood	Market Area		Map Facet	Key Map®
152,155 SF	0	0	9172.03	4016 -- Far Northwest		4562C	406Q

Value Status Information			
Capped Account	Value Status	Notice Date	Shared CAD
No	Noticed	05/31/2013	No

Exemptions and Jurisdictions						
Exemption Type	Districts	Jurisdictions	ABS Status	2012 Rate	2013 Rate	Online Tax Bill
None	004	CYPRESS-FAIRBANKS ISD	Certified: 08/09/2013	1.450000		
	040	HARRIS COUNTY	Certified: 08/09/2013	0.400210		View
	041	HARRIS CO FLOOD CNTRL	Certified: 08/09/2013	0.028090		
	042	PORT OF HOUSTIN AUTHY	Certified: 08/09/2013	0.019520		
	043	HARRIS CO HOSP DIST	Certified: 08/09/2013	0.182160		
	044	HARRIS CO EDUC DEPT	Certified: 08/09/2013	0.006617		
	045	LONE STAR COLLEGE SYS	Certified: 08/09/2013	0.119800		
	457	HC MUD 157	Certified: 08/09/2013	0.845000	0.845000	
	633	HC EMERG SRV DIST 9	Certified: 08/09/2013	0.060000		

Valuations					
Value as of January 1, 2012			Value as of January 1, 2013		
	Market	Appraised		Market	Appraised
Land	684,698		Land	684,698	
Improvement	0		Improvement	0	
Total	684,698	684,698	Total	684,698	684,698
5-Year Value History					

Land												
Market Value Land												
Line	Description	Site Code	Unit Type	Units	Size Factor	Site Factor	Appr O/R Factor	Appr O/R Reason	Total Adj	Unit Price	Adj Unit Price	Value
1	4300 -- General Commercial Vacant	SF5	SF	152,155	1.00	1.00	0.75	Shap or Size	0.75	6.00	4.50	684,698

제4절 영국 부동산 시장

Ⅰ. 시장 개요

영국 부동산 시장은 실제로 유럽 전체 상업용 부동산 시장의 15% 이상을 차지하고 있어 유럽의 대표적인 부동산 시장으로서 기능을 하고 있다. 때로는 유럽 전체 시장과 동조 현상을 보이기도 하고 때론 독자적인 양상을 보이기도 한다.

실제로 영국은 외국인의 부동산 소유 및 투자 등에 별도의 제한을 두고 있지 않을 뿐만 아니라 외국인의 경우에는 양도소득세를 면제해 주고 있어 다른 어떤 시장보다도 외국인에게 개방된 시장으로 보아야 할 것이다. 이러한 연유로 항상 이 시장은 부동산 투자활동이 다른 지역과 대비하여 활발한 양상을 보여왔다.

2차대전이 끝난 직후 영국은 저금리 구조의 mortgage finance제도를 도입하여 저금리의 금융이 가능케 하였으며, 또한 전후의 개발붐은 부동산 가격의 급등을 가져왔다. 이 시기에는 기존의 장기 대출권자이자 오피스시장의 임차인이자 소유자이기도 했던 보험회사들도 본격적으로 부동산 시장에 주요 투자자로 등장한다.

이러한 부동산 시장의 가격 급등은 인플레이션으로 이어져 임차인과 임대인의 rent review(임료 재갱신) 기간이 기존의 7~14년에서 이때에는 3년까지 줄어든 적도 있었으나 일반적으로 5년으로 정착되었다.

이러한 부동산 시장의 호황은 Heath 정부의 재무부 장관이었던 Anthony Barber의 이름을 따 Barber 붐으로 불리기도 했다. 이러한 시장의 호황 국면은 1973년까지 이어졌다.

그러나 1973년 1차 오일파동 이후 이러한 부동산 경기는 된서리를 맞게 된다. 많은 부동산 회사 및 부실 은행이 파산하자 이러한 은행의 대출자산을 은행 자산으로 대체하는 degearing과정(소위 lifeboat 조치)을 거쳐 많은 부동산이 금융기관소유가 된다. 이러한 부동산 시장의 터널은 1980년대 말까지 이어진다. 실제로 주식보다 훨씬 낮은 수익률을 내는 상업용 부동산이 보험회사는 전체 자산의 20% 이상, 연금은 10% 이상을 차지하게 된다.

1980년대 이후 대처 정부는 경기 활성화를 위해 기업과 정부의 투자자금 운용을 부동산보다는 주식 등에 분배하도록 하여 상기 부동산 포트폴리오 비중을 5~8%대로 낮추게 하였다. 이때 시행된 경기 부양책은 부동산 시장의 경기 사이클과 겹쳐져서 big bang으로 불리는 엄청난 부동산 가격 상승을 가져오게 하는 원인이 된다.

다시 부동산 시장이 호황으로 바뀌자 금융기관은 LTV비율을 높이고, 부동산 소유자는 이를 이용하여 또 주택 구입시장에 뛰어들게 된다. 이러한 시장은 필연적으로 수요 · 공급의 불일치를 가져와서 부동산 시장이 침체기로 빠지게 되는 1972~1975년의 부동산 침체 시나리오와 동일한 현상을 발생하게 하였다. 부동산 경기 침체로 인해 1990년과 1994년 사이에 대형 15개의 부동산 개발회사가 파산하게 되고 유명한 Canary Wharf 와 Broadgate의 사업이 금융기관의 손으로 넘어가게 된다.

1960년대와 1980년대는 부채를 이용한 부동산 투자붐이 일어난 시기라고 보면 1970년대는 자기지분 투자자에 의해 부동산 붐이 일어난 시기로 볼 수 있다.

1990년대에 들어서면 영국시장에 본격으로 외국인 투자자가 등장한다. 이는 부동산 경기 침체로 인해 부동산 가격이 80년대 말 대비 반값으로 떨어졌고 영국 통화도 상대적으로 저평가되었다고 보았기 때문이다. 먼저 독일 및 네덜란드계 자금이 이러한 시장상황을 보고 영국시장에 들어온다.

이로 인해 1990년대 중반부터 다시 부동산시장이 반등하자 90년대 말에는 부동산 수익률은 2자리 숫자를 시현하게 된다.

이러한 호황국면은 2000년대 중반까지 이어진다. 높은 수익은 결국 높은 임대료 및 높은 임료상승률, 낮은 cap rate가 가능할 경우에 가능하게 된다. 실제로 2000년 초반의 8%을 넘던 cap rate는 2000년대 중반 5%대 중반까지 하락하였다.

그러나 Bear Stearns와 Lehman Brothers 사태 이후 불어닥친 금융위기는 2007년도 이후 부동산 시장의 수익률을 현저히 떨어뜨린다. 2008년 이후 본격적인 부동산시장 침체가 이루어지다가 2010년 이후 시장 수요가 반등하고 침체기 동안 시장의 공급부족분은 다시 부동산 시장을 상승국면으로 이끌어 가고 있으나 이러한 상승은 prime 자산에만 국한되고 있다.

Ⅱ. 부동산 시장 현황

런던은 32개 행정구로 구성되어 있으며 금융중심지인 시티 오브 런던[30](동서로 런던타워에서 성바오로성당까지 그리고 남북으로 템스강에서 런던 월까지의 지역이며 그 면적은 약 1평방마일임)과 문화 · 행정 중심지로 런던에서도 가장 번화한 상업지구이며,

30) 런던 금융시장은 EU 소재 금융기관의 반 이상이 밀집되어 있으며 영국의 국부 수입의 40%를 차지한다. FTSE 기준 100대 기업의 56%가 여기에 본사를 두고 있다.

표 2-6 영국 시장의 자산별 수익률(1971~2010)

(단위: %)

	수익률	위 험
주 식	16.2	29.8
국공채	10.9	13.3
부동산	11.6	11.5

자료: IPD, FTSE.

그림 2-9 런던 시장동향

(단위: %)

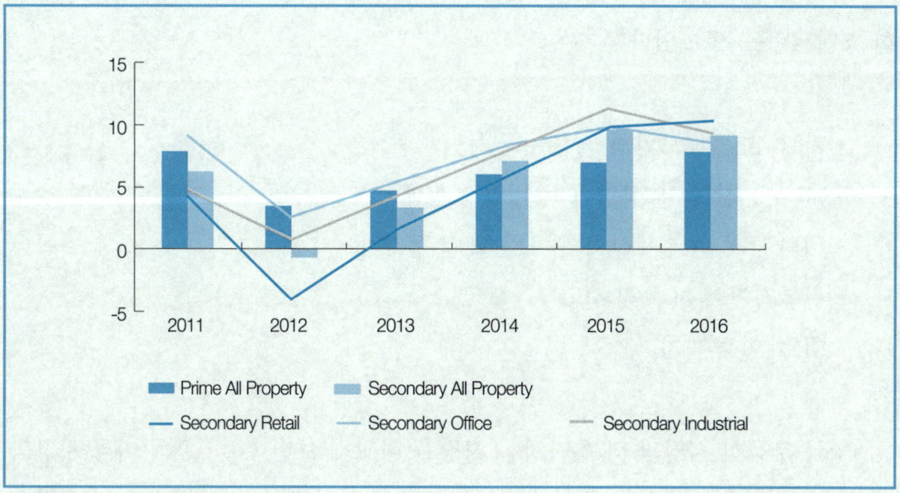

자료: DTZ Research, IPD.

영화관 · 극장이 모여 있는 오락지구로 영국의 브로드웨이이기도 한 웨스트엔드 지역이 주요 부동산 투자 거래 시장이다. 이 외에도 런던의 East End지역은 장기간에 걸친 재개발을 거쳐 개발된 신도시인 Canary Wharf 지역으로 이 지역은 쇠락한 부두에서 대규모 금융가로 발전하였다.[31]

2012년에는 런던 브리지 옆에 유럽 최고층 빌딩인 95층 규모의 더샤드가 준공되었으나유럽 시장의 경기 불황으로 인해 임대에 어려움을 겪고 있다.

31) 부두노동자들, 이민자들로 구성된 대표적인 런던의 낙후지역이었던 이 지역은 오랜 기간을 거쳐 개발회사는 1988년에 재개발을 완성하였으나 이때 시장의 오피스 공급과다로 파산하였다. 이후 구조조정을 거쳐 Carnary Wharf Company로 거듭났다.

표 2-7 런던 오피스 시장 현황(2012)

	West End	London City
Prime Rent(psf)	£92.50	£55.00
Prime Yield	4.25%	5.00%
Capital Value (psf)	£2,057	£1,039
Vacancy Rate	4.51%	7.24%
Rent Free 기간	15개월	24개월

영국에서 부동산을 소유하고 있는 주체는 실소유자 외에도 다음과 같이 다양한 스펙트럼을 갖고 있다.

- 기관 투자자: 보험회사, 연기금 등
- UK 부동산 회사: 상장 또는 비상장 형태
- 해외 투자자: 부동산 펀드 또는 개인 투자자
- 전통적인 토지주 및 신탁
- UK 개인 투자자

영국 부동산 시장과 타 투자상품 시장을 비교해 보면 〈표 2-1〉의 미국 시장과 비슷한 양상을 보인다. 즉, 주식시장의 수익률이 가장 높은 편이며 부동산 시장은 위험의 정도는 훨씬 낮으나 평균적인 수익률은 주식시장에 미치지 못하는 편이다. 부동산 상품별 수익률 예측자료를 보면 2012년을 기점으로 2015년까지 전반적으로 부동산 시장의 수익률이 상승할 것으로 예상하고 있다.

한편, 런던 오피스 시장은 〈표 2-7〉에서 보듯이 웨스트엔드 시장이 시티 오브 런던 대비 임대료 등은 높으나 상대적으로 부동산 수익률은 낮은 편이다.

Ⅲ. 부동산 제도

영국 부동산 시장은 잉글랜드, 스코틀랜드, 웨일스 및 북아일랜드 등으로 구성되어 다양한 역사적 배경과 특이한 시장환경을 갖고 있다.

영국과 웨일스에는 부동산 소유에 별다른 제약이 없다. 토지등기소(Land Registry)에는 등기된 부동산이 기록 · 보관되어 있으며 모든 거래는 등기가 강제된다.

일반적으로 **소유권**은 원칙적으로 영국국왕의 소유이나 부동산 거래시에는 다음 2가지 유형으로 대별된다.

Freehold: 이는 가장 최상급의 소유형태로 영구히 부동산을 소유할 수 있는 소유권이다. 그러나 이는 국가의 수용권의 대상이 되기도 하고 다른 소유권에 의해 침해를 받기도 한다.

Long Leasehold: 임차권이나 예를 들어 임차기간이 999년 무상 임료로 장기임차를 하는 형태는 상기 freehold와 실질적인 의미에서 차이가 없다. 이 외에도 125년 또는 150년의 장기임대 lease holder는 실제 임차인으로부터 받는 임대료의 5~15%를 freeholder에게 지불하고 장기 임차권을 확보하는 준소유권 형태를 취하기도 한다.

영국 부동산 시장은 수익자 부담의 원칙을 근간으로 구성되어 건물의 유지 보수 책임 및 주민세 등의 세금납부도 임차인 부담이다.

나아가서 임차인과 임대인은 5년마다 임대료 갱신을 하게 되는데 임료갱신은 무조건 전기보다 인상을 원칙으로 한다. 다만, 임차인은 계약에서 정하는 기간마다 임대차계약을 폐기할 수 있는 권리를 가진다.

등기제도를 보면 모든 부동산 거래(7년을 초과하는 임차권)는 Land Registry란 토지등기소(www.landreg.gov.uk; Scotland는 Registers of Scotland)에 등기하도록 강제하고 있다(2002년부터 Land Registration Act란 법을 제정하여 시행).

실제 영국은 대부분의 자산이 교회, 교육기관 및 왕실자산이므로 郊外자산의 반 이상이 무등기 상태로 통계 자료에 의하면 England 와 Wales는 전체 자산의 25%가 미등록상태인 것으로 알려져 있다. 이러한 이유는 영국의 토지는 영국여왕 소유로 개인은 토지소유권에 대한 개념보다는 일정한 범위의 토지에 대해 일정기간 보유한다는 보유권(tenure) 개념이 강하기 때문이다.[32] 그러나 부동산 거래시 등기가 강제되지 않아서 많은 거래사고가 발생하여 등기를 강제하기 시작한 것이다.

등기부는 우리나라와 유사하게 부동산 표제부, 소유권부 및 제한물권부로 나누어 기재되어 있다. Land Registry는 등기된 부동산 거래가격 등을 바탕으로 House Price Index를 apt(flat), 단독, 연립으로 구분하여 발표하고 있다.

지적은 별도의 기관이나 제도가 있지 않고 Land Registry에서 토지번호, 토지경계선, 건물번호, 중요시설물 및 명칭 등이 표시되어 있는 지형도[Ordnance Survey Map(육지측량부에서 작성)]를 별도로 사용하고 있으며 이 도면의 축척은 지역에 따라 도시지역은 1/1,250, 농촌지역은 1/2,500, 산악지역은 1/10,000의 3종류로 구별되어 사용하고, 필요에 따라 1/500, 1/625로 확대하여 관련 자료를 보관하고 있으며 대축척도면(1/500, 1/625)은 토지소유자의 등기권리증(Land Certificate) 또는 저당권자의 저당권리증(Charge Certificate)에 그 대상필지를 표시하여 보관 · 관리한다.

다음 〈표 2-8〉은 영국 이외의 주요 국가별 지적제도의 유형을 정리한 것이다.

부동산 서비스제도 중 부동산 거래는 매도자 또는 매수자 측 에이전트가 거래를 중개하게 되며 중개와 관련된 서류 작성 및 간단한 due diligence는 solicitor(정식 법정 변호사인 barrister에 비해 하급 변호사로, 의뢰받은 사건의 서류작성 등 법률 사무를 함) 또는 licensed conveyancer가 담당한다. 양자간의 차이는 별반 없으나 후자가 보다 유연한 윤리규정을 갖고 있다. 나아가서 좀 더 전문적인 서비스가 필요한 경우에는 회계사, 건축전문가 등의 자문을 얻어 거래를 진행한다.

특히, 영국 지방정부는 에너지 효율화를 위해 에너지 성능증명(EPC: Energy Performance Certificate)을 받도록 하고 있다.

다음은 영국에서 부동산 거래시 소요되는 비용을 정리한 것이다.

32) 안나볼레나(천일의 앤)의 남편이자 엘리자베스 1세 여왕의 아버지인 헨리8세는 조세수입을 강화하기 위해 귀족들이 소유하는 토지에 등기를 강제하였으나 귀족들의 반대로 본격적으로 실행에 옮겨지지 못했다.

표 2-8 주요 국가별 지적제도 유형

구 분	프랑스	독 일	네덜란드	일 본	대 만
기본법	민법	측량법	민법, 지적법	국토조사법	토지법
담당기구(중앙)	재무경제성	내무성	주택도시 계획 및 환경성	법무성	내정부
창설연대	1808-1850	1801-1864	1811-1832	1876-1880	1898-1914
재조사사업	1930-1950	-	-	1951-현재	1976-현재
지적공부	토지대장 건물대장 지적도 색인부	부동산지적부 지적도 수치지적부	부동산등록부 지저도 지형도	지적부 지적도 토지등기부 건물등기부	토지등기부 건축물개량등기부 지적도
지적도 축척	도시지역 1:500 농촌지역 1:1000 기타지역 1:2000	도시지역 1:500 농촌지역 1:1000 산간지역 1:2000	도시지역 1:500 1:1000 1:1250 농촌지역 1:2000 1:1250	도시지역 1:250 1:500 농촌지역 1:500 1:1000 산림지역 1:1000 1:2500 1:5000	
지적 등기 통합여부	중앙:관장기관 통합 지방:관장기관 미통합	미통합	미통합	통합 (1966)	통합 (1930)

- 구매자 부담비용
  - 인지세 4.00% (stamp duty 절세 계획이 없을 경우)
  - 중개수수료 1.2% (VAT 포함) 단, 임대할 경우 수수료는 연 임료 기준 7~10%
  - 법률서비스 수수료 0.6% (VAT 포함)
  - 합계 5.8%

- 매도자 부담비용
  - 중개수수료 1.2% (VAT 포함)
  - 법률서비스 수수료 0.6% (VAT 포함)
  - 합계 1.8%

감정평가는 영국 왕립측량사협회(RICS: Royal Institute Chartered Surveyors)[33] 소속의 평가사가 평가업무를 수행한다.

기타 금융, 조세 등과 관련하여 외국인은 대부분 절세 목적으로 룩셈부르크, 네덜란드 등에 SPV를 설립하고 부동산 투자를 하게 된다.

영국에서 간접 투자를 할 경우 일반적으로 이용되는 회사형태는 영국 유한 파트너십(ELP: 1인 이상의 LP와 1인 이상의 GP로 구성) 또는 영국 국내 유한책임 파트너십(LLP: 파트너 전원이 경영에 참여하기를 원하는 경우에 적합) 형태를 이용한다.

기타 제도로는 mutual fund와 유사한 unit trust[34]란 제도가 있다. mutual fund는 회사형으로 다양한 증권 등에 투자하지만 unit fund는 신탁기간 동안 포트폴리오의 변화가 없는 장기 투자자에 선호되는 투자 방법으로 이를 이용하여 관리비 등을 절감할 수 있다.

영국에서도 주택 구입을 위한 가장 보편적인 수단은 1912년부터 시작된 주택저당을 이용한다.

조세기준은 조세기준청(VOA; Valuation of Agency)이 맡는다. 여기서는 과표 등의 산정 및 이의신청 등을 관리하고 실제 징수는 국세청(HM Revenue & Customs)이 맡는다.

실제로 국내에서는 한국감정원이 이 제도를 근간으로 새로운 형태로 기능 조정이 이루어졌다.

부동산 거래시에는 전술한 바와 같이 구매자가 인지세(1~4%, 주거는 백만 파운드 초과 5%, 2백만 파운드 초과 7% 적용)를 부담하고 보유시에는 거주자가 국내의 재산세 성격의 council tax(주택가격의 1% 내외)를 부담한다. 마찬가지로 상업용 부동산의 경우에는 영업세라 불리는 NNDR(National Non-Domestic Rate: business tax)[35]을 임차인이 부

33) 1868년에 설립된 협회로 부동산에 관련된 대부분의 전문 직종을 통합하는 협회로 소속 회원은 MRICS와 FRICS로 나누고 전세계적으로 10만 명이 넘는 회원을 보유하고 있는 세계 최대의 부동산 자격 단체이다. 평가의 경우는 관련학과에서 학위를 받고 2년간의 실무수습과 인터뷰 등을 거쳐 MRICS가 된다.

34) 1931년에 도입된 제도로 영국의 투자신탁(unit trust)은 금융당국의 인가를 받은 authorized unit trust와 비인가 투자신탁인 non-authorized unit trust(국내법상의 사모펀드와 유사)로 나눈다. 비인가 투자신탁의 가장 흔한 예로는 부동산에 투자하는 부동산투자신탁(property unit trust)이 있다. 영국의 사모펀드에 대한 제도는 미국과 유사하지만 펀드 운용자에 대하 규제는 강한 편이다.

35) Council tax는 지방세로 주택 가격을 가격대별(A~H)로 나누어 세금부과, NDR는 국세로 임대료를 기준으로 부과하되 43.2%의 세율로 과세한다. 단, 과세부담자는 소유자가 아닌 실거주자 또는 실사업 운영자이고 주택의 경우 거주자가 없거나, 상업용 건물

담한다.

매각시에는 양도소득세[36]를 부담한다. 그러나 전술한 바와 같이 외국인은 양도소득세를 부담하지 않는다.

제5절 일본 부동산 시장

Ⅰ. 시장 개요

1970년대 일본에서는 가계의 주택수요가 크게 증가했다. 일본의 금융기관들은 모기지론을 전문적으로 담당하는 전문기관을 설치했는데 이것이 약칭 주전으로 불리는 주택금융전문회사다. 주전은 가계의 주택수요를 기반으로 안정적으로 성장했다.

그러나 가계에 대한 모기지론 공급이 안정적인 수익 사업임이 드러나자 금융기관들이 직접 모기지론을 취급하기 시작했다. 이에 따라 주전은 새로운 사업영역을 찾지 않을 수 없었다.

이 무렵 첨예화한 미국과 일본의 무역불균등을 시정하고자 1985년 뉴욕 플라자 호텔에서 G5 회담을 벌여 일본은 무역흑자 감축을 위하여 엔고를 허용하기로 합의하였고, 그 결과 1984년에 1달러당 244엔이던 엔화가치는 1986년에는 1달러당 160엔 수준으로 급격하게 상승하였다. 이로 인하여 일본에는 엔고 불황이 시작하자 일본정부는 국내 경기불황 완화를 위하여 공정보합(중앙은행 재할인율)을 종전의 5%에서 1987년 2월까지 2.5%로 내리게 된다. 이 초저금리정책은 막대한 무역수지 흑자로 인해 국내 통화량이 대폭 증가하던 상황이었기 때문에 막대한 잉여자금은 주식과 부동산으로 몰려들었고 국내에서 자금이 넘치다 못해 미국 등지의 해외 부동산 투자와 명화 수집, 동남아시장에 대한 초저금리 자금 공세로 이어지게 된다. 특히 일본 국내의 비주거용 부동산시장이 크게 활성화되자 주전은 공격적으

의 경우 3개월 공실이 되면 소유자가 이러한 세금을 부담한다.

36) 18% 및 28%(소득세율에 따라 구분).

로 비주거용 부동산 대출 시장을 확대해 나갔다

이러한 경기과열 상황이 지속되고 부동산 가격이 급등하자 일본정부는 이번에는 금리를 끌어올려 자금 대출을 어렵게 만들고자 '부동산융자 총량제한'이라는 제도를 만들어 토지 매입을 위한 자금 대출을 제한하게 한다. 이렇게 되자 토지 가격이 급격히 하락하고 자금의 유통이 경색되면서 주가가 하락하고 결국 일본 버블 경제의 대붕괴가 시작된다.

동경 등 6대 대도시 지역의 경우 토지가격지수가 1980년에 비해 1991년에는 6배 이상 상승했다. 거품이 붕괴되면서 2003년에는 다시 1980년대 수준으로 떨어졌고 이후로 하락세가 지속되고 있다.

더구나 미국에 투자된 자금은 미국 경기의 불황으로 묶이고 동남아시아 투자 자금은 기대한 수익을 올리지 못하였으며 국내 부동산은 오히려 일본 산업의 해외 진출로 인하여 수익성이 더 떨어지게 된다. 이러한 국내외 경제 변수로 인해 1990년대에 들어와서 일본 부동산 거품 붕괴는 가장 먼저 주전의 파산으로 이어지고 이후 본격적인 부동산 경기 하락이 10여 년간 지속되었다.

그 후 2000년대에 들어서면 경기가 살아나기 시작하여 실제로 2002년 초에 시작된 일본의 경기 확장국면은 60개월을 넘겼으며 2002년 이후 연평균 2%대의 GDP 성장률을 유지하였다. 이는 1965년 11월에 시작되어 57개월간 지속된 전후 최장 호황기인 이자나기 경기의 기록을 상회하는 것이었다. 또한 장기간의 경기 호황은 향후 경기회복 지속에 대한 기대감을 높였으며, 전후 베이비 붐 세대, 즉 단카이(債權塊) 세대의 대량퇴직으로 신규고용이 늘어나면서 실업률이 지속적으로 하락하였다. 이에 민간소비도 2002년 이후 평균 1% 수준이었던 것이 2007년에는 1.5%를 넘어 10년 만에 가장 높은 증가를 보였다. 실제로 2006~2007년을 일본에서는 미니 버블이 발생한 시기로 본다.

이 당시 2002년도부터 도입되어 미미한 성장을 하던 J-REIT[37]도 '東証REIT指數'가2007년 종가 기준 1,868.57을 기록하였다. 그러나 글로벌 금융위기가 이어지고

37) 2002년에 부동산투자회사가 등록되어 J-REIT시장이 형성되기 시작하였다. J-REIT는 오피스, 상업시설, 주거용 부동산, 호텔 등과 같이 다양한 종류의 부동산에 투자하는 통합형, 오피스와 상업시설 등 2가지 종류의 부동산에만 투자하는 복합형 및 오피스빌딩 등 1가지 종류의 부동산에만 투자하는 전문형 리츠로 나눈다.

2006년부터 시작한 일본의 인구감소는 부동산 경기의 불황을 가중시켜 2009년 주가는 800대로 떨어진다.

여기에 2008년부터 발생한 국제적인 금융위기 등으로 인해 일본 내 1인 가구가 급증하면서 수도권을 중심으로 소형가구가 집중되고 있어 이들을 위한 임대주택시장이 크게 성장하였다. 이러한 수요에 부응하기 위해 소형임대주택 전문관리회사(레오팔레스 21, 세끼쓰이 하우스 등)가 이 무렵 본격적으로 등장하기 시작했다.

2012년 이후에는 일본 총리 아베의 과감한 금융완화와 재정지출 확대, 경제 성장 전략을 주 내용으로 하는 일본판 양적 완화정책인 아베노믹스(Abenomics)가 발표되어 실행에 옮겨지자 대도시를 중심으로 부동산 시장이 활성화되고 J-REIT시장의 주가도 급격히 회복되는 양상을 보이고 있다.

Ⅱ. 부동산 시장 현황

일본경제는 2013년 현재 아베노믹스에 의한 양적 완화 정책으로 인해 경제가 회복세를 띠고 있다. 특히 2014년부터 소비세를 인상하고 5조엔 규모의 재정정책을 실시하여 경제 연착륙을 시행하고 있다. 특히, 2020년 동경 올림픽 유치는 향후 일본 경제에 큰 플러스 요인으로 작용할 것으로 기대된다.

동경은 千代田, 中央, 港로 구성된 도심 3구와 涉谷, 新宿, 豊島, 文京, 台東의 중심 5구와 그 외측의 주변 15구를 합하여 23구로 구성되며, 대부분의 거래는 대부분 도심5구에 집중된다.[38]

〈그림 2-10〉에서 보듯이 동경 A급 오피스 공실률은 7~8%대를 보이고 임료는 서서히 상승하는 국면을 보이고 있다. 특히 REIT(東京証券거래소의 REIT지수 참조)를 중심으로 한 대형 부동산 거래 및 대형 재개발 사업이 이러한 시장분위기를 반영하고 있다. 그러나 여전히 3대 도심권을 제외한 지방은 부진한 부동산 경기가 계속되고 도심권의 경우도 대기업, 그룹, 철도회사, 건설사 등이 대도시 토지시장의 대부분을 차지하여 부동산 경기는 이들의 움직임에 제한적인 약점을 갖고 있다.

38) 일본 부동산 시장은 대기업, 그룹, 철도회사, 건설사들이 대도시 토지 시장의 80%를 차지한다

그림 2-10 동경 A급 오피스의 임대료 및 공실률 예측

(단위: %)

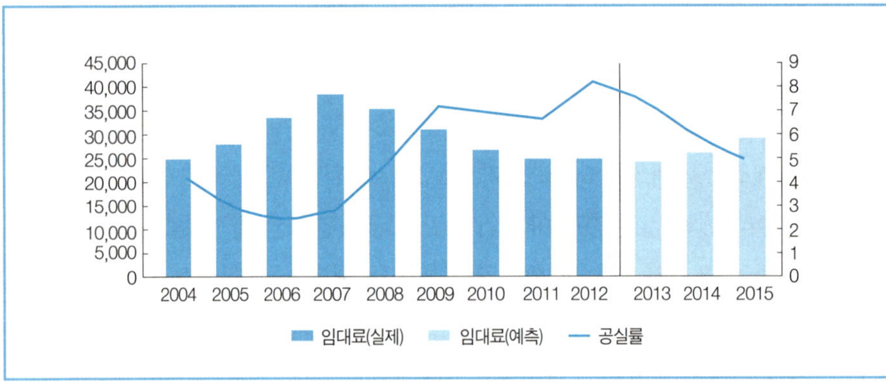

자료: DTZ Reserarch.

그림 2-11 J-REIT지수와 일본 주가지수의 연도별 변동추이

(단위: %)

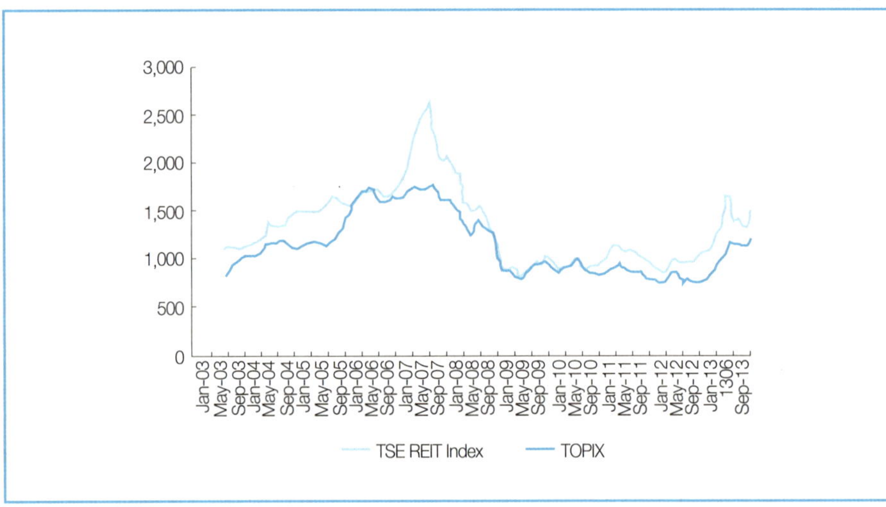

자료: Tokyo Stock Exchange.

〈그림 2-11〉은 J-REIT의 연도별 REIT지수를 나타낸 그림으로 2013년의 지수는 2007년 대비 60%대 수준을 보이고 있다.

REIT의 성장 규모 및 수익률 등을 보면 〈그림 2-12〉에서처럼 자산 총액 규모는 2007년 대비 60% 수준에 이르렀지만 수익률은 4%대에 그치고 있어 피크 대비 절

그림 2-12 J-REIT 총자산액(JPYbn), 배당이율 및 일본 국공채 수익률(10년)

(단위: %)

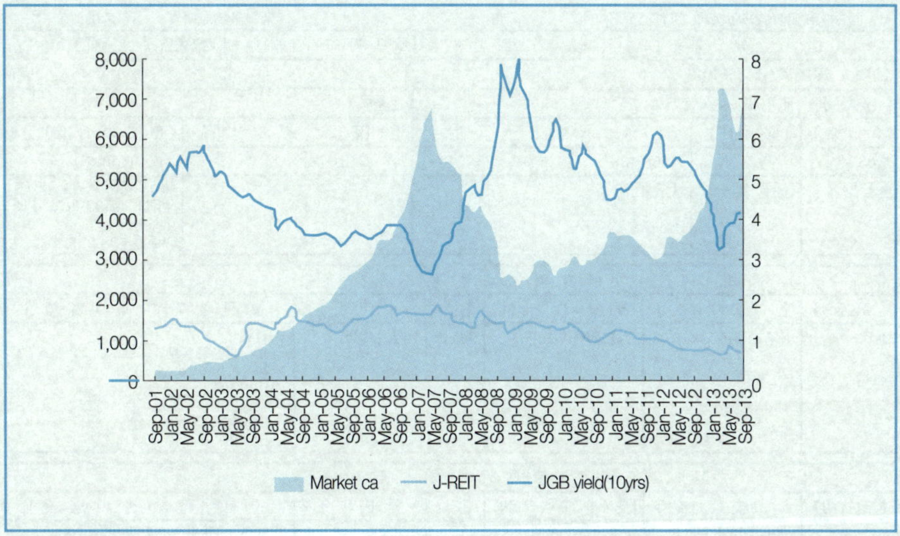

자료: J-REITs, Japan Bond Trading.

반 수준에 그치고 있다. 그러나 REIT 배당수익률은 주가의 배당 수익률보다 높아서 부동산 시장이 상대적으로 매력적인 시장으로 판단된다.

Ⅲ. 부동산 제도

일본은 외국인 투자에 대한 특별한 제한이나 우대 제도가 없다. 대부분의 부동산 제도는 우리나라와 유사하다. 일본은 메이지 유신[39] 이후 사회 전반에 대한 제도를 영국을 기준으로 체계를 구축하였으나 부동산은 프랑스 민법을 기준으로 한 대륙법 체계를 택하였다. 따라서 프랑스 민법의 immobilier란 용어를 번역하여 不動産이라 칭하고 소유 제도도 천황이 아닌 개인이 부동산을 소유할 수 있는 소유권 체계로 구성하였다.

나아가서 전후의 서민들의 주거 안정을 위해 토지 임차인과 건물 임차인의 임

39) 일본의 연호는 명치는 1868년, 대정은 1912년, 소화는 1926년을, 평성은 1989년을 연호의 시작년으로 하고 있다.

그림 2-13 일본 등기부 등본

東京都世田谷區成城○丁目1353-3				全部事項証明書	(土地)
【 表 題 部 】 (土 地 の 表 示)				調製 平成11年9年22日	地圖番號 余白
【不動産番号】 1234567891012					
【 所 在 】 世田谷區成城○丁目				余白	
【①地 番】	【②地 目】	【 ③地 積 】 m²		【原因及びその日付】	【登記の日付】
1363番3	宅地	1363番3 485	13	1353番1から分筆	平成4年3年16日
余白	余白	余白			昭和63年法務省令第37号 附則第2條第2項に規定により移記 平成11年9年22日

【甲 區】	(所有權に關する事項)			
【順位番号】	【 登記の目的 】	【受付年月日·受付番号】	【 原 因 】	【 權利者その他の事項 】
1	所有權移轉	平成12年9年12日 第57097号	平成12年1年12日相續	共有者 世田谷區喜多見○丁目○番○号 持分の5分の3 山田太郎 世田谷區喜多見△丁目△番△号 5分の2 山 田 一 郎

【乙 區】	(所有權以外に關する事項)			
【順位番号】	【 登記の目的 】	【受付年月日·受付番号】	【 原 因 】	【 權利者その他の事項 】
1	根抵當權設定	平成12年9年28日 第60450号	平成12年9年28日設定	極度額 金1億4,600萬円 債權の範囲 銀行取引 手形債權 小切手債權 債務者 世田谷區成城○丁目○番○号 株式會社 ○○○○ 根抵當權者 中央區中央○丁目○番号 株式會社 ひまわり銀行

차 권리를 안정적으로 확보하기 위해 차지(借地)권과 차가(借家)권을 별도로 규정하고 있다.

따라서 차지권이 설정되어 있는 땅을 저지(底地), 이러한 제한이 없는 토지를 갱지(更地)[40]라 부르고 이러한 권리의 설정 여하에 따른 가격 편차가 심한 편이다. 차지권 등이 설정된 토지의 경우, 소유자의 권리가 제한받기 때문에 건물 등의 관리가 소홀해져서 지역이 슬럼화하는 현상이 나타나자 이를 보완하기 위해 정기차지권제도를 설정하여 기한을 정한 임차형태를 도입하였다.

등기제도는 우리와 같이 토지와 건물로 나누고 부동산 표시부인 표제부, 소유

40) 택지는 일반적으로 주거지, 상업지, 공업지, 농지, 임지로 구분하고, 대지(垈地)도 지적법상 대지와 건축법상 대지의 기준이 다르다. 토지 이용 상황에 따라 나지(빈 땅), 건부지(지상에 건물이 있는 부지), 갱지(차지권이나 차가권이 설정되어 있지 않은 토지), 저지(底地, 차지권이 설정되어 있는 토지), 차지(借地권을 가지고 있는 토지), 용지/부지(시설물부지), 맹지(도로에 접하지 않는 토지), 대지(袋地 자루형 토지), 획지(가치 또는 이용상황 기준 구분), 필지(지적법상의 구분), 소지(늪이 매립을 통하여 대지로 변경된 경우 늪을 지칭), 후보지(농지 · 임지가 택지로 변경), 이행지(택지지역 내에서 상위 토지이용상황으로 이동 중에 있는 토지) 등 다양한 토지에 대한 구분이 가능하다.

권관계를 나타내는 갑구 및 저당권 등의 제한물권을 표시하는 을구로 나눈다.

소유자를 대신해서 이러한 등기 관련 업무를 대행하는 업자로 '토지가옥조사사'가 있다. 이들은 부동산의 [표시에 관한 등기] 수속을 처리하는 업무 및 등기수속에 필요한 부동산 조사 및 측량 등의 업을 하는 사람들이다. 부동산 등기법에 따라 [부동산 권리에 관한 등기] 업무는 '사법서사'가 맡는다.

지적제도는 앞의 〈표 2-8〉의 국가별 지적제도에서 보듯이 도시, 농촌 및 산림 지역으로 나누어 별도의 축척을 가진 지적도를 구비하고 있다.

부동산서비스제도로는 부동산 거래는 택지건물거래업법에 의거하여 '택지건물거래업자'에 의해 이루어진다. 택지건물거래업법은 면허제도와 함께 거래업자에게 택지건물거래에 관한 전문가로서의 역할을 충분히 발휘하도록 하기 위해 사무소마다 일정 수 이상의 거래주임자를 두도록 하고 있다. 거래주임자가 되기 위해서는 택지거래주임자격시험에 합격한 뒤, 도도부현 지사로부터 택지건물거래주임자증을 교부받아야 한다. 택지건물거래업에 종사하는 자 중에는 거래주임자 이외에 종업원이 있다. 이 업무에 종사하기 위해서는 건설대신 면허 또는 도도부현 지사의 면허를 받아야 하는데 전자는 둘 이상의 도도부현 구역 내에 사무소를 두어 거래업을 하는 경우에는 도도부현 지사의 면허를 받아야 한다.

평가는 '부동산평가사'에 의해 이루어지는데 이들은 국토건설성이 시행하는 자격시험에 합격하여야 한다. 부동산 보상업무는 '부동산컨설턴트'가 담당하며 평가가격은 평가 대상 물건의 시장성의 정도에 따라 정상가격, 한정가격, 특정가격 및 특수가격[41]을 정의해 두고 있다. 또한 가격 제도는 공시지가(중앙정부) 및 기준시가(지방정부의 과세 및 거래 지표가격으로 3년마다 조사), 노선가(공시가의 80% 수준으로 상속 · 증여세 산정 목적), 고정자산세(재산세 산정) 등의 가격 체계를 가지고 있다.

41) 정상가격은 국내기준으로 보면 시장가치와 같은 개념이고 한정가격은 거래 당사자가 제한되어 이들간에 거래되는 가격기준을 말하며 특정가격은 특수한 여건을 전제로 한 가격을 말하며, 특수가격은 문화재 등의 시장성이 없는 물건에 대한 감정가격을 말한다.

기타 금융조세는, 금융시장은 non-recourse loan(비소구권 담보) 형태의 금융상품을 가지는 시장과 전통적인 담보 대출 시장 등으로 구성되며 조세제도는 부동산 취득시 매수자가 취득세(3%)와 등록면허세(10%)를 부담하며 우리나라의 재산세에 해당하는 고정자산세는 과표현실화율을 70%로 정하고 이에 1.4%의 율을 적용하여 부과한다. 양도소득세는 1주택은 면제, 2주택 이상은 20%(5년 이상 보유시, 단 5년 이하 보유시는 40%)의 과세 기준을 갖고 있다.

참고자료

일본 부동산 종합디벨로퍼 현황

랭킹	회사명	사업 내용	설립연도	종업원 수(명)	연매출 (억 엔)	관리규모		비고
						면적(만 평)	관리건물수	
1	미츠이부동산 (三井不動産) 관계사: 189개	빌딩/복합단지 개발, 임대, 관리 아파트/주택의 건설, 판매, 상업시설의 개발, 판매, 운영 부동산의 매매, 중개, 컨설팅	1941	1,295	6,045 11,114	300	370	
2	미츠비시지쇼 (三菱地所) 관계사: 52개	빌딩/복합단지 개발, 임대, 관리 주택개발사업, 설계감리사업 자산개발운용사업, 호텔/여가사업	1937	1,531	7,754			
3	스미토모부동산 (友住不動產)	빌딩 개발, 임대, 관리, 아파트/주택의 개발, 분양 택지 조성, 분양, 부동산의 매매, 중개, 감정	1949	2,691	5,212 6,161	110	180	
4	도큐부동산 (東急不動產)	아파트/주택의 건설, 판매, 빌딩/복합단지 개발, 임대, 관리 상업시설 개발, 운영, 리조트 개발, 운영	1953	541	5,403			
5	다이쿄(大京) 관계사: 8개	도시개발, 주택개발, 분양	1964	1,538	3,533			아파트 개발, 관리위주
6	도쿄다테모도 (東京建物) 관계사: 17개	도시개발사업, 주택개발사업, 빌딩임대사업 리조트사업	1900	298	1,613			아파트 개발, 관리위주
7	모리빌딩 (森ビル)	도시재개발사업, 오피스빌딩, 주택, 상업시설, 호텔등의 기획, 개발, 설계감리, 영업, 영업관리 관계사: 19개	1959	1,154	1,554	37	127	
8	모리트러스트 (森Trust) 관계사: 16개	오피스빌딩, 주택, 상업시설의 개발, 운영 호텔, 리조트, 복리후생 비즈니스	1959	2,070	1,249	50	78	모리빌딩 그룹에서 분리 (1998년)
9	골드크레스트 (Gold Crest)	아파트 개발, 분양	1992					아파트 개발, 관리위주
10	NTT도시개발 (NTT都市開發)	부동산 취득, 처분, 관리, 부동산 이용 및 개발 주택 건설, 판매	1986	315	962			

제6절 중국 부동산 시장

Ⅰ. 시장 개요

중국은 부동산을 방지산(房地产)으로 부른다. 여기서 '방'은 건물을 '지'는 토지를 말하고 '산'은 재산을 가르킨다. 즉 부동산은 토지와 건물의 결합으로 보고 전자는 국가가 소유권을 가지고 후자는 개인이 소유권을 가지는 이원적 체계를 취한다.

이러한 개념은 1980년대 말까지 '토지는 국가의 소유이고 상품으로 거래되는 것이 아니다'라는 인식에서 출발하였으나 1986년 토지관리법을 제정하고 1988년 말에 법개정을 통하여 토지사용권의 양도를 인정하게 되면서부터 본격적인 부동산 시장이 가동하게 되었다고 본다.

이러한 변화는 부동산산업에 엄청난 변화를 가져오게 되어 초기 경제 개발이 진행되던 경제특구, 연해 대외 개방도시를 중심으로 토지양도가 활발해지면서 부동산 시장이 형성되었다고 볼 수 있다. 중국 부동산 거래는 도시의 국유지와 건물을 주 대상으로 하고 전자는 토지사용권을 거래객체로 하는 토지사용권 거래시장과 주택을 포함한 기타 용도의 건축물 소유권과 사용권을 거래객체로 하는 건축물 매매. 임대시장으로 구성된다.

이전까지 부동산 시장의 구조를 보면 1949년 중화인민공화국 성립 이후 개혁개방 이전까지의 계획경제시기에는 건설부문 투자 항목은 상급행정기관이나 행정간부 개인에 의해 결정되었고, 투자항목의 설계와 시공은 정부부문에서 지정하거나, 정부부문에서 위탁·파견한 설계부문과 건설업체가 담당하였다.

1980년대 이후 개혁개방정책이 본격적으로 추진되면서, 투자항목 실행절차가 전통적인 계획경제 체제하에서의 투자항목지휘부 중심의 건설조직 모형으로부터 시장경제체제로 이행하기 시작하였다. 즉 원래의 계획경제체제하에서는 발주와 측량조사, 설비공급, 건축시공과 설치를 담당하는 업체들이 행정체재의 틀 속에서 역할분담과 전문적인 분업관계를 유지하고 있었으나 개혁개방 이후에는 이들 각자가 독립적인 이익주체로서 시장에 의해 선택하고 선택되는 발주자와 도급업자 관계로 변하였다.

중국 건설시장은 개혁 · 개방정책이 본격적으로 추진되기 시작한 1980년대 초반부터 급속한 발전을 거듭하여 1980년대 말에는 GDP에서 차지하는 비중이 제조업, 농업에 이어 제3의 산업으로 성장하였다.

특히 제8차 5개년계획 기간(1991~1995)에 덩샤오핑(鄧小平)의 남순강화(南巡講話)[42]와 제14대 전당대회 이후 전면적인 개혁개방을 실시하면서 건설 및 부동산 개발업도 크게 발전하게 되었다. 중국에서 건물 매매 및 임대시장도 주택소유제 및 분배제도 개혁과 함께 형성 · 발전되어 왔다. 중국의 부동산 개혁과정은 크게 세 단계로 나눈다.

제1단계(1979~1989): 부동산 산업의 도입 시기

주택의 상품화와 부동산 시장, 그리고 부동산 산업이 초보적인 발전단계에 진입하고, 전국적으로 도시와 향진의 주택제도 개혁방안을 모색하기 시작한 시기다.

1988년에는 제1차 전국주택개혁회의가 개최되었고 국무원의 주택제도 개혁영도소조가 전국에 '전국 도시의 분기별, 반기별 주택제도 개혁추진방안'을 공포하여 도시 주택제도 개혁이 본질적인 실천단계로 발전하게 되었고, 부동산산업 발전을 위한 강력한 기초와 동력을 제공하기 시작하였다.

제2단계(1990~1997): 부동산 산업의 팽창과 긴축정책

이 시기에 부동산 산업이 급속하게 발전하였으며 주택개혁의 속도도 매우 빠르게 진행되었다. 1991년 상반기에는 국무원 주택제도 개혁 영도소조가 주택제도 개혁의 큰 방향을 확정하는 '주택제도 개혁 심화에 관한 결정'을 발표하였다. 한편, 부동산 개발기업의 과다한 팽창은 일부지역에 심각한 부동산 투기와 가격거품 현상을 야기하였다. 이에 따라 1993년 6월, 중국 국무원은 거시경제 조절정책을

42) 덩샤오핑이 순회하면서 강연한 이야기. 덩샤오핑이 제창한 개혁 · 개방정책이 1989년 천안문 사건과 1991년 소비에트 연방의 붕괴로 좌초될 위기에 빠지고 중국은 국제사회로부터 고립되고 급기야 이념논쟁으로 발전하자 등샤오핑은 "자본주의에도 계획이 있고 사회주의에도 시장이 있다"고 하고 천안문 사건으로 일시 중단됐던 개혁개방정책을 다시 강하게 추진하여 사영기업 육성, 400여 가지의 규제완화 및 부동산산업에의 집중투자를 통해 경제개방정책을 지속적으로 시도하였다. 이러한 지속적인 정책 시행결과 고속성장을 실현하였으나 정부의 과도한 고정자산 투자는 지방정부의 부채증가 및 부동산 시장의 과열로 이어지고 있다. 이는 향후 경제성장의 걸림돌로 작용할 가능성을 내포하고 있다.

발표하여 은행의 긴축정책과 금융질서의 정비를 실행하고 부동산 개발에 투자된 대량의 자금을 회수하였다. 또한 행정과 사법부에서 위법행위를 대대적으로 단속하여 과열열기를 진정시켰다. 그 결과 1994년부터는 부동산 산업이 새로운 질서를 찾고 규범화된 발전 궤도로 진입하게 되었다.

제3단계(1998~2007): 부동산 산업의 번영과 팽창시기

1998년 초에는 중국정부는 전국적인 실물주택 분배제도를 정지하고 점진적으로 주택공급을 보조하는 틀로 정책을 바꾼다. 여기에 주택분배제도 개혁이 실시됨에 따라 주택시장체제, 주택공급체제, 주택금융체제가 자리를 잡게 된다. 또한 급격한 도시화와 세계적인 경기호황에 따라 북경 및 상하이 등의 대도시권의 부동산 시장은 급격하게 팽창하게 된다.

제4단계(2008~): 부동산 산업의 조정시기

미국 서브프라임 모기지로 촉발된 금융위기로 2008년 부동산 시장이 침체하자 지방정부의 줄어든 재정수입을 보완하고 8%의 경제성장정책(保八)을 고수하기 위해 중국정부는 대규모 재정정책과 상업은행 대출규제 완화 정책을 실시한다. 이로 인해 부동산 가격이 상승하자 다시 2011년 강력한 외국인 구매 제한 조치를 실시하나 지방 재정수입의 50% 정도를 차지하는 토지매각 수입이 줄어들게 되어 한계에 부딪치자 이를 보완할 수밖에 없게 된다.

2013년 이후 시진핑 체제로 진입하면서 도 · 농간의 격차 및 사회적인 불안정을 해소하기 위해 기존의 바오파(保八) 정책을 포기하고 1선도시를 중심으로 한 도시성장 전략을 북서 지역 및 3,4선도시로 바꾸고 성장전략도 농촌지역의 도시화[43]를 통한 개발 전략으로 바꾸고 이와 함께 농촌 토지의 사유권인정, 호구정책의 변경 등을 목표로 하는 장기 개발정책을 수립하게 됨에 따라 향후 중국 부동산 시장

43) 도시화율은 국내의 경우 용도지역상 도시지역에 거주하는 인구와 전체인구와의 비율을 의미하거나 읍급 이상 인구와 전체인구와의 비를 기준으로 도시화율의 지표를 산정하나 나라마다 산정방법이 다소 차이가 난다. 중국은 도시(城鎭)지역 상주인구기준으로 도시화율을 산정한다. 일반적으로 도시화율 70%를 성숙기, 30~60%를 가속기로 보고 세계평균 도시화율은 46%이다. 중국은 지난 10년간 도시화율은 연간 1.36%로 진행되어 2011년 현재 51.3% 수준이나 2025년에는 70.3% 수준으로 성숙기로 진입한다는 전략을 세워두고 있다.

은 후선도시로 개발중심이 옮겨가는 양상을 보일 것으로 보인다.

Ⅱ. 부동산 시장 현황

중국에는 우리나라의 '도'에 해당하는 행정구역으로 '성'이 있는데, 이 '성'의 수만 23개가 있고, 다섯 개의 자치구와 4개의 직할시 및 두 개의 특별행정구가 있다.

중국의 현행 도시 구분기준은 상주인구 2만 이상이 거주하는 지역단위를 도시라고 하고 상주인구 20만 이하는 소도시, 20만~50만은 중등도시, 50만~100만은 대도시, 100만 이상은 특대도시로 구분하고 있다. 나아가서 부동산 시장에서는 도시의 정치적 지위, 경제력, 도시규모 및 주변도시영향력 등을 감안하여 도시등급을 1선도시에서 4선도시로 구분하기도 한다. 이 기준에 의한 1선도시는 5개로 북경, 상해, 광주, 심천 그리고 천진을 일컫는다. 2선도시는 남경, 무한, 서안, 심양, 성도, 중경, 항주, 청도, 대련 등의 12개 도시를 말하며 3선도시는 주해를 포함하여 대략 20개 도시, 4선도시는 단동을 포함하는 110여 개 도시를 말하나 이 기준은 다소 가변적이다.

〈그림 2-14〉는 중국 전체의 토지 건물 가격 변동 추이를 나타낸다. 이 그림에

그림 2-14 중국의 부동산 거래량

(단위: US 백만 달러)

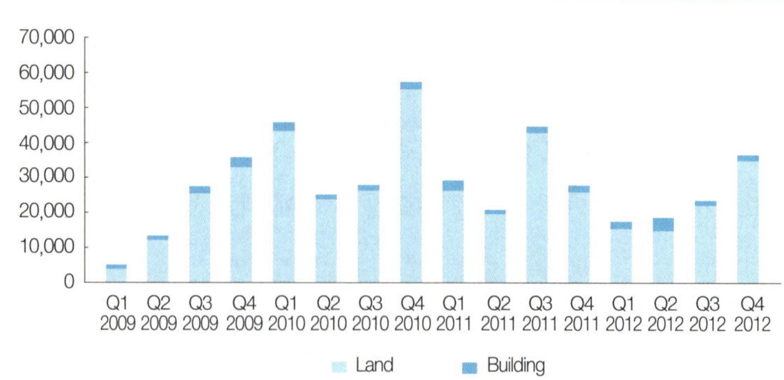

자료: DTZ Reserarch.

그림 2-15 북경 오피스 마켓의 수요공급량과 공실률 추이 및 예측

(단위: 천 m2, %)

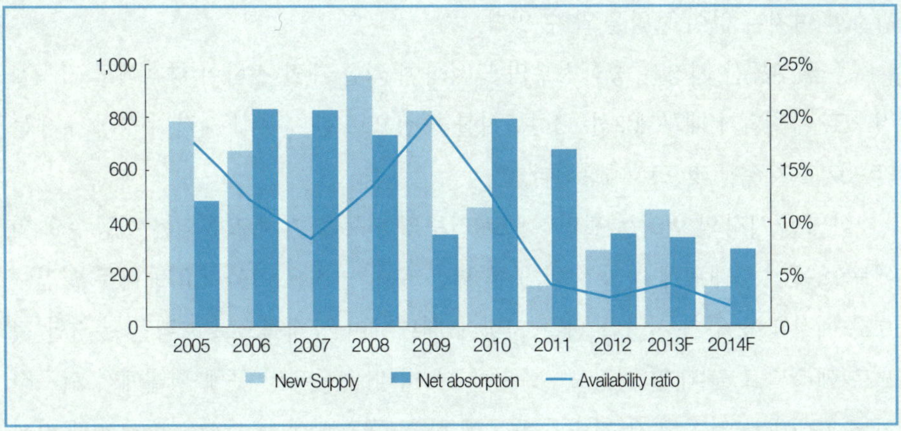

자료: DTZ Reserarch.

그림 2-16 상해 오피스 마켓의 수요공급량과 공실률 추이

(단위: 천 m2, %)

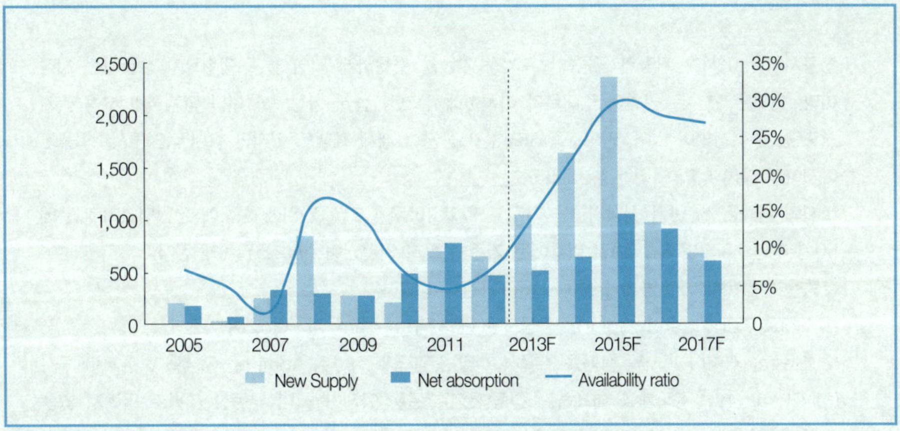

자료: DTZ Reserarch.

서 보면 부동산 거래의 절대량은 토지 거래에서 이루어지는 것임을 알 수 있다.

그 다음 그림들은 북경과 상해의 오피스 공급량과 순흡수율(시장에서 수요되는 양)과 공실률의 변동추이이다. 2009년 이후 북경의 공실률은 급격히 감소하고 있으나 공급이 이에 미치지 못하는 양상을 보이고 있다. 이로 인해 북경의 오피스 가

격은 향후 계속하여 상승할 것으로 판단된다.

이에 비해 상해는 수요에 비해 공급이 계속 증가하여 향후 당분간 공실률이 감소할 여지는 없어 보임을 알 수 있다.

중국 부동산 시장은 중국정부의 도시화에 의한 개발 전략이 향후에도 지속될 것으로 예측되기 때문에 2선 · 3선도시를 중심으로 한 부동산 시장의 성장 추세는 앞으로도 지속될 것으로 예상된다.

이러한 시장의 변화는 필연적으로 인구의 이동을 가져오게 되는 이동수요 외에도 소득이 증대됨에 따라 좀더 좋은 넓은 주거 면적으로 옮기고자 하는 이전수요도 예상되어 주거 시장은 다른 시장에 대비하여 상대적으로 호황을 유지할 것으로 예측되고, 리테일 시장도 소득증가에 따라 전통적인 구매 행태에서 서구적인 쇼핑행태로 전이해 갈 것이기 때문에 향후 중국 부동산 시장은 주거용과 리테일 시장의 성장세가 예상된다.

참고 자료

홍콩시장

홍콩시장은 아시아 지역의 금융허브로서의 기능을 수행하게 되어 늘 초과수요가 상존하는 시장이다. 이러한 연유로 인하여 임대료가 아시아에서 가장 높게 형성되고 이와 병행하여 부동산 가격도 높게 형성되어 있어, 양도소득세도 없고 상당한 세제 혜택도 있지만 상대적인 투자수익률은 아시아의 다른 나라에 비해 높지 않다.

토지의 임대는 50년의 최장기한을 가지고 있고 1997년 6월 30일에 중국에 편입되었기 때문에 50년 후인 2047년 6월 30일 이후에는 기존의 토지 임차권이 전부 소멸하게 된다.

홍콩은 다음 6대 개발업체가 홍콩시장을 과점하고 있다.

(1) Hong Kong Land: Central 중심으로 한 지역의 주요 투자자(ifc소유)

(2) Swire: 캐서이 퍼시픽 항공을 소유하고 있는 영국계 회사로 Admiralty지역을 중심으로 투자

(3) Chenkong: 중국계를 대표하는 청쿵(長江)그룹은 아시아 최대 부동산 재벌로 알려져 있는 리카싱(李嘉誠)이 소유하고 있고 홍콩 전역에 18조 원 정도 이르는 재산을 소유하고 있는 것으로 알려져 있다(pacific place 소유).

(4) Henderson Land Development : 홍콩의 워렌 버핏으로 알려져 있는 중국계 이샤우키(李兆基)가 소유하고 있다.

(5) Sun Hung Kai Properties(SHKP; 新鴻基地産): 홍콩 전역을 투자지역으로 하고 있으며 설립자인 Kwok Tak-Seng(郭得勝)이 사망한 후 아들들에 의해 운영되고 있다.

(6) MTR: 홍콩 지하철.

Ⅲ. 부동산 제도

중국 「토지관리법」은 토지의 소유권은 국가소유(國有)와 집체소유(集有)인 농어촌토지로 구분하고 다음과 같은 특징을 보여주고 있다.

토지소유권: 소유권과 사용권의 분리

- 토지소유권: 토지 공유제
  - –도시토지는 모두 국가 소유
  - –농촌토지는 국가 소유 또는 집체소유(土地收用制度에 의거 국가소유로 귀속할 수 있다)
- 토지사용권: 私有 및 양도 가능
  - –토지사용권은 법에서 정한 기간 이용가능하고 거래의 객체
  - –집체소유 토지 사용권은 농업생산 이외의 용도로 양도하거나 임대하는 것이 금지됨

건물소유권: 사유 및 양도 가능

- 토지와 건물의 분할불가: 토지사용권과 건물 중 어느 하나의 재산에 저당권이 설정될 경우 다른 재산에도 저당권을 설정한 것으로 간주(물권법 제182조)

전술한 바와 같이 토지 소유권은 국가와 집체(村과 鄕)가 가지고 있는데, 여기에서의 국가란 우리의 행정부에 해당하는 국무원(國務院)이 되고, 집체란 촌집체경제조직(촌이나 향에서 직접 운영하는 공장 등) 또는 촌민위원회(모택동 전쟁 중 인정)가 된다. 국가나 집체는 소유자로서 자기의 토지를 개인이나 다른 경제조직에게 기간을 정하여 사용할 수 있는 권리 즉 사용권을 주게 되는데, 이와 같은 사용권은 유상사용권과 무상사용권 및 도급경영권으로 구분된다.

유상사용권(有償使用權):

- 출양(出讓)에 의한 사용권: 도시의 아파트(최장 70년)나 공장용지(최장 50년)와 같이 취득시 법정기간 동안 사용권뿐만 아니라 처분권까지 인정된다.

무상사용권(無償使用權)

- 획발(劃拔)에 의한 사용권: 군사용지와 같이 완전히 무상인 경우와 공공목적에서 사용료를 받고 주는 경우를 포함하며 처분권이 없으므로 다른 사람에게 팔거나 담보로 사용할 수 없다.

도급경영권(都給經營權)

- 주로 농업, 임업, 목축업, 어업 등에 사용되는 토지로서 통상 30년의 기간으로 사용권을 주는데, 처분권이 인정되므로 그 기간 중 다른 사람에게 팔 수도 있고 담보로 대출을 받을 수도 있다.

일반적으로 출양에 의한 토지 사용권은 주거용지는 70년, 공업용지는 50년, 교육 · 과학 · 문화 · 위생 · 체육용지는 50년, 상업 · 관광 · 오락용지는 40년, 종합 또는 기타 용지는 50년으로 규정하고 있다.

다만, 사용기간 만료 후의 재사용기간에 대해 물권법 제149조에서

- 주택용지: 기간만료시 자동연장
- 비주택용지: 법규정에 따라 연장 가능하나 추가대금 규정에 대해서는 아직 언급이 없다.

토지사용권의 배분 방식은 입찰, 경매(현장 · 최대금액), 협의양도[44] 방식을 취한다.

입찰출양은 시 · 현 국토국에서 토지 입찰공고를 내거나 입찰요청서를 송부하여 특정 혹은 비특정 법인 · 자연인이 참여하는 입찰활동을 조직하고 입찰결과에 따라 토지사용권자를 확정하는 방식을 말하고, 경매출양은 시 · 현 국토국에서 토지 경매공고를 내고 경매인이 지정한 시간, 장소에서 경매를 진행하며 최고가격 제시자를 토지사용권자로 확정하는 방식이다.

협의출양은 국가에서 일정한 기간의 토지사용권의 출양가격을 토지사용 신청자와 협상하여 확정한 후 사용권을 교부하는 것을 말한다. 상업류 용지 및 일부

44) 이 외에도 柱牌(지정된 기간 내에서 최대), 초패(조건 지정 경매) 및 행정배당(국가의 관련 규정에 부합되는 외자기업이 확실히 필요한 경우 현급 이상 인민정부의 비준을 받고 행정배당방법에 의하여 토지사용권을 취득) 등의 방법이 있다.

공업류 용지는 협의출양이 불가하다.

출양에 따른 대금지불 방식은 매년 임차료를 내는 임차방식과 일시금을 내는 출양방식으로 나눌 수 있다.

출양된 토지 사용권을 중심으로 사용권 거래 시장을 다음과 같이 분류할 수 있다.

1급시장: 정부가 독점하는 임대시장이며, 시장경쟁은 수요자 측에서만 존재한다. 어떠한 기업이나 단체에서도 정부가 행하는 권리를 가지고 있지 않다. 1급시장의 토지사용권은 합의, 입찰, 경매 방식으로 양도가 가능하다.

2급시장: 부동산개발자와 부동산소비자로 구성되어 있는 거래 시장이다. 부동산 개발자가 토지사용권을 취득, 개발 건설하여 토지와 건물을 사용자에게 양도하는 시장으로 1급시장에서 양도받은 국유토지사용권에 택지조성, 상품주택건설 등 개발행위를 가한 후 부동산 소유자에게 판매하는 시장–분양시장을 지칭한다

3급시장: 토지사용자 간에 이루어지는 토지양도, 임대, 저당, 교환 등의 거래 활동이 이루어지는 시장을 말한다.

일반인이 1급시장에 참여하여 토지사용권을 양도받기는 어렵기 때문에 2급시장이 일반인이 주로 참여하는 시장으로 중국전체 시장의 95%를 차지하는 시장이다. 그러나 1급시장의 경우에도 개발시행사가 토지 사용권을 양도받더라도 25%의 개발(성편개발)을 시행 후 팔아야 하기 때문에 단순한 전매는 어려운 실정이다. 실제로 매입 후 1년이 지나 토지를 거래할 때 토지 구매가격의 20%를 세금으로 부과하며, 2년 경과할 시 토지 매입 후 개발상이 매입한 토지를 유휴지로 방치할 경우 보상 없이 이를 몰수할 수 있도록 하고 있다.

여기에 개발사업을 시작하기 위하여는 자본금이 투자총액의 30~70% 범위가 되어야 할 뿐만 아니라 외채 차입을 금지하고 사업자 등급별로 개발규모에 다음과 같은 제한을 두고 있다.[45]

45) 부동산 운영 및 개발 사업을 하기 위해서는 목적별로 다양한 계좌를 설정하여야 한다.
(1) 외환계좌:외국 투자자의 자본금 입금 및 외화거래를 진행하는 계좌.

- 1급 부동산개발기업: 건설규모의 제한 없이 개발업무를 수행할 수 있음.
- 2~4급 부동산개발기업: 건축면적 25만m^2 이하의 개발업무만을 수행할 수 있음. 각 성급 정부에서 해당 지역의 상황에 따라 구체적인 개발업무 범위를 정함.

그러나 부동산 개발이 아닌 제조업과 서비스업 등을 영위하기 위하여 토지사용권을 획득한 경우에는 三資企業(중국 내에 설립되는 中外合資經營企業, 中外合作經營企業 및 外國獨資企業을 말한다)에 관한 법체계 중에서 적정한 설립형태를 결정하여야 한다.

상기 3자기업 형태 중 합자 기업과 합작 기업의 차이점은 다음과 같다.

- 기업조직방식.
  - 합자기업: 유한책임공사이므로 독립된 중국법인.
  - 합작기업: 반드시 독립된 중국법인에 국한되는 것은 아님.
- 경영관리방식
  - 합자기업; 이사회를 설치하여 기업의 최고결정기관으로 정함.
  - 합작기업: 이사회를 설치해도 되고 설치하지 않아도 됨. 설치하지 않는 경우에는 합작당사자의 대표가 연합관리기구를 조직하여 그것을 기업의 대표로 정함.
- 투자방식
  - 합자기업: 출자자 쌍방이 현금, 현물, 지적재산권, 토지, 건물 등으로 투자하고 그것을 투자비율로 계산.
  - 합작기업: 합작당사자의 투자 또는 제공한 합작조건을 현금으로 환산하고 출자비율을 계산할 필요가 없음.

(2) 기본계좌: 일상 대체 결제 및 현금 수급을 위해 설립하는 계좌이며 법인의 주요 예금 계좌로서 사용범위는 일상 경영활동의 자금 수급 및 보너스 관리계좌

(3) 일반계좌:차관 혹은 기타 결제를 위해 기본계좌 개설은행 이외의 은행에 개설한 계좌이다.사용범위는 주로 차관 입금, 채무 상환 및 기타 결제 자금 수급. 현금 입금은 가능하지만 현금 지출은 불가

(4) 전문계좌: 특정용도의 자금 관리를 위해 설립하는 계좌이다. 특정용도 자금이란 기본건설자금, 갱신개조자금 및 기타 특정 자금을 지칭한다.

• 이익분배와 채무 · 리스크 분담방식

–합자기업: 출자자 쌍방이 등록자본의 출자비율에 따라 이익분배를 받고, 채무 · 리스크를 분담 책임짐.

–합작기업: 합작계약에서 정한 대로 이익이나 제품의 배분을 받고, 채무 · 리스크를 분담 책임짐.

• 투자의 회수방식

–합자기업: 합자쌍방이 기업이익을 올린 후나 합자기간 만료 후에 비로소 출자비율에 따라 투자회수가 가능.

–합작기업: 합작기간 만료가 되지 않아도 미리 투자회수가 가능.

• 기간만료 후의 청산방식

–합자기업: 합자기간 만료 또는 기간만료 전에 해산할 때 기업의 자산, 채무를 청산한 후 잉여재산에 대해 출자비율에 따라 분배함.

–합작기업: 합작기간 만료 또는 기간만료 전에 해산할 때, 계약의 규정에 따라 잉여재산을 분배, 이 경우는 기업고정자산이 모두 중국측 소유로 귀속됨.

• 합자기업은 '출자형'이고, 합작기업은 '계약형'이라 볼 수 있음.

전술한 3자기업–합자, 합작기업 및 독자기업의 특성을 표로 재정리하면 〈표 2-9〉와 같다.

중국의 외투기업법 체계가 이렇게 혼란스러운 배경은 특별법이 일반법보다 먼저 제정된 연혁에 있다. 외국 투자자의 시각에서 볼 때, 중국에서 비교적 정돈된 체계의 회사법이 시행된 것은 2005년 공사법이 개정된 이후부터라고 볼 수 있다. 그런데 외투기업 형태에 관한 가장 주요한 3대 법규인 중외합자경영기업법은 1979년 제정된 후 2001년 수정되었고, 중외합작경영기업법은 1983년 제정된 후 2001년에 수정되었으며, 외자기업법은 1986년 제정된 후 2000년에 수정되었다. 위 각 법규의 제정시기의 선후를 살펴보면, 중국은 우리처럼 일반법인 회사법이 정비된 상태에서 특별법인 외국인투자에 관한 법률을 제정한 것이 아니라, 역으로 특별법인 외국인투자 관련 법률에서 외투기업에 대한 법규를 제정한 후 뒤늦게

표 2-9 三資企業의 특징 비교

구 분	독 자	합 자	합 작
근거법	외자기업법	중외합작경영기업법	중외합작경영기업법
회계제도 및 세금제도	기업회계 제도(2000년 12월 19일 공포, 2001년 1월 1일 시행) 외국투자자 투자기업 및 외국투자기업 소득세법(1991년 공포 · 시행)		
기업형태	유한책임회사 (LLC: Limited Liability Co.)		유한책임회사, 연합경영체 (Joint Stock Co. Ltd.)
투자업종 제한 범위	제한범위 큼	제한범위 작음	제한범위 작음
기업 부채 책임 범위	출자액 한도	지분율 비례 출자액 한도	• 유한책임회사는 출자액 한도 • 연합경영체는 공동 책임
이윤분배 기준	독점	지분율	계약서
법인세 기준	삼자기업공통	삼자기업 공통	삼자기업 공통
최고 의사결정 조직	주주회	이사회	• 이사회 · 연합관리위원회 • 경영관리수탁자
경영관리 방식	투자자 독자경영	투자자 공동경영	• 투자자 공동경영 · 투자자 일방경영 • 제3자 위탁경영
토지사용권 획득방식	• 외자기업 명의로 토지사용권 유상양수 혹은 인수	• 중국측 투자자 출자 • 합자기업의 명의로 토지사용권 유상양수 혹은 임차	• 중국측 투자자 출자 • 합작기업 명의로 토지사용권 유상양수 혹은 임차
출자자원	국제적으로 태환이 가능한 외화현금이나 현물과 지적 재산권 출자 가능. (단 토지출자 불가)	현금과 현물 및 지적 재산권 가능	현금과 현물 및 지적 재산권 가능

일반법인 회사법을 정비하였다. 중국은 1980년대 초 개혁개방 정책 시행 이후 외국인이 중국 내에 투자를 할 수 있는 법적 기반을 마련해 주는 것이 시급한 과제였기 때문에, 당시 회사법(내지 기업법)에 관한 완비된 입법이 없는 상황임에도 불구하고 우선 외국인이 중국 내에 설립할 수 있는 기업에 관한 입법부터 시급히 제정해 가기 시작하였다. 문제는 그 당시 법리 적용의 대전제가 되어 주어야 할 계약법이나 기업관련 법규가 아직 통일성 있게 정비되어 있지 않았다는 것이다. 그 결과 부득이 현실적으로 발생할 수 있는 개개의 경우를 상정하여 단행법들을 그때 그

때 필요에 따라 제정해 왔고, 이후 뒤늦게 회사(기업)에 관한 일반법을 정비해 왔다고 볼 수 있다. 그 결과 외투기업 관련 법률이 상호간에 체계적으로 규정되어 있지 않다. 일반법이 늦게 제정되었지만 신법우선의 원칙이 아니라 특별법 우선의 원칙에 따라서 특별법의 규정이 일반법에 우선하는데, 특별법이 우선 적용되는 범위의 경계선이 꼭 명확하지만은 않다. 때문에 한국법 하에서는 간단히 답할 수 있는 문제가 중국에서는 명확하지 않거나 지역별 실무에 차이가 있는 경우도 있다.

결국 해외 투자자가 중국에 부동산 투자를 하는 경우 취하는 사업구도는 대개 〈그림 2-17〉과 같은 형태 중의 하나가 된다.

지적제도는 토지는 토지국(土地局)에서 현급 이상의 토지관련 부문을 보관·정리하고 있고 건물은 방산국(房産局)에서 관리하고 있다.

등기제도는 건물에는 '소유권등기권리증', 토지에는 '사용권등기권리증'의

그림 2-17 외자기업의 중국 부동산 소유구조 형태

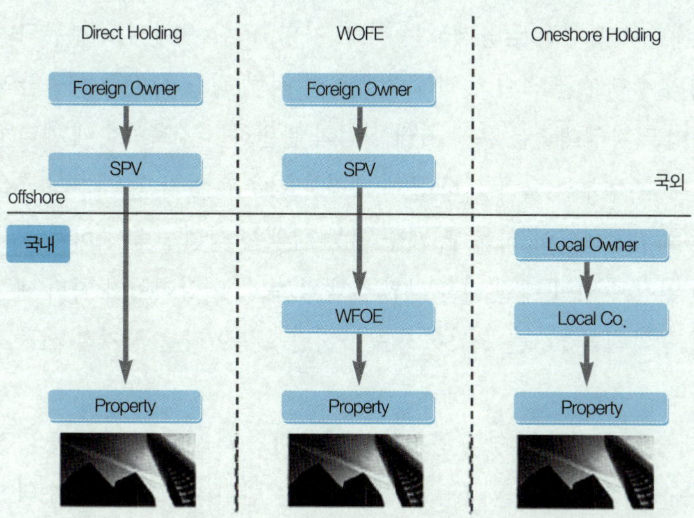

Direct Holding: 해외 특별목적회사(SPV, special purpose vehicle)가 직접부동산 소유
WOFE(Wholly owned Foreign Enterprise): 외국에서 SPV를 설립한 회사가 중국 국내에서 독자기업 설립
Onshore Holding: 중국 국내에서 3자기업형태 이용하여 부동산 소유

등기부를 법원이 아닌 행정관청 즉 토지는 토지국에서, 건축물은 방산국에서 관리하고 있으며 우리와 같이 부동산등기부등본이나 토지대장을 발급하는 증명제도는 없다.

중국에서 부동산을 구입하고자 할 때 위와 같은 증명발급제도가 없는 관계로 사전에 등기부등본을 통하여 담보설정 등 관리관계를 파악할 수 없으므로, 소유자와 같이 해당 방산국에 가서 직접 열람을 하거나 법률사무소에 조사를 의뢰하여 확인서류를 받아야 한다.

중국인들이 아파트[46]를 사고 파는 경우 일반적으로 상호간 체결한 부동산매매계약서와 우리나라의 등기권리증에 해당하는 '房室소유권증서'를 들고 거래당사자가 관할 방산국에 가서 해당 등기부를 확인한 후 소유권이전 등기 절차를 거쳐서 새로운 등기부를 발급받게 된다.

중개제도는 2002년에 '부동산 중개인' 제도(시험과목: 부동산기본제도 및 정책, 중개관련 지식, 중개개론, 중개실무 등)를 도입하였다.

부동산 중개수수료는 ① 매매 쌍방으로부터 각각 거래가격의 대개 1%에 해당하는 수수료를 받고 ② 임대차일 경우 건물주로부터 1개월분을 받는다.

개인 대출과 관련된 **금융제도**는 위탁, 자영, 조합 세가지로 분류되며 위탁대출은 은행의 주택부금 적립 실적에 기초하여 적립 정도에 따라 대출금액이 조정되는 형태이고 자영대출은 은행 거래 실적과 관련하여 저축액수에 따라 대출금액이 조정된다. 주택부금 혹은 기타 은행 계좌를 갖추고 있지 않은 개인 혹은 법인은 담보 대출을 신청하여야 하는데, 대출 가능 금액은 상환능력에 비례한다. 일반적으로 매월 일정 수입이 매월 대출 상환 금액의 두 배 이상이어야 하며 매건당 대출액은 주택 구입액의 70%를 초과하지 못하지만 20년이라는 장기간 대출 상환조건이 장점이다.

조합대출은 위탁과 자영을 통칭하여 부르기도 하지만 조합 대출의 경우 이자는 타 상품과 비교하여 평균치를 초과하지 않는 반면 비교적 큰 액수의 대출금을 보장받을 수 있다는 장점이 있다. 외국인이 중국에서 주택을 구입할 경우 은행의

46) 중국어로는 공우(公寓)라 하여 우리말로 직역하면 '공동주택'이 되는데, 신규분양 아파트는 상품방(商品房), 기존의 아파트는 이수방(二手房)이라 통칭한다.

대출 가능한도는 총 구매액의 60%~70% 대출이 가능하며, 일반적인 해당 사항은 현지 중국인의 그것과 큰 차이가 없다.

평가제도는 3가지 유형의 자격 제도를 운영하고 있다.

건설부가 담당하고 건물 등의 공개시장가치를 구하는 '부동산평가사'는 담보평가, 수용평가 등 일반적인 평가업무에 종사한다.

그리고 토지의 정상가격을 구하고 기준지가고시[47] 등의 토지와 관련된 국가업무를 주로 담당하는 국토자원부 산하의 '토지평가사'가 있고, 재경부 산하에는 기업가치 및 IPO시 자산평가 등 상기 이외의 자산의 평가에 종사하는 '자산평가사'가 있다.

토지가격 체계는 우리나라의 경우 1평을 400/121m²로 하나 중국은 1㎡로 하고 토지가격은 단위당가격에 용적률을 곱한 樓面가격(AC: accommodation가격×용적률[48]) 체계를 취한다. 나아가서 토지가격 결정조건은 인프라설비 등의 투입비용[49] 등을 고려하여 3통(임시도로+전기+상수도시설) 1평가격, 7통(임시도로+전기+상수도시설+통신+가스+열공급+배수) 1평가격, 毛地가격(출양금+시정 공용시설 건설비), 熟地가격(모지가격+철거이전비), 生地가격(개발이 안 된 토지) 등의 분류체계를 가진다.

주거, 상업, 업무용지는 7통 1평(元/m²), 공업지는 5통 1평 기준으로 기준지가를 공시[50]하는데 〈표 2-10〉은 상해시의 기준지가성과표의 예시이다.

표 2-10 상해시 기준지가 성과표 표본

(기준일: 2011년 1월 1일)

(단위: 元, m²)

	주 거		상 업		업 무		공 업	
	가격	설정용적률	가격	설정용적률	가격	설정용적률	가격	설정용적률
1	17,800	2.5	25,800	4.0	15,600	4.0	6,500	2.0
2	13,500	2.5	18,600	4.0	10,500	4.0	4,350	2.0

주: 級(지역별, 가로선별 등으로 지정)과 용적률이 다를 경우에는 급지별 · 용적률별로 수정계수를 적용해서 산정.

47) 중국 국가가 관장하는 지가 종류로는 기준지가(용도지역級別 토지사용권의 평균가격) 및 標定地價(宗地의 가격), 出讓底價(출양시 결정, 비공개)와 시장에서 거래를 전제로 하는 交易지가, 기타가격(과세 및 담보가) 등이 있다.

48) 용적률(FAR: floor area ratio)은 토지면적 대비 건물연면적과의 비를 말하고 건폐율(LCR: lot coverage ratio)은 토지면적 대비 건물의 바닥면적과의 비를 말한다.

49) 토지가격구성=토지출양금+도시기반시설조성비[개발지역부대시설건설비+시원비(수도, 가스, 열공급, 오수처리)+시정공용시설건설비]+비축토지개발보상비용[수용보상비용+철거이전비용]

50) 논밭 등은 (소)畝(무); 660㎡ 기준이며 임야, 하천 등은 (대)畝(무); 1,000㎡기준.

그림 2-18 중국 부동산 세제

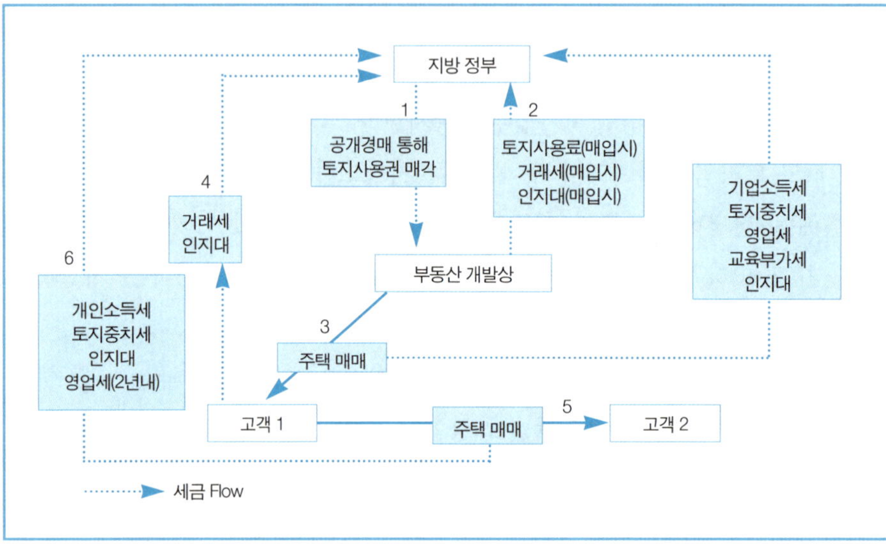

주: 부동산 관련 세금은 11종에 이르나, 대부분 지방세로 귀속됨.

중국 **부동산 세제**를 보면 개발과 관련된 부문, 거래와 관련된 부문 및 임대·운영과 관련된 부문으로 나누어 세금을 부과하는 세제를 갖고 있으며 이는 지방정부의 최대의 수입원이기도 하다.

〈표 2-11〉은 상기 제도를 감안하여 실제 부동산 매매 및 거래시 발생할 수 있는 세금의 종류를 정리한 것이다.

제7절 동남아 부동산 시장

Ⅰ. 시장 개요

동남아시장은 국내 부동산 건설업체 등이 가장 많이 진출한 지역이고 중국 다음의 대체시장으로 인지되는 곳이다. 〈표 2-12〉에서 보듯이 이 시장은 많은 인구

표 2-11 중국 부동산 관련세제

구 분		세금(비용)	과세기준	세 율	매도인 /임대인	매수인 /임차인
매매	1	영업세	거래가격	5%	100%	-
	2	도시유지 건설세	영업세	7%. 해외투자의 경우 제외대상임. 기업, 외국기업, 외국인 대상임.	100%	-
	3	교육비	영업세	3%	100%	-
	4	인지세	모든 과세대상 상품 또는 지출, 소득의 영수합계액	0.1%	50%	50%
	5	임대세	정부감정사의 평가액 /거래가격	3%. 단, 매수가격이 전년도 연간 평균금액보다 작은 경우 1.5%	-	100%
	6	토지증치세	양도차익 (양도금액-공제항목금액)	4급의 초율누진세율을 적용함: 30%-양도차익이 공제금액의 50% 이하인 부분 40%-양도차익이 공제금액의 50% 초과 100% 이하인 부분 50%-양도차익이 공제금액의 100%초과 200% 이하인 부분 60%-양도차익이 공제금액의 200% 초과인 부분	100%	-
	7	기업소득세	순이익/거래소득	기업: 순이익의 33%→25%; 개인: 거래소득의 20%	100%	-
임대	1	부동산세	부동산가치/임대소득/과세당국이 과세가치를 결정함.	기업: 순이익의 33%→25%; 개인: 거래소득의 20%	100%	-
	2	인지세	계약금액	0.1%	50%	50%
	3	영업세	계약금액	5.5%	100%	-
	4	도시유지 건설세	영업세	7%. 해외투자의 경우 제외대상임. 기업, 외국기업, 외국인 대상임.	100%	-
	5	교육비	영업세	3%	100%	-
	6	기업소득세	순이익/거래소득	기업: 순이익의 33%→25%; 개인: 임대소득의 10%	100%	-

와 넓은 면적을 가진 자원의 보고이고, 세계 다른 지역 대비 높은 경제 성장률을 시현하고 있다.

표 2-12 동남아 시장 개황 (2012년 기준)

	인 구	면 적 (km2)	GDP (백만US$)	GDP (US$)	성장률 (%)
말레이시아	29,628,392	329,847	303,526	10,244	5.60
베트남	92,477,857	331,210	138,100	1,493	5.20
인도네시아	251,160,124	1,904,569	878,200	3,497	6.20
태국	67,448,120	513,120	365,600	5,420	6.50
필리핀	105,720,644	300,000	250,400	2,369	6.80
캄보디아	15,205,539	181,035	14,240	937	7.30

자료: CIA World Factbook 2013 발췌 작성

Ⅱ. 시장 현황

베트남은 1993년 토지법이 제정되고 나서 부동산 거래체계가 국가관리에 들어간 만큼 아직은 토지정비체계 등이 미비되어 관리감독 기능, 시장 정보 등의 통계도 정확하게 얻을 수 없는 약점은 있으나 경제활동의 25~30%를 부동산이 차지할 만큼 부동산업에 대한 의존도가 높다.

베트남의 부동산 시장의 성장 잠재력으로는 베트남의 도시화 진행, 증가하는 외국인 투자, 베트남인 평균 소득수준 향상 등의 요인을 들 수 있다. 산업화에 따른 농촌인구의 도시 유입으로 현재 26%에 불과한 베트남의 도시인구 비율이 2030년에는 총인구의 50%를 상회하게 되는 과정에서 향후 부동산 시장의 성장이 기대된다.

인도네시아는 다양한 부동산 법제를 가지고 있고 접근이 어려운 점은 있으나 넓은 국토와 자원, 급속한 경제성장 등으로 외국인 투자 유치가 활성화되고 있는 점 등이 이 시장의 강점이다. 필리핀 시장도 국제신용평가기관으로부터 투자등급을 받는 등 가파른 경제성장세를 유지하고 있다.

IMF는 아세안 국가의 성장세는 2014년을 기점으로 명목GDP(물가를 감안하지 않은 국내총생산)가 2조 달러를 넘어서 NIES(한국, 홍콩, 싱가포르, 대만) 국가를 처음으로 앞설 것으로 추산하고 있다. 앞으로 실질적인 경제성장과 유동성공급이 맞물린

동남아 자산시장의 성장은 향후 수 년간 지속될 것으로 전망된다.

Ⅲ. 부동산 제도

부록에 동남아 주요국가별 부동산 정책을 정리해 두었기 때문에 여기서는 주요 사항만을 요약 정리한다.

■ 필리핀:

- 토지소유권: 자국인에게만 인정하고 외국인에게는 불인정. 단, 투자비율이 60%(자국민):40%(외국인)인 법인의 부동산 취득은 인정하고 있다.
  외국인에게 임대는 가능하고 임대기간 50년까지이고 추가 25년 재연장이 가능하다.
- 건물소유권: 자국민만 소유권 인정하고, 외국인은 콘도미니엄 및 타운하우스(40%까지) 취득 가능

■ 베트남:

- 토지소유권: 국가와 전체국민의 소유, 개인과 법인은 사용권취득[Blue Book(정부소유토지), Red Book(한시적으로 민간 사업자가 사용권보유 토지(50년 임차원칙이나 대규모70년 가능, 재계약, 양도가능), Pine Book(극소수의 개인소유토지)], 외국인은 임대차에 의해서만 사용권 가짐
- 건물소유권: 토지사용권의 부속물로 거래, 국가(국영회사) 등과의 임대차계약에 의해 토지와 함께 임차

■ 캄보디아:

- 토지소유권: 자국민 소유가능, 외국인 토지소유 불가, 현지인이 51% 이상 지분 보유하는 법인인 경우 토지 매입가능, 최장 70년 장기 임대가능
- 건물소유권: 외국인 아파트 소유 허용

제8절 결 론

해외 부동산 시장은 나라별로 독특한 관습과 제도를 갖고 있어 전세계 모든 국가 중 서로 동일한 제도를 갖고 있는 국가는 없다고 보아야 할 것이다.

미국과 영국처럼 영미법제하에서도 조세, 지적제도 등이 다르고 우리나라와 일본도 임차제도, 서비스 시장의 형태가 다르다.

본 장에서는 해외 부동산 시장을 크게 동서양으로 나누고 양 시장을 대표하는 2개의 시장에서 부동산을 둘러싸고 있는 각종제도와 현황 등을 살펴봄으로써 해외 부동산 시장에 대한 이해를 높이고자 했다.

해외 부동산 시장은 자국의 이익을 보호하기 위하여 후진국은 외국 투자자에게 가능한 한 토지소유권을 인정하지 않고 합작투자 등을 통해서만 진출이 가능하도록 하는 소유 제한 규정을 두고 있다. 반면에 시장이 개방된 선진국은 해외 자본의 자유로운 투자를 가능하도록 하고 있다.

각국별 부동산 시장의 연혁을 종합해보면 시장은 수요증가가 발생하면 시차를 두고 공급이 증가하게 되고 시장가격이 공급가격을 초과하는 한 호황이 지속된다. 그러나 공급과잉으로 가격이 하락하고 시장이 침체되어 시장가격이 공급가격보다 낮아지게 되더라도 기 착공된 물량으로 인해 공급이 이어져서 시장은 더욱더 수요자 시장으로 바뀌게 된다. 향후 다시 경기가 회복하여 임대료가 증가하고 수요가 상승하면 자본시장과 금융시장이 참여하여 대출을 확대하면 실물 공급이 준비를 시작한다. 이때 공급은 시장가격이 공급가격을 초과할 때까지 공급시장은 활황을 띠게 된다. 이러한 현상은 전술한 바와 같이 공급과다로 다시 가격이 하락하는 과정을 기계적으로 반복하고 있음을 볼 수 있다.

세계 최대의 미국시장은 전세계에서 가장 안전한 시장이고 경제활동이 가장 왕성하게 일어나는 곳이기 때문에 해외 부동산 투자활동도 가장 활발한 곳이다.

미국 시장은 S&P/Case-Shiller Home Price 지수, NCREIF지수 등 수많은 시장 분석 자료들에 대한 접근이 용이하고 시장의 투명도도 높아 해외 부동산 투자시장의 가늠자 기능을 한다. 부동산 제도 특히, 법제는 해외 부동산 투자자들에게 기준이 되고 있어 미국 시장에 대한 이해가 선행되면 또 다른 시장에의 이해가 가능하다.

영국시장은 유럽 시장의 15% 이상을 차지하고 금융산업이 발달하여 유럽에서 가장 해외 부동산 투자활동이 왕성하게 일어나는 곳이다. 영국의 세제는 실수요자 부담 원칙을 전제로 한 세금 체제를 갖고 있으며 지적 · 등기제도는 우리와 유사하다.

아시아에서 일본은 부동산 시장 규모가 가장 크고 시장이 가장 잘 정비되어 있다. 우리나라와 유사한 부동산제도를 갖고 있으나 차지차가법 등의 영향으로 인해 소유 · 임차 시장은 독특한 형태를 가지게 되었다. 부동산 시장은 아베노믹스의 영향으로 오랜 침체를 벗어나 J-REIT를 중심으로 부동산 시장이 활성화되고 있다.

중국은 1986년 토지관리법을 제정하고 1988년 말에 법개정을 통하여 토지사용권의 양도를 인정하게 되면서부터 본격적인 부동산 시장이 가동하게 되었다. 소유권은 국가가 갖고 토지사용권을 중심으로 한 시장체계를 갖고 있다. 중국정부는 향후에도 도시화를 통한 정책을 바탕으로 경제성장을 견인코자 하는 정책을 견지하고 있어 중국 부동산 시장은 계속해서 활성화되는 양상을 가질 것으로 보인다. 부동산 제도는 자본주의와 사회주의 체제의 융합과정에 다소 문제를 가지고 있으나 시간이 지남에 따라 잘 정비되어 가고 있다. 동남아시장은 대부분 외국

참고자료

중국의 한국 토지 매입 규모

다음 그림은 중국 투자자의 한국 토지 매입 규모를 나타내는 그림이다. 2011년 이후 제주도 등의 투자를 기점으로 한국 투자를 급격히 확대하는 추세를 보여주고 있다.

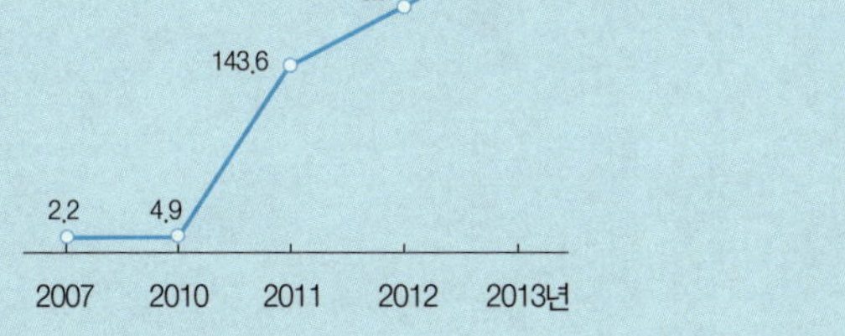

자료: 국토교통부.

인의 부동산 취득을 제한하고 있고, 시장도 투명하지 않은 단점은 있으나 지리적 이점과 향후 경제 개발 가능성이 높아 우리나라에서 가장 관심을 많이 갖는 지역 중의 하나이다.

Chapter 3

해외 부동산 투자 개요

일반적으로 부동산 투자는 다른 재화와 달리 거래비용이 높고 투자기간이 장기인 점과 각종 세금, 금융조건 등이 수반되고 부동산 유형별로 다양한 의사결정 과정을 거쳐야 하는 특성을 갖고 있다.

특히 해외 투자는 이 외에도 각국별로 투자위험을 계량하여야 하고 나아가서 각 부동산 시장의 특성 등을 알고 있어야 할 뿐만 아니라 외환 등 환율에 따른 위험을 관리해야 하는 부담도 안는다.

이 장에서는 이러한 해외 부동산 투자의 다양한 특성을 개관해 보기로 한다.

제1절 해외 부동산 투자일반

Ⅰ. 해외 부동산 투자동기

부동산 투자 활동은 일반적으로 다음과 같은 요인에 의해 발생한다.

- 건물 신축의 필요 또는 사업확장
- 사업쇠퇴 및 업무 환경 변화
- 사업축소
- 상권 변화 등

시장의 성숙에 따른 새로운 수요자에 의한 신규 수요, 기존 수요자에 의한 이전수요 또는 확장 수요, 노후 · 소멸 등에 따른 보완 수요 등이 주요 부동산 공급원이 되는 것은 분명하다. 나아가서 기술진보에 따라 다양한 수요가 발생하는 경우도 있다. 사무실의 on-line화는 장비 및 관련설비의 설치 공간 수요를 가져온 반면 재택근무 등은 수요감소를 가져온다.

그러나 이러한 투자 활동에 대한 저해 요인으로는 부동산 고유의 특성으로 인해 다음과 같은 여러 가지 요인을 열거할 수 있다.

- 부동산 유동성부족
- 전문적인 정보 획득난
- 낮은 수익률
- 매각의 비예측성 및 투자 금액 회수의 어려움(exit/repatriation)
- 관리부담 등

즉, 부동산은 동질적인 상품이 존재하기 어려워 거래 시장이 제한되고 이로 인해 물건별 전문적인 정보 취득이 어렵다. 또한 시장참여자의 제한으로 인해 매각이 쉽지 않고 상각자산인바 관리비용 등의 부담이 많이 발생할 뿐만 아니라, 높은 거래 비용 등으로 인해 임대소득만을 기준으로 할 경우 상대적으로 낮은 수익률을 창출한다.

특히, 해외 투자 자산인 경우에는 이러한 어려움 외에도 다양한 투자위험이 존재하지만 그중에서도 환율 및 투자자금의 회수 등에 전문성을 요하는 경우가 많다.

그러나 부동산은 실물자산으로서 기업활동에 중요한 생산요소로서의 기능을 갖고 있는 것 외에도 이자율 · 환율 등의 차이를 이용한 투자자산으로서의 기능과 인플레이션 헤징 기능 등을 갖고 있어 부동산이 해외 투자자산으로 자리를 차지하고 있다.

실제로 해외 부동산 투자 기회는 다음과 같은 다양한 요인에 의하여 이루어졌다.

① 경제적 동기에 의한 투자: 다국적기업의 사세확장, 약세 환율(아시아지역 외

환위기, 1990년대 러시아의 경제위기), 러시아의 비투명성, 부패로 인한 미국투자자 유인, 1998~1999 EU통합 및 경기회복으로 인해 상대적으로 부동산 가격이 낮은 독일, 프랑스시장에 대한 미국투자자 유인, 남아공 등의 올림픽 등의 영향으로 인한 대형 쇼핑몰 등의 건축, 풍부한 중동 오일머니가 대단위 부동산 세계 최고급 7성급 호텔 버즈 알 아랍 (Burj Al Arab) 및 세계적인 규모의 두바이 쇼핑몰 (Dubai Shopping Mall) 등의 개발사업, 동남아의 경제회복 및 중국경기 대체시장효과 등

② 기술진보에 의한 투자: EU통합과 더불어 물류기지 설비 근대화 바람을 탄 부동산 개발 및 IT관련 오피스구입

③ 분쟁이나 정쟁에 의한 투자: 유고분쟁으로 인한 크로아티아, 코스보 등의 자금이동, 홍콩이 중국에 편입되기 전에 대규모 자금이동

④ 국제 경제 bloc에 의한 투자: 영연방 국가들의 상호 투자(부동산 서비스 회사인 Knight Frank는 영연방 내에서만 영업을 했다.)

EU 국가 내에서도 영국은 벨기에, 독일, 프랑스, 이태리, 스페인, 포르투갈 부동산 시장에 주로 진출하고 독일이나 프랑스는 영국을 피하고 미국이나 일본시장으로 진출을 시도하였고, 독일계는 중앙아시아 지역을 중심으로 진출하였는데 이러한 것은 대개 역사적인 연유를 찾을 수 있으나 지금은 이러한 관행이 많이 바뀌었다. 경제 블록 단위로 투자가 활성화되는 것은 물류비용이나 문화 · 정서적으로 동질적인 요소에 기인한 것이나, 경제적 동기에 의한 블록 경제 단위인 NAFTA(미국, 캐나다, 멕시코)+Mercosur(남미, 메르코수르)+CACM(중미) 등의 향후 통합가능성, 한중일로 이어지는 경제 블록 단위가 활성화되면 EU와 더불어 대륙별로 최대 규모의 부동산 시장으로 성장할 가능성이 있다.[1]

이 외에도 지역 상호간의 부동산 투자는 언어와 문화가 유사한 지역에 우선적

1) 기타 주요 블록별 시장은 다음과 같다. OAU(아프리카 통일기구): Organization of African Unity; CER(호주-뉴질랜드 경제협약): Australia-New Zealand Closer Economic Relation Agreement; CACM(중미공동시장): Central American Common Market; GCC(걸프협력회의): Gulf Cooperation Council; MERCOSUR(남미공동시장); SACU(남아공개국관세동맹); ASEAN 등.

참고
자료

국가명칭

국가명칭 중 중앙아시아에는 카자흐스탄, 우즈베키스탄처럼 스탄이란 용어를 사용하는 국가가 많다. 여기서 스탄(stan)이란 산스크리스트어로 땅이란 말이다. 터키(돌궐)를 비롯, 중앙아시아 초원지대에서 활동했던 민족들이 사용해온 말이다. '스탄 국가'들은 모두 이슬람권이다. 그러나 정통 이슬람권과는 달리 이슬람과 민속신앙이 결부된 형태가 많다. 종족도 투르크 · 몽골 · 러시아계 등 다양한 혈통이 혼합되어 있다. 그런데 같은 산스크리스트어라도 방글라데시처럼 desh란 용어도 땅을 지칭한다.
유럽은 스코틀랜드, 아이슬랜드, 도이칠란드처럼 땅이란 개념으로 land를 사용한다. 반면에, 라틴어의 영향을 받은 국가들은 '아'를 많이 사용한다. 루마니아, 불가리아 등은 이러한 예이다.
그러나 국가명은 탄생과정에 따라 다양한 역사적 배경을 가지고 있어서 이를 일의적으로 설명하기는 어렵다(Belarus의 rus는 Russia란 어원에서 유래했다).

으로 이루어진다. 즉, 영국과 미국, 중국과 동남아 국가, 불어권국가의 모로코 등 아프리카 투자, 스페인어권의 중남미 투자, 독일어권의 동구, 중앙아시아 투자 등이다.

Ⅱ. 해외 부동산 시장 players

부동산 투자자 유형은 목적, 제도, 펀드의 성격 등에 따라 다양한 모습을 갖게 된다. 먼저 투자자 유형을 risk-return 사분면에서 살펴보면 보면 대체로 다음 4가지 유형으로 나눌 수 있다.

- 수익률은 낮으나 안정적인 임대 · 운영 수입이 기대되는 부동산에 투자하는 유형을 가진(core) 투자자(예: 요구수익률 6~7%)
- 약간의 리모델링이나 추가 투자를 통해 더 높은 임대 수익의 실현이 가능한 부동산에 투자하는 성향을 가진(enhanced) 투자자(예: 요구수익률 7~10%)
- 자본적 지출이나 증축 등을 통해 부동산의 용도전환을 꾀하거나 부동산의 자본이득 실현가능성에 비중을 두는(value-added) 투자자(예: 요구수익률 10~15%)

그림 3-1 부동산 투자자 유형

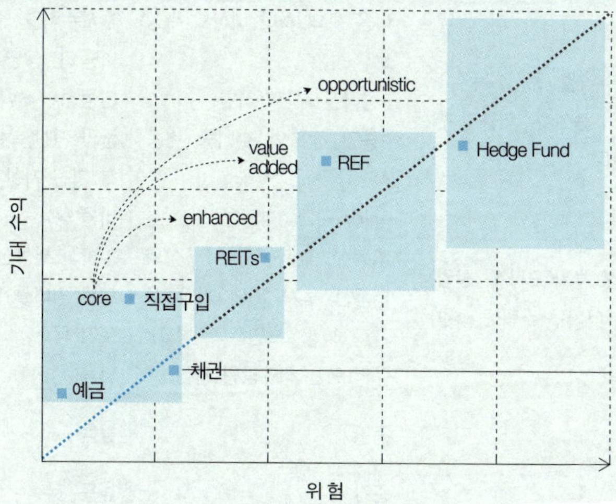

• 공사가 중단된 건물 또는 부실채권 등 고위험을 안고 있는 부동산에 투자하여 고수익을 실현하고자 하는(opportunistic) 투자자(예: 요구수익률 15% 이상)

대단위 부동산 투자는 펀드를 조성하여 부동산 투자에 임할 때가 많다. 부동산 펀드는 조성목적, 투자상품의 포트폴리오, 운용 기간 등에 따라 다음과 같이 분류할 수 있다.

PFR자료에 의하면 2010년 기준 core/core-plus 펀드는 6960억 달러로 전체 투자펀드의 38%를 차지하고, opportunistic/valued-added는 1조 1330억 달러로 62%를 차지하고 있다.

이 외에도 투자자 유형은 투자목적 및 참여도에 따라 다음과 같이 분류하기도 한다.

• 재무적 투자자(FI: Financial Investor): 사모 펀드 등 단기간에 고수익을 추구하는

표 3-1 NCREIF 자산 분류기준

구 분	Core자산	Value-Added 자산	Opportunistic 자산
정 의	투자수익률 중 소득수익률 비중이 높고, 수익률의 변동성 낮음	다음 중의 하나 이상의 속성 보유 -상당한 자본수익률 -중간 정도의 수익률 변동성 -Non-Core부동산	투자수익률 중 자본 수익률 비중이 상당하거나 수익률 변동성이 높은 자산(재개발 중인 자산, 상당한 임대 리스크 가진 자산, 높은 레버리지 비율 등)
유 형	부동산 투자(오피스, 산업용, 상가, 다가구 주택에 국한)	부동산 투자(core 특성의 부동산 투자 외에 기타 상가, 숙박용, 노인주택, 창고)	일반적 부동산유형 아님(매각 또는 임대를 위한 개발 사업, 토지 등)
라이프사이클	운영하고 있는 자산	운영 또는 임대중인 자산	낮음
임대차계약 (갱신율)	낮음	중간	높음
레버리지	낮음	중간	높음
시장유형	전통적 시장	전통 또는 신규 시장	2차/3차/해외 부동산 시장
투자구조	강한 통제권	강한/중간통제권 (담보부 또는 선순위)	최소통제권 (무담보 포지션)

자료: 노상윤, 국내상업용부동산 투자활성화를 위한 시장지수개발에 대한 소고, 부동산 포커스, 한국감정원부동산연구원 Vol. 62 자료 편집.

투자 집단

- 전략적 투자자(SI: Strategic Investor): 장기적 운영을 통해 수익을 실현하거나 국가의 정책 목표를 수행하기 위한 경우 등 전략적 목적을 달성하기 위해 투자하는 투자군
- 건설 투자자(CI: Construction Investor): 건설사, 제조회사, 시설물 운영회사, 엔지니어링 회사 등과 같이 사업 초기에 직면하게 될 리스크를 감수하는 대신 입찰을 거치지 않고 사업권을 따낼 수 있다는 장점을 보고 출자자로 참여한다. 그러나 출자금(총 민간 투자비에서 대출을 제외한 자본금)이 장기간 묶일 수 있는 위험 부담을 감수해야 한다.

다음 표는 부동산 펀드들의 유형을 정리한 표이다. 펀드의 운영구조 등에 대

표 3-2 부동산 펀드의 유형

분 류	유 형	비 고
물건종류	단독형	오피스, 주택, 상업시설 등
	복합형	혼합형, 불특정
모집형태	공모	공모(모집/매출) 방식으로 투자자를 모으는 펀드
	사모	일부 선정된 자격 요건(투자기간 및 투자금액)을 갖춘 제한된 범위의 투자자만을 모으는 형태
	혼합형	사모와 공모를 혼용
물건취득 방법	물건고정형 (open)	사전 물건 확정형
	물건추가형	일부확정 후 펀드조성 후 추가 유입
	일임계정형 (blind)	자산운영자 재량으로 결정
운용방법	분양형	부동산 개발사업에 투자
	임대형	부동산 임대사업에 투자
	혼합형	양자를 혼합하거나 부동산 개발사업대출 등
운영주체	GP	무한책임사원(general partner)이 제반 운영책임을 지는 합명회사 형태
	LP	출자지분 범위 내에서 유한책임(limited partner)을 지는 합자회사 형태
	GP+LP	운영은 무한책임사원이 맡고 유한책임사원은 출자지분 범위 내에서 책임 및 수익 배분
운용기간	장기형	5년 이상
	중기형	3년 이상
	단기형	반년~2년 정도
운용목적	국부펀드	국가가 모아둔 달러 · 유로화로 다른 나라의 증권 · 부동산에 투자하는 자금
	연기금	국민연금, 공무원연금, 사학연금, 군인연금 등 연금지급을 위해 운영되는 자금
	헤지 펀드	개인모집 투자신탁으로 고위험. 고수익을 추구하는 펀드로서 주식뿐만 아니라 파생상품, 구조화 상품 등에도 투자
법률적용	내국펀드	국내법에 의해 조성
	외국펀드	외국법에 의해 조성

해서는 각 론 부동산금융편에서 살펴본다.

국부펀드는 국가가 외환보유액 중 일부를 투자용으로 따로 조성해 국가의 이익을 위해 운용하는 펀드로, 정부가 자산을 소유하고 관리 · 감독한다. 일반적으로 정부의 예산이 흑자를 기록하거나 외채가 적거나 없을 때 만들어진다. 전 세계

국부펀드는 2011년 말 기준으로 약 4조 7000억 달러를 운용하고 있는 것으로 추정된다.

국부펀드는 재원조달 방법에 따라 상품펀드(commodity fund), 비상품펀드(non-commodity fund)로 나뉜다. 상품펀드는 원유 등 원자재 수출에서 나오는 정부 수입을 기초 재원으로 하는 형태로 1970년대에 설립된 초기 국부펀드의 대부분이 이와 같은 형태였다. 비(非)상품펀드는 원자재 수출과는 무관하게 국제수지 흑자 등 외환보유고나 재정 흑자를 통해 재원을 조달하는 방식이다. 자산규모 면에서 볼 때 전체 국부펀드에서 상품펀드가 차지하는 비중은 거의 60%에 육박하는 것으로 알려져 있지만, 최근 들어 비상품펀드의 규모가 지속적으로 증가하면서 2011년 말 기준으로 비상품펀드의 비중은 전체 국부펀드 운용자산의 3분의 1 이상을 차지하고 있다.

또 펀드 설립에 따른 정책목표별로 저축형 펀드, 외환보유고 펀드, 경제개발형 펀드로 나눌 수 있다. 천연자원 수출 등을 통해 창출된 개발수익의 일부를 차세대 저축으로 활용하는 저축형 펀드에는 아부다비투자청·노르웨이투자청 등이 있으며, 외환보유고 펀드에는 홍콩금융청 외환보유고펀드가 있다. 경제개발형은 별도의 수익배분 없이 전반적 경제개발목표를 제시하는 펀드로, 중국의 중국투자공사(CIC)가 대표적이다. 우리나라에서 국부펀드 역할을 하는 기관은 2005년 3월 한국투자공사법에 따라 설립된 한국투자공사(KIC)다.

또한 국부펀드는 자산규모가 커 대규모로 투자할 여력이 충분하기 때문에 세계금융시장에 충격을 줄 수 있다. 초기에는 미국 국채와 같은 안전자산에 투자했지만, 시간이 지나면서 다른 나라의 에너지, 항만, 통신 등 기간산업으로 대상을 넓혀가고 있다. 그 때문에 국부펀드가 이윤추구 목적뿐만 아니라 감춰진 정치적 목적도 가졌을 것이라 의심하는 목소리가 나오고 있는 것도 사실이다.

한편 1000억 달러 이상을 보유한 국부펀드를 '슈퍼세븐'이라고 부른다. 노르웨이 정부 연기금, 싱가포르 투자청, 쿠웨이트 투자청, 중국투자공사, 러시아연방 안정화기금, 테마섹 홀딩스와 함께 아랍에미리트 아부다비 투자청이 슈퍼세븐에 포함된다. 한편 우리나라 국부펀드인 KIC의 2010년 6월 말 기준 총 운용규모는 약 458억 달러로, 운용자산을 기준으로 하면 전 세계 국부펀드 중 15위 수준으로 추정

표 3-3 주요 국부 펀드

국 가	약 어	펀드명	설 립		비 고
			자산(10억 $)	연도	
United Arab Emirates	ADIA	Abu Dhabi Investment Authority	627	1976	Oil
Saudi Arabia	SAMA	SAMA Foreign Holdings	431	n/a	Oil
China	SAFE[2]	SAFE Investment Company	347.1		Non-commodity
Norway	GPF	Government Pension Fund-Global	326	1990	Oil
Singapore	GIC	Government of Singapore Authority	247.5	1981	Non-commodity
Russia	RNWF	National Welfare Fund	219.9	2008	Oil
Kuwait	KIA	Kuwait Investment Authority	202.8	1953	Oil
Hong Kong	HKMA	Hong Kong Monetary Authority Investment Portfolio	193.4	1998	Non-commodity
China	CIC	China Investment Corporation	190	2007	Non-commodity
Singapore	TH	Temasek Holdings	85	1974	Non-commodity
China	NSSF	National Social Security Fund	82.4	2000	Non-commodity
United Arab Emirates	ICD	Investment Corporation of Dubai	82	2006	Oil
Libya	LIA	Libyan Investment Authority	65	2006	Oil
Qatar	QIA	Qatar Investment Authority	62	2003	Oil
Algeria	RRF	Revenue Regulation Fund	47	2000	Oil
Australia	AFF	Australian Future Fund	42.2	2004	Non-commodity
Kazakhstan	KNF	Kazakhstan National Fund	38	2000	Oil
Brunei	BIA	Brunei Investment Agency	30	1983	Oil
France	SIF	Strategic Investment Fund	28	2008	Non-commodity
South Korea	KIC	Korea Investment Corporation	27	2005	Non-commodity

된다.

국부펀드의 국내 투자사례를 보면 싱가포르계 국부펀드인 GIC[3]는 한국의 외

2) State Administration of Foreign Exchange(중국).

3) 1981년 설립되었으며, 싱가포르의 국부(國父)라 불리는 리콴유 전 총리가 이사회 의장을 맡고 있다. 이사진으로 현직 총리와 전직 · 현직 장관들, 기업의 최고경영자들이 참여하고 있다. 정부의 외환보유액과 재정잉여자금, 국채 매각대금 중 일부를 해외에 투자하는 업무를 담당하지만, 정부나 의회의 감시를 받지 않고 독립적으로 운영되므로 정부기관이라기보다는 민간투자기관의 성격이 짙다.

환위기를 계기로 1999년 서울 잠실의 시그마타워를 시작으로 프라임타워 및 강남북을 대표하는 트로피자산(trophy asset; 기념비적 자산)[4]인 서울 파이넌스 센터와 강남 파이낸스센터(매입당시 스타타워)를 2000년과 2004년에 매입하였다. 우리나라의 한국투자공사(KIC)는 '한국판 GIC'를 모델로 해 만들어진 것으로 보인다.

사모 펀드는 소수의 투자자로부터 자금 등을 모아 그 재산을 주식 또는 지분에 투자하고, 투자한 회사의 기업 가치를 높여 그 수익을 사원에게 배분하는 것을 목적으로 하는 사모투자전문회사(펀드)를 의미한다. 사모 펀드가 부동산에 투자할 때는 부동산 사모 펀드가 된다. 부동산 사모 펀드는 특정 투자자로부터 모은 자금에 차입금을 보탠 기금(펀드)으로 부동산을 구입하고, 운용기간 중 임료수입을 분배함과 동시에 운용 종료 후 부동산을 매각하여 투자자금을 회수하는 부동산투자 형태를 말한다. 운용기간은 5년 전후가 일반적이다. 미국의 블랙스톤 등은 대표적인 부동산 사모 펀드이다. 이들은 대부업무나 자금난 등으로 개발이 진행되지 못하는 자산을 저가로 매입하여 고수익을 추구하는 형태를 취하거나 풍부한 자금으로 저평가된 부동산을 매입하여 고가로 매각하는 형태를 취하기도 한다. 국내에서 가장 잘 알려진 대표적인 부동산 사모 펀드는 텍사스에 본사를 두고 있는 론스타일 것이다. 국내 외환위기 당시 한국에 KAMCO가 보유하고 있던 부실채권(NPL: Non-Performing Loan) 매입을 시작으로 한국시장에 들어왔다. 그 후 NPL시장의 수익률이 낮아지자 실물자산으로 투자 방향을 바꿔 스타타워를 매입하여 엄청난 자본이득을 실현하고, 그 후에는 다시 부실기업인수에 뛰어들어 극동건설, 외환은행 등을 매입 후 되팔아 막대한 투자수익을 실현하였다. 이 과정에 조세피난처의 세제혜택과 조세협약의 허점을 이용하여 국내 양도소득세를 피해 나간 투자기법은 한국사회에 엄청난 파장을 불러일으켰다.

사모 펀드 중에는 고수익률을 얻기 위해 고위험 투자 부동산이나 부동산 관련 파생상품에 투자하는 펀드를 헤지 펀드로 분류하기도 한다.

4) 학술적인 용어라기보다는 당해 지역에서 위치, 규모면에서 가장 대표적인 자산을 말하는 것으로 서울의 경우는 서울파이넌스센터가 이러한 분류에 속할 수 있는 자산이다.

표 3-4 글로벌 사모 펀드

펀드명	운용사	투자전략	투자규모(백만)
Rockpoint Real Estate Fund IV	Rockpoint Group	Distressed and Opportunistic	2,500 USD
Starwood Distressed Opportunity Fund IX	Stanwood Capital Group	Debt, Distressed and Opportunistic	2,500 USD
AG Reality Fund VIII	Angelo, Gordon & Co	Debt and Opportunistic	1,125 USD
Fortress Japan Opportunity Fund II	Fortress Investment Group	Debt	10,000 JPY
Aetos Capital Asia IV	Aetos Capital Asia	Debt, Distressed and Opportunistic	1,000 USD
AG Core Plus Reality Fund III	Angelo, Gordon & Co	Core-Plus and Debt	1,000 USD
Fortress Real Estate Opportunities Fund	Fortress Investment Group	Debt, Distressed and Opportunistic	1,000 USD
Greenfield Acquisition Partners VI	Greenfield Partners	Debt, Distressed and Opportunistic	1,000 USD
U.S. Real Estate Partners	Alliance Bemstein	Debt, Distressed and Opportunistic	1,000 USD
Blackstone Real Estate Special Situations Europe	Blackstone Group	Debt, Distressed and Value Added	1,000 USD

주: 대부분 leveraged buyout(인수 회사자산의 담보대출 자금으로 회사인수) 방식을 이용하여 투자를 하는 high risk-high return형 투자자들이다.

파생금융상품을 활용하여 높은 운용수익률을 얻고자 하는 펀드를 특정하여 총칭하기도 한다. 1949년 미국에서 처음 개발되어 1980년대 말부터 미국 주식투자를 중심으로 급부상하였고, 그 후 1990년대 들어서면서 헤지 펀드는 투자대상이나 투자지역을 다양화하여 해외진출에 나섰다. 헤지 펀드의 투자대상은 금융상품, 스왑, 옵션 외에도 상품선물, 부동산 등에 이르기까지 광범위하다. 헤지 펀드의 특징으로는 비밀주의를 들 수 있는데, 헤지 펀드는 미국 증권관리위원회의 공시규제를 피해 투자자의 수를 100명 미만으로 제한하고 사모(私募)방식으로 운영하여 자유롭게 투자활동을 펼치며 펀드의 포지션이나 실적, 전략 등 일체의 운용을 비밀로 한다. 또한 헤지 펀드는 가능하면 짧은 기간에 거액의 수익을 올리는 것이 목적이기 때문에 막대한 자금을 이익이 있는 곳이라면 어디든지 투자를 해 이익을 얻고 있다.

이 펀드 중에서 국제적으로 가장 잘 알려진 것이 소로스 펀드이다. 이들은 주식 등의 공매도, 기업인수 시에는 leverage buyout을 이용하고 투자상품 등은 옵션, 선물 등의 파생상품 및 이와 관련된 부동산 파생상품, 서브프라임 모기지, CMBS 투자 등 high risk-high return의 투자형태를 취한다.

〈표 3-5〉는 국제시장에서 활동하고 있는 주요 헤지 펀드 목록이다.

표 3-5 주요 헤지 펀드[5]

순위 2009	순위 2008	회사명	자본금($ Million) 2009	자본금($ Million) 2008	연간변동률 (%)
1	2	Bridgewater Associates(Westport, CT)	38,600	36,000	7.22
2	1	JPMorgan Asset Management(NY, NY)	32,893	44,700	-26.41
3	8	Paulson & Co. (NY, NY)	29,000	28,079	0.07
4	6	D.E. Shaw & Co. (NY, NY)	28,600	32,240	-11.29
5	11	Brevan Howard Asset Mgmt (London, UK)	26,840	21,000	27.81
6	12	Man Investment (London, UK)	24,400	20,900	16.75
7	5	Och-Ziff Capital Mgmt (NY, NY)	22,100	33,200	-33.43
8	18	Soros Fund Mgmt (NY, NY)	21,000	17,000	23.53
9	7	Goldman Sachs Asset Mgmt (NY, NY)	20,585	29,206	-29.52
10	2	Farallon Capital Mgmt (Sanfrancisco, CA)	20,000	36,000	-44.44
11	4	Renaissance Technologies Corp. (East Setauket, NY)	20,000	33,000	-39.94
12	9	Barclays Global Investors (London, UK)	17,000	26,227	-35.18
13	49	Baupost Group (Boston, MA)	16,800	11,753	42.94
14	20	BlueBay Asset Mgmt (NY, NY)	16,700	16,400	1.83
15	27	Moore Capital Group (NY, NY)	16,500	15,001	9.99
16	19	Avenue Capital Group (NY, NY)	16,204	16,500	-1.79
17	51	King Street Capital Mgmt (NY, NY)	15,900	11,455	38.8
18	29	Angelo, Gordon & Co. (NY, NY)	14,000	14,500	-3.45
19	20	Fortress Investment Group (NY, NY)	13,661	16,400	-16.7
20	47	BlueCrest Capital Mgmt (London, UK)	13,273	12,000	10.61
21	17	Lone Pine Capital (Greenwich, CT)	13,000	18,000	-27.78

자료: www.institutionalinvestor.com

5) 헤지 펀드의 주요 투자방법 중의 하나는 貸株(shortselling)나 파생금융상품을 이용하는 것이다. 이들의 투자룰 "2&20 rule"은 관리비 2% - 목표수익률 20%를 지칭한다.

연기금은 연금(pension)과 기금(fund)을 합친 말로 '연금기금(年金基金)'이라고도 한다. 연금을 지급하는 원천이 되는 기금, 즉 연금제도에 의해 모인 자금을 의미한다.

연금이란 노후의 소득을 보장하기 위해 근로 기간 동안 기여금을 내고 일정 연령에 도달하면 급여를 지급받는 제도이다. 보통 공적 연금, 기업연금, 개인연금 등으로 분류된다. 국가에서 실시하는 공적 연금은 사회보험의 형태를 띤다. 또 기금은 특정 공공사업 자금을 마련하기 위해 정부가 예산과 별개로 운용, 집행할 필요가 있을 때 조성하는 자금인바 정부가 임의로 사용할 수 있는 자금이다. 우리나라의 4대 국민연금은 국민연금기금, 공무원연금기금, 사학연금기금, 군인연금기금 등이 있다.

국민연금(NPS: National Pension Service)은 규모면에서 세계 4대 연기금 중의 하나이다. 연기금은 안정적인 수입확보가 우선시되어 대부분 오피스 등의 트로피 자산 등에 투자하거나 장기 안정적인 임대수익이 가능한 부동산에 우선 투자한다.

〈표 3-6〉은 전세계적으로 유명한 연기금 목록이다.

그러나 전체 기금 총액에서 부동산 및 관련 분야에 투자하는 대체투자(alternative investment) 비율을 보면 세계적인 연기금들은 부동산 투자비중이 20%대에 있지만 NPS는 10% 미만에 있다.

이 외에도 투자자금원으로는 유증이나 기부금으로 조성된 기금재단(financial endowment)이 있다.

이 중에는 기부자에 의해 자금 운영이 제한된 경우는 있으나 대부분 독립된 운영을 하고 있으며 이들 자금은 대부분 유수한 대학에서 운용되고 있다. 하버드 대학의 경우를 보면 2013년 기준 $327억 규모에 이르고 있다.

또 아직 한국에는 도입이 되지 않는 자금원으로 이슬람 자금을 들 수 있다. 이슬람 금융은 이슬람 율법인 샤리아(Shariah)에 입각한 금융 시스템이다.

이슬람 금융에서는 이슬람 경전인 쿠란의 구절에 따라 금융거래에서 이자를 받는 것이 철저히 금지되어 있다. 위험과 수익이 확실하지 않은 파생상품 등도 다룰 수 없고, 기업 지분 등을 담보로 하는 투기 행위가 불가능하고 도박, 마약, 술 등을 다루는 기업에는 투자할 수 없다.

표 3-6 주요 연기금

국 가	펀 드	자산규모 US$ (in billions)	설립 시기	자금원	인당자산
Norway	Government Pension Fund of Norway	$573	1990	Oil	$115,000
Japan	Government Pension Investment Fund	$1370	2006	Non-commodity	$10,800
Netherlands	Stichting Pensioenfonds ABP (ABP)	$319 (€246)	1922	Non-commodity	$114,000
South Korea	National Pension Service (NPS)	$270	1988	Non-commodity	$5,000
Canada (Quebec)	Caisse de depot et placement du Quebec (The Caisse, or CDPQ)	$159	1965	Non-commodity	N/A
United States (California)	California Public Employees' Retirement System (CalPERS)	$202	1932	Non-commodity	$126,250
Malaysia	Employees Provident Fund	$130	1991	Non-commodity	$4,500
Netherlands	Stichting Pensioenfonds Zorg en Welzijn (PFZW, formerly PGGM)	$143 (€110.7)	1969	Non-commodity	$72,000
Canada	CPP Investment Board (Canada Pension Plan)	$171	1997	Non-commodity	$3,500
Canada (Ontario)	Ontario Teachers' Pension Plan	$109	1990	Non-commodity	N/A
Brazil	Caixa de Previdencia dos Funcionários do Banco do Brasil (PREVI)	$80	1904	Finance	N/A
Ireland	National Pension Reserve Fund (NPRF)	$30	2001	Non-commodity	N/A

국내 투자자에게 가장 익숙한 것은 채권인 수쿠크다. 보통 채권은 만기 때 이자를 돌려주지만, 수쿠크는 샤리아에 따라 이자 대신 배당 등을 제공한다. 수쿠크 채권이란 이자를 금하는 이슬람 율법 샤리아에 따라 투자자들이 이자 대신 배당금이나 부동산 임대료 등의 형태로 수익을 배분받는 금융상품을 말한다.

표 3-7 수쿠크(Sukuk)의 종류(발행형태별)

종 류	수익창출 구조	유 형
무라바하 (Murabahah)	금융회사가 고객 대신 주택 등을 구입한 뒤 고객에게 수수료를 받고 임대	주택담보대출방식
이자라 (Ijarah)	금융회사가 건물이나 설비를 구입해 임대료를 받고 빌려줌	리스계약 방식
무하라바 (Mudharabah)	금융회사가 사업자의 프로젝트에 출자하고 배당금을 수취	프로젝트파이낸싱 방식
무샤라카 (Musyarakah)	금융회사와 사업자가 공동으로 프로젝트에 출자, 수익배분	합작투자방식

수쿠크 외에도 이슬람 보험인 타카풀, 이슬람 상장지수펀드(ETF), 이슬람 부동산전문펀드(REITs) 등을 포함한 전 세계 이슬람 자산 규모는 1조 3000억 달러(약 1,376조 원)에 이른다.

이와 유사한 종교적 신앙을 기반으로 조성된 펀드도 있다. 일명 신앙펀드(faith-based fund)로 종교교리에 부합하는 도덕적 기업에 주로 투자하는 일종의 사회적 책임(SRI) 펀드다. 이 펀드들은 종교교리에 따라 주류나 담배, 포르노, 동성애, 낙태, 도박 등 종교적으로 죄악시 여기는 것과 관련된 기업에 대한 투자는 금한다.

신앙펀드는 투자대상을 심사하는 데 비용이 들기 때문에 일반 펀드에 비해 수익이 적을 수 있지만, 신앙적인 삶을 살고자 하는 사람들 사이에서 확산되고 있다. 대표적으로 이슬람펀드인 아마나드, 가톨릭신자를 위한 기독교펀드인 아베마리아 등이 있다.

이러한 펀드들의 자금을 운용하고 관리하기 위해서는 펀드매니저가 존재하여야 한다.

다음 표는 세계 주요 펀드 매너저들의 목록과 그들이 관리하고 있는 부동산 지역별 통계자료다. 아시아 부동산 시장이 급부상함에도 불구하고 이 표에서 보면 아직은 투자금액이 유럽이나 미국에 비해 현저히 적은 편이다.[6] 이 기관들은 대부분 은행, 보험회사 들의 자회사 및 부동산 회사들이다.

표 3-8 세계 주요 fund manager

[단위: 부동산 AUM(assets under management); €million]

순위	자산운용사	합계	유럽	북미	남미	호주	아시아	기타
1	Brockfield Asset Management	87,548.83	2,389.14	69,171.39	7,668.01	8,320.29	-	-
2	CBRE Global Investors	68,792.16	34,889.08	26,318.50	-	-	7,584.58	-
3	The Blackstone Group	67,228.96	14,688.30	48,680.88	489.21	-	3,164.29	206.30
4	UBS Global Asset Management	49,118.51	17,019.80	15,298.10	-	9,461.01	7,339.60	
5	AXA Real Estate	45,256.00	45,046.00	38.00	-	-	172.00	-
6	J.P. Morgan Asset Management-Global Real Assets	42,418.29	5,658.10	35,555.76	-	-	1,204.43	-
7	TIAA-CREF Asset Management	41,841.11	1,584.42	18,048.27	-	-	-	22,208.41
8	Pramerica Real Estate Investors	39,590.76	6,734.35	23,843.65	2,786.65	-	6,226.18	-
9	Invesco Real Estate	38,405.29	4,506.00	13,978.38	-	-	4,681.96	15,238.94
10	Deulsche Asset & Wealth Management	36,961.80	15,565.00	18,385.30	-	1,728.80	1,282.70	-
11	AEW Global	36,553.00	18,038.00	17,084.00	-	-	1,431.00	-
12	LaSalle Investment Management	36,718.46	16,382.70	12,514.56	-	1,592.76	5.688.44	-
13	Principal Real Estate Investors	35,289.54	325.38	33,972.10	-	155.48	829.75	6.83
14	Hines	30,973.16	6,704.77	21,637.30	2,085.00	126.66	419.43	-
15	Comerstone Real Estate Achvisers	29,478.01	1,269.66	28,1277.25	-	5.16	25.94	-
16	Aviva Investors	27,745.66	25,718.29	183.75	-	-	1,843.63	-
17	Tishman Speyer	26,670.42	3,971.29	19,311.86	1,265.87	-	2,121.41	-
18	Morgan Stanley Real Estate Investing	26,286.64	5,517.78	12,248.34	87.98	3,577.65	4,757.05	97.84
19	Cohen & Steers Capital Management	23,971.10	1,681.80	19,105.00	31.01	1,061.43	2,085.79	6.05
20	Aberdeen Asset Management	22,505.73	21,580.41	181.27	-	-	744.05	-

자료: Property Fund Research, 2013.

상기와 같이 국부펀드, 연기금, 펀드 등 펀드 즉 자금을 공급하고 있는 사람들이 해외 부동산 시장의 주요 players들이다.

다른 주요 player들 중에는 LP들로부터 자금 모집업을 하는 fund promoter와 자금모집 외에도 이와 관련된 자문 서비스 등을 제공하는 회사인 fund placement

6) 아직은 아시아 지역의 부동산들이 투자펀드들의 관심을 불러일으킬 만큼 매력적이지 않다는 반증이다. 아시아 시장은 일본, 중국으로 대별되는데 일본은 REIT가 중국은 토지거래가 대부분을 차지하고 있기 때문이다. 그러나 향후 아시아 지역의 잠재력은 다른 어떤 지역보다도 높다.

agent, 변호사, 회계 · 세무 전문가, 감정평가사, 신탁회사 및 보관회사, deal sourcing 브로커 및 에이전트, PM 및 FM업자 등이 있다.

Ⅲ. 해외 부동산 투자상품

일반인들이 가장 일반적으로 접근할 수 있는 해외 부동산 투자는 대체로 다음 4가지 유형으로 나눌 수 있다.

- 부동산 펀드(부동산 펀드에 가입하는 간접투자) 또는 부동산EFF(상장지수펀드)투자 등
- 부동산 직접 투자(기존 건물 직접 구입, 신규 개발 및 운영 등)
- 리츠(REITs)(해외 리츠에 직접투자)
- 부동산 금융상품 또는 파생상품

부동산 펀드가 기존 건물을 직접 구입하는 경우에는 지역의 법제, 시장상황, 조세제도, 관리운영 방안, 자금회수방안, 국제시장환경의 변화 및 환율변동 추이 등이 구체적으로 준비되어야 하는 등 상당한 주의와 경험, 조언을 필요로 한다.

나아가서 개발 · 운영과 관련하여 ① 사업참여주체별 사업참여 목적 조율, ② 자금조달 방식, ③ 현지업체 선정과 개발방식, ④ 분양 등 사업성에 대한 판단, ⑤ 관리 · 운영전략, ⑥ 조세전략, ⑦ 자금회수전략과 함께 국제시장환경의 변화와 환율변동과 연계한 의사결정을 수반하여야 하는 등 상당한 위험과 함께 오랜 경험과 전문적인 지식을 필요로 하는 일이다.

실물 형태의 부동산 투자 대상에는 주택 이외에도 오피스, 주상복합(mixed-use), 상가, 호텔, 관광 · 위락시설, 물류시설, 노후자시설, 공장, 레저시설, 나대지 개발, 농지 개발 등 다양한 상품이 존재한다. 그러나 주택일 경우에도 아래 참고 자료에서 보듯이 다양한 용도의 상품이 존재한다.

오피스는 working space(사무공간), meeting space(회의실, 컨벤션 등), supporting space(IT시설, 서류저장고 등) 등 사용 목적에 따른 분류가 가능하고, 도심지향적인 front office와 일상업무기능 지향의 back office(쾌적성이 좋은 교외지역 입지)로 나눌 수도 있다.

나아가서 office park 또는 business park 등 집단적인 형태로 구분할 수도 있다. 투자 분석도 이에 따라 진행되어야 한다.

리테일도 백화점, 할인점, 창고형 매장, 전문점, 부티크, 양판점, 편의점, 대형잡화점(big-box store), 하이퍼 마켓, 슈퍼마켓, 전문할인점(specialty store), 카테고리 킬러, 파워센터(category killer의 집적), mall, E-tailer(아마존 등) 등 다양한 매장 형태를 갖고 있어 이에 따른 시장 분석과 투자전략이 마련되어야 한다.

산업용도 오피스-공장복합형, 물류시설형, 중공업형, 경공업형, industrial park 및 연구시설 등으로 나눌 수 있다.

참고 자료

주택형태

Single-Family: 일반적으로 한 세대가 단독으로 생활하기 위한 시설 및 규모를 갖춘 주택을 의미.

Zero-Lot-Line Home: 적은 필지에 작은 규모의 주택을 짓기 위해 공개공지 면적을 두고 않고 지적경계선에 주택을 짓는 형태. 필지경계면 벽체는 연접한 주택과 공동으로 사용되기 때문에 창문을 두지 않는다.

Patio Home: 정원빌라, 클럽주택, 전원주택 등의 다양한 형태의 이름을 가지나 단층의 1가구 형태의 주택으로 건축면적이 대지 면적보다 훨씬 적은 형태를 가진다. 그러나 경우에 따라서는 개별 소유권을 가지는 다가구 형태도 있다.

Villa: 로마시대에는 빌라는 고급주택을 칭했으나 이후에는 의미가 다양해져 저가의 복층빌딩 소재 단독주택부터 고가의 교외형 주택 등으로 폭넓게 사용된다.

Cottage: 1~2층 규모의 소규모 소박한 전원 별장형 주택으로 그 크기는 위치에 따라 달라질 수 있으나 '작다'는 의미를 기본으로 하고 있다

Cabin: 그린에코열풍이 이러한 형태 주택의 부활을 가져왔다. 전원에 소재하는 소규모의 주택으로 2층에 대개 다락을 갖고 있고, Cottage보다는 더 전원풍으로 통나무 등으로 짓는다.

Courtyard Home: 전속 출입구(gate)를 가지는 담장으로 둘러싸인 전원형 단독 주택으로 별도의 게스트동을 가지는 등 고가의 주택군에 속한다.

Multi-Family Housing Products: 아파트 등의 다가구/다세대 주택.

Mobile Home: 이동식주택(Modular/PreFabricated Home:기조립된 주택구성요소 연결조립주택).

Duples, Triplex, Quadraplex: 다가구 주택의 유형으로 건물 내에 소재한 주택세대 수에 따라 2세대인 경우 Duplex, 3세대인 경우는 Triplex, 4세대인 경우는 Quadraplex로 불린다. Duplex, Triplex형태는 일렬로 짓고 Quadraplex는 등을 대고 있는 형상의 back-to-back 형태로 짓는다.

Townhome/Townhouse: 이 용어는 영국에서 유래되어 단순히 타운에 소재하는 주택이란 의미이나

실제는 귀족이나 상류사회 동호회 형태의 2차 거주 주택으로 의회가 휴기에 들어가는 잠시 휴식을 취한 곳을 의미했다. 당초에는 일렬로 늘어서서 마치 한 동의 거대한 주택과 같은 모습을 띠고 있었으나 시간이 지나면서 휴식용에서 임대용 주택 등으로 변천하였다. 건축 특징은 일렬로 연접한 형태의 고층의 전원풍의 다세대주택 형태를 보이기 때문에 "rowhouse(미국에서는 약간 싸구려 주택이란 인식 때문에 잘 사용되지 않는다)"로 불리기도 한다. 최근에는 연접(attachment)한다는 기본 개념을 벗어나서 별동으로 다양한 형태의 단독주택으로 짓는 경향도 있다.

Apartment/Apartment Flat: 이 용어는 모든 다세대/다가구 주택에 범용적으로 사용될 수 있다. 그러나 아파트먼트(아파트)는 엄격하게는 각개(flats; 영국에서는 이 용어를 주로 사용한다)의 여러 개층을 쌓아서 건축한다는 개념 때문에 종종 comdominium과 혼용되어 사용되기도 한다. condominium은 건축형태가 아닌 구분소유권을 의미한다. 따라서 우리가 말하는 아파트는 대개 미국에서는 임대용 다가구 주택을 말하고 우리가 말하는 아파트는 condominium이 된다. 우리가 말하는 condominium은 후술하는 time-sharing condominium으로 불러야 한다.

Private Residence Club(PRC): 고급형의 공유지분 형태의 대규모 주택으로 가구당 4~6주 정도의 이용권한을 가진 8~12명 정도의 지분권자(멤버)로 구성되는 레저형 주택으로 단지 내에는 골프, 테니스, 수영장 등의 시설이 구비되기도 한다. 매년 관리비는 멤버들이 부담한다.

Housing Cooperative(Co-Op): Co-Op은 한 건물 내에 다수의 부동산가구를 소유하는 조합형 유한책임법인을 말한다. 법인내 주주는 1가구를 점유할 권리를 가지되 법인의 점유 규정을 준수하여야 한다. 이는 소유권이 주식의 형태로 변형된 경우이다. 건축 역사는 1900 년초로 거슬러 올라가며 뉴욕의 Abraham Kazan이 이러한 주택 창출의 아버지로 불린다.

Timeshare/Interval Ownership: 시분할/기간별 소유 형태 주택은 국내의 콘도미니엄과 거의 동일한 개념이다. 다만, 소유형태에서 전술한 PRC는 지분형태의 소유권을 timeshare는 기간보유권 형태를 띈다. 따라서 기간별 이용 형태에 따라 분양시 가격이 달라질 수 있다.

Condominium Ownership: 국내에서는 아파트를 말하며 소유자의 독점적인 사용 · 수익 · 처분권이 미치는 전유부문과 공유부분으로 나눈다. 이 용어는 미국 및 캐나다 등에서 사용되는 법적 용어이나 호주 및 British Columbia에서는 strata title로 부르고, 잉글랜드나 웨일스에서는 commonhold로 부른다. 이 형태는 아파트만에 적용되는 것이 아니라 일 단지의 개발일 경우 토지는 condominium 형태, 건물은 각자 소유형태로 건축할 수도 있다.

참고: Planned Unit Development(PUD): 토지이용규제 대상단위를 개별필지나 기존지구로 하지 않고 일단의 사업지로 하여 하나의 단위로 계획, 설계하고 이에 따라 개발하는 미국의 토지 제도. 1962년 샌프란시스코 조례 제정 후 시행되었다. PUD로 개발되는 지역은 일반용도지역제 혹은 획지분할규제 등의 제한규정을 완화하여 적용받기 때문에 건물용도, 용적률, 건물의 형태, 건물높이, 최소대지면적 등의 계획, 설계에 있어서 개발주체가 재량권을 가질 수 있으며, 대상지 전체를 일체적이고 유기적으로 계획, 설계하여 개발하는 것으로 국내의 특별계획구역제도와 유사한 형태의 개발제도이다.

이 외에도 MBS,[7] CMBS 등 부동산 담보부 증권 등에 대한 투자도 가능하다.

부동산지수펀드는 특정 주가지수와 연동되는 수익률을 얻을 수 있도록 설계된 '지수연동형 펀드(index fund)'로, 거래소에서 주식처럼 거래된다. 주가지수 등락률과 같거나 비슷하게 수익률이 결정되도록 주식을 적절히 편입하여 만든 펀드를 인덱스펀드라 하는데, 이 펀드를 기초로 발행하는 수익증권이나 뮤추얼펀드 주식을 바로 ETF 증권이라 하며, 투자자들은 거래소나 코스닥시장에 상장되는 이 증권을 사고팔게 된다. 10종목 이상의 주식을 묶어 하나의 지수로 만들고 이 지수를 하나의 종목으로 증권거래소에 등록하여 매매한다. 펀드의 구성은 해당 주가지수에 포함된 주식의 바스켓과 동일하며, 발행된 주식이나 수익증권을 거래소에 상장하여 일반 개인들이 거래할 수 있도록 한 것이다. 지수에 연동해 수익률이 결정된다는 점에서 인덱스펀드와 유사하지만, 증권시장에 상장해 주식처럼 실시간으로 매매가 가능하다는 점에서 차이가 있다.

미국 부동산 상장지수펀드(ETF)에 연계된 상품은 뉴욕 증권거래소에 상장된 미국 부동산 ETF가 일정수준 이상 상승하면 연 몇%의 약정금리를 제공하는 형태다. 이 유형의 펀드로는 미국 부동산 리츠와 관련된 상장지수펀드(ETF)와 미국 건설업 관련 ETF가 대표적이다.

Ⅳ. 부동산 지수 파생상품

상기 투자 상품 외에도 부동산 지수를 이용한 파생상품에의 투자도 가능하다. 부동산 지수 파생상품은 특이한 상품 구조로 설계되어 있어 항을 나누어 별도로 설명한다.

파생상품은 기초자산의 가치 변동에 따라 가격이 결정되는 금융 상품을 말한

7) 주택저당 담보부 증권(mortgage backed secrurities)이란 주택 담보부 채권을 기초자산으로 하여 발행한 증권으로 5~20년의 장기로 발행되며 자동이체증권(pass-through securities), 다단계 주택담보부 증권(Collateralized Mortgage Obligation) 및 분리형 주택담보부 증권(Stripped Mortgage Backed Securities) 등으로 나눈다. 이 증권은 정부기관 보증채의 경우는 원리금 상환은 보증된다고 볼 수 있으나 시장이자율의 변동에 따른 조기상환위험이 존재한다. 상업용부동산의 저당권을 기초자산으로 한 증권은 CMBS(commercial mortgage backed securities)가 된다.

참고 자료

주택저당증권(Mortgage Backed Securities: MBS)

MBS는 금융기관이 주택을 담보로 만기 20년 또는 30년짜리 장기대출을 해준 주택 저당채권을 대상 자산으로 하여 발행한 증권으로 자산담보부증권(ABS)의 일종이다. '주택저당채권 담보부증권'이라고도 한다.

은행, 보험회사, 할부금융사 등 금융회사는 주택을 담보로 길게는 20~30년의 자금을 대출해 준 뒤, 이 담보권을 기초로 주택저당채권(주택에 근저당이 설정된 대출채권)을 보유하게 된다.

은행 등 금융회사들은 그 주택저당채권을 유동화중개회사(SPC)에 팔고, 유동화중개회사(SPC)는 이를 담보로 하여 MBS라는 상품을 발행하며, 자본시장의 투자자들에 의해 이 MBS 상품이 판매가 되고 현금화됨으로써 금융회사에게 그 돈을 지급한다.

금융회사들은 장기간에 걸쳐 고객(채무자)들로부터 상환받아야 할 돈을 한번에 회수하여 목돈을 마련하는 셈이 되므로 그 돈으로 다시 주택 구입자들을 위한 대출 재원으로 사용할 수 있게 된다.

예를 들어 A은행이 B에게 주택을 담보로 1억 원을 대출해주고 B는 10년에 걸쳐 원금과 이자를 갚기로 했을 경우, A은행이 담보로 잡은 주택과 저당채권을 근거로 증권을 발행해 투자자에게 직접 매각하거나 유동화 중개회사를 통해 증권을 발행, 투자자에게 매각해 대출자금을 회수한다는 것이다.

이러한 채권 유동화 과정을 통해 금융기관은 대출금을 조기에 회수할 수 있기 때문에 대출이 활성화되고 내집 마련을 계획하고 있는 소비자 입장에서는 집값의 20~30%만 있으면 주택을 구입할 수 있게 된다.

MBS는 국제결제은행이 자기자본비율을 산정할 때 위험가중치도 20%로 낮게 분류된다. 이러한 증권을 사고파는 시장을 2차 저당시장이라 한다.

MBS 유동화 전문회사(SPC)

국내에서는 지난 1999년 "주택저당채권 유동화회사법" 제정으로 MBS를 발행할 수 있는 기반이 마련됐다. MBS 유동화 전문회사(SPC)는 주택저당채권유동화회사법에 의해 인가받고 설립된 회사이어야 한다. 우리나라에서는 'KOMOCO(한국주택저당채권유동화(주))'를 정부가 최대 주주로 출자하고 국내외 우량 민간금융기관들이 힘을 합하여 1999년 9월에 설립하였으며 2000년 4월에 첫 MBS를 발행했다.

상업용부동산 저당증권(CMBS)

금융기관이 업무용 빌딩이나 상가, 호텔 등 상업용 부동산을 담보로 빌려준 대출채권을 기초자산으로 발행하는 증권을 말한다. CMBS는 주택저당채권을 기초자산으로 발행하는 주택저당증권(MBS)과 성격은 비슷하지만 담보대상 측면에서 구분이 된다. 주택과 같은 일반 부동산이 아닌 상업용 부동산을 담보로 하는 만큼 MBS에 비해 담보가치가 높고 그만큼 투자 리스크(위험)는 작다는 것이 장점이다. 이 증권은 MBS가 채무자의 조기상환위험에 노출되는 반면에 CMBS는 기초자산인 상업용 부동산의 대출채권이 1~2개만 부실화되면 증권구조 전체가 부실화되는 디폴트위험에 노출된다.

다. 상품 가치가 기초자산의 가치 변동으로부터 파생되어 결정되기 때문에 '파생상품'이라 이름 붙여졌다. 파생상품 거래의 대상이 되는 기초자산에는 주식 · 채권 · 통화 등 금융 상품, 농 · 수 · 축산물 등 일반 상품, 신용위험 이외에 자연 · 환경 · 경제 현상 등에 속하는 위험으로서 합리적이고 적정한 방법에 의해 가격 · 이자율 · 지표 · 단위 산출이나 평가가 가능한 것은 모두 포함된다. 또한 파생상품을 기초자산으로 하는 파생상품(옵션선물, 선물옵션, 스왑옵션 등)도 가능하다.

파생상품은 금융시장 참가자에게 폭넓은 위험 헤지(hedge) 기회를 제공함으로써 자신의 위험 선호도에 따라 자산을 쉽게 구성하게 한다. 즉, 위험 회피자는 자산이나 부채의 가치 변동에 따른 위험을 회피할 수 있으며, 위험 선호자 또는 투자자는 이러한 변동을 예측함으로써 이익 획득 기회를 얻을 수 있다. 파생상품 시장은 장내 시장과 장외시장으로 구분할 수 있는데, 장내 시장은 가격 이외의 모든 거래 요소가 표준화되어 있는 파생상품 거래시장으로서 거래소시장이라고도 한다. 장외 시장은 표준화되어 있지 않은 파생상품이 거래소를 통하지 않고 시장 참여자 간에 직접 거래되는 시장이다.

우리나라 장내 시장으로는 한국거래소(KRX)가 있다. 자본시장법(자본시장과 금융투자업에 관한 법률)에서는 금융 투자 상품을 증권과 파생상품으로 구분하고 있다. 증권과 파생상품 모두 원본 손실 가능성, 즉 투자 위험이 존재한다는 측면에서는 동일하지만, 원본을 초과하는 추가적인 손실이 발생할 수 있는 경우 파생상품으로, 투자자가 원본 이외에 어떠한 명목으로든지 추가로 지급 의무를 부담하지 않는 경우를 증권으로 구분하였다.

부동산 지수 파생상품[8]은 대개 다음과 같은 유형으로 나눈다.

- Property Index Certificate

이 증서를 구입한 투자자는 발행하는 금융기관 등에 일정액을 예탁하고 이자소득은 부동산 수익률 산정회사(IPD 등)가 발표하는 임대료 수익 지표 등을 이용하여 지급하고 투자금은 기간만료시에 투자시점과 만료시점의 지수를 이용하여 지

8) 부동산 지수 스왑거래는 직접거래가 상당한 거래비용을 발생시키는 데 반하여, 지수 스왑거래는 실물거래에 비해 적은 비용으로 부동산 투자수익률 향유가 가능하고, 나아가서 이 거래를 통해 부동산 포트폴리오 개선효과를 거둘 수 있다.

불하는 형식을 취한다.

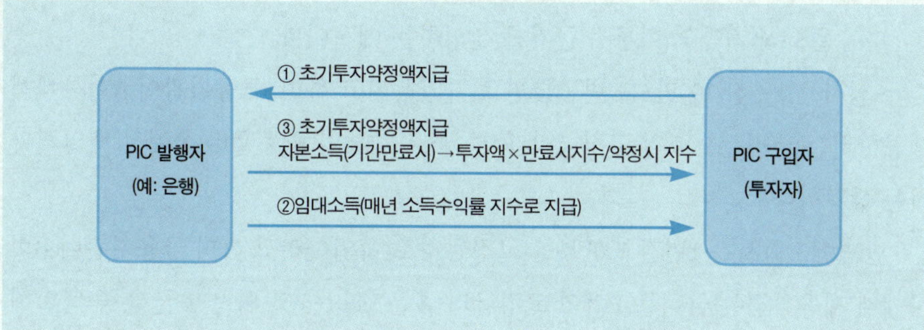

- Total Return Swap

이 거래는 부동산의 고정금리수익과 LIBOR금리체계를 이용한 변동금리하의 이자수입의 상호교환거래를 의미한다. Property receiver는 Property payer에게 LIBOR금리에 연동한 변동금리형태의 수익을 지불하고 Property payer로부터 IPD의 소득 수익률에 연계되는 고정금리 형태의 수익을 취하되, 계약기간 만료시에 계약금액에 만료시점의 부동산 지수와 약정시점의 부동산 지수를 비교하여 약정기간 동안 지수가 상승하면 Property receiver가 정산 수익을 취하게 되고 그 반대의 경우에는 Property payer가 수익을 얻게 된다. 따라서 전자는 부동산가격이 오르면 수익이 오르는 long position[9]을 갖게 되고 property payer는 그 반대로 부동산 가격이 떨어지면 수익이 발생하는 short position의 입장에 서게 된다.

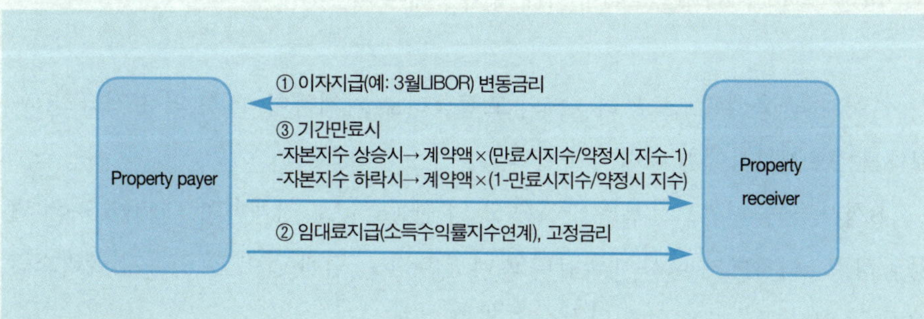

9) 선물이나 옵션시장에서의 매입을 의미한다. 옵션시장에서는 매도옵션이나 매입옵션을 매입하는 것을 말하며, long put 또는 long call과 같이 사용된다. 또 각종 옵션전략과 관련해서도 사용되는데, long straddle, long strangle, long strip 등과 같이 표현된다. 이와 반대로 선물이나 옵션을 매도하는 것을 숏(short)이라고 한다.

이 거래의 핵심은 변동금리와 고정금리의 swap이다.

다음은 swap거래의 이론적 근거를 설명하는 예시이다.

A회사는 1년간 100만$를 변동금리로 차입하려고 하며, 금융기관이 A회사에게 제공하려는 금리는 12%의 고정금리 혹은 Libor+2.5%의 변동금리 중에서 택일해야 하는 상황이다.

반면에 B회사는 1년간 100만$를 고정금리로 차입하려고 하며 금융기관이 B회사에게 제공하려는 금리는 14%의 고정금리 혹은 Libor+3.5%의 변동금리 중 택일해야 하는 경우일 경우,

A회사는 고정 및 변동금리에서 절대우위를 가지고 있지만 고정 대 변동금리의 상대적 비교우위에서는 B회사의 변동금리가 비교우위에 있다.

Libor가 7%라고 가정할 때,

A회사 비교우위=변동금리/고정금리=9.5%/12%=0.7917

B회사 비교우위=변동금리/고정금리=10.5%/14%=0.7500

즉, A회사는 1단위 고정금리를 0.7917의 변동금리와 교환 가능한 반면 B회사는 1단위 고정금리로 0.75의 변동금리와 교환 가능하다. 결국 고정금리 측면에서 A회사, 변동금리 측면에서는 B회사가 비교우위에 있다고 할 수 있다(직관적으로 보더라도 고정금리는 2% 마진, 변동금리는 1% 마진을 가지고 있다).

이 경우에 다음과 같은 swap거래를 가정해 보자.

A회사: 금융기관으로부터 12%의 고정금리로 기채하여, 13.5%의 고정금리(14%보다 낮음)로 B회사에게 다시 대출한다.

B회사: 금융기관으로부터 Libor+3.5%의 변동금리로 기채하여, Libor+3.5%의 변동금리로 A회사에게 다시 대출한다고 하면 다음 그림과 같이 되고 상기 금리스왑으로 각 회사 모두 0.5%의 이자절감 효과를 얻게 된다.

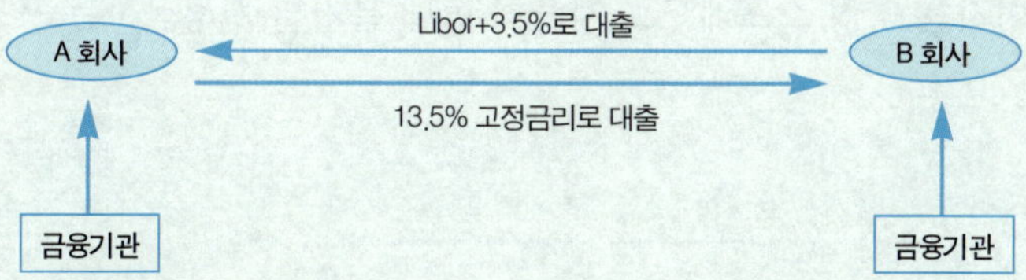

〈스왑이후 만기시 결과〉

A회사:	이자지급(B회사에게)	−(Libor+3.5%)
	이자소득(B회사로부터)	13.5%
	이자지급(금융가관에게)	−12%
	실제지급이자	−(Libor+2.0%)

B회사:	이자지급(A회사에게)	−13.5%
	이자소득(A회사로부터)	+(Libor+3.5%)
	이자지급(금융가관에게)	−(Libor+3.5%)
	실제지급이자	−13.5%

이 거래를 중개하는 swap 딜러(금융기관)가 A회사가 조달하여 B회사에게 자금을 대출해 주는 것과, B회사가 조달하여 A에게 다시 대출해 주는 일을 대신하여 주고 고정금리의 차(매입-매도 스프레드)를 수수료로 취하게 된다.

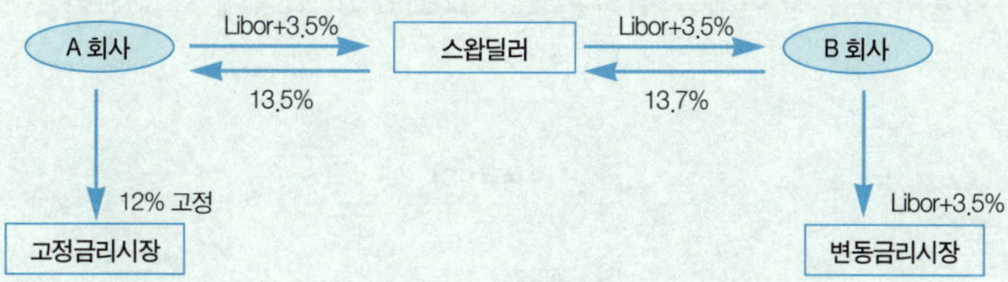

A회사: 고정금리시장에서 12%로 차입하고 스왑딜러에게서 13.5%를 제공받는다. 대신 A사는 스왑딜러에게 변동금리 Libor+3.5%를 지불한다.

B회사: 변동금리시장에서 Libor+3.5%로 차입하고 스왑딜러에게서 Libor+3.5%를 제공받는다. 대신 B사는 스왑딜러에게 고정금리 13.7%를 지불한다

• Price Return Swap

이 거래는 미국 Credit Suisse가 구성한 상품으로 Property Index Certificate와 같은 개념이나 사용하는 지수가 IPD가 아닌 NCREIF지수를 이용한다는 점이다. 투자

금액에 대한 이자는 약정 스프레드로 지불하고 매 분기별로 정산하는 구조다.

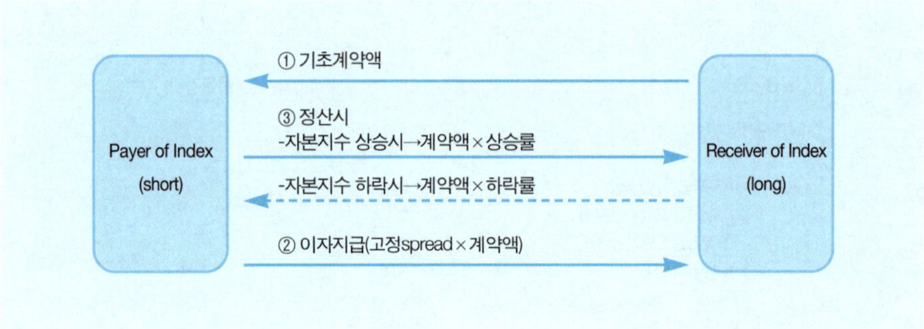

• Property Type Swap

이 거래는 전자와 비슷한 형태의 거래 구조를 가지나 분기별 정산시 Index receiver는 상가의 수익률을 기준으로, Index payer는 오피스의 수익률을 기준으로 정산하는 과정을 거치게 된다는 점에서 차이가 있다. 따라서 Index reveiver는 상가 수익률이 오르면 득을 보는 long position을 갖게 되고 Index payer는 그 반대로 오피스 수익률이 오르면 이득을 취하는 short position의 입장에 서게 된다.

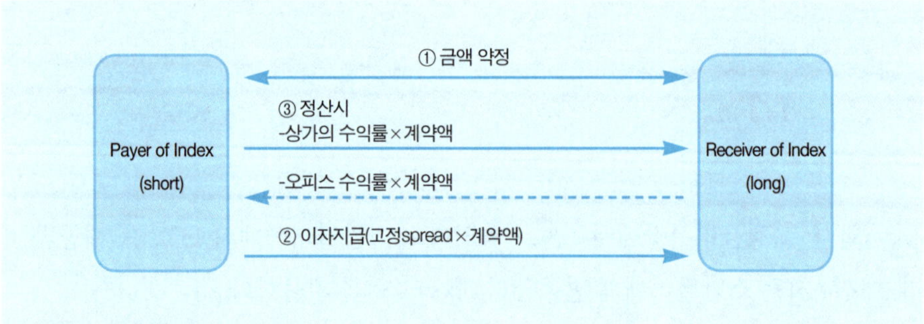

이러한 부동산 지수 파생상품의 도입효과는 ① 부동산 시장에서 기초자산이 과대 평가되거나 과소 평가되는 위험을 방지(market's over/under pricing risk hedging)할 수 있고, ② 수익률을 기준으로 한 포트폴리오 자산의 적정 구성을 가능케 해줄 수 있다.

파생상품과 관련된 상업용 부동산 관련 지수를 산정하기 위해서는 일정기간 동안의 자산군별 가격변동을 파악하여야 하는데 이때 적용되는 평가 방법은 다음 2가지 방법 중 하나를 적용한다.

• 거래가격 기준

이는 실제거래가격을 기준으로 지수의 변동을 파악하는 방법으로 표본 내에서 조사기간에 거래가 되지 않은 자산에 대해서는 반복매매회귀모형[repeat sales regressio(CSI)[10]]을 이용하거나 Hedonic 모형을 이용한다. 이 방법은 시장에서 실거래가격을 기준으로 하기 때문에 시장소구력은 있으나 상대적으로 비용이 많이 소요되거나 시장이 불안한 경우 정보의 왜곡을 가져올 수 있다.

• 감정평가 기준

대부분의 지수 산정기간인 IPD 및 NCREIF에서는 시계열적 안정성, 비용요인 때문에 펀드 in-house평가사 또는 외부 전문 평가사를 통하여 지수를 산정한다. 다만, 이렇게 생성된 지수는 시장기준이 아닌 평가 기준인바 지수가 전분기에 종속하는 경우가 발생할 우려가 있고 급등시장이나, 침체시장에서 정확한 시장가격을 파악하지 못하는 경우가 있다.

지수를 산정하는 기관은 대별하면 수익용 부동산을 산정하는 기관과 주거용 부동산 지수를 산정하는 기관으로 나눌 수 있다. 수익용 부동산지수 산정기관으로 대표적인 기관은 IPD와 NCREIF가 있다(〈표 3-9〉 참조).

• 주거용(Case-Shiller Home Price Index & Composite Index)

세계 3대 신용평가회사인 스탠더드 앤드 푸어스(S&P)가 발표하는 대표적인 주택가격지수로 행동경제학자인 칼 케이스 웨슬리대 교수와 로버트 쉴러 MIT대 교수가 개발했다.

10) 일정기간 내에 2번 이상 매매된 부동산을 기준으로 작성하는데 리모델링 등 여건변화의 효과를 반영하기 어렵고, 거래량이 부족할 경우 통계적 오류가 발생할 확률이 높아진다. 네덜란드는 이 경우에 감정가격과 실거래가격의 비율을 이용하여 지수를 산정한다. CSI는 샘플별 가치를 가중평균한 방법을 사용하나 국내의 아파트 실거래가격지수는 단순 동일 가중평균 반복매매모형을 적용해서 산정한다.

표 3-9 IPD와 NCREIF 지수산정 방식 비교

		IPD	NCREIF
명 칭		Investment Property Database Ltd	National Council of Real Estate Investment Fiduciaries
가치산출 방법	토지	내부감정사에 의해 매년 평가	소유자에 의한 시가 평가 (매뉴얼을 매년 갱신)
	건물	내부감정사에 의해 4년마다 평가	
지수내용		오피스, 상업시설, 공업시설→용도별 면적규모에 따라 5단계로 분류	오피스(중심지, 교외), 집합주택, 상업시설, 연구개발시설, 창고, 산림, 농지 등 →규모 분류는 없음
		1982년부터 월차, 연차 보고	1970년대 말부터 시작, 정식은 1982년 개시, 분기별 · 연차 보고
		표본수: 11,000 총자산액 £1470억(2005)	표본수: 4,756 총자산액 $2018억(2006)

이 지수는 특정 MSA(Metropolitan Statistical Area:집계 기준이 되는 대도시권)의 모든 단독주택 가격의 평균적 변화를 나타낸 것으로 2회 이상 거래된 주택의 가격변동률[11]로서 케이스-쉴러 지수는 20개의 MSA별로 단독 주택가격 변화를 나타낸다. 이는 개별MSA지수 20개와 10개 MSA를 종합한 10대 대도시지수(Composite-10 Index), 20개 MSA를 종합한 20대 대도시지수(Composite-20 Index), 전국지수 등 네 가지 종류로 구성된다.

S&P는 전국지수를 제외한 3종류의 지수를 매월 마지막주 화요일 오전 9시(미동부 시각)에 두 달 전 기준으로 발표한다. 전국지수는 2월과 5월, 8월, 11월 마지막주 화요일에 발표된다.

- 기타지수

상기와 같은 부동산 포트폴리오 자산의 실가격 산정을 바탕으로 지수를 산정하는 경우 이외에는 주로 REIT 등의 부동산 펀드의 상장주식 거래가격을 기준으로

11) Weighted Repeat Sales Regression Model.

참고
자료

행동경제학(Behavioral Economics)이란

기대효용에 따른 합리적 선택보다는 감성적 판단에 따라 행동한다는 이론으로 인간의 심리학적 속성을 바탕으로 금융위기 이후 각광을 받고 있는 학문 분야이다. 즉, 정통 경제학 이론으로 설명할 수 없는 인간의 비합리적 의사결정 이유와 경로를 설명하기 위한 학문으로 행동경제학은 심리학과 경제학이 결합해 태어난 일종의 퓨전 학문이다.

현대 경제학의 아버지 애덤 스미스 이후 300년 넘게 굳어져 온 '인간=합리적 존재'라는 인식에 도전장이 날아든 시기는 1979년이다. 이스라엘 출신 이민자 1세대인 대니얼 카너먼과 아모스 트버스키 두 교수가 '전망이론(Prospect theory: An analysis of decision under risk econometrica)'이라는 요상한 제목의 논문을 발표하면서부터다.

전망이론을 쉽게 표현하면 이렇다. 인간은 주식 투자로 1달러를 벌었을 때 느끼는 기쁨보다 1달러를 잃었을 때 훨씬 큰 괴로움을 느낀다. 인간이 합리적인 존재라면 1달러를 벌었을 때 느끼는 기쁨과 잃었을 때 느끼는 괴로움이 똑같아야 한다. 하지만 왜 사람들은 기쁨보다 괴로움을 더 많이 느낄까. 인간은 늘 합리적인 존재라고 알려져 있는데 왜 사람들은 비합리적이고 편향적이며 오류투성이 행동을 서슴지 않을까.

인간을 이성적인 판단을 지닌 주체, 즉 '호모 이코노미쿠스(homo economicus)'라고 본 여느 경제학자들과 달리 심리학자인 카너먼 교수는 인간의 사고와 행동이 반드시 합리적이지 않다는 전제를 통해 경제 현상을 풀어내려고 했다. 또한 경제학이 비경험적인 과학, 즉 자연과학과 달리 연구실의 실험을 통해 입증하거나 해결 방안을 찾을 수는 없는 학문이라는 기존 통념도 완전히 허물어뜨렸다. 정통 경제학 이론으로 설명할 수 없는 인간의 비합리적 의사결정 이유와 경로를 탐구하다 그가 창시한 학문이 바로 행동경제학(Behavioral Economics)이다.

행동경제학은 심리학과 경제학이 결합해 태어난 일종의 퓨전 학문이다. 경제학계보다 먼저 이 퓨전 학문을 지지한 세력은 금융시장 종사자들이다. 이들은 자신을 포함한 많은 자본시장 종사자가 합리적으로 투자하지 않고, 집단적 광기나 손실회피 심리 등으로 어처구니없는 의사결정을 한다는 사실을 잘 알고 있었다. 2008년 전대미문의 세계 금융위기가 발생한 후 천문학적인 연봉을 받는 월가 경영진이 이성적으로는 설명할 수 없는 결정을 내린 사실이 속속 드러나면서 행동경제학과 카너먼 교수의 위상은 더 높아졌다.

현실에서는 엄연히 객관적 사실(fact)이 존재하는데도 사람들은 단순히 자신의 고정관념이나 관습 등을 통해 판단을 내린다. 카너먼은 이 불완전하고 비합리적인 판단을 '휴리스틱(heuristic)'이라고 일컫는다. 행동경제학의 핵심 개념인 휴리스틱은 인간이 스스로 생각하는 것보다 훨씬 비합리적인 존재임을 증명해주는 근거다. (버나드 쇼의 묘비명: I knew if I stated long enough, someday like this would happen.)

자료: 인터넷 자료 취합.

산정되는 부동산 가격 지수는 대략 다음과 같은 종류가 있다.

미국 REIT(NAREIT)지수:
http://www.reit.com/DataAndResearch/IndexData/RealTimeIndexReturns.aspx
미국 Dow Jones US Real Estate Index:
http://finance.yahoo.com/q/bc?s=%5EDJUSRE&t=1d&l=on&z=m&q=l&c
일본 Tokyo Stock Exchange REIT Index:
http://quote.tse.or.jp/tse/quote.cgi?F= histidx/ERealIndex&QCODE=155
홍콩 HANG SENG PROPERTIES INDEX (HKSE):
http://finance.yahoo.com/q/bc?s=%5EHSNP&t=1d
호주 S&P/ASX 200 A-REIT:
http://finance.yahoo.com/q/bc?s=%5EAXPJ&t=1d&l=on&z=m&q=l&c
유럽 EPRA/NAREIT Europe Index:
http://asia.advfn.com/exchanges/FTSE/EPRA/stock-price

세계 주요 주가지수는 미국 투자은행인 모건 스탠리의 자회사인 MSCI가 발표하는 MSCI(Morgan Stanley Capital International Index)와 영국 Financial Times Stock Exchange의 약자인 FTSE(푸치)가 있다.

부동산 파생상품 시장의 국가별 현황을 보면 영국은 1991년 영국선물거래 시장(FOX)에 상장하였으나 시장참여자의 이해 부족, 부동산 대표지수의 부족 및 유동성 확보구조가 불충분하여 실패하였다.

그러나 IPD지수가 시장의 대표지수로 정착되면서 장외시장이 활성화되어 2007년 현재 100억 달러 규모로 성장하였으나 8000억 달러 규모인 영국부동산 시장에 비하면 1%에 불과하다.

미국의 경우도 2007년부터 도입하여 시카고상업거래소(CME)에 관련 상품이 출시되었다. 대표적 부동산 지수는 NCREIF, CSI 등 지수를 이용하고 있다.

호주, 홍콩 등에서는 자본시장이 활성화되어 부동산 파생상품 시장도 성숙된 시장을 갖고 있으나, 일본, 싱가포르 시장은 초보적 단계에 있다.

국내에도 이러한 파생상품의 도입가능성이 논의되고 있으나, 대표지수의 부재 및 장외시장의 미성숙 등으로 다소 시간이 필요할 것으로 보인다. 그러나 전술한 고정금리 성격의 부동산 임대료와 변동금리의 swap, 부동산/주가지수 연계 지수 선물시장은 충분히 도입가능한 상품으로 판단되며, 부동산의 선분양은 부동산 선물적 성격을 갖고 있으며 옵션부 부동산 sales & leaseback은 부동산 옵션 시장으로 볼 수 있기 때문에 부동산 시장과 자본 시장을 연계한 상품 개발의 여지가 충분히 있다고 본다.

제2절 해외 부동산 투자위험

Ⅰ. 투자위험 유형

해외 부동산 투자위험은 일반적으로 부동산에 내재하는 투자위험 외에도 환율, 시장정보, 자금환수 등에 대한 위험 등 다양한 위험에 노출된다.

일본의 우라타겐(浦田健)과 오쿠무라(奧村)는 해외 부동산 투자위험을 ① country risk(국가위험), ② currency risk(외환위험), ③ financial risk(재정금융위험), ④ property risk(부동산 위험),[12] ⑤ opportunity risk(기회비용위험)[13]으로 분류하고 있다.

Solink(1991)는 해외 부동산 투자 위험을 familiarity, regulations, market efficiency, risk perception, cost structures 등으로 분류하고 있다. 저자에 따라서는 대별하여 market risk(수요. 공급, 공실률 등), institutional risk(시장규모, 수익률 등)으로 대별하여 저술하기도 한다.

상기 내용을 참고로 하여 해외 부동산 투자 위험을 다음과 같이 분류해 보자.

- Country risk
- Exchange risk

12) 경제변동, 유동성, 금리상승, 세법개정 및 임차인 관련 위험.
13) 자산관리, 도시계획 변경, 천재지변 및 매각 위험 등.

• Interest risk

• Market risk

Ⅱ. 국가 위험

Country risk는 상거래가 국가간에 이루어질 때 발생하는 리스크로 국내거래에서는 발생하지 않는 추가적인 리스크를 의미하며, 국가마다 정치 · 경제 · 사회적인 구조 등이 다르고 이 상황들이 변하기 때문에 발생한다.

(1) 요 인

부동산 투자와 관련된 국가위험은 여러 요인이 있겠지만 대별하면 ① transfer risk(이체위험), sovereign risk(쿠데타, 대외채무지급불능, 보증 취소), ② political risk(정권교체 등으로 인해 토지인허가 등 계약이행 안 됨, 인종, 정치구조, 내란 등의 요인), ③ economic risk(자원, 재정, 환율, 인구변동 등에 의한 비교우위, 정책목표 상실 등), ④ financial risk(외화부족, 수출구조변화 등)으로 나누어 볼 수 있다.

이 외에도 투자자산의 몰수 또는 국유화, 정부가 우선 구입권을 가지는 선매권 강행 등도 이러한 위험 요인으로 볼 수 있다. 나아가서 국가별 부패지수를 참고자료로 활용하여 시장의 투자 위험을 계량할 수 있다. 국가별 부패지수 등을 나타내는 사이트 중 Transparency International의 corruption perception index(www.tranparency.org)가 유명한데 2012년 현재 우리나라는 세계 45위를 기록하고 있다.

부동산의 경우 부동산 시장의 투명도 등을 나타내는 지수는 Jones Lang LaSalle의 Real Estate Transparency Index가 유명한데 2012년 현재 한국은 필리핀, 그리스, 인도네시아, 러시아보다 낮은 42위를 기록하고 있다(〈표 3-10〉 참조).

2012년 기준 IMF의 세계 GDP순위에서는 12위의 경제 규모($ 1조 6299억)를 가지고 있지만 부패인지수 및 부동산 시장의 투명도 지수 등에서는 전세계에서 40위권에 머물러 있는 실정이다.

국가별 컨트리 리스크를 산정하는 기관과 그 평가 방법은 다음과 같다.

표 3-10 국가별 부동산 투명도 지수

(2012년 기준)

순위	Market	종합점수	지역	투자성과	시장펀더멘탈	상장방법	법적규제	거래과정
1	United States	1.26	AM	1.13	1.37	1.06	1.29	1.42
2	United Kingdom	1.33	EUR	1.04	1.86	1.02	1.31	1.33
3	Australia	1.38	AP	1.21	1.84	1.01	1.37	1.42
4	Netherlands	1.38	EUR	1.33	1.73	1.10	1.39	1.13
5	New Zealand	1.48	AP	1.54	1.80	1.25	1.54	1.00
6	Canada	1.56	AM	1.87	1.79	1.00	1.29	1.84
7	France	1.57	EUR	1.63	2.63	1.41	1.16	1.00
8	Finland	1.57	EUR	1.97	2.08	1.10	1.26	1.20
9	Sweden	1.66	EUR	2.07	2.51	1.13	1.14	1.22
10	Switzerland	1.67	EUR	1.54	2.75	1.00	1.38	1.44

자료: JLL

(2) 평가기관

보통 국가 위험은 거시 평가와 미시 평가로 나누어 구분한다. 대외거래에 대한 채무불이행 위험이나 정치적 위험으로 인해 투자 대상국의 기업 또는 투자 파트너와 체결한 각종 계약이 실행될 수 없어 초래될 수 있는 손실 가능성인 상업적 위험에 초점을 둔다(문창권, 국제비지니스 위험관리, p. 66). 평가기관으로 대표적인 것은 Standard & Poor's Rating Group, Moody's Investor Service, Fitch IBCA가 있으나 그 외에도 Institutional Investor (II), Political Risk Service(PRS), 유로머니, 경제협력개발기구(OECD), Bank of America World Information Services, Business Environment Risk Intelligence (BERI) S.A., International Country Risk Guide 등이 있다.

(3) 평가방법

조사기관별 평가방법은 그 사용목적에 따라 다음과 같이 나누어진다.

1) 대조표접근법(전문가집단면접 등 실제 조사해서 점수계량화): 정치적 요인 및 사회적 요인 조사

2) 조사표접근법(국제은행 설문조사근거): Institutional Magazine, 100주요은행 설

참고자료

신흥국 컨트리 리스크

삼성경제연구소(2013년 발표자료)는 신흥국 컨트리리스크를 ①금융리스크(외환, 금융시장, 재정) ②실물경제리스트(경기급락, 인플레이션) ③정치리스크(정책변화, 이벤트) ④기업경영리스크(무역, 투자리스크)로 나누고 45개국의 분석 결과를 다음과 같이 발표 하였다.

분야 및 유형		분석대상 45개국 중 상위 7위 고위험 국가
금융 리스크	외환 리스크	수단, 헝가리, 우크라이나, 슬로바키아, 터키, 베트남, 폴란드
	금융시장 리스크	말레이시아, 남아공, 베트남, 중국, 태국, 브라질, 헝가리
	재정 리스크	이라크, 나이지리아, 슬로바키아, 우크라이나, 폴란드, 베트남, 헝가리
실물경제 리스크	경기급락 리스크	이라크, 우크라이나, 슬로바키아, 아제르바이잔, 헝가리, 체코, 루마니아
	인플레이션 리스크	이라크, 미얀마, 베네수엘라, 우크라이나, 이란, 아제르바이잔, 파키스탄
정치 리스크	정책변화 리스크	미양마, 수단, 나이지리아, 우즈베키스탄, 이라크, 이란, 중국
	이벤트 리스크	이라크, 미얀마, 이란, 수단, 파키스탄, 이집트, 콜롬비아
기업경영 리스크	무역 리스크	베네수엘라, 이란, 콜롬비아, 방글라데시, 파키스탄, 아르헨티나, 러시아
	투자 리스크	베네수엘라, 앙골라, 우크라이나, 에콰도르, 방글라데시, 파키스탄

주: 이라크, 미얀마, 수단은 기업경영 리스크 분석 대상에서 제외.

문조사

3) 시장수익률격차지수(대출이자율-LIBOR): Euro Money Magazine

4) 확률접근법(최대가능손익의 확률을 고려해서 결정): Max Loss Possible

Ⅲ. 외환 위험

Exchange risk는 외환관련 리스크(currency risk)로 환율변동이 투자 수익에 지대한 영향을 미치게 된다. 따라서 환율 변동에 대한 위험과 이에 따른 위험을 방지하기 위한 수단 등은 결국 최종 투자수익률에 영향을 미치게 되므로 환위험은 해외투자자가 가장 높게 고려해야 할 사항 중의 하나이다. 부동산과 관련하여 고려할 수 있는 환위험은 부동산을 사고팔 때 발생하는 거래위험(transaction risk), 매각대금의 국내 이체와 관련된 이체위험(transfer risk) 및 부동산 보유와 관련된 관리 위험(management risk)으로 대별할 수 있을 것이다. 이러한 환위험을 저감할 수 있는 방법은 크게 대내적 위험관리와 대외적 위험 관리로 대별할 수 있을 것이다. 이에 대한 구체적인 내용은 후술하는 외환 리스크 관리편에서 다시 살펴볼 것이다.

(1) 대내적 관리기법

일상의 부동산 관리업무와 연계하여 내부적인 관리 기법의 일환으로 환노출을 본원적, 사전적으로 예방 · 감축하거나 경우에 따라 환차익까지 포괄하는 관리기법을 말한다. 관리기법으로는 상계(netting), 매칭(matching), 리딩(leading)과 래깅(lagging), 인위적인 관리기법을 사용하지 않는 포지션방치, 적극적인 관리를 위해 미리 일정수입을 환차손관리 기금으로 적립하는 방식 등을 들 수 있다.

1) 네팅(netting)은 현지 관리회사와 투자자 사이에 임료의 수입과 관리 비용을 건별로 결제하지 않고 일정기간 경과 후 순차액을 정기적으로 결제하는 제도이다. 매칭(matching)은 자금흐름을 통화별로, 시기별로 일치시킴으로써 현금흐름의 환위험이 서로 상쇄되도록 하는 방법이다. 외화표시의 수출과 수입을 대량으로 하는 기업은 수출과 수입금액을 통화별로, 시기별로 의도적으로 조정한다.

2) 리딩(leading)과 래깅(lagging)은 국제거래를 행하는 당사자간에 지급시기를 조정함으로써 환노출을 감소시키는 방법이다. 이때 지급시기를 앞당기는 것이 리딩이고 지급시기를 늦추는 것이 래깅이다. 부동산 관리의 경우 선제적 예방측면에서 보수 · 유지비의 지급시기를 조정하거나 임료의 수입시점 또는 비용의 지불시점을 적의 조절하여 이러한 환위험에의 노출을 줄일 수 있을 것이다.

3) 환차손 준비금 전략은 미래의 환차손에 대비하여 임료수입의 일부분을 환차손 준비금으로 적립하고 실제 환차손이 발생할 경우 이 기금을 연도별로 적의 정산하여 관리하는 기법이다.

(2) 대외적 관리기법

환위험으로부터 발생될지도 모를 손실의 가능성을 배제하기 위하여 외부에서 특수한 계약 조치를 행하는 것을 총칭한다. 즉, 외환시장 및 국제금융시장을 통한 거래를 행함으로써 환위험을 제거시키는 방법을 말하며 그 대표적인 예로서 선물환 시장, 금융시장 또는 옵션시장을 통한 헤징방법이 있으며 할부계약을 통한 자연적인 환헤징도 가능하다.

1) 차입과 예금은 은행에 일정기간 투자비 지급 및 수수 또는 보수유지관리비용의 수입 및 지출이 예상될 경우 은행의 외화대출 또는 외화예금을 이용하여 시차별로 환위험을 관리하는 방법을 말한다. 즉, 지불금액을 한화로 차입하고 이를 투자국 화폐로 외화예금을 들어서 지급일에 당해국의 화폐로 지불하는 경우를 말한다. 이때는 이자율 마진과 환율 등의 위험은 상호 계량할 필요가 있을 것이다.

2) 선물환 헤징은 선물환시장을 이용한 헤징으로 미래의 일정한 시점에 두 통화의 교환비율(선물환율)을 거래액과 함께 미리 결정해두고 실제 외환의 인수 · 인도는 결제시점에 이루어지는 선물환 거래를 말한다.

예를 들어 미국에 투자한 부동산으로부터 3개월 후 순임료수입 $100,000이 들어온다고 가정해보자. 이때 한국시장에서 현물환 환율이 KRW 1,100/$로 가정하고 90일 후 선물환율이 KRW 1,072/$(forward discount per annum 2.5575%)라고 하면 국내투자자는 은행과 상기조건으로 선물환 매도 계약을 하면 국내 투자자는 3개월 후 환율 변동과 상관없이 $10,000를 은행에 지불하고 107,200,000원(=KRW1,072×$100,000)의 안정된 현금흐름을 확보할 수 있게 된다.

금융시장을 이용한 헤징은 전술한 차입과 예금을 이용하여 환헤지를 하는 방법이다.

예를 들어 전술한 투자자가 수입예정금액에 해당하는 금액을 금융기관으로부터 차입하는 경우를 생각해보자. 이때 외화대출 자금의 3개월 이자가 2.5%, 동기간 원화 예화예금 이자는 1.75%라고 가정하면 투자자는 먼저, 금융시장에서 $100,000의 외화 대출을 선이자 2.5%을 제한 $97,560[=100,000/(1+2.5%)]를 받아 이를 현물환시장에서 한화로 바꾼 107,316,000(=97,560×1,100)을 원화예금을 하면 3개월 후에는 109,194,030(=107,316,000×1.0175)의 원화를 확보하게 된다. 이제 3개월 후에 예정되로 $100,000이 들어오면 금융시장에 이를 상환하면 모든 거래가 청산된다.

이렇게 함으로써 환율변동에 대한 위험을 금융시장을 이용하여 헤징할 수도 있다.

통화옵션을 이용한 헷징은 일정기간(계약만기일) 내에 일정량의 통화를 일정가격으로 사거나 팔 수 있는 계약상의 권리를 의미한다. 옵션계약에는 옵션매입자

참고 자료

선물환 거래

외환거래에서 거래쌍방이 계약일에 미래에 거래할 특정 외화의 가격을 현재시점에서 미리 계약하고, 이 계약을 미래의 특정 시점인 계약일에 이행하는 금융거래를 말한다. 우리나라는 은행간에 거래되는 선물환의 거래의 종류는 1주일물, 2주일물, 1개월물, 2개월물, 3개월물, 6개월물, 9개월물, 1년물 등이 있다. 반면에 현물환 거래는 통상 외환 거래 계약일로부터 2영업일 이내에 외환의 인수도가 이루어지는 계약을 말한다.

또 선물가격과 현물가격과의 차이를 설명할 때는 베이시스란 용어를 사용한다. 이와 관련하여 베이시스 포인트(bp: baisis point)란 금융시장에서 금리나 수익률을 표시할 때 사용하며 1bp란 0.01%를 의미한다.

와 옵션매도자가 있게 되는데 옵션매입자는 프리미엄을 지급함으로써 만기일 이내에 언제라도 옵션을 행사할 수 있는 권리를 취득하게 되며 옵션 매도자는 프리미엄을 받는 대가로 계약기간 중 언제라도 옵션 매입자의 옵션행사에 응해야 하는 의무를 지게 된다.

통화옵션은 거래되는 장소에 따라 미국 Philadelpia Stock Exchange나 암스테르담의 European Option Exchange와 같은 거래소에서 거래되는 표준화된 옵션인 장내옵션(floor option)과 은행간 및 은행 · 고객간 시장 등 거래소 이외의 장소에서 거래되는 옵션인 장외옵션(over-the-counter option)으로 구분한다. 옵션 행사 시기에 따라 옵션계약 만기일 이전에 옵션의 행사가 가능한 옵션을 미국식 옵션(American option)과 옵션기간 만기일에 한하여 옵션을 행사할 수 있는 유럽식 옵션(European option)으로 나누기도 한다.

통화옵션에서 call option이란 일정기간(계약기간 만료일) 내에 일정가격으로 일정량의 특정통화를 살 수 있는 권리를 말하고 put option이란 동 기간 내에 팔 수 있는 권리를 말한다. 옵션을 산다는 것은 권리를 산다는 것을 말하는 것으로 매입한 권리를 행사할 것인지 아니 할 것인지는 항상 행사가격과 행사하려는 시점의 현물가격과 차이를 보고 결정하게 된다.

즉, 옵션행사 시점의 현물환율이 행사가격(exercise price)보다 높으면 call option 매입자는 옵션을 행사하여 현물환율보다 낮은 행사가격으로 특정 통화를 확보할 수 있게 된다. 이 경우에 put option 매입자는 현물환율로 특정통화로 매도하는 것이 유리해 짐에 따라 옵션 행사를 포기하게 되어 기 지불한 프리미엄만큼의 손해를 보게 된다. 반대로 현물환율이 행사가격보다 낮으면 call option 매입자와 put option 매입자의 입장이 바뀌게 된다.

상기 미국 부동산 시장에 투자한 국내투자자의 경우로 되돌아가 보자.

만약 투자자가 3개월 후 달러화가 원화 대비 약세가 될 것으로 보고 이의 예측을 KRW 1,060/$으로 보고 장외시장에서 3개월 만기 put option을 행사가격 KRW1,080/$에 1.7%의 옵션프리미엄을 지불하고 구입하기로 하였다고 가정해 보자.

이 경우 옵션비용(=옵션거래규모×프리미엄×현물환율→$100,000×0.017×1,100)은 1,870,000이 된다. 이때 국내의 원화 자금 대출이자는 3개월 동안 2%라고 하면 3개월 후 시점의 실효 put option비용은 1,907,400(=1,870,000×1.02)이 된다. 3개월 후 현물환율의 행사가격이 KRW1,080/$보다 높으면 이 옵션을 행사하지 않을 것이나 현물가격이 KRW1,070/$이 되면 put option을 행사하여 108,000,000원(=1,080×100,000)을 얻게 되나 여기에 옵션비용 1,907,400원을 차감하면 실제 확보 가능한 자금은 106,092,600원이 된다.

3) 상기 이외에도 할부계약을 통해 원화자금을 기간별로 나누어 지급하면 환율 변동성을 줄이는 효과를 기대할 수 있다.

Ⅳ. 이자율 위험

interest risk는 금융 · 재정위험(financial risk)으로 예상치 못한 경제여건, 이자율 등의 변동에 따른 자산이나 부채의 가치가 변동하게 되는 위험을 말하는 것으로 자산, 부채의 성격, 유형, 만기, 현금흐름의 시기와 크기, 예상 보유기간 등에 의해 차이가 나게 된다.

구체적으로 이자율위험은 보유하고 있는 자산이나 부채가 시장이자율의 변동으로 인하여 가치가 변동하게 되는 ① 시장가치위험(market value risk)과 금융기관의 경우 단기예금을 통해 조달된 자금을 장기로 대출하였을 때 예금이자율의 변동으로 자금조달비용이 오르게 되는 경우와 투자자가 대출기간의 만료로 금융조건을 갱신하는 경우 및 추가 자금조달을 할 경우 발생하는 ② 자금재조달위험(refinancing risk)과 금융기관의 경우 장기예금을 이용하여 단기투자를 했을 때 투자수익률이 하락함으로써 손실을 볼 수 있는 경우, 부동산의 경우에는 임료 등의 수입을 투자 운영하는 경우 당초 투자 당시 기대한 기대수익률보다 낮은 수익률로 재투자되는 경우의 ③ 재투자위험(reinvestment risk) 등을 말한다.

이자율위험관리의 전형적인 문제는 1980년대 초 미국의 주택대부조합사례를 들 수 있는데 이들 주택대부업체는 고정금리로 장기대출을 했다가 금리가 상승하게 되자 저축대부조합들이 대형손실을 입고 부실화되는 이른바 S&LA(saving & loan association) 금융위기로 이어졌다.

이자율위험관리전략으로는 자산이나 채권의 포트폴리오를 구성하여 자연헤지를 통해 제거하거나 또는 고정금리와 변동금리와의 교환거래를 근간으로 하는 금리스왑거래, 미래 대출이나 예금에 대한 이자율을 계약시점에 고정시키는 선물환 형태의 선도금리계약, 금리선물 등의 파생상품계약을 체결하여 계약헤지를 통해 최소화시킬 수 있다.

Ⅴ. 시장 위험

market risk는 부동산위험(property risk) 또는 기회비용위험(opportunity risk)을 포함하는 개념으로 부동산과 관련된 시장위험을 포함한다고 볼 수 있다. 즉, 부동산 투자자는 부동산 시장의 수요공급, 가격변동 및 지역의 변화, 분양시장의 변화 및 추세 등을 꾸준히 추적 조사하여야 한다. 이러한 정보를 얻는 데 소요되는 비용을 information cost[14]라고 하고 이러한 시장의 변화를 추적하는 데 소요되는 비용을 monitoring cost라고 한다.

또다른 위험은 정보의 비대칭성(information asymmetry)이다. 이는 경제적 이해관

14) 예를 들어서 현재 1억 원의 가치를 가지는 자산이 있고 1년 후 인근에 대규모 민간개발사업이 시행한다는 소문이 돌고 있다. 이 개발사업이 소문대로 확정될 경우 자산가격은 2억 원이 되나 그렇지 않고 확정적으로 취소될 경우에는 9000만 원으로 가격이 떨어질 것으로 예상되는 자산이 있다고 하자. 투자자는 이 정보로 개발이 이루어질 확률을 50%로 가정하고 현재 시장의 투자수익률(할인율)을 10%라고 하면, 이 정보의 비용을 다음과 같이 계산할 수 있다.
1년 후의 자산가격=50%×2억+50%×9천만=1.45억 원, 현재자산가격은 1.45/(1+10%)=1.318억 원이 된다. 따라서 정보비용은 1.318억 원(현가한 현재가치)−1억 원(현재가치)=31.8백만 원이 된다.

참고 자료

투자국 선정기준

Colin Barrow는 해외 부동산 투자대상국을 선정할 경우 다음과 같은 10단위 scale단위를 이용하여 전체 점수가 60점 이상이면 투자 대상국으로 고려할 수 있고, 80점 이상 되면 안전하다고 주장하고 있다.

구분	사정	비고
투자금액	0(소액)~10(고액)	
경제성장률	개발도상국보다 낮음(0)~높음(10)	
실업률	높음(0)~낮음(10)	
관광산업	미발달(0)~발달(10)	
정치적 안정성	빈번한 정권교체(0)~정기적인 선거에 의한 교체(10)	
저당금융시장	미발달(0)~발달(10)	
생활비	선진국과 유사(0)~선진국대비 비율(10)	
부동산 관련 제세	자국보다 높다(0)~자국보다 낮다(10)	
출입국 등 접근성	단편비행기의존(0)~다양한 접근수단(10)	
생활수준 및 편의성	제3세계수준(0)~선진국수준(10)	
계		

계를 가진 당사자간에 정보가 한쪽에만 존재하고 다른 한쪽에는 존재하지 않는 상황을 말한다. 해외 투자자는 국내 투자자보다 부동산 시장 정보에 어둡기 때문에 이러한 정보의 비대칭성을 해결하기 위해 합작투자를 선택하게 된다.

그러나 해외 투자자는 세계경제 정보에 국내 투자자보다 우위에 있기 때문에 이러한 정보의 비대칭성은 완화될 수도 있다.

그러나 후진국에서 사업을 할 경우, 부패는 역설적으로 이러한 정보의 비대칭성을 해소할 수 있는 수단이 된다. 만약 후진국에서 사업을 하기 위해서는 어느 정도의 부패를 피할 수 없는 것이라면 이를 어느 정도 수인할 것인가가 항상 문제가 된다. 특히 제도권 투자펀드 운영자에게는 선택의 문제가 된다.

제3절 해외 부동산 투자성과

Ⅰ. 부동산 투자성과 요인

부동산 투자를 통하여 얻을 수 있는 이익은 다음 그림에서 보듯이 ① 임료수입에 따른 현금수입을 얻을 수 있고, ② 투자만료시 투자자산을 매각할 경우 자본손실도 가능하겠지만 인플레이션에 따른 효과를 배제하더라도 부동산 가격 상승에 따른 자본이득을 기대할 수 있을 것이다. ③ 부동산 매입과 관련하여 대출을 받았을 경우에는 임료수입에서 원리금을 상환하게 됨에 따라 자기자본이 증가되게 되고, ④ 은행으로부터 받은 대출금액의 이자가 당해 부동산에서 창출되는 수익률보다 낮을 경우에는 자기자본 기준 투자수익률이 증대되는 레버리지 효과를 얻을 수 있다. 나아가서 ⑤ 건물 등은 감가상각 자산이므로 감가상각은 비현금흐름(non-cash flow)인바 회계적인 감가상각을 통하여 소득세를 절감하는 절세효과를 얻을 수 있다. ⑥ 이 외에도 해외 부동산 투자의 경우에는 대외환율이 청산시점에 투자시점 대비 상승한 경우에는 추가로 환율효과도 얻을 수 있다.

그림 3-2 해외 부동산 투자성과 요인

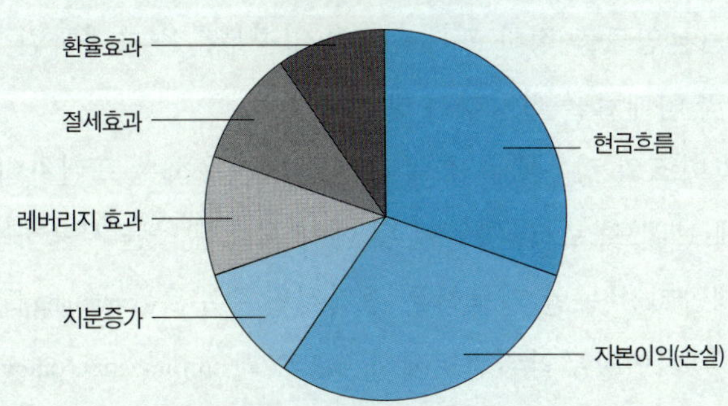

Ⅱ. 해외 부동산 임대차시장

(1) 임대유형

해외 부동산 임대차 시장은 나라별로 부동산 유형별로 다양한 형태를 갖고 있다.

임대유형을 보면 계약기간 동안 임대료가 일정한 ① 고정임료(flat rent), 상가 등에서는 기본 임료(basic rent)를 정하고 매출에 비례해서 임대료를 지불하는 ② 기본임료+비율임료(percentage rent/turnover rent) 등이 있다. 여기에 공용면적 유지관리를 소요되는 비용을 임차인이 추가로 부담하게 되는 데 이를 관리비(service charge)라고 한다

비율임료는 대개 2가지 형태로 결정된다. 첫 번째 형태는 참여비율임료(participation percentage)란 것으로 예를 들어 레스토랑 임대차시 매출액 1억 원 이상이면 추가매출액에 대해 6%의 추가 임료를 내는 경우를 말하고, 두 번째 경우는 자동분기점(natural breakpoint) 방식으로, 임대면적이 600m²인 매장의 기본임대료를 매장 임대면적당 3,000원으로 정하고 이 금액 이상을 초과하는 매출액에 대해서 6%의 비율임료율을 적용하는 임대계약을 상정해 보자. 6%의 비율임료율을 적용할 경우 기본임대료와 동일한 임대료를 낼 수 있는 매출액은 다음과 같이 계산된다.

600×3000/6%=30,000,000원(이 금액 이상의 매출액에 대해 6%의 비율임료를 적용)

이 외에도 기본임료를 정하고 매출액이 일정부분을 초과하면 이를 비교하여 상호 합의에 따라 임대료를 설정하는 방안도 있다.

호텔 프랜차이즈의 경우에는 호텔 브랜드를 사용하는 프랜차이지(franchisee)가 프랜차이저에게 브랜드, 로고, 영업권 및 예약 시스템 등을 사용하는 대가로 가맹비(initial fee)와 계약기간 동안 지불하는 주기적인 수수료(continuing fee)로 구성된다. 미국의 경우에는 미연방무역위원회에서 UFOC(uniform franchise offering circular)로 프랜차이즈 수수료구조에 대한 정보를 제공하도록 의무화하고 있다.

이 외에도 임대차 계약 시점의 임대료(start-up lease)에서 매년 일정액씩 증가하는 체증식임차(gradual lease) 형식을 갖는 경우도 있다. 초기 분양 · 임대 중에 있는

부동산의 경우에는 기존 수분양업자 및 임차인을 보호하기 위하여 부동산이 95% 정도 분양 또는 임대가 완성된 것으로 상정(gross-up lease)하여 관리비를 부과한다.

일본은 우리나라의 보증금형태의 부금(敷金),[15] 계약기간 초에 지불하고 임대차 기간 동안 상각되는 사글세 형태의 예금 및 임대차계약기간의 정산시마다 임대료에 추가하여 지불하는 갱신료가 있다. 차지차가법 등에 의해 임대료가 시장임대료와 차이가 있을 때 발생하는 '계속임료'도 있다.

(2) 임대기간

미국은 상업용 부동산은 3년, 5년, 7년, 10년 등의 장기 임대계약기간을 가지고, 영국은 15년, 10년 등의 장기 임대계약시 임차인이 5년 또는 10년마다 임대계약을 파기할 수 있는 권한(break option)을 가지는 형태[소위 2등급부동산(secondary)의 경우에는 3년, 5년 등의 단기도 있음]와 함께 공지의 장기임대(ground lease)시에는 99년, 125년(미국 25~40년) 등의 초장기 임대차 형식을 갖고 있다. 영국시장의 특이점은 상업용 부동산의 경우 상술한 바와 같이 임대료 갱신시 임대료가 전기보다 높게 결정된다는 점이다.

다음은 각국별 상업용 부동산의 임대계약 관행을 기준으로 정리한 것이다.

- 미국/캐나다: 5~10년
- 영국: 5~20년(10~15 break option); 아일랜드: 20~25년(10년마다 break option)
- 벨기에/프랑스: 9년 임대, 3년마다 임차인 break option

  프랑스의 임대차계약기간은 임대인이 자연인인 경우 최소 3년, 법인인 경우 최소 6년으로 규정, 임대료를 인상할 경우 임대차계약에서 임대료의 증가율이 비교 기준 임대료지수(indice de reference des loyers; IRL)의 변동폭을 넘지 못하도록 규제
- 독일 및 스위스: 5~10년, 이태리: 6년, 포르투갈: 2~5년
- 중국 및 홍콩: 2~3년, 아시아: 1~3년

15) 부동산임대차시 임차인이 임료 기타 임대차 계약상의 채무를 보증할 목적으로 임대인에게 지불하는 금전을 말한다. 임대차 종료시 임차인에게 채무불이행이 있으면 당연히 그 변제로 충당되고 없으면 전액 반환하게 된다.

- 호주: 3~6년, 뉴질랜드: 6~9년

임대료는 임대계약시 기준임료(top-line rent)에서 상기 프랑스처럼 건설비 지수 또는 물가지수 등에 연계하여 일정기간마다 임대료를 조정하는 경우와 주기적으로 감정평가에 의하거나 일정액 또는 일정률로 체증하는 형태를 취하는 경우가 많다.

임대면적은 전용면적 기준, 또는 전용과 공용면적을 합한 기준, 발코니 등 부가시설 면적을 포함하는 경우, 에어컨 실외기, 화단설치 공간 등 모든 부가면적을 포함하는 경우 등 나라별로 다양한 형태를 갖고 있다.

따라서 빌딩 efficiency율(전용면적/건물연면적)을 기준으로 비교하는 것이 보다 합리적인 비교기준이 될 것이다.

동남아시아 국가 중 베트남, 말레이시아, 싱가포르의 경우 분양면적은 전용면적 기준이나 베트남, 말레이시아는 발코니 면적을 포함한다. 싱가포르는 화단설치공간, 발코니 외에도 에어컨실외기 면적도 포함한다. 대개의 국가에서 주차장은 별도로 판매되고 빌딩면적 산정에도 포함되지 않는다.

(3) 임대계약

임대계약에서 임대료 지불 외에도 기타 주요한 조항들로는 다음과 같은 것들을 들 수 있다.

1) 갱신선택권 조항(renewal option)은 임차인이 임대계약 만료시에 계약기간을 연장할 수 있는 선택권을 말한다. 예를 들어 5년짜리 임대계약체결시 임차인에게 2번에 걸쳐 5년 또는 이보다 길거나 짧은 재임대계약을 할 수 있는 권리를 주는 선택조항을 갱신선택권 조항이라 한다. 다만, 임대료는 재계약시점에서 임대인과 협의하여 결정할 수 있다.

2) 확장, 축소 및 폐기 조항은 계약기간 만료시에 임차인이 임대인에게 추가 임대면적을 요구하여 계약을 할 수 있는 권리로 약정우선권(right of first refusal)[16]의 성격을 가진 확장조항, 반대로 축소할 수 있는 축소권과 임대인이 임차기간 중에

표 3-11 아시아 각국의 임대 형태

지역/국가	임료 지불 시기	보증금	임대기간	임료갱신주기	임료산정 기준
Southeast Asia					
Indonesia	분기	3 months gross rent	2-3 years	None	Semi gross area
Malaysia	매월	3 months gross rent	3 years	None	Gross internal area
Philippines	매월	3 months gross rent	3-5 years	매년 또는 갱신시	Net lettable area
Singapore	월/분기	3 months gross rent	3 years	없음, 별도조항에 의거 가능	Net lettable area
Thailand	매월	3 months gross rent	3 years	None	Net lettable area
Vietnam	분기	3 months gross rent	3 years	None	Gross internal area
North Asia					
Mainland China	매월	2-3개월의 임료, 관리비	2-3 years	None	Gross floor area
Hong Kong SAR	매월	2-3개월의 임료, 관리비 & 전기수도세	3-6 years	None	Gross, lettable or net floor area
Japan	매월	12 mon, often negotiable	2년(일반)/ 3-10년(정기차지권)	None	Net usable area
Taiwan	매월	3-6 months gross rent	2-3 years	None	Gross floor area
South Asia					
India	매월	6-12 months gross rent	3-5 years	대개 3 years	Super built-up/ gross area
Australasia					
Australia	매월	6-12 months gross rent	5-10 years	3-5 years	Net lettable area
New Zealand	매월	2-3 Months Gross Rent	6-9 Years	2-3 Years	전용면적+공용면적의 일정 비율(%)

임대차계약을 폐기할 수 있는 조항을 말한다.

3) 임차시설물보조 등[tenant improvement(TI) allowance, tenant uplit/fit-out]은 임대인이 임대건물에 임차인을 위해 필요한 시설물을 제공하는 것을 말하며 당연히 이는 임대료 수수 전에 먼저 지불된다.

16) 제3자와 거래 조건을 교섭하기 전에 먼저 거래조건을 교섭해야 하는 의무를 소유자 또는 임대인에게 부과하는 약정.

준공 후 처음 임대차할 경우에는 골조만 있는 상태로 대개 임대차되는데 영국에서는 이를 'shell and core'라 하고 미국에서는 'cold dark shell' 또는 'warm dark shell'이라 부르는데 전자는 임차인이 HVAC(Heating, Ventilation, and Air Conditioning) 관련 비용을 부담하는 경우를 말하고 후자는 임대인이 이러한 설치비용을 부담하는 경우를 말한다.

4) 무료임대기간(free-rent periods)은 임대 시장이 임차인시장이 되어 임대 상황이 좋지 않을 경우 임대인이 임대를 유치하기 위하여 무료로 임차인에게 주는 기간을 말한다. 이는 예를 들어 5년의 임대차 기간 중 1년의 무료 임대차 기간을 주는 경우(inside of term)와 5년 후 6년째에 1년 동안 무료 임대기간을 주는 경우(outside of term)로 나눈다. 대개 실무적으로는 1년마다 1개월의 임대기간을 주는 경우도 있는데 전술한 5년의 임대계약이라면 5개월의 무료임대기간을 임차인에게 부여하는 경우가 많다.

5) Gross lease와 Triple net lease는 운영경비의 부담주체가 누구인가에 따라 구분하는 개념으로 전자는 임대인이 모든 경비를 부담하는 경우이고 후자는 임차인이 모든 경비를 부담한다. 이의 변형으로 운영 경비항목 중 재산세는 임대인이 부담하고 기타 비용은 임차인이 부담하는 경우, 기타 비용 항목에 대해 서로 협의하여 결정하는 절충식 형태의 dould net lease도 있다. 나아가서 임대인이 부담하는 운영경비의 상한액을 설정(expense stop)하여 이를 초과하는 비용은 임차인이 부담하는 경우와 반대로 임차인이 부담하는 운영경비의 상한을 정한 경우(expense cap)로 나눈다.

6) Master lease는 현존 임대 조건으로 추가 자산을 부가적인 조건 없이 임대하는 equipment lease와 현존 임차인이 기존 임차 조건하에서 전대차를 가능케 하는 임대차로 나누나 국내에서는 건물 소유자가 대표 임차인에게 전대차권을 부여하고 대표 임차인의 책임하에 전체 임대면적 기준 약정한 임대료를 납부토록 하는 임대조건을 지칭한다. 이 임대계약은 임대인이 ① 시장의 변동 없이 안정적인 임대수입을 기대할 수 있고, ② 별도의 관리회사와 약정할 필요가 없고, ③ 통상 triple net lease개념으로 임대계약이 체결되기 때문에 별도 운영경비의 지출 부담이 없는 이점이 있으나, ④ 대개 임대계약은 장기 일정한 임대료 지불조건 또는 미

리 약정한 인상률을 기준으로 체결되어 있어 부동산 자산관리회사를 이용할 경우 얻을 수 있는 이익을 master lease 임차인이 향유하는 경우가 있으며, ⑤ 계약의 성격상 자본적 지출 등을 필요로 하는 적극적인 자산관리에 한계가 있고, ⑥ 대개 투자 구조상 임차인 관리 및 임대계약 위험으로부터 발생할 수 있는 손실위험으로부터 GP 등을 보호하기 위해 LLC 형태의 독립적인 법인 등으로 두기 때문에 이의 관리위험이 발생하기도 한다.

이 외에도 anchor tenant 또는 key tenant라는 용어도 자주 등장한다. 전자는 장기임차계약을 갖고 있는 핵심 임차인을 의미하고 후자는 전자와 동일하게 사용되거나 당해 건물의 중요한 임차인 또는 대표적인 임차인을 지칭한다.

일반적으로 소규모 해외 수익용 부동산의 매물은 다음과 같은 형태로 신문광고란에 매물정보를 올린다.

예시1: 임대료는 CPI 15%, Max 1.25%/yr, 2times 3yrs break option, 인근 3km내 HHI $100,000

예시2: 임대료는 10% of PGI, 40년 임대, 5년마다 10%씩 인상

상기 예시1은 임대료를 매년 소비자 물가 지수기준 15% 내외로 조정하되 연간 최대 상승률은 1.25%로 제한되어 있고, 계약기간 중 3년마다 계약해지 옵션을 갖고 있는데 2번 정도 실행할 수 있다는 의미이다. HHI는 household income의 약자로 3km 범위 내에 거주하는 주민들의 소득이 $100,000/년이라는 의미이다.

예시2는 40년 임대조건으로 매출액 또는 총 조임료소득의 10%로 하되, 5년마다 10%씩 올릴 수 있다는 의미이다.

다음면의 예제를 통하여 여러 가지 임대조건이 가미된 임대계약유형에 대해 임대인의 입장에서 임대수입을 비교해 보자.

예제: 1000m²의 임대면적을 가진 상업용 부동산 임대계약을 다음 3가지 경우(gross lease, gross lease with expense stop, triple net lease)로 나누어 임대인의 임대수입을 비교해보자.

〈자료〉
임대면적: 1,000m², 임대기간:5년, 임대료:1,000/m², 운영경비:300/m²(1년차).
임대료는 매년 3%씩 상승하고 운영경비는 매년 4%씩 상승한다고 가정.
Expense stop은 임대인이 운영경비를 1년차 운영경비로 고정.
Triple net lease경우의 초기임대료는 700/m²로 변경된다.

〈결과〉
Gross lease

구분	1	2	3	4	5	NOI 합계
EGI	1,000,000	1,030,000	1,060,900	1,092,727	1,125,509	
-OE	300,000	312,000	324,480	337,459	350,958	
NOI	700,000	718,000	736,420	755,268	774,551	3,684,239

※임대료는 3%, 운영경비는 4%씩 상승

Gross lease+expense stop

구분	1	2	3	4	5	NOI 합계
EGI	1,000,000	1,030,000	1,060,900	1,092,727	1,125,509	
-OE	300,000	300,000	300,000	300,000	300,000	
NOI	700,000	730,000	760,900	792,727	825,509	3,809,136

※운영경비는 300,000으로 고정

Triple net lease

구분	1	2	3	4	5	NOI 합계
EGI	700,000	721,000	742,630	764,909	787,856	
-OE	0	0	0	0	0	
NOI	700,000	721,000	742,630	764,909	787,856	3,716,395

※임대인이 운영경비를 부담하지 않음

상기 3개의 계약조건별로 임대수입을 검토해보면 장기 조건하에서는 Gross lease+expense stop, Triple net lease, Gross lease순으로 임대수입이 실현된다.

구분	전체 임대수입
Gross lease	3,684,239
Gross lease + expense stop	3,809,136
Triple net lease	3,716,395

그림 3-3 세계 주요 도시별 사무실 임차 비용

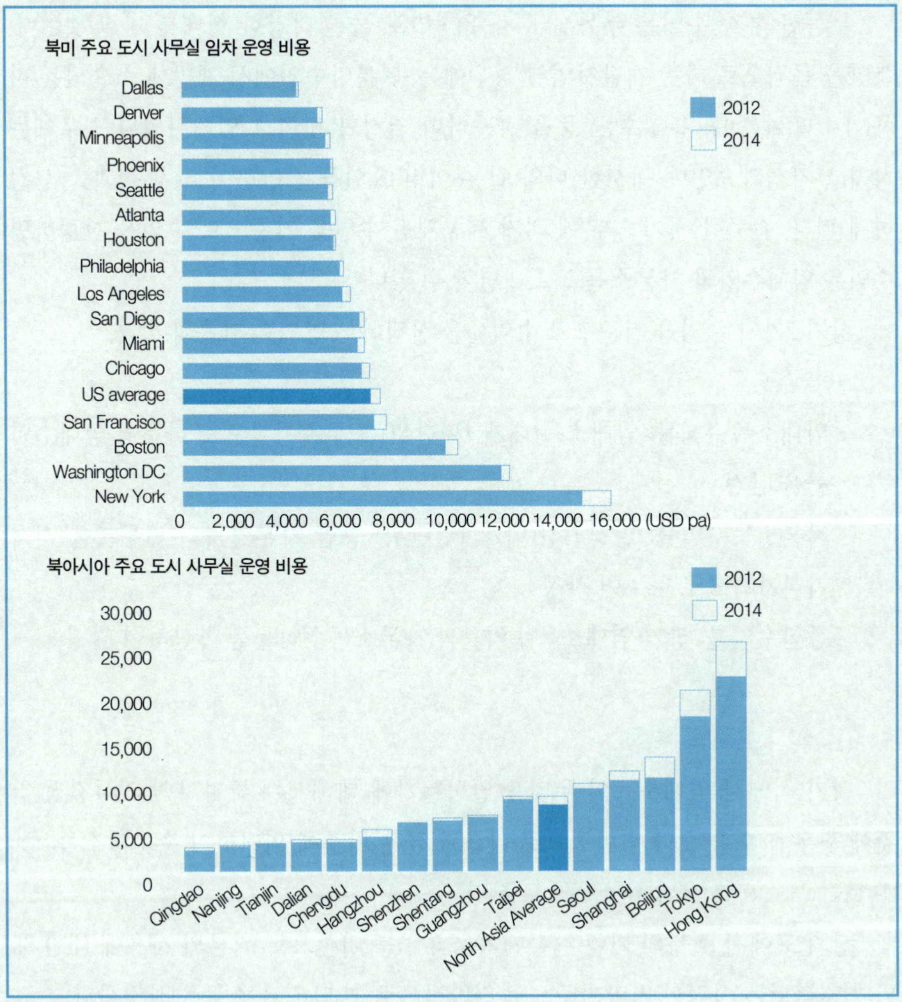

자료: DTZ Research, REIS.

〈그림 3-3〉은 2012년(2014년은 예상) 기준 주요 도시의 workstation[1인당 적정소요 면적 기준(한국은 전용 10m² 기준) 연간 임대료와 관리비 등의 합계액]별 유지비용을 도표로 나타낸 것이다. 런던(웨스트엔드)이 세계적으로 가장 높은 사무실 유지비용을 필요로 하지만, 미국은 뉴욕, 워싱턴 DC, 보스턴 순이며 아시아는 홍콩, 도쿄 등이 높은 임차 유지비용을 필요로 하는 도시들이다.

Ⅲ. 부동산 투자성과 산정

부동산 투자 수익은 부동산 투자 유형별로 물론 다양한 형태를 가질 것이다. 분양을 목적으로 하는 개발사업일 경우에는 총 분양수입에서 개발에 소요되는 비용(이자 및 기회비용 등을 포함) 등을 공제하여 결정할 것이고 임대사업일 경우에는 상기 투자성과요인에 적시한 바와 같은 여러 요인을 감안하여 투자 성과를 산정하게 된다. 순수한 자기 자본에 의거 세공제전 수입을 기준으로 수익을 산정하면 수익은 임대수입과 자본소득으로 대별할 수 있다.

상기 2가지 수익을 기준으로 수익률을 산정하는 방법은 다음과 같다.

- 임대소득수익률: 임대소득(대개 1년단위)을 투자자본으로 나누어 임대수익률을 산정
- 자본소득수익률: 일정기간(대개 1년단위) 동안 자본가치의 변동분을 전기 자본가격으로 나누어 산정
- 종합수익률: 상기 임대소득수익률과 자본소득수익률을 합산하여 결정

(1) 임대소득의 분류

상기 식에서 임대소득이 무엇을 말하는가에 대해서는 투자자의 의사결정 기준에 좌우될 수 있으나 일반적으로 다음과 같은 기준에 의거하여 순운영소득(NOI: Net Operating Income)을 임대소득으로 본다.

상기 표에서 소득의 기준은 투자자(소유자)를 기준으로 원본의 사용에 대한 대가가 지불되는 시점인 기말기준으로 일반적으로 연 단위로 소득을 산정한다.

총임료소득은 당해 수익용부동산(income producing property)의 총임대면적을 기준으로 임대시 얻을 수 있는 총 가능 임대조수입을 의미한다.

총임대면적은 순전히 임대에 공하는 전용면적과 복도 등의 공유면적의 합을 말한다.

공유면적은 주차장 면적, 기계실 면적이 각층별 면적에 따라 비례배분되는 경우가 있으나 건물의 기능에 따라 달리 배분되는 경우도 있다.

표 3-12 임대소득의 분류

구 분	내 용	
	기 준	구 성
총임료 소득 (Potential Gross Income: PGI)		총연(임대)면적×임대료
−공실 및 대손 충당금 (Vacancy and Loss Allowances: V&LA)		총임료수입의 일정 %
+기타소득 (Other Income: OI)	연 단위	임대료 수입 외의 기타수입
유효조소득(Effective Gross Income; EGI) −운영경비 (Operation Expense: OE)	↓ 임대인 또는 투자자	수선유지비, 공조공과, 화재보험료 등
순운영소득 (Net Operating Income: NOI) −금융비용(Debt Service: DS)	↑ 기말(期末)	**물질적 측면 중시** **자기자본 기준** 원리금 상환액 등
세공제 전 자기자본 (Before Tax Cash Flow: BTCF) −소득세 등(Income Tax)		**금융적 측면 고려** **타인자본 감안** 재산세 또는 법인세 등
세공제 후 자기자본 (After Tax Cash Flow: ATCF)		가처분 소득

국내에서는 임대면적을 주차장 면적 등을 포함하는 면적을 기준으로 임대수입을 산정하나, 일본에서는 전용면적을 기준으로 하고, 중국에서는 주차장 면적을 별도로 분양하는 경우가 많기 때문에 임대면적에 이를 산입하지 않고, 인도 등에서는 건물에 따라 다른 기준을 적용하는 등 나라에 따라 다른 임대 관행을 갖고 있기 때문에 이를 일의적으로 적용하기는 어렵다(〈표 3-11〉 참조).

공실 및 대손충당금은 당해 부동산의 임대기간 중 공실로 인해 수익이 실현되지 못하는 부분과 임대료를 받지 못한 부분을 포함한다. 이것은 전형적인 비현금흐름으로 지출항목이 아니라 처음부터 인식되지 않는 수입을 말한다. 따라서 이를 비용으로 인식하는 것은 바른 선택이 아니다. 일반적으로 공실 및 대손충당금은 총수익의 일정 %로 표시되고 대체로 마찰적, 계절적 공실 등을 감안하여 5%를

참고 자료

전용면적

전용면적이란 구분건물에서 소유자가 독점적 배타적으로 사용하는 면적을 말한다. 그러나 「집합건물 소유 및 관리에 관한 법률」에서는 소유권 개념을 강조하여 전유면적으로 정하고 「건축법」, 「주택법」 등에서는 물리적 면적을 중심으로 전용면적으로 표기하나 두 단어의 실질적인 차이는 없다.

정상적인 공실 수준으로 본다.

기타소득은 임료소득 외의 수익을 말한다. 일반적으로 임대아파트의 경우에는 코인런더리, 밴딩머신 등의 수입을 말하나 국내의 경우에는 관리비 수입을 포함하는 개념으로 보아야 한다.

운영경비는 당해 부동산의 임대 운영을 위해 실제로 소요되는 현금 지출을 의미하므로 이에는 건물의 유지관리비, 수선유지비, 화재보험료, 수도요금, 전기요금 등의 유틸리티비용 등 임대 운영과 관련된 비용과 제세공과금을 말한다. 제세공과금에는 건물 · 토지분 재산세 등은 포함되나 임대인이나 투자자의 소득에 대해 부과하는 소득세 또는 법인세는 포함하지 않는다. 또 현금지출을 수반하는 비용을 의미하므로 비현금흐름(non-cash flow)인 건물의 감가상각비는 포함하지 않는다.

상기 비용[17]을 대별하면 전기 · 수도세 등 변동비용과 재산세 등 고정비용으로 나눌 수 있고 부동산 관리를 외부 전문 부동산 관리기관에 맡길 경우 비용 절감, 효율적인 임차인 관리 등의 효과를 얻을 수 있지만 한편으로 이로 인해 추가적인 비용을 부담하여야 한다.

미국 IREM(Institute Real Estate Management)의 Income/Expense Analysis Report는 미국 전역주요 도시의 부동산 임대료와 비용을 분석해 놓은 자료로 임대관리업자가 표준적인 시장의 운영경비율을 파악할 수 있도록 하고 있다.

순운영소득은 부동산 투자분석, 수익률 및 가격산정 등 모든 소득의 기준이 되는 소득이다. 부동산 임대수익의 산정도 이 소득을 기준으로 산정하게 된다.

17) 항목별로 비용을 세분하면 전기수도세, 인터넷 및 TV케이블 인입비, 조경 등 제반 유지관리비용, 재산세, 화재보험료, 각종 부담금, 청소용역비, 관리직원의 인건비, 각종 소모품비, 마케팅비, 부동산 중개수수료, 기타 경상경비 등으로 구성된다.

참고자료

관리 유형

부동산 관리는 청소용역, 경비, 기계유지 보수 등의 건물의 유지 관리를 위한 시설관리(FM: Facility Management)와 건물임대관리, 마케팅, 회계 등의 업무를 관장하는 부동산관리(PM: Property management)로 대별한다.

그러나 부동산 펀드의 자산운영회사처럼 매입 · 매각, 금융, 관리 등 부동산 제반 관리업무를 총칭하여 자산관리(AM; Asset Management)라고도 한다.

그러나 이러한 분류는 나라별로, 업무 성격별로 다른 기준을 두고 있어 관련 용역 계약을 할 때 그 업무 범위에 대한 별도 확인을 필요로 한다(투자전략 및 부동산관리에서 상설).

순운영소득의 산정은 자기자본을 기준으로 타인자본, 즉 금융권의 대출을 고려하지 않은 leverage 효과[18]를 고려하지 않은 상태의 소득이므로, 이는 NOI는 unleverage 상태에서 부동산이 창출하는 소득이 된다.

나아가서, 다음 식에서 보듯이 순운영소득(NOI)은 가격 산정의 기준으로 이용된다.

$$P_t = NOI_{t+1}/R$$

P_t = t시점의 가격

NOI_{t+1} = t+1시점의 순운영소득

R=환원이율

R은 capitalization rate로 환원이율이라 하고 줄여서 cap rate로 부르기도 한다.

R은 이론적으로 할인율±연간가격변동률로 연간 부동산 투자 수익률과 보유기간 동안 연간 부동산 가격 변동률을 의미한다. 여기서 할인율은 국공채 수익률이나 정기예금금리 등의 대용변수로 설명되는 무위험 수익률(risk-free rate)과 부동

18) 레버리지(leverage)란 지렛대를 의미하는 레버(lever)에서 파생된 말로 사전적으로는 지렛대의 원리라는 의미를 갖고 있다. 재무적 측면에서는 타인자본을 지렛대 삼아 자기자본 이익률을 높이는 효과를 일컫는다. 가령 100억 원의 자기자본으로 10억 원의 순익을 올렸다고 할 때 자기자본이익률은 10%가 되지만 자기자본 50억 원에 타인자본 50억 원을 도입해 10억 원의 순익을 올리게 되면 자기자본이익률은 20%가 된다. 타인자본을 조달하여 투자를 했을 때 얻을 수 있는 투자수익률이 조달비용보다 높다면 충분한 레버리지 효과를 가질 수 있다. 또 지렛대가 길면 길수록 더 많은 무게를 들어올릴 수 있는 것처럼 높은 부채 비율은 더 큰 수익으로 연결될 수 있다.

산 투자 위험에 대한 대가, 즉 위험부담할증률(risk premium)의 합으로 설명된다. 이 수식에서 자산가치 및 임대료가 일정한 율 g%로 성장한다고 하면 초기 R값은 $R_{initial}=R-g$로 바뀌게 된다.

이 환원이율은 투자의사 결정 시점 또는 가격산정 시점에서 사용하는 환원이율과 투자부동산의 매각 시점 또는 추정 보유기간 종료시점에 적용되는 환원이율은 다르다. 전자는 기입(期入) 환원이율(going in cap rate)이라 하고 후자는 기말(期末) 환원이율(going out cap rate)이라 한다. 후자는 전자에 비해 미래의 불확실성을 담고 있어 높은 편이나 향후 시장 환경의 변화, 부동산 유형 등에 따라서 달라질 수 있을 것이다.

미국 시장에서 오랫동안 R값은 7~9% 범위에서 변동되었다. 이 값이 높다는 것은 부동산에 대한 투자위험이 높다는 것을 의미하므로 부동산 가격이 저가로 평가되고 있다는 것을 의미하고, 이 값이 낮다는 것은 부동산 가격이 고가로 평가되는 시장이란 것을 의미한다.

다른 한편 환원이율은 $P_t \times R=NOI_{t+1}$로 표시할 수 있기 때문에 경제학적 관점에서는 수익률로 볼 수 있다. 즉 P_t값이 고정되어 있을 경우 R값이 높으면 투자수익률이 높다는 것을 의미하여 많은 임대료를 창출할 수 있다는 것을 의미하고, 낮다면 적은 임대료를 얻는 시장을 말하게 된다.

그러나 다음 예시에서 보듯이 수익률과 환원이율은 다른 값이 된다.

예를 들어 Case 1의 경우 환원이율은 10/100=10%가 된다. 그러나 수익률은 임대소득수익률 10/100과 자본소득수익률 (105−100)/100의 합인 15%가 된다;

Case 1

수익률	NOI_1	P_0	P_1	환원이율
15%	10	100	105	10%

Case 2의 경우 환원이율은 5/100=5%가 된다. 그러나 수익률은 임대소득수익률 5/100과 자본소득수익률 (1105−100)/100의 합인 15%가 된다;

Case 2

수익률	NOI_1	P_0	P_1	환원이율
15%	5	100	115	5%

양자의 경우 수익률은 15%로 동일하나 환원이율은 10%와 5%로 각각 다른 값을 보인다.

금융비용은 외부 자금 또는 타인 자본을 이용하여 부동산을 구입하였을 경우 매년 타인자본에 대해 지불하는 비용이다. 이는 원리금 균등상환형태가 되기도 하고, 이자만 지급하고 만기에 원금을 전액 상환하는 형태 또는 일정기간 이자 지불을 유예하고 그 후에 원금을 상환하는 등 다양한 형태를 가진다.

현대의 금융형태는 다양한 원리금 지불 형태를 가지고 있기 때문에(이에 대해서는 금융부분을 참조) 당해 부동산의 가장 최적의 상환구조를 가진 금융상품을 선택하게 될 것이다.

순운영소득은 토지 및 건물이라는 부동산의 물리적인 측면에 초점을 두고 소득을 산정하는 개념인 반면에 금융비용은 부동산 소득에서 외부자금을 차입하여 부동산의 레버리지 효과를 얻기 위해 외부에서 자금을 차입하고 이는 장기적인 관점에서 고려되어야 하므로 금융비용을 감안한 소득은 소득(income)이란 단기적이고 횡단면적인 접근이 아닌 장기적인 현금흐름(cash flow)을 중심으로 부동산 수익을 분석하게 된다.

(소득)세공제전 현금흐름은 전술한 바와 같이 소득이 아닌 현금흐름이란 용어를 사용한다.

참고
자료

수익관련 용어

부동산 관련 용어 중에 Income, Return, Yield 등이 혼용된다. 일반적으로 NOI 등의 용어로 사용되는 Income은 단기적으로 수수되는 수입을 의미하고 Return은 위험에 대한 대가를 의미할 때 주로 사용된다. Yield는 장기투자에 대한 수익률을 의미한다.

이는 다음 산식에서 보듯이 세공제전 현금흐름은 부동산가격을 토지와 건물의 합이 아닌 자기자본과 타인자본의 합으로 보는 시각에서 출발한 개념이다.

P=L+B: 물리적 접근

=E+D: 금융적 접근

$L=NOI_L/R_L$, $B=NOI_B/R_B$

$E=(NOI-DS)/R_E$, $D=P\times LTV=DS/MC$

P=부동산 가격

L=토지가격, B=건물가격, E=자기자본, D=타인자본

NOI_L=토지귀속순운영소득, R_L=토지환원이율

NOI_B=건물귀속순운영소득, R_B=건물환원이율

R_E=자기자본환원이율, LTV=타인자본비율, MC=저당상수

세공제후 현금흐름은 세공제전 현금흐름에서 소득세, 법인세, 주민세 등 소득세 성격의 세금을 공제한 후의 현금흐름을 말하며 이는 실제로 가처분 소득이 된다

자본적 지출(Capital Expenditure: CapEx)은 부동산 운영과 관련하여 필수적으로 지출되는 비용이다.

자본적 지출이 상대적으로 적은 경우에는 자본적 지출(수익적 지출)을 임대소득에서 공제하여 전체 수익률은 다음과 같이 표시할 수 있다.

$$R_{total}=R_{inc}+R_{app}=[(I_t-CI)+(MV_t-MV_{t-1})]/MV_{t-1}$$

그러나 자본적 지출이 상당한 금액이고 이것이 현실적으로 자산가치의 실제적 가치 상승을 가져왔다고 판단되면 상기 식은 다음과 같이 변경할 수 있다.

$$R_{total}=R_{inc}+R_{app}=[(I_t)+(MV_t-MV_{t-1}+CI)]/(MV_{t-1}+CI)$$

나아가서 실제 이 금액의 지불 시점도 중요하다. 모든 금액이 연초에 지불된

다고 가정하는 것도 맞지 않고 연말에 지불된다고 일률적으로 가정할 수도 없다. 대개의 경우는 연중에 평균적으로 지불된다고 가정하는 것이 합리적일 것이다.

따라서 상기 식은 다음과 같이 조정할 수 있을 것이다.

$$R_{total}=R_{inc}+R_{app}=[(I_t)+(MV_t-MV_{t-1}+0.5\times CI)]/(MV_{t-1}+0.5\times CI)$$

단, R_{total}=전체 수익률, R_{inc}=소득수익률, R_{app}=자본수익률, $I_t=NOI_t$

MV_t=t시점 시장가치, MV_{t-1}=$t-1$시점의 시장가치, CI=자본적 지출

IPD와 NCREIF는 상기 2가지 형태를 상황별로 조정하여 사용한다.

(2) 투자수익률 산정방법

〈표 3-13〉은 이러한 소득 및 현금흐름을 기준으로 한 수익률 산정 방법을 정리한 표이다.

〈그림 1-4〉는 IPD가 발표한 각국별 부동산 수익률 자료로 소득 수익률과 자본수익률 자료를 통합한 그래프로 보여주고 있다. 이 값의 전세계 평균값은 10%대를 가리키고 있다.

표 3-13 투자수익률 산정방법

구분	내용
Russell/NCREIF	Unleveraged $R_{inc}=I_t/[MV_{t-1}+.5(CI_t-PS_t)-0.33I_t]$ $R_{app}=[MV_t-MV_{t-1})+PS_t-CI_t]/[MV_{t-1}+.5(CI_t-PS_t)-0.33I_t]$ $R_{total}=R_{inc}+R_{app}$ R_{inc}=소득수익률, R_{app}=자본 수익률, I_t=임대소득, MV_t=시장가격, CI_t=자본적 지출, PS_t=부분적 매각 *상기 수식에서 0.5는 이 모형하에서는 비용의 지출과 수입시점별로 이를 감안하기 어려워 평균적 기간 개념을 적용하여 이 값을 사용하였으며 0.33은 임대수입의 연간 재투자수익을 고려하여 적용한 값이다.
Cash on Cash (평균장부가격기준)	$R_{CC,BC}=CF_t/[(BC_{t-1}+BC_t)/2]$ $R_{CC,BC}$=장부가 기준 수익률, CF_t=cash flow, BC_t=장부가격

참고 자료

기타 각종 CF유형

EBITDA:
Operating Income(=EBIT=Net Income+소득세+이자)+Amortization+Dep
NOCF(Net Operating Cash Flow):
=Net Income + Non-Cash Expense+(유동자산감소-유동자산증가)+유동부채증가-유동부채 감소
CFO(Cash Flow from Operation):
=Net Income+Dep+Amortization-비화폐성 유동자산(받을어음, 재고자산)+비화폐성부채자산(지불어음)+비화폐성항목
FCF(Free Cash Flow):
=EBIT×(1-법인세율)+Amortization+Dep-순운전자본의 변화-CAPEX(자본적 지출)

Ⅳ. 부동산 포트폴리오 성과측정

(1) 해외 부동산 포트폴리오 구성

포트폴리오란 하나의 자산이 아니고 여러 자산에 투자함으로써 자산의 조합인 포트폴리오(portfolio)를 구성하게 되는 것을 말한다. 이렇게 하는 이유는 여러 자산에 투자함으로써 투자수익을 희생시키지 않으면서 위험을 줄이기 위한 목적 때문이다. 이를 위한 이론 체계인 포트폴리오 이론은 1952년 Markowitz의 포트폴리오 이론에서 출발한다.

투자와 관련된 위험은 시장전체의 수익률의 변동에 기인한 위험과 시장수익률과 무관하게 움직이는 위험을 말하는데, 전자를 체계적 위험(systematic risk)이라 하고 후자를 비체계적인 위험(unsystematic 또는 specific risk)이라고 한다.

이를 부동산에 확장해서 설명하면 여러 부동산으로 포트폴리오를 구성할 경우, 투자와 관련한 위험 중 국내 전체의 경기변동위험, 이자율 위험 등 국내란 시스템이 부담하는 리스크는 체계적 위험에 속한다. 이러한 위험을 줄이기 위한 방법은 시스템과 투자구조를 유사하게 할수록 시장의 변동에 따른 위험-시장전체의 수익과 포트폴리오의 위험과의 관계-체계적 위험을 줄일 수 있게 된다. 비체계적인 위험은 개별 부동산에 내재하는 위험을 말하며 이는 적절한 관리, 레버리지

그림 3-4 해외 포트폴리오 구성효과

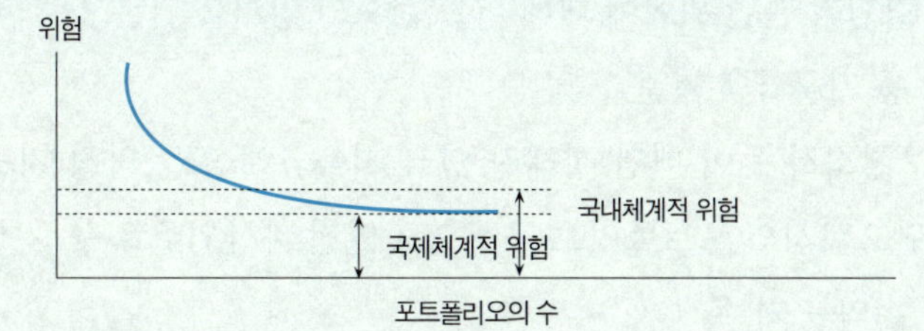

등을 이용하여 개별부동산과 관련된 또는 시장위험과 관련되지 않은 항목의 위험을 줄일 수 있다.

국내 부동산 투자에서 해외로 투자 구조를 확대할 경우에는 현실적으로 존재하기 불가능하지만 개념적으로 세계 전체가 시장포트폴리오가 될 것이고 해외자산을 포함한 부동산 포트폴리오는 국내 자산만으로 구성된 포트폴리오보다는 체계적 위험이 낮을 것이다.

따라서 해외 투자는 이러한 위험감소효과를 얻기 위한 목적이다.

〈그림 3-4〉는 국내 투자에서 해외 투자로 투자의 폭을 넓히게 되면 이에 따라 체계적 위험이 감소하는 효과를 그림으로 표시한 것이다.

그러나 해외 부동산 포트폴리오를 구성한다는 것은 환율, 세제 등의 문제 외에도 다양한 장벽이 존재한다. 그럼에도 불구하고 많은 투자자들은 높은 투자수익을 얻기 위한 목적이나 부동산 위험관리를 위한 다양화 목적 등으로 인해 해외 부동산에 투자하게 된다.

실제 투자환경에는 지분투자 외에도 공모나 사모 형태의 투자, 채권투자 및 파생상품 등 투자 구성이 다양할 것이다. 나아가서 분야별로 회사 내부에 전문가집단(환율, 파생상품 등)이 있는 경우와 없는 경우의 포트폴리오 구성도 달라질 것이다.

포트폴리오 구성은 투자 목적별로 다음 3가지 유형으로 대별된다.

• 고정된 목표수익 기준

일정한 수익률을 기준으로 하여 포트폴리오를 구성하는 방식으로 투자상품에 대한 많은 경험과 관련 위험에 대해 어느 정도의 인지를 기본으로 한다.

• 연기금 등 지불금액 기준

연기금, 보험회사 등이 매년 정해진 연금 지불금액 또는 약정 지불금을 지급하기 위한 수단으로서의 포트폴리오 구성으로 안전 자산위주로 구성한다.

• 상대적 수익률 기준

이는 시장 수익률 대비 상대적인 목표 수익률을 정하고 이를 달성하기 위한 포트폴리오를 구성한다.

그러나 포트폴리오는 투자 조합의 투자자산수가 많아질수록 시장벤치마크 수익률에 수렴하게 되어 투자위험을 줄일 수 있는 장점은 있으나 이로 인한 관리 비용의 증가와 투자 펀드의 운용효과가 사라지게 되는 단점이 있으므로 이를 잘 고려하여 구성하여야 한다.

(2) 투자성과 측정

포트폴리오의 성과 측정은 펀드가 효율적으로 운영되고 있는가에 대한 판단이지만, 가장 큰 목적은 시장 수익률과 비교하여 포트폴리오 성과를 판단하기 위해서이다.

그리고 나서 이러한 성과는 어디에서 발생한 것인가? 펀드매니저의 운용능력에 기인한 것인지, 시장 전체의 위험-보수체계의 변화에 기인한 것인지 등을 분석하는 과정으로 설명된다.

일반적으로 거시 수준의 포트폴리오 성과 측정은 다음과 같은 요인을 검토한다.

–초기 현금수익률

–순현금 흐름의 성장(임대료 상승, 비용절감효과 비교)

–매입시와 투자종료시점 간의 cap rate의 변동

그러나 보다 정밀한 수익률의 비교분석과 성과 속성을 알아내기 위해 다음과 같은 다양한 방법이 사용된다.

1) TWRR과 MWRR

전술한 소득수익률과 자본수익률 외에도 시간 또는 금액을 기준으로 한 수익률이 있다. 시간의 변화에 따른 수익률변동을 (1+수익변동률$_1$)(1+수익변동률$_2$)⋯(1+수익변동률$_n$)$^{1/n}$로 계산한 값을 시간가중수익률(TWRR: time-weighted rate of return) 또는 기하평균수익률이라고 한다.

후자는 금액변화를 기준으로 수익률을 산정하므로 금액가중수익률(MWRR: money weighted rate of retun)이라고 한다. 이는 각론 수익률 편에서 말하는 내부수익률(IRR)의 다른 표현으로서 매기의 현금흐름을 할인하여 현금유입(cash inflow)과 현금유출(cash outflow)을 일치시키는 율이다(다음 예제1 참조).

예제 1: 다음과 같은 현금흐름을 보이는 투자안의 수익률을 구해보자.

기간	시장의 부동산가치 상승률(A)	초회 투자액(B)	차기투자액(C)	합계(B+C=D)
0	+100			100
1	15% p.a	115	+100	215
2	35% p.a	155.25	135	290.25

-시간 가중 수익률(%변화)

TWRR: $\sqrt{(1.15)\times(1.35)}-1=24.59\%$ (A열 기준)

-금액 가중 수익률(금액 변화 기준변동률)

MWRR: $100=100/(1+MWRR)+290.25/(1+MWRR)^2 \rightarrow 27.55\%$ (IRR) (D열 기준)

-일반적으로,

MWRR〉TWRR→good fund management

MWRR〈TWRR→poor fund management

로 정의하지만, TWRR은 단기간 투자일 경우 투자 금액의 대소를 떠나 수익률의 크기를 비교하기 때문에 금액을 기준으로 수익을 산정하는 MWRR에 비해 수익률 왜곡이 있을 수 있다.

2) 위험조정 수익률

투자위험의 변동을 계량하는 값은 표준편차이다. 그러나 투자단위의 크기가 다를 경우가 있을 수 있기 때문에 표준편차를 수익률로 나눈 변동계수(CV: coefficient of variation)[19]의 역수를 이용하여 변동성을 본다.

또한 시장 벤치마크 수익률과의 오차, 즉 추적오차(tracking error)값을 이용하여 변동성을 읽어보는 방법도 있다. 추적오차는 포트폴리오 구성종목의 가격변동과 벤치마크 포트폴리오의 가격변동 간의 의도하지 않은 차이를 말한다. 즉 포트폴리오 구성종목이 벤치마크 포트폴리오를 쫓아가지 못하는 정도를 나타내므로 예기치 못한 이익이나 손실을 발생시킬 수 있는 가능성을 의미한다.

나아가서 펀드투자자가 시장의 벤치마크 투자수익률과 상대적인 변동성을 중심으로 투자성과를 보고자 한다면 수익률을 추적오차로 나눈 '정보비율(information ratio)'을 이용한다. 이는 추적 오차가 커지면 펀드매니저가 포트폴리오를 특정한 방향으로 치중되게 유지함으로써 시장과 다른 집중적인 투자를 유발시킨 것이므로 바람직하지 못하다는 평가가 가능하다. 주기적으로 부동산 포트폴리오를 평가할 경우 추적오차의 크기변화를 통해 현재 포트폴리오의 합리적인 운용구조를 평가할 수 있는 중요한 요인이 된다.

다음 예를 이용하여 이를 확인해보자(예제2 참조).

3) 속성분석

부동산 포트폴리오의 수익의 속성을 3가지 측면-투자정책, 배분효과 및 선택효과로 나눈다. 그리고 배분효과는 구조효과, 타이밍효과로 선택효과는 매입효과 또는 자산효과로 불리기도 한다.

투자정책은 투자운영 전반에 대한 방향을 설정하는 것이고 이 방향에 대한 결과는 투자자금을 부동산 유형별로 어떻게 분배할 것인가 하는 군별분석효과인 배분효과와 부동산 유형 내에서 어떠한 자산을 선택할 것인가 하는 군내분석효과인

19) 변동계수는 표준편차를 평균으로 나눈 값을 이르는 말이다. 약어(기호)로는 CV를 사용한다. 이 값은 서로 다른 아이템의 편차를 비교하기 위해 사용된다

예제 2: 다음과 같은 수익률 흐름을 갖고 있는 펀드 A, B가 있다고 하자. 시장 벤치마크 투자수익률인 IPD자료를 이용하여 추적오차와 정보비율을 구해보자.

연도	IPD	펀드 A	펀드 B
1	8	9	14
2	15	16	11
3	25	26	28
4	28	29	26
5	4	5	6
평균	16	17	17
표준편차	9.32	9.32	8.58
1/CV	1.72	1.82	1.98

상기 표에서 동일한 수익을 내지만 펀드 B가 표준편차와 1/CV, 모든 면에서 펀드 A보다 우수하여 위험관리를 잘하고 있는 것으로 보인다.
그러나 펀드매니저가 절대적인 위험관리 값보다는 얼마나 시장 포트폴리오 수익률과 동조하고 있는가가 관심일 경우에는 추적오차를 이용하여 펀드 성과를 비교한다.
다음 표는 펀드 A,B의 추적오차를 산정한 값이다.

Tracking error

연도	IP	펀드 A-IPD	펀드 B-IPD
1	8	1	6
2	15	1	-4
3	25	1	3
4	28	1	-2
5	4	1	2
평균 초과수익		1	1
표준편차		0	3.58

상기 계산 결과값을 보면 펀드 A는 0, 펀드 B는 3.58의 추적오차 값을 나타낸다. 이들 값을 참고로 하여 정보비율(information ratio)을 구하면 펀드 A는 1/0=∞가 되고 펀드 B는 1/3.58=0.28이 된다.
이 수치를 보면 펀드 A는 꾸준하게 추적오차가 없이-즉, 무한대로 훌륭한 위험관리-초과수익을 실현한 것이 된다.

선택효과로 나누어 볼 수 있다. 이러한 분석을 통하여 적정 펀드매너저의 선택 및 운영수수료 등을 결정하게 되고 나아가서 펀드의 리포지셔닝을 행한다.

일반적으로 부동산 유형별 할당은 통계적 자료, 시장정보 및 각종 분석자료를 활용하여 리테일, 오피스, 주거용, 산업용으로 분류하거나 도시별 또는 대륙별로 분류하게 된다.

그러나 상당 부분은 펀드 운영자의 투자스타일에 좌우된다.

다음 예제에서 포트폴리오의 속성분석을 해보자.

예제 3: 다음은 부동산 펀드매니저인 현무와 현희의 지난 1년간 부동산운용성과표이다.

부동산 포트폴리오 운용성과표

<table>
<tr><th colspan="2"></th><th>현 무</th><th>현 희</th><th>기 타</th></tr>
<tr><td rowspan="2">배분비율</td><td>공업용 부동산</td><td>90%</td><td>10%</td><td rowspan="2">현무는 공업용 부동산 중심 포트폴리오 구성, 현희는 사무용 중심 포트폴리오 구성</td></tr>
<tr><td>사무용 부동산</td><td>10%</td><td>90%</td></tr>
<tr><td rowspan="2">선택자산</td><td>공업용 부동산</td><td>9%</td><td>7%</td><td rowspan="2">현무 포트폴리오 부동산 수익률은 현희 포트폴리오보다 모든 부분에서 우세.
공업용 평균수익률: 8%
사무용 평균수익률: 10.5%</td></tr>
<tr><td>사무용 부동산</td><td>11%</td><td>10%</td></tr>
<tr><td colspan="2">포트폴리오 수익</td><td>9.2%
90%×9%+10%×11%</td><td>9.7%
10%×7%+90%×10%</td><td>그러나 포트폴리오 전체 수익률은 현희 수익률이 현무보다 0.5% 높다</td></tr>
</table>

현무의 수익을 기준(benchmark)으로 하고 펀드 매니저 현희의 자산배분 효과 및 자산선택효과를 검토해보자.

자산배분효과비교	9%×(10%−90%)+11%×(90%−10%)=1.6%	
자산선택효과비교	90%×(7%−9%)+10%×(10%−11%)=−1.9%	
상호작용효과	0.5−1.6+1.9	0.8%
전체 포트폴리오 비교	9.7%−9.2%	0.5%

펀드 매니저 현희와 현무(benchmark)의 수익률과 비교해보면 선택한 모든 자산에서 현희의 수익률이 비교열위에 있음을 알 수 있다. 그러나 자산 배분효과를 보면 평균 수익률은 사무용 부동산이 훨씬 높은데 현무는 평균 수익률이 낮은 공업용 부동산 중심으로 포트폴리오를 구성하였고 현희는 수익률이 상대적으로 높은 사무용 중심으로 포트폴리오를 구성하고 있다.

따라서 자산배분효과를 보면 현희는 현무 대비 자산배분면에서 상대적으로 1.6%의 양의 효과를 보고 있다. 즉 수익이 높은 사무용 중심으로 포트폴리오를 구성한 효과 때문이다.

그러나 자산선택에서는 선택한 자산의 수익률이 모두 현무가 보유한 포트폴리오 수익보다 낮아 여기서 −1.9%의 상대적 부의 효과를 보고 있다.

그리고 이러한 배분효과, 선택효과의 상호작용으로 인하여 +0.8%의 효과를 보고 있다.

다음 예제도 예제 3과 같은 유형의 문제로 active 펀드매니저와 passive 펀드매니저와의 수익률 비교분석 예제이다.

예제 3과 같은 분석 기법을 이용하여 이를 분석한 결과, Active 펀드매니저의 수익률이 Passive 매니저의 수익률 성과보다 0.05% 높은 이유는 Active 펀드매니저는 자산배분에서는 실패했지만 자산선택에서 성공한 결과 때문임을 알 수 있다.

예제 4: 다음 active 펀드매니저와 passive 펀드매니저의 수익률을 비교해 보자.

펀드 속성별 부동산 포트폴리오 운용성과표

	자산배분		실현수익률		Active 수익률		Passive 수익률	
	Active(A)	Passive(B)	Active(C)	Passive(D)	A×C(I)	A×D(II)	B×C(III)	B×D(IV)
사무실	55%	35%	-11%	-15%	-6.05%	-8.25%	-3.85%	-5.25%
상가	20%	25%	3%	6%	0.60%	1.20%	0.75%	1.50%
창고	20%	15%	6%	-4%	1.20%	-0.80%	0.90%	-0.60%
아파트	5%	25%	4%	1%	0.20%	0.05%	1.00%	0.25%
	100%	100%			-4.05%	-7.80%	-1.20%	-4.10%

자산배분효과 비교: C×(A-B)=I-III=-2.85%
자산선택효과 비교: A×(C-D)=I-II= 3.75%
상호작용효과 : -0.85%

전체수익률 비교: I-IV=0.05%(active 관리 효과)

4) 알파와 베타 분석

alpha와 beta에 대한 개념은 Sharpe의 자본자산가격결정모형(CAPM: Capial Asset Pricing Model)로부터 도출된 개념이다.

시장 벤치마크 수익률과 개별자산의 수익률을 일원 일차 회귀분석을 하면 다음과 같은 식을 얻을 수 있다.

$$\text{개별자산의 투자수익률} = \alpha + \beta \times \text{시장벤치마크수익률} + \varepsilon(\text{오차})$$

상기 식에서 펀드매니저의 관심은 시장 벤치마크수익률을 초과한 값을 나타내는 초과수익률을 표시하는 절편 α값이다. β는 시장벤치마크수익률에 대한 변동성을 나타낸다.

증권시장선(SML)[20]은 위험조정을 하지 않으면 상대적으로 위험이 높은 자산이나 포트폴리오는 높은 수익을 얻는다는 것을 전제로 한다. 증권시장선에서 초과수익은 아래 그림에서처럼 α값으로 나타난다. 여기서 β가 1 이상을 나타내면 개별자산은 시장수익률 변동에 민감하다는 것을 나타낸다. 즉 위험이 높은 자산이거나 포트폴리오라는 것을 암시한다. 따라서 여기에 따른 시장 전략이 수립되어야 함을 시사하는 것이기도 하다. 아래 그림은 알파와 베타와의 관계를 설명하는 증권시장선이다.

여기서 플러스의 알파 값은 타 포트폴리오 대비 자산배분이나 자산선택에서 우수한 성과를 내고 있다는 것을 의미하기도 한다. 이러한 요인 외에도 운영관리 비용의 절감, 적극적인 임차인 관리, 적절한 임대 및 마케팅 전략, 효율적인 자본적 지출 등이 이러한 초과수익을 가져오는 요인이 된다. 또한 이러한 효과는 자산의 취득이나 매각시 –저가로 매입하거나 고가로 매각한 경우– 에도 나타난다.

베타값은 자산배분 베타나 자산선택 베타로 나눌 수도 있다.

자산배분 베타의 경우 임대료의 변동이 심한 CBD나 개발도상국 등에 투자한

그림 3-5 알파와 베타

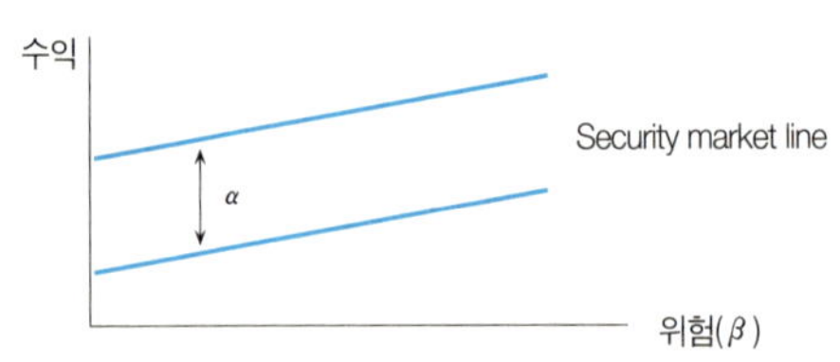

20) 증권시장선(security market line: SML)은 개별자산 또는 포트폴리오의 균형수익률을 도출해내는 모형으로, 체계적 위험의 지표인 베타에 비례하는 위험프리미엄을 측정하여 균형수익률을 이끌어 낸다.
SML: $E(R_p)=R_i+\beta_{tin}[E(R_p)-R_j]$ 단, $E(R_p)$: 포트폴리오 수익률, R_j: 무위험 이자율

그림 3-6 초과수익에 영향을 미치는 요인

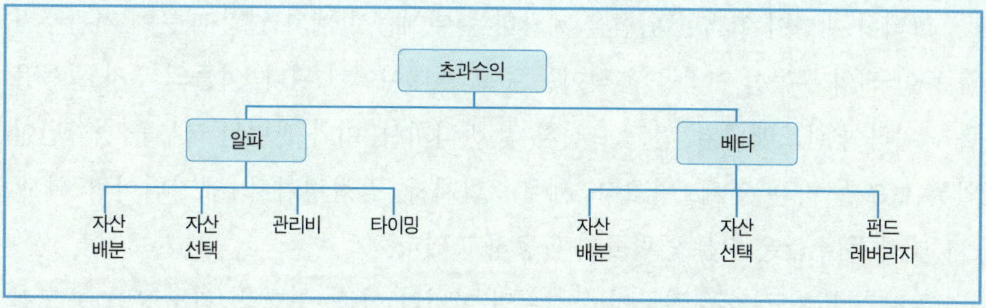

경우에 이 값이 커질 수도 있다. 자산선택 베타의 경우는 높은 공실률 등으로 인해 임대 위험이 높은 자산일 경우 이 값이 높아질 것이다.

〈그림 3-6〉은 초과수익과 관련 알파와 베타에 영향을 미칠 수 있는 요인들을 정리한 그림이다.

상기 그림도 알파와 베타에 공히 영향을 미치는 가장 큰 요인은 자산배분과 자산선택이라는 것을 보여주고 있다. 그 외에도 관리비 및 자본의 유입과 유출 시점이 수익률에 큰 영향을 미치게 된다는 것을 알 수 있다.

베타는 물론 위험이 높은 자산이나 관리에 어려움이 많은 자산을 선택한 경우 커질 것이다. 이 외에도 레버리지의 크기에 따라 큰 영향을 받게 되는 것은 당연한 논리의 귀결이다.

제4절 결 론

해외 부동산을 실제 움직이는 사람들은 누구인가? 그들의 투자성향은 어떠한가?

투자시장의 특성과 유의점은 어떤 게 있는가? 그들은 투자성과는 어떠한 방법으로 계량하는가 등에 대한 이야기를 본 장에서 다루었다.

해외 부동산 시장은 국내시장과 달라서 ① country risk(국가위험), ② currency risk(외환위험), ③ financial risk(재정금융위험), ④ property risk(부동산 위험), ⑤

opportunity risk(기회비용위험) 등의 여러 투자위험을 안고 있어 이에 대한 위험 분석과 대응방안을 준비하여야 한다.

그러나 개인이 이러한 위험을 계량하는 데에는 한계가 있기 때문에 기관투자자 등이 해외 부동산 시장을 움직이는 주요 플레이어가 된다. 이들의 투자 활동을 돕기 위하여 펀드매니저, 펀드 모집자 및 관리회사, 이와 관련된 사무를 위탁받아 업무 보조를 하는 업체, 변호사, 세무·회계사, 감정평가사, 엔지니어링 회사, PM/FM사 등 수많은 전문 인력들이 활동하고 있다.

투자의 유형도 기존 건물의 구입뿐만 아니라 신축, 증개축, 리모델링, 용도전환, 재개발 등 개발관련 투자, 채권을 기초자산으로 한 채권형 투자, 부동산 파생상품 등에 ① 직접 투자하는 직접 투자와 ② 펀드, 리츠, 펀드오브펀드 등에 투자하는 간접투자까지 다양한 형태가 있다. 이런 투자 유형별 세분화는 투자자의 유형을 다소 수익이 적더라도 안정된 현금흐름을 중시한 자산 투자를 선호하는 유형(core, core plus), 약간의 위험을 감수하더라도 자산가치에 주안점을 두는 투자 유형(valued added)과 고위험과 고수익을 추구하는 투자유형(opportunistic)으로 나누어지게 하였다.

한편 투자 시장의 특성을 나라별로 살펴봄으로써 각국별 독특한 투자환경을 이해할 수 있었고 이러한 투자환경에 어떠한 방법으로 투자상품을 구성하여야 하는지에 대해서도 알아보았다.

특히 포트폴리오 구성은 해외 투자활동이 본격적으로 일어나고 있는 국내 연기금 등에서는 가장 주요한 관심사가 되고 있다.

나아가서 해외 투자는 환율효과가 최종 투자 수익률에 큰 영향을 미치기 때문에 환율 효과 등을 감안한 투자안을 구성하여야 하는 어려움이 있음을 보았다.

투자안을 구성할 때 나라별, 도시별, 자산 유형별 구성하는 경우의 성과 분석을 자산분배효과와 자산선택 효과로 나누어 분석하는 기법과 펀드매니저의 성과측정을 위한 도구의 하나로 주식시장의 투자기법을 응용한 증권시장선(SML)의 알파와 베타를 나누어 각각에 영향을 미치는 요인에 대해서도 알아보았다.

Chapter 4

해외 부동산 투자 전략

해외 부동산 투자는 다른 일반 재화의 투자와 달리 해외에 장기간에 걸친 고액의 고정자산투자이고 지속적인 시장에 대한 모니터링을 통해 위험관리 및 최적 매각시점을 파악해야 하고 나아가서 이러한 자금의 이동에 대한 세무 및 회계정보와 환율변동 등에 대한 예측과 더불어 이러한 위험을 선제적으로 관리하고 위험회피 수단을 구축하여야 한다. 본장에서는 이러한 해외 부동산의 특성에 대해 알아보고 각각의 목적별 관리 방안에 대해 알아본다.

다음 그림은 자산시장과 임대시장에서의 임대가격, 평가가격의 결정관계와 각각의 시장에서 공급량과 재고량이 결정되는 과정을 계량적으로 설명한 그림이

그림 4-1 DiPaquate-Wheaton 4분면도

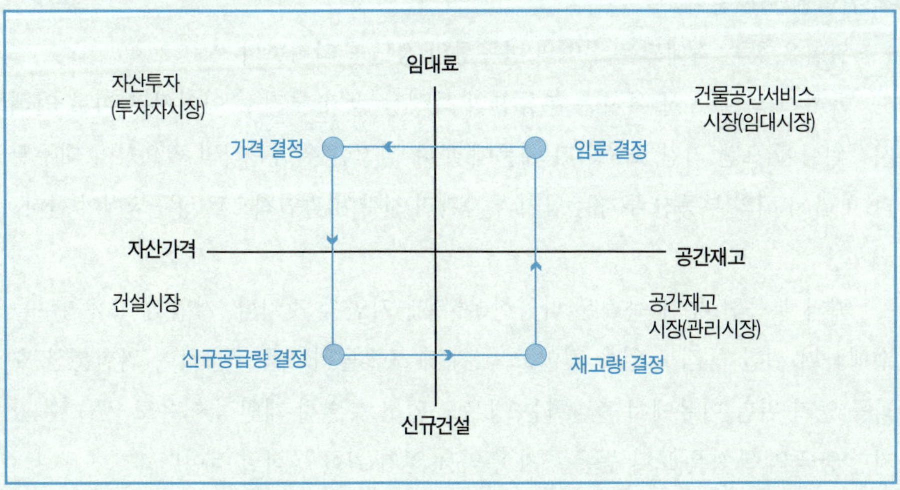

다. 물론 이 그림은 장기 균형상태를 전제로 한다.

제1절 해외 부동산 투자의 특성

부동산 투자는 강학적으로 다음과 같은 이점을 가지는 것으로 본다.

① 소유에 대한 자긍심, ② 직접적인 관리 효과, ③ 자가점유 및 이용 효과, ④ 건물 등의 증개축 효과, ⑤ 원금 보장 효과, ⑥ 임대수입 향유 효과, ⑦ 레버리지 효과, ⑧ 절세 효과, ⑨ 인플레이션 헤지 및 자본이득 향유 효과.

반면에 다음과 같은 단점을 가지고 있는 것으로 설명한다.

① 비유동성, ② 관리의 난이성, ③ 건물 등 감가상각, ④ 정부의 통제, ⑤ 인플레이션 위험 및 부동산 주기에 노출, ⑥ 법률 관계가 복잡, ⑦ 정보 등의 구득이 어려운 점.

여기에 해외 부동산 투자는 상기 단점 외에도 전술한 바와 같이 국내투자 대비 국가위험, 외환위험 등의 추가적 위험부담을 안고 있다. 위험은 전술한 바와 같이 시장 위험 즉, 외부환경에 의해 발생하는 위험과 재무적 위험인 체계적 위험(systematic risk)과 부동산에 내재하는 관리 위험인 비체계적 위험(unsystematic risk)으로 나눈다고 할 때 해외 부동산 투자는 국내 부동산에 비하여 통제하기 어려운 체계적 위험에 노출된다.

위험은 향후 기대되는 수익의 변동성의 정도를 의미한다.

특히 해외 부동산 투자는 부동산의 특성상 장기 투자로 이어지고 이로 인해 시장위험에 오랜 기간 노출되기 때문에 보다 철저한 위험관리의 필요성이 대두된다. 따라서 해외 부동산 투자는 장기 투자관리 전략이 필연적으로 강구되어야 한다.

해외 부동산 투자 목적은 다양한 이유에 기인할 것이다. 기업의 고유업무를 수행하기 위한 목적도 있을 것이고, 국제적 포트폴리오를 구축하여 위험분산 효과를 얻기 위한 이유에서 출발하는 경우도 있고 특별히 개인적 이유도 있을 수 있지만 궁극의 목적은 보다 높은 투자 수익을 얻기 위한 목적일 것이다.

일반기업의 투자 목적을 부동산 투자와 연계하여 강학적으로 분류해 보면 대략 다음과 같은 분류가 가능할 것이다.

- 전략적 동기(strategic motives)

기업이 생산 상품에 대한 국제적인 시장 확보, 생산효율의 제고를 위해 공장 증설 등에 따른 투자기술 및 경영기법 등 지식을 구하기 위한 목적

- 형태적 동기(behavioural motives)

외부 환경 및 조직 내부에서 발생하는 자극에 대처하기 위한 전략적 투자

- 재무적 동기(financial motives)

(1) 투자 포트폴리오에 의한 투자 위험 분산 효과 지향: 해외에 투자한 여러 자산에 대한 투자 위험을 낮추기 위한 목적

(2) 투자 자금 또는 운영 자금의 효율적 조달 목적: 해외 부동산 시장별로 이자율, 대출비율 및 가용자금원이 다르므로 이를 이용하여 투자 목적을 달성하거나 증진시키기 위한 목적

(3) 부동산 투자에 자본이득이나 임료수입 등을 실현하기 위한 목적: 부동산 가격 상승이 기대되는 시장 또는 임대료가 장차 상승할 것으로 예상되는 시장에 대한 투자

(4) 조세절감의 목적에 따른 해외 투자: 지역에 따라서는 부동산 취득, 보유 · 운영, 매각 단계별로 상이한 세율을 적용하거나 조세협약 등을 통해 이러한 효과를 기대할 수 있는 지역에 투자

제2절 해외 부동산 투자전략

일반 기업이 해외에 진출하고 할 경우에는 다음과 같은 다양한 의사결정 변수를 참고로 하여 결정할 것이다.

- 신규 및 기존 상품의 시장확대 가능성

- 천연자원의 가격경쟁력
- 인건비 절감가능성
- 규모의 경제로 인한 비용절감가능성
- 상품의 순환주기 매칭 및 신규시장 실험

해외 부동산 투자전략도 이와 마찬가지로 투자 주체별, 투자 목적별, 투자 지역별로 다양한 전략을 필요로 한다.

그러나 실제 투자를 집행하는 과정에는 이 외에도 수많은 투자변수를 고려하여야 할 것이고 부동산의 특성을 고려한 투자전략이 수립되어야 할 것이다.

이와 관련된 투자 전략을 주요 항목별로 살펴보자.

Ⅰ. 위험관리 방안

해외 부동산 투자위험의 분류는 전술한 해외 부동산투자위험(제 3 장 제 2 절)에서 설명한 바와 같이 다양한 투자위험을 안고 있다. 이러한 투자 위험을 보다 실제 운영과 관련하여 적시해보면 토지취득관련 시점부터 사업단계별로 인허가, 준공, 분양/임대차에 관한 위험뿐만 아니라 향후 부동산 관리와 관련된 위험도 감안하여야 하며 기타 시장의 투명성의 정도에 반비례하여 발생하는 부대비용(under-the-counter payment), 정치적 불안 및 정쟁 등으로 인해 분양가 등에 대한 가격 통제 가능성 등 실제 사업 운영과 관련된 위험이 예상된다. 나아가서 부동산 시장위험으로는 cash flow와 관련된 자금조달 위험, 자금 유동성 위험, 조세, 환율, 이자율, 인플레 등의 위험과 문화 및 환경 등과 관련된 위험, 입법위험 등을 예상할 수 있다. 나아가서 영업제한, 몰수, 자금봉쇄 등과 관련된 정치적 위험 변수들과 자금 송환과 관련된 이체위험 등 투자국의 정치적 환경을 중심으로 한 국가위험도 예상할 수 있다.

이러한 위험을 관리하기 위한 방안을 열거해 보면 다음과 같이 분류해 볼 수 있다.

- 합리적인 투자 의사 결정

투자 의사 결정이 시장과 투자 부동산에 즉응하는 적정 수익률과 위험을 기반으로 고려되어야 할 것이다. 이를 위해서는 투자국의 세제 등을 종합 검토한 후 투자 법인 설립형태, 금융 조달 방안, 환위험의 처리 방법 등에 대한 방안이 마련되어야 할 것이다.

- 면밀한 시장조사

투자국의 면밀한 시장조사를 통해서 분양전략, 관리전략, 향후 exit 전략 등에 대한 방안이 결정되어야 한다.

- 부동산 관리기법 제고

전술한 바와 같이 부동산 관리 기법은 부동산 매입 · 매각 및 적정 금융레버리지 등 투자 전반에 대한 자문 서비스를 제공하는 자산관리업무(AM: Asset management)와 부동산 운영관리와 관련된 시장조사, 마케팅, 임대료 책정, 임대차 관리, 세무관리 등의 부동산 관리업무(PM: Proeprty management) 및 건물의 수선 유지 보수 업무 등을 관장하는 시설관리업무(FM: Facility management)로 나눈다.[1]

따라서 이러한 전문 서비스를 이용하여 부동산 관리 관련 위험 등을 저감할 수 있다.

- 임차인 전가(expense stop, triple net lease)

제3장 제3절 제2항에서 설명한 바와 같이 부동산 임대운영과 관련하여 발생하는 운영비용은 전기 · 수도세 등과 같은 변동비용과 인건비 등과 같은 고정 비용으로 나눌 수 있다. 따라서 이러한 비용관련 위험을 임차인에게 전가함으로써 위험을 줄일 수 있을 것이다. 이러한 방법으로는 전술한 바와 같이 일정 범위까지만 임대인이 부담하고 그 이상은 임차인이 부담하는 비용고정(expense stop) 방법과 반대로 임차인이 일정 범위까지 운영경비를 내고 초과부분을 임대인이 부담하는 비용상한(expense cap) 방법이 있다. 나아가서 운영경비 전액을 임차임이 부담하는 임대방식(triple net lease)과 운영경비의 일부를 부담하는 정도에 따라 double net lease, net lease 등으로 나눈다.

1) 이러한 업무 분류는 나라별로, 부동산 회사별로 다양한 형태를 보인다. FM이나 PM을 업무 형태에 따라 분류하는 경우, PM을 building consultancy 또는 LM(landlord managemtn)으로 부르기도 하고 임차인을 대상으로 한 임차대행 서비스는 TR(tenant representative) 등으로 부르기도 한다. 싱가포르는 PM을 임차인 관리업무로 홍콩, 중국은 공용면적 관리업무 등으로 본다. 보다 상세한 논의는 각론의 부동산 관리를 참조.

• 취득관련 위험의 매도인 전가

매입과 관련된 위험을 매도인에게 전가하는 방법으로는 일정한 조건의 완성을 전제로 하는 매입계약(purchase option) –일반적으로 매입을 진행하기 위해서는 투자의향서(Letter of Intent)를 매도인에게 제출하고 투자 관련 부동산 시장조사 및 금융 · 세제, 건물, engineering inspection 등의 조사를 하는 이른바 due diligence를 시행한다– 으로 이러한 조사 결과가 만족할 경우에 매입을 하게 된다.

임대계약에서 임대시작 후 일정 기간 경과 후 물건 취득 우선권을 부여받는 임차인의 구매옵션부 임대차계약(lease option), 매도자가 매수인에게 부동산을 양도하고 그 건물에 재임차(sales lease back)하는 형태의 거래를 진행할 경우 매수인인 투자자는 일정기간 경과 후 매도인에게 되팔 수 있는 옵션(put-back option) 등을 설정하여 매입 관련 위험을 줄일 수 있다.

• 자금조달 위험 관리

이자율 위험, 금융 조달 비용, 환율변동 위험, 레버리지 효과 및 파산 관련 위험 등을 저감하기 위하여 현지 금융을 이용한다. 경우에 따라서 상대적으로 이자율이 낮은 나라 또는 인플레이션이 높은 나라 등에서 고정금리를 자금을 차입하거나 금리 스왑 등을 이용하여 투자 레버리지를 높일 수 있다.

• 환위험 관리

환위험은 환율편에서 별도로 언급하겠지만 임대수입과 운영비용 등을 적절히 매칭하거나 상호 차감한 순현금수입만을 송금하는 방안, 투자시점, 운영시점 및 매각 시점별로 자금흐름의 방향을 고려하여 금융기관과 통화 스왑을 이용한 환헤지 또는 선물환 거래 또는 장기차입 등의 방법을 통한 환위험 관리 기법 등이 있다(제3장 제2절 외환위험 참조) .

• repatriation 문제

투자자금의 본국 송환과 관련하여 지주회사[2]를 통해 절세와 자금 송환의 편의를 구하는 방안이 있는가 하면 투자국에 의한 외환의 국외 송금이 어려울 경우, 외환 swap 또는 물물교환(barter agreement) 등의 방법이 검토될 수 있다.

2) 전술한 바와 같이 지주회사의 설립장소는 세제 혜택 때문에 중국일 경우에는 홍콩, 동남아는 싱가포르, 인도는 모리셔스 또는 사이프러스, 유럽은 네덜란드나 벨기에 등을 이용한다.

Ⅱ. 투자대상 확정

부동산 투자상품은 해외 부동산투자유형(제 3 장 제 1 절)에서 언급한 것처럼 직접투자와 펀드를 통한 간접투자 등으로 대별되고 투자 상품도 나지 및 건부지로, 부동산 용도도 주거용, 상업용, 공업용 등 다양한 분류가 가능하다.

이러한 투자상품에 대한 투자방향이 정해진 경우에는 투자 대상 권리에 대한 정확한 이해가 선행되어야 할 것이고, 개발사업을 진행하는 경우에는 사업 방식의 확정 등이 수반되어야 한다.

부동산 투자 대상 권리도 부동산의 소유권을 취득하는 경우가 대부분이지만 부실화된 저당권 등을 저가로 구입 후 직접 법원에서 경매를 통해 낙찰을 받거나 저당권설정자와 거래를 통해 차익을 실현할 수도 있고, 이를 재매각하는 방법 등을 활용한 채권 투자 또는 장기 임차계약을 통해 토지임차권(ground lease)을 확보하여 부동산 투자를 진행하는 경우 등으로 나누어 볼 수 있다.

부동산 개발도 나지에 개발을 하는 경우(green field development), 기존 건물 철거 후 개발, 기존건물 용도변경 및 리모델링, 리노베이션, 공사가 중단된 건물(distressed property) 구입 후 재건축, 구입 후 수선과 용도 변경 등을 거쳐 매각하는 방안 등 다양한 개발 옵션에 대한 이해를 전제로 한 투자 방안이 확정되어야 한다. 이 외에도 부동산 대출채권 등을 이용한 파생상품이나 지수 파생상품 등에 대한 투자의 경우에도 투자 대상의 확정은 중요하다.

또한 부동산 투자와 관련된 투자 위험을 줄이기 위해 부동산 투자조합을 구성하여야 할 경우–부동산 포트폴리오를 구성할 경우에는 다음과 같은 점을 고려하여 결정하여야 할 것이다.

■ 포트폴리오 구성방법

• 부동산 유형별

오피스, 리테일, 공업용, 주거용 등 부동산 유형별로 부동산 투자 상품을 구성할 수 있으나 효율적인 투자안을 구성하기 위해서는 각 부동산 유형별 시장수익률 자료 등을 이용하여 최적 투자안을 구성하여야 한다.

• 지역별

도심권과 부도심권, 개발지역과 안정된 지역, 국내와 해외 등 투자 상품별로 구성할 수 있으나 해외에 투자할 경우에는 환율의 변동, 세제 등 해외 부동산 투자 위험과 관련된 사항에 대한 위험을 계량하여야 한다.

• 부동산 개발상태별

부동산 지역별 상황, 즉 신도시 또는 구도시, 성숙된 지역과 재개발 지역, 최유효 상태에 있는 건물과 그렇지 못한 건물과의 조합 등 지역발전 단계별 또는 건물 수명단계별로 적정 투자 조합을 구성할 수도 있다.

이러한 투자 조합을 구성할 경우에는 전술한 바와 같이 타 투자상품의 수익률, 시장벤치마크 수익률 지표와 비교하여 판단하여야 한다.

Ⅲ. 투자형태 수립

부동산 투자 형태도 투자 목적, 금액, 용도, 방법 등에 따라 다음과 같은 다양한 모습을 보일 수 있다. 만일 미국 기업이 한국에 외국인 투자기업(이하 '외투기업')을 설립하고자 한다면 우선 구체적으로 어떠한 형태의 외투기업을 설립하여야 할지를 결정하여야 할 것이고 외국인이 한국에 투자를 할 경우에는 기본적으로 한국 상법의 회사편에 규정되어 있는 합명회사, 합자회사, 유한회사, 주식회사, 유한책임회사 등의 조문들을 참조하여 결정하면 된다. 그러나 외국의 경우는 나라마다 다양한 법제와 관습으로 인해 이에 대한 철저한 연구가 선행되어야 한다. 이러한 회사 형태를 요약해보면 다음과 같은 다양한 형태를 보인다.

■ 직접투자

• 단독(individual; proprietorship)

개인 투자자 또는 비법인기업을 proprietorship이라고 하고 이는partnership과 대비되는 개념으로 소유자와 기업의 구분이 없이는 개인이 운영하는 회사형태다.

소규모의 자금을 기반으로 회사를 운영하는 형태로서 회사운영에 유연성을 가지나 한편으론 투자자금 모집이 어렵고 운영자와 회사의 운명이 함께한다는 점에서 비영속성을 갖는다.

- Club Deal[3]

경영학에서 이 용어는 인수기업을 담보로 한 차입자금을 이용한 차입매수나 사모펀드회사가 공동으로 투자하는 형태(syndicated investment) 등을 말한다.

이러한 공동 투자를 통하여 자금의 분산 효과와 이로 인한 위험 저감효과를 기대할 수 있다. 실제로 기관투자자들도 후술하는 LP형태로 club deal에 참가한다.

또 다른 의미로는 유러 크레디트시장에 있어 중장기대출은 거액의 자금을 모아야 할 필요성과 위험분산의 필요성 때문에 보통 신디케이트론 형태를 띠게 된다. 이 신디케이트론은 인수은행단이 그 인수분을 판매하고 협조융자단(syndicate)을 결성하는 것이 일반적인데, 판매에 관련된 일에 참가하지 않는 형식의 거래형태를 클럽딜이라고 한다.

- 합자(LP: limited partnership)법인 및 합명(general partnership: 공동+무한책임)법인

전자는 무한책임사원(general partner)과 유한책임사원(limited partner)으로 조직한다. 즉 합자회사는 무한책임사원과 유한책임사원이 각각 1명 이상으로 구성되는 회사이다. 무한책임사원은 합명회사의 사원과 같이 회사채무에 대하여 직접 · 연대 · 무한책임을 지지만, 유한책임사원은 그 출자가액에서 이미 이행한 부분을 공제한 가액을 한도로 하여 회사채무를 변제할 책임이 있다. 후자는 무한책임사원만으로 구성되는 회사이다. 즉 사원 전원이 회사채무에 직접 · 연대 · 무한책임을 지고 이에 대응하여 각 사원이 업무집행의 권리 및 대표권을 가진다. 나아가서 지분의 양도는 총사원의 동의를 요하고, 입사 · 퇴사는 다른 사원의 동의, 제명처분은 과반수의 동의를 요한다. 양자는 형식상 사단법인으로 되어 있으나, 사원 상호간의 계약적 결합의 면을 무시할 수 없는 조합적(組合的) 성질을 가지고 있다.

- 조합(joint venture, 2~3명 개발회사 등), Syndication

2개국 이상의 기업 · 개인 · 정부기관이 특정기업체 운영에 공동으로 참여하는 국제경영방식으로 전체 참여자가 공동으로 소유권을 갖는다. 공동소유의 대상

3) small local club은 15명 이하, large local club은 15명 이상으로 구분하나 이는 사모형태의 투자이다.

은 주식자본 · 채무 · 무형자산(특허권 · 디자인권 · 상표권 · 영업권 등) · 경영노하우 · 기술노하우 · 유형고정자산(기계 · 설비 등)에 이르기까지 다양하다.

합작에 참가하는 기업들이 소유권과 기업의 경영을 분담하여 자본 · 기술 등 상대방 기업이 소유하고 있는 강점을 이용할 수 있고 위험을 분담한다는 점에서 상호이익을 가져다 주는 해외투자방식이다.

합작투자는 신설방식으로 이루어질 수도 있고, 기존 현지법인의 일부 소유권을 취득하는 방식으로 이루어질 수도 있다. 다국적기업이 현격한 기술격차를 이용하여 해외에 진출했던 1950~1960년대에는 합작투자보다 단독투자방식이 많이 이용되었지만, 경쟁이 격화되어 독점적 우위의 확보가 어려워짐에 따라 최근 들어 합작투자를 통한 해외진출을 많이 이용하고 있다.

합작투자방식이 선호되는 경우는 첫째 현지 정부의 제한 때문에 단독투자방식을 이용할 수 없는 경우, 둘째 필요로 하는 원료 및 자원을 현지파트너가 생산하고 있어 원료 및 자원의 입수가 현지진출을 위한 전제조건이 되는 경우, 셋째 다각적인 제품을 취급하는 기업의 경우 현지 마케팅 노력이 요청되는 경우, 넷째 해외사업운영에 필요한 자본 및 경영능력 부족을 해결하고자 하는 경우, 다섯째 해외사업경험이나 협상력이 부족한 경우 등이다.

외국기업은 합자투자방식을 이용함으로써 위험부담의 축소, 규모의 경제 및 합리화 달성, 상호보완적인 기술 및 특허 활용, 경쟁 완화, 현지정부가 요구하는 투자 또는 무역장벽 극복 등의 전략적 이점을 활용할 수 있다.

- 토지신탁(Land trust)

미국 일리노이 주 등에서 잔존하고 있는데 이는 부동산 소유자들이 임대인의 임차료 상승제한규정을 회피하기 위한 목적으로 LT를 구성하고 LT로 하여금 임차인 관리업무를 위탁시킨다.

- C-corporate(Inc.), S-corporate, LLC

미국 부동산 시장의 부동산 제도에서 언급한 것처럼 일반회사 형태인 C-corporate(Inc.)과 법인세와 소득세의 이중과세 회피 목적의 S-corporate 및 외국인 투자자가 동일한 효과를 얻기 위해 설립하는 LLC 등이 있다(〈표 2-5〉 미국의 회사형태 참조).

참고 자료

부동산 신디케이션(Real Estate Syndication)

미국에서 부동산 신디케이션(Real Estate Syndication)이란 여러 투자자들로부터 자금을 모아서 부동산에 지분 또는 대출 채권 형태로 투자하는 것을 말한다.

회사 형태는 법인, LP 또는 GP+LP 등의 파트너십 형태를 취한다. 1980년대에는 소득세 등의 절세효과목적으로 이용되었으나 IRS의 세제 개편을 통해서 이러한 효과가 사라져서 인기는 예전만 못하다.

통상 이러한 신디케이션을 모집하는 신데케이터(syndicator)는 다음 3가지 업무를 통해서 수입을 창출한다.

취득단계:

투자 대상 부동산 발굴 및 이와 관련된 due diligence 업무를 수행하고 딜구조를 만드는 일을 한다. 이 업무를 통해서 전체 취득가의 1~5% 정도 또는 고정수입(예: $25,000)을 얻는다.

관리단계:

부동산 관리는 PM회사의 효율적인 관리 등을 통한 부동산 임대관리 업무 및 유지 보수 업무 등을 수행해야 할 뿐만 아니라 경우에 따라서는 건물의 리노베이션 또는 용도 전환 등의 업무를 투자자 등과 협의하여 수행하여야 하는 등 전반적인 건물 투자자와 투자자에 대한 정기적인 보고 및 배당의 지불 등 투자자에 대한 보고 · 관리 업무를 수행해야 한다. 이때 신디케이터는 임료수입의 1% 정도를 보수로 받는다.

일반적으로 신디케이터는 전체 투자금액의 5~50% 범위 내에서 지분 투자자로도 참가하고 투자자의 투자 지분에 대해 8~12% 또는 그 이상의 수익률로 우선 수익을 배분한다. 나머지는 신디케이터와 투자자 사이에 50:50 또는 25:75 등 미리 협의를 통해 정해진 비율로 배분한다.

처분단계:

처분단계에서 신디케이터는 투자자와 투자된 지분 이외의 상승익에 대해서는 50:50 또는 25:75 등 전술한 바와 같이 기합의된 비율로 배분하여 추가 수익을 기대할 수 있다.

■ 간접투자

- REIT

'Real Estate Investment Trust'의 약자로 부동산투자신탁이라는 뜻이다. 소액투자자들로부터 자금을 모아 부동산이나 부동산 관련대출에 투자하여 발생한 수익을 투자자에게 배당하는 회사나 투자신탁으로 증권의 뮤추얼펀드와 유사하여

'부동산 뮤추얼펀드'라고도 한다. 주로 부동산개발사업 · 임대 · 주택저당채권 등에 투자하여 수익을 올리며, 만기는 3년 이상이 대부분이다.

이 제도는 1938년에 스위스에서 처음으로 실시되었고, 제2차 세계대전 후 급속히 발달하여, 1959년 이후 구미 여러 나라에서 잇달아 시작되었는데, 특히 독일 · 미국 등에서 많은 발전을 이룩하였다.

리츠는 설립형태에 따라 회사형과 신탁형으로 구분된다. 회사형은 뮤추얼펀드와 마찬가지로 주식을 발행하여 투자자를 모으는 형태로 투자자에게 일정기간을 단위로 배당을 하며 증권시장에 상장하여 주식을 사고팔 수 있다. 신탁형은 수익증권을 발행하여 투자자를 모으는 형태로 상장이 금지되어 있다.

리츠의 특징은 주식처럼 100만 원, 200만 원의 소액으로도 부동산에 투자할 수 있어 일반인들도 쉽게 참여할 수 있으며, 증권화가 가능하여 증권시장에 상장하여 언제든지 팔 수 있다. 또한 부동산이라는 실물자산에 투자하여 가격이 안정적이다. 가치상승에 의한 이익을 목적으로 하기보다는 가격상승에 따른 수입증가분의 분배를 목적으로 하는 경우가 많다

- 부동산펀드

외국의 경우 펀드 설립(Private Equity Real Estate)은 대개 운영자인 무한책임사원(GP), 재무적 투자자인 유한책임사원(LP) 또는 전략적 투자자인 Project 사업자의 지분투자 등으로 설립된다.

국내에서는 「자본시장과 금융투자업에 관한 법률」에 의해 펀드재산의 50%를 초과하여 부동산 및 부동산 관련 자산에 투자하는 펀드를 말한다.

부동산펀드는 부동산 외에 ① 부동산을 기초자산으로 하는 파생상품, ② 부동산 개발과 관련된 법인에 대한 대출, ③ 부동산의 개발, ④ 부동산의 관리 및 개량, ⑤ 부동산의 임대, ⑥ 부동산 관련 권리의 취득, ⑦ 부동산을 담보로 한 금전채권의 취득, ⑧ 부동산과 관련된 증권 등으로 재산을 운용할 수 있다. 부동산펀드는 운용형태에 따라 임대형, 대출형, 개발형, 경 · 공매형으로 구분된다. 부동산펀드는 투자신탁과 투자회사 형태가 모두 가능하나 투자회사의 경우 부동산투자회사법에 의한 부동산투자회사와 구분하기 위해 펀드 자산 중의 부동산은 70% 이하로 구성하여야 한다.

• Fund of Fund

여러 개의 채권형 펀드 또는 주식형 펀드를 하나의 펀드로 만든 상품이다. 2004년 6월부터 시판되기 시작하였다. 크게 뮤추얼펀드와 헤지펀드로 구분할 수 있다.

적은 비용으로 다양한 펀드에 투자할 수 있고, 여러 개의 펀드에 분산 투자함으로써 집중투자 때 생길 수 있는 컨트리리스크(country risk)를 분산시킬 수 있는 장점이 있다. 그러나 여러 펀드의 집합이므로 상품내용을 충분히 이해하기 어렵고, 환율의 영향을 많이 받으므로 환위험이 있다.

일반적으로 수익률과 안정성이 뛰어난 펀드를 대상으로 하므로 중장기 투자일 경우 높은 수익을 기대할 수 있어, 미국은 물론 유럽과 기타 지역으로 대상이 점차 넓어지고 있다.

Ⅳ. 금융전략 수립

해외 부동산 투자시 가장 중요한 부분은 금융부분이 될 것이다.

먼저, 투자 대상 부동산에 대해 목표 수익률의 확실한 설정, 취득 후 보유 및 매각까지의 투자기간에 대한 확정, 투자기간 동안에 예상될 수 있는 cash flow에 대한 치밀한 feasibility study(F/S)를 수행하고 이에 따른 자금운용 예측과 관리방안이 수립되어야 한다. 물론 이 전략은 분양 또는 임대 등과 관련된 마케팅 전략과 연계하여 판단되어야 한다.

나아가서 상기 cash flow에 기반한 자기 지분 이외의 필요 자금을 어디에서 어떠한 방법으로 구하고 이에 대한 상환은 어떠한 방법으로 할 것인가에 대한 계획이 수립되어야 한다.

자본을 조달하는 방법으로는 자기자본의 투자, 타인 내지 배당우선자본의 조달 및 자기금융의 세 가지 방법으로 나눌 수 있다. 기업의 경우는 자기자본의 조달은 증자형식을 취하는 것이 일반적이나 부동산 투자의 경우 자기자본은 당연히 투자자의 투자지분을 말한다. 차입자본조달은 기업은 외상매입금, 미지급금, 미지급비용의 이용 등과 같은 단기적 자금조달과 사채발행, 금융기관으로부터의 장기차입, 기한연장 및 어음개서 등과 같은 장기적 자금조달로 나누어진다. 부동산은 현지금융이나 투자지분을 담보로 한 대출, 채권발행[4] 또는 프로젝트 파이넌싱 등이 될 것이다. 자기금융이란 기업 유보 자금을 이용하거나 shareholder loan등을 말한다.

건설과 관련하여는 토지지분, 건설사 및 시공사 등의 담보능력, 지급보증능력 및 준공보증 담보 등을 종합하여 금융기관으로부터 대출을 받는 건설자금 대출(construction loan)이 있다.

상기 자금의 유형을 상설하면 다음과 같다.

■ 자기지분(equity)

- 우선주
- 보통주

■ 타인자본

- 현지금융(local financing)
- 메자닌 또는 브리지 론(mezzanine financing / bridge loan)[5]:

지분과 후순위채권과의 중간형태로서 CP(전환사채)나 BW(신주인수권부채권) 등의 인수 또는 이에 관한 권리를 취득하는 대신 무담보로 자금을 대출하는 형태를 말하며 bridge loan은 일시적인 자금 입출입의 mismatch 등을 해결하기 위한 임시 방편의 자금조달로 gap financing이라고도 한다.

■ 자기 금융

- 주주론(shareholder loan):

주주가 회사에 대해 자금을 대출해주는 형태로 이는 대개 장기 후순위채 형태를 지닌다. 이런 형태의 대출은 초기 회사 설립시 이용되거나 회사의 경영이 어려울 경우에 주주가 회사 파산을 막기 위한 목적으로 이용된다. 그러나 경우에 따라

4) 채권의 형태 중 foreign bond(외국채)는 양키본드, 사무라이 본드, 불독본드 등 채권발행국의 통화로 발행되며 해당국의 법률 체계 아래 해당국 기관들이 주로 인수하는 채권 형태를 말하고 euro bond(유로채)는 채권발행 통화 표시와 발행국이 상이한 채권으로 발행국의 법률체계에 따르지 않고 국제금융기관이 인수하는 채권으로 US$로 표시된 영국발행채 등이 이에 해당된다.

5) 메자닌 펀드는 중소기업이나 벤처기업이 발행하는 신주인수권부사채 등에 투자하는 펀드다. 현행법에서는 PEF가 바이아웃 펀드(기업인수 펀드)로만 제한돼 있고 메자닌 펀드로 활동하는 것은 금지돼 있으나 메자닌 펀드가 허용되면 펀드가 투자한 기업이 주식시장에 상장될 경우 이익을 공유할 수 있고 투자받은 기업은 설비투자와 연구개발(R&D) 자금을 확보할 수 있는 이점이 예상된다.

서는 회사의 수익보다는 주주의 이익을 우선시하기 위하여 일반 시장 금리보다 고액으로 회사에 자금을 대출하여 이자를 받고 회사는 법인세를 절감하기 위해 시도하는 경우도 있다. 중국은 이를 인정하지 않고 있다.

■ 건설자금대출(construction loan, permanent loan)

이 자금은 공사진척도에 따라 draw형태로 지불된다. 대개의 경우 이 대출은 준공과 동시에 일반 대출형태(permanent loan)로 바뀌게 된다. 건설자금대출은 일반 대출과 연계하여 시행되기 때문에 관련 대출비용이나 시간을 절약할 수 있는 장점이 있으나 이러한 연계 대출은 준공과 분양 등에 대한 위험이 내재되어 있기 때문에 대출 금리는 일반 대출 형태에 비하여 높은 편이다.

한편 자금 조달과 관련된 금리는 변동금리와 고정 금리형태가 있을 것이다. 이러한 자금을 어떻게 상환하는가는 투자성패에 중요한 영향을 미친다. 일반적으로 원금과 이자를 균등 상환하는 경우, 거치기간 후 이자만 지불하는 경우 또는 원리금 등을 동시에 상환하는 경우, 매년 일정액씩 또는 일정비율로 상환액을 조정하는 방식, 임대수입에 일정비율을 적용해서 상환하는 방식 및 저리로 대출하되 처분시 부동산 가격 상승익에 일정 비율을 적용하여 우선 변제받는 방식 또는 대출액을 지분으로 전환하고 대출자에서 지분투자자로 전환하는 방식 등 다양한 기법들이 응용된다.

• 변동금리: LIBOR(London inter-bank offered rate: 런던은행간 평균대출금리) 또는 TIBOR(Tokyo inter-bank offered rate: 도쿄 은행간 평균대출금리)의 3개월 내지 6개월 물에 스프레드 등을 가산하여 결정된다.

• 고정금리: 변동금리와 고정금리 swap시 시장에서 설정되는 금리(예: 3년, 5년 등)에 스프레드를 가산하여 결정된다.

나아가서 해외 부동산 투자와 관련하여 어떠한 구조로 투자자금을 송금하고 관리하고 청산하고 관련 자금을 국내로 가져오는 것과 관련된 위험 등을 줄이고 절세효과를 올릴 수 있는가를 고려하여야 한다. 일반적으로 상기 목적을 달성하기 위하여 국내에 당해 사업을 수행하기 위한 특별목적회사(SPC; special purpose company)를 설립하고 투자국 또는 제3국에도 지주회사 또는 제2, 제3의 특별목적회사를 설립하여 사업을 진행한다. 이 외에도 필요한 경우에는 해외 투자를 전반적으로 관리하고 조율하는 국내외 자산관리회사(asset management company)를 이용하여야 하고, 개발 사업의 경우에는 개발사업 관리를 위한 목적을 달성하기 위하여 사업구조에 따라서는 부동산 신탁(real eststae trust)[6]회사를 이용하여야 하는 경우도 있을 것이다.

- Real Estate Trust

부동산 소유자가 소유권을 신탁회사에 이전하고 신탁회사는 위탁자의 자산을 이용하여 신탁회사 자금과 전문지식을 결합해 신탁재산을 효과적으로 개발·관리하고 그 이익을 돌려주는 제도이다. 일반 금융기관이 돈(금전)을 신탁받아 이를 운용한 뒤 수익을 배당하는 금전신탁과 동일한 개념으로, 다만 신탁 대상이 금전이 아닌 부동산이란 점에서 차이가 있다. 현행 부동산신탁제도는 1990년 4월 부동산 투기대책 가운데 하나로 도입됐는데, 부동산신탁 활성화를 통해 부동산에 대한 인식을 종래 '소유개념'에서 '이용개념'으로 전환하고 부동산실명제 등 토지공개념 제도를 조기에 정착시키기 위해서였다. 1991년 3월 성업공사와 한국감정원이 전액 출자해 대한부동산신탁과 한국부동산신탁을 설립하면서 부동산신탁제도가 본격화됐다. 1996년 5월 한국토지공사가 전액 출자한 한국토지신탁이 뛰어들었고 여기에 주택은행이 출자한 주은부동산신탁이 가세하면서 국내 부동산신탁시장 규모가 급격히 팽창되었다. 개발신탁 외에도 단순 관리신탁, 담보 신탁 및 처분 신탁 등의 업무를 행한다.

- AMC

일반적으로 AMC(asset management company)은 투자관리위탁을 받은 자산을 운영하고 그 대가를 받는 회사를 말한다. 이러한 유형은 부동산자산 AMC, 금융자산 AMC 및 이와 별개로 독립된 형태의 AMC 등으로 구분이 가능하다. 부동산 펀드(집합투자기구), 부동산투자회사 또는 기업구조조정 부동산투자회사로부터 자산·채

6) '부동산 신탁'과 '부동산 투자 신탁(real estate investment trust)'은 다른 개념으로 전자는 부동산을 위탁받아 사업을 수행하거나 단순관리, 담보, 처분 업무 등을 행하는 회사를 말하고 후자는 REIT를 말한다.

권이나 부실자산의 관리 위탁을 받아 자산의 투자 · 운용업무를 수행하는 것을 목적으로 설립된 회사를 말한다. 이 회사는 자산을 체계적 · 효율적으로 관리, 처분하여 회수를 극대화하며 관리자산의 가치를 높이기 위해 회생 가능한 기업의 워크아웃 프로그램(출자전환, 채무조정 및 부채탕감 등)을 실시하고 부동산을 개발, 가공하여 자산 가치를 높이는 노력을 한다.

현재 자본시장법(자본시장과 금융투자업에 관한 법률)에 의하면 부동산 전문 운용사의 최소 자본금은 일반투자자와 전문투자자 대상일 경우에는 20억 원(증권운용전문인력 2명, 부동산전문인력 3명), 전문투자자만을 대상으로 할 경우에는 10억 원(증권운용전문인력 1명, 부동산전문인력 2명)으로 하고 자산관리회사와 투자자 간, 특정 투자자와 다른 투자자 간의 이해상충을 방지하기 위한 체계를 갖추어야 한다. 자산관리회사는 다른 업무를 겸영할 수 없다.

- SPC

특수한 목적을 수행하기 위해 일시적으로 만들어지는 일종의 페이퍼컴퍼니

참고자료

부동산 펀드 설정액

부동산 펀드 설정액이 6월 말 기준으로 전달에 비해 8000억 원 정도 늘어난 21조 5000억 원을 기록해 사상 최대로 성장했다. 반면 부동산 펀드를 포함한 전체 펀드의 설정액은 전달에 비해 1조 7000억 원 줄어든 340조 원을 기록하며 하향세를 이어갔다. 이처럼 펀드 시장의 불황에도 불구하고 부동산 펀드에 돈이 몰리고 있는 까닭은 하나다. 주식시장이 침체되고 저금리 기조가 계속되면서 부동산 펀드가 대체 투자처로 부상하고 있기 때문이다.
부동산 펀드 설정액이 21조 원을 넘기는 이번이 처음이다. 부동산 펀드가 처음 출시된 2004년 6월 말 설정액은 1387억 원에 불과했다. 9년 새 155배나 증가한 셈이다. 지난해 6월 말(17조 4000억 원)과 비교하면 1년 새 23.5% 늘었다.
부동산 펀드의 성장은 펀드를 운용하는 회사, 즉 자산운용사들이 주도하고 있다. 자산운용사들은 부동산 펀드를 대부분 사모 펀드로 운용한다. 사모 펀드는 주로 기관이나 자산가 등 소수의 투자자로부터 자금을 모아 비공개로 운용하는 금융 상품이다. 지난달 말 기준으로 사모 펀드 설정액은 20조 4000억 원으로 전체 부도안 펀드 설정액의 94.8%를 차지한다. 부동산 사모 펀드는 안정적 임대 수익을 낼 수 있는 상업용 부동산, 즉 대형 오피스 · 호텔 · 마트 등을 주요 투자 대상으로 삼는다

자료: 한국 경제 신문(2013. 7).

로서 특수목적회사의 정식 명칭은 SPV(Special Purpose Vehicle), SPC(Special Purpose Company), SPE(Special Purpose Entity)이다. 이름은 다르지만 세가지 다 동일한 개념이고 SPC는 그 이름 그대로 특수한 목적을 위해 기업이 따로 설립한 기업이다. 그 주요 목적은 ① 증권화 ② 위험분산 ③ 자산이전 ④ 자산투자 ⑤ 재무적 동기 등이다.

이 회사는 해외 부동산 투자시 당해 사업목적 사업을 수행하기 위해 설립되고, 당해 목적 사업이 완료되면 해체된다. 이 회사는 글자 그대로 물리적 실체가 없이 서류형태로만 존재한다. 이러한 도관체 형태의 회사를 설립함으로써 사업유지를 위해 소요되는 기타 합산 소득에 대한 세금을 절감하는 한편, 기업활동 유지를 위해 소요되는 제반경비를 절감할 수 있는 이점도 있다. 케이먼 군도, 버진 아일랜드, 홍콩 등 조세 피난처에 주로 설립된다. 회사의 존속기간은 금융기관의 경우 계속적으로 운용되는 경우가 많지만 역외펀드 관리를 위해 설립하는 증권회사나, 항공기 리스를 위해 설립되는 항공사 관련 페이퍼 컴퍼니의 경우에는 해당 프로젝트가 완료되면 대개 자동적으로 해체되는 일시적인 형태를 띤다. 우리나라에서는 대우증권이 1992년 버진 아일랜드에 역외펀드 관리 페이퍼 컴퍼니를 설립했고, 1995년 6월에는 은행권에서는 처음으로 장기신용은행이 케이먼 군도에 페이퍼 컴퍼니 형태의 무인지점을 설립했다.

「자산유동화에 관한 법률」에서는 이를 유동화 전문 회사라고도 불린다, 자산보유자로부터 양도받은 자산 -대출채권, 리스채권, 외상매출채권 등- 을 집합(pooling)하여 이를 유가증권형태로 매각하기 때문에 이 증권의 신용도는 자산보유자 자신의 신용위험(credit risk)과는 별개로 대상자산의 우량도 또는 원리금 회수가능성에 의하여 결정된다. 따라서 유동화증권은 적절한 구조를 갖추면 자산보유자의 신용등급보다 훨씬 좋은 등급을 받을 수 있으므로 조달금리가 크게 낮아진다. 또한 자산보유자의 자체 신용만 가지고는 가능하지 않았던 자본시장에서의 채권 발행도 가능해진다.

상기에서 검토된 내용을 중심으로 금융전략과 관련하여 고려하여야 할 사항을 정리하면 〈표 4-1〉과 같다.

표 4-1 금융전략관련 검토 사항

검토사항	주요 내용	고려사항
자금조달	Debt -LTV -자금조달cost -기타	. Mezzanine(후순위) 도입 . 변동금리 또는 고정금리 . 변동금리 risk대책 . Arranger, Agent 선정
	Equity -투자형태 -이율 -권유방식	. 우선·후위 구조 채택 . 목표 IRR . 자기모집 또는 사모취급업자
관리비용	-신탁사주 1 -자산운영사(PM등) -기타 관계자(사무관리)	. 신탁수익권 또는 실물부동산 선택 . 신탁비용 . 자산운용사, PM의 실적 및 수수료
Vehicle	-SPC의 도산격리 방법(true sale검토)주 2 -대상부동산(신탁수익권) 취득 vehicle -二重SPC(다른 SPC에 출자하는 경우)	. 도산 격리 . 이중과세 회피 . 구성과 유지관리 장단점 비교

주 1: 신탁사 선정시 고려사항
-투자자입장: 신탁보수(신탁물건가격이 클 경우 신탁보수 증대), 시간(일정한 시간 소요) 고려 선택, SPC설립과 신탁비용 비교(매도자로부터 부동산을 SPC에 이전하는 경우 취.등록 비용과 신탁은 취·등록세 등의 부담은 없지만 신탁 설정비용이 소용됨)
-수탁자입장: 원격지, 오염토지, 석면·PCB, 건축법 등 제반 법규 위반 물건 등은 수탁받지 못함.

주 2: 자산보유자가 SPC에 자산을 양도할 경우에 그 거래가 진정한 거래(true sale)에 해당되는지의 여부가 관건이다. 이 거래가 진정한 거래로 인정받지 못할 경우에는 자산보유자가 파산할 경우 SPC가 발행한 각종 채권이나 수익권 보유자는 불측의 손해를 입게 된다. 따라서 자산유동화법 및 금융감독원은 이에 대해 엄격한 기준을 제시하고 있다. 즉, 자산보유자가 SPC에 신용공여, SPC가 발행하는 후순위 채권을 인수하거나 담보 제공 등을 통하여 양도된 유동화 자산관련 위험을 50% 이상 부담하는 경우나 환매조건부 거래 등을 금지하고 있다.

V. 조세 전략

해외 부동산 투자를 할 경우 투자자는 투자국의 법제도를 이용하여 투자자가 부담할 세액을 최소화할 수 있는 방법을 찾을 것이다. 그러나 나라마다 소득 귀속에 대한 기준이 다르고 세법 제도 또한 다르기 때문에 이러한 차이에 따른 재정기회를 이용하여 절세를 시도하고자 하는 노력과 이를 방지하기 위한 대응 방안이 끊임없이 강구되고 있다. 나아가서 이러한 조세 제도의 차이로 인해 투자자가 거주하는 '거주지'와 투자 소득이 발생하는 '원천지' 양쪽에서 동일한 소득에 대해 2중과세 되는 것을 방지하고 한편으론 조세회피[7]를 막기 위해 조세협약을 체결하게 된다.

그러나 국제자본은 이러한 제도를 교묘히 이용하여 조세회피를 시도하고 있다. 조세회피는 논자에 따라 차이가 있기는 하지만 대체로 세법령이 예정하지 않은 방법으로 조세를 절약하는 것을 말한다. 따라서 조세회피는 항상 불법적인 탈세와 정당한 절세의 중간지대에 놓이게 되므로 이로 인해 늘 분쟁의 중심에 있게 된다.

따라서 해외 부동산 투자자는 투자국의 조세 제도 등을 분명히 숙지하고 조세설계(tax planning)을 하여야 한다.

절세효과를 구현하기 위해서는 대개의 취득등록세의 부담여부, 법인세 및 소득세의 이중과세 여부, 운영 또는 매각과 관련하여 발생하는 각종 세금에 대해 최선의 절세방안을 찾게 된다. 나아가서 나라별로 해외 자본에 대한 지원책 등을 면밀히 조사하여 사업타당성을 비교 검토하여야 한다.

■ 조세 제도 검토

- 취득세, 등록세, 인지세(stamp duty) 등
- as valorem tax(從價稅로 고정자산세, 재산세 등), 토지보유세, 토지 및 건물이전세(양도소득세), 기타(도시계획세, 종합부동산세 등)
- 감가상각방법, 부가가치세, 판매세 등
- 법인세(연방정부, 주정부, 지방정부), 소득세(임대소득 및 양도소득), 영업세, 주민세, 원천징수세 등
- 조세지원제도, carrying loss forward and backward제도 적용정도(소득세의 이월 결손금의 처리 방식으로 결손금을 과거 소득 또는 향후 소득에 차감시킬 수 있는지 여부) 등
- 거주국으로의 수입 송금과 관련된 각종 조세(withholding tax 등)

■ 기타 세금 및 공조공과

투자법인 형태를 어떻게 정하는가에 따라 조세방법이 달라지므로 투자가능 국가들의 조세제도와 각종 세제상의 지원제도 등을 검토하여 거주지국과 원천지

7) OECD는 세금회피를 위한 역외 자금규모를 5~7조 달러 정도로 보고 있다.

국에 투자법인형태(단독, 합자, 합작, 파트너십, SPC 설립 등), 본지점 소재지 및 관리방법 등을 결정하게 된다.

■ 조세전략 수립

• 세제상의 지원 제도: 일정기간 조세 유예, 감세 또는 각종 지원제도(금융지원, 근로자교육훈련비지원 등)의 유무판단 후 투자지역, 업종 등 결정

• 회사설립형태는 조세부과 방법, 조세협약 형태, 고정사업장의 해석방법, 유형별 의무사항(현지인 채용 등 각종 부담의 유무) 등도 검토 후 결정

• 구체적 tax planning은 부동산 투자와 관련된 원천지국의 세법상의 조세항목과 세율, 해외 부동산 투자제한사항, 국내 법인의 형태(유동화 전문회사 등 법인세를 납부하지 않는 구조일 경우), 국내 '법인세' 법상 외국납부세액공제 적용여부 등을 검토 후 최적대안 선택

국제거래에 따른 소득이 조세조약의 적용대상이 되는가를 판단하기 위해서는 조세 조약을 해석하고 이를 해당 거래에 적용하는 과정을 거쳐야 한다. 조세조약은 국제규범이며 또한 조세규범이라는 독특한 지위를 가지고 있다.

조세조약의 정식 명칭은 「이중과세방지와 탈세방지를 위한 조세협정」이다. 이같은 협정은 크게 두 가지 모델로 나뉜다. 하나는 OECD 모델로 유럽연합국가들이 주로 채택하고 있는 조세조약으로 우리나라가 협정한 조약 가운데 약 3분의 2가 이 모델에 해당한다. 또 하나는 UN 모델로 불리는 조약으로 주로 개발도상국과의 협정에 채택되어 있다.

OECD 모델이라고 하더라도 나라별로 협정내용이 다소 차이가 있고, 부동산 양도차익과 주식양도 차익에 대해서 구분하는 나라가 있고, 구분하지 않는 나라가 있다.

OECD 모델은 대부분 선진 국가들과의 조약이기 때문에 투자자의 소득에 대해 투자회사의 거주지국에서 과세하도록 하고 있다. 선진국처럼 해외투자를 많이 하는 나라에 유리한 모델이다.

반대로 UN 모델은 실제 영업활동이나 기업매각이 이루어진 곳에 과세권을 주

참고
자료

미국 임대용 부동산의 소득세 과표 산정 방법 예시

[전제]

미국은 부동산의 세법상의 내용연수를 1986년 세제개혁 전에는 가속상각을 허용하여 부동산 투자시 소득세 절감효과를 얻을 수 있도록 하였으나 1986년 세제 개혁과 그 후 세법 변경(1993.5.12)을 통해서 다음과 같은 내용연수 체계를 갖고 있다.

상업용 부동산: 39년, 주거용 부동산: 27.5년의 정액법으로 건물상각.

[예시 임대아파트 내역(단위: $)]

부동산 가격 450,000

대출액: 400,000(연리 12%)

운영상황:

총임료수입(PGI): 60,000, 공실 및 대손충당금(V&LA): PGI의 5%

운영경비(OE):PGI의 20%

[산정]

V&LA: 60,000×5%=300

OE: 60,000×20%=12,000

DEP(감가상각비): 450,000×1/27.5=16,000

가 되고, 과표는 NOI에서 감가상각(비현금흐름)과 이자(수익용자산)공제를 하여 산정하므로 과표는 다음과 같이 -19,000달러가 된다. 이는 passive 소득으로 다른 active income인 임금과 상계처리가 가능하다.

구 분	금 액	비 교
PGI	60,000	
-V&LA	300	60,000×0.05
EGI	57,000	
-OE	12,000	60,000×0.2
NOI	45,000	
-DEP	16,000	
-INI	48,000	
Taxable Income(과표)	△19,000	Passive income

는 것이 정당하다는 취지에서 투자자의 소득에 대해서 소득이 발생한 나라에서 과세하도록 규정하고 있다.

한편 부동산 양도에 대해서는 OECD 모델이나 UN 모델 모두 대체적으로 부동산의 소재지국에서 과세하는 것을 원칙으로 하고 있다. 특히 주식양도소득이라

하더라도 실질적으로 부동산 소유를 위해 설립한 회사의 주식을 절반 이상 양도할 경우 부동산 양도로 보아서 부동산 소재지국의 과세를 인정하고 있다. 하지만 벨기에와 같이 조세회피가 광범위하게 이루어지는 나라와 맺은 조세협약에 따르면 부동산 양도라 하더라도 형식상으로는 주식양도의 모양을 갖추었을 경우에 주식양도로 보아서 거주지에 과세권을 인정하고 있다.

이러한 주식 등의 유가증권 양도차익에 대한 조세협약 규정은 국가별로 다음과 같이 조약을 체결하고 있다.

■ 거주지국(해외투자자 기준)에서만 과세

미국, 벨기에, 네덜란드, 그리스, 러시아, 덴마크, 인도네시아 등 대부분의 나라. 단, 미국, 영국, 일본, 중국, 캐나다 등의 경우에는 부동산 점유비율이 높은(50% 이상) 법인의 주식에 대해서는 원천지국(사업장소)에서 과세한다(한국과세 가능).

■ 원천지국과 거주지국에서 과세 가능

독일, 브라질, 싱가포르, 룩셈부르크, 태국, 카자흐스탄, 호주.

과세조약상의 조세협약이 적용되기 위해서는 인적 요건으로 과세실체로서 인정을 받아야 하며 거주자요건[8]이 만족되어야 한다. 일반적으로 2개국간에 체결된 조세조약은 당해 조약 당사국의 거주자에 한하여 적용되는 것이므로 제3국의 거주자는 당해 조약에 규정된 혜택을 받을 수 없다. 그리고 고정사업장[9]이 원천지국에 존재하여야 한다.

이 사업장은 물리적으로 사업장이 고정된 장소에 존재하고 그 사업장소에서 실질적으로 사업이 수행될 것(물리적 개념, 기능적 개념, 기간적 개념) 등을 고려하여 결정한다.

한국의 경우 조세조약상 대상 조세는 소득세와 법인세 및 지방소득세(주민세)이며 상속 및 증여세에 관하여는 조세조약을 체결하고 있지 않다

8) 주소, 거소, 본점 또는 주사무소의 소재지, 관리장소 또는 이와 유사한 성질의 다른 기준으로 인하여 그 국가의 법에 따라 그 국가에서 납세의무가 있는 사람을 의미한다.
9) 기업의 사업이 전적으로 또는 부분적으로 영위되는 고정된 사업장소.

참고자료

미국 부동산 양도차익에 대한 과세(FIRPTA 관련 참고자료: 원천징수)

미국에 위치한 부동산을 직접 또는 간접 소유한 외국인이 그 부동산을 처분하는 경우 외국인부동산투자세법(FIRPTA: Foreign Investment in Real Property Tax Act)에 따라 그 양도소득을 ECI(income effectively connected)로 간주하고 원천징수 한다. 부동산을 직접 소유하는 경우는 1) 토지, 채굴되지 않은 자연자원 또는 수확되지 않은 농산물의 소유, 2) 부동산에 영구적으로 부착된 건물 등, 개량물(Improvements)의 소유 또는 3) 토지를 개발 및 사용하는 데 밀접하게 연관된 동산의 소유가 있다. 그러나 부동산을 간접 소유한 경우라도 외국인이 미국 내에서 부동산을 과다 보유한 법인 (U.S. Real Property Holding Company: 회사가 소유한 미국부동산의 공정시가가치가 미국부동산의 공정시가가치, 해외 부동산의 공정시가가치 및 사업에 사용되는 자산의 공정시가가치를 더한 값의 50% 이상을 구성하는 회사)의 경우에는 부동산 매수자가 부동산 양도가액의 10%를 동 외국인으로부터 원천징수한 후, 20일 이내에 Form 8288(US Withholding Tax Return for Dispositions by Foreign Persons of US Real Property Interests)과 Form 8288-A(Statement of Withholding on Dispositions by Foreign Persons)를 작성하여 IRS에 보고하고, 세금을 납부하여야 한다. 물론 향후 환급신청 등이 가능하다. 자본이익세 신고를 위해 세금환급을 신청한 후 세금환급 신청 기간이 종료되면 세금환급 신청자에게 세금을 환급해 준다.

단, 비거주외국인이 자본 자산을 처분한 경우, 그 자본 자산이 미국 내에서 사업과 연관되어 사용되었다면 미국 시민, 영주권자 또는 미국 법인이 과세되는 것과 동일하게 과세된다. 그러나 그 자본 자산이 미국 내에서 사업과 연관되어 사용되지 않았고 외국인이 미국에 183일 미만을 체류했다면 자본 자산의 처분에 따른 자본이득은 과세되지 않는다.

과세조약상 과세방법은 고정사업장이 있는 경우[10] 국내세법을 우선 적용하고 사업장이 없는 경우에는 외국과 맺은 조세조약이 우선 적용되나 조세조약에 따라 세율과 과세권의 향방이 결정된다. 이 경우 국내세법은 대통령령으로 정하는 바에 따라 조세조약에 따른 비과세 · 면제 또는 제한세율을 적용받을 수 있음을 국세청장이 미리 승인한 경우 외에는 발생한 사업 소득[11] 등에 대해 법인세법에 따라 원천징수를 하게 되고, 외국법인이 조세조약에 따른 비과세 · 면제 또는 제한

10) 주고정사업장이 있는 경우에도 과세정책에 따라 다음과 같이 분류하고 있다.
(1) 귀속주의(고정사업장에 실질적으로 관련이 있는 소득에 한하여 고정사업장 소재지국에서 과세): 우리나라가 체결한 모든 조약(개정 전 일본 · 인도네시아 · 멕시코 제외)에서 채택, (2) 총괄주의(고정사업장에의 귀속 여부와 관계없이 모든 소득에 대하여 고정사업장 소재지국에서 과세): 강력한 원천지국 과세원칙(Source Rule)을 기반, 개정 전 일본에서 채택, (3) 절충주의[자력주의 과세원칙(Force of Attraction)]: UN 모델 협약으로 인도네시아 및 멕시코 채택.

11) 기업의 사업활동으로부터 발생되는 모든 소득과 국내 고정사업장(사업의 전부 또는 일부를 포함)과 실질적으로 관련되는 사업소득을 말하며 법인세법상에는 22%를 원천징수하도록 하고 있다.

세율의 적용을 받으려는 경우에는 면제신청이나 경정청구를 하여야 한다.

그러나 법인세법에서는 국내사업장과 실질적으로 관련되지 아니하거나 그 국내사업장에 귀속되지 아니하는 소득의 금액(국내사업장이 없는 외국법인에 지급하는 금액을 포함)을 지급하는 경우에 당해 사업소득의 지급자가 그 지급액의 2%를 법인세(주민세 별도)로 원천징수 · 납부하도록 규정하고 있다.

펀드는 투자를 목적으로 최종 투자처까지 돈을 보내주는 기구(vehicle)이다.

우리법제하에서는 신탁, 투자신탁 및 투자회사의 형태를 취하거나 민법상 조합, 상법상의 익명조합이나 특별법상의 조합체 형태로 조합을 이용하는 경우도 있다.

미국의 법제로 보면 펀드는 합자조합(LP: limited partnership) 또는 뮤추얼펀드(regulated investment company) 형태로 설립된다. 펀드가 법인형태로 설립되더라도 영구적으로 존속하는 일반적 법인과 같지 않기 때문에 일반인과 같이 과세하기가 쉽지 않다.

따라서 펀드의 과세방법은 투자자 또는 펀드만 과세하거나 양자를 과세실체로 보아 과세하나 이중과세를 방지하는 장치를 별도로 두는 경우로 나눈다. 따라서 펀드의 경우는 원천지 국가에서 과세형태가 다르고 거주지 국가에서도 과세형태가 다를 경우 다양한 조세효과를 만들어 내게 된다.

■ 파트너십 형태의 펀드

이러한 펀드가 조세조약을 적용받기 위해서는 먼저 원천지국가에서 납세의무자가 될 정도의 실체를 갖추어야 한다. 일반적으로 조세조약을 적용할 경우 펀드 설립지 국가에서 거주자로 존재할 경우 실체를 인정한다.

■ 신탁형태의 펀드

일반적으로 투자 신탁은 인적 요건을 구비하지 못한다. 간혹 특별법에 의하여 인격을 부여받기도 하며 세법에서 실체를 인정받기도 한다. 미국에서는 신탁도 과세실체로 인정받고 영국의 경우는 AUT(authorized unit trust)와 독일 및 핀란드의 투자신탁(investment trust)도 세법상 법인으로 취급된다. 이러한 펀드가 거주자 요건을 충족하기 위해서는 소재지 국에서 납세의무가 있으면 가능하다고 본다.

〈표 4-2〉는 우리나라와 조세조약을 체결한 국가별 원천징수세율표이다.

일반적으로 2개국간에 체결된 조세조약은 당해 조약당사국의 거주자에 한하여 적용되는 것이므로 제3국의 거주자는 당해 조약에 규정된 혜택을 받을 수 없는 것이다. 그러나 제3국 거주자가 자기의 조세부담을 가장 가볍게 할 수 있는 국가를 선택하여 그곳에 위장회사(paper company)를 설립하거나 그곳에서 계약이 있었던 것처럼 가장함으로써 2개국간에 체결된 조세조약상 혜택을 부당히 취하는 행위를 할 수가 있으며, 이러한 조세조약을 이용한 국제적 조세회피 행위를 총칭하여 treaty shopping이라 한다.

조세피난처는 적용세율이나 세제상의 혜택 등을 고려하여 다음과 같이 분류한다.

■ 조세피난처 (tax paradise)[12]

• 법인세, 원천세, 증여 상속세를 전면 면제하는 국가: 바하마, 버뮤다, 케이먼 아일랜드

• 과세는 하나 세율이 극히 낮은 국가: 영국령 버진 아일랜드, 네덜란드령 앤틸리스 제도

■ 조세피난처(tax shelter)

• 국내 원천 소득에는 과세하나 국외 원천소득에는 면세하는 국가: 홍콩, 파나마

■ 조세피난처(tax resort)

• 한정된 범위 내에서 세제상 특전을 부여하는 국가: 아일랜드, 스위스, 네덜란드, 리히텐슈타인(특정기업이나 사업활동에 대해 세금상의 특전인정)

이러한 조세회피의 사례로는 2000년대 초반 세간의 이목을 집중시켰던 론스

12) 국제 조세조정에 관한 법률 제17조 제1항에 따르면 조세 피난처란 ① 법인의 실제 발생소득의 전부 또는 상당부분에 대하여 조세를 부과하지 아니하거나, ② 그 법인의 부담세액이 당해 발생소득의 15% 이내인 국가나 지역을 의미.

표 4-2 조세협약국가별 원천징수세율

조세협약 체결 국가명	조세협약상의 제한세율	원천징수세율[13]	
		소득세	주민세
미국	12	12	1.2
캐나다, 필리핀	15	1	1.5
태국, 남아프리카 공화국	10	10	1.0
튀니지	12	10.91	1.09
일본, 뉴질랜드, 루마니아, 독일, 룩셈부르크, 방글라데시, 베트남, 벨기에, 불가리아, 스위스, 스페인, 스리랑카, 싱가포르, 영국, 오스트리아, 이태리, 인도네시아, 중국, 체코, 폴란드, 프랑스, 피지, 핀란드, 모로코 왕국, 카자흐스탄, 쿠웨이트	10	9.1	0.9
네덜란드, 노르웨이, 덴마크, 말레이시아, 브라질, 스웨덴, 이집트, 터키, 호주, 몰타, 파푸아뉴기니, 독일, 포르투갈	15	13.64	1.36
멕시코	은행5	4.55	0.45
	기타15	13.64	1.36
인도	금융기관 10	9.1	0.9
	기타 15	13.64	1.36
이스라엘	금융기관 7.5	6.82	0.68
	기타 10	9.1	0.9
파키스탄	12.5	11.36	1.14
헝가리, 아일랜드, 러시아	0	0	0
몽고, 우즈베키스탄	5	4.55	0.45
그리스	8	7.27	0.73
조세협약 미체결 국가 (홍콩 등)	–	25	2.5

타펀드 III의 사건이 있다.

벨기에 법인인 스타홀딩스(Star Holdings SCA)는 스타타워빌딩(현재는 GIC가 구입하여 강남 파이넌스센터로 이용)을 소유하고 있는 스타타워 주식을 2001년 6월 15일에

13) 일반적인 법인세율은 22%이나 대개 10~15% 범위 내에서 결정되어 있다. 이자 · 배당 · 사용료소득, 부동산양도소득(양도가액의 10% 또는 양도차익의 20%)에 적용. 단, 국내에 고정사업장이 있을 경우에는 국내세법 적용.

1000억 원에 매입하고 2004년 12월 28일에 3511억 원에 매각하여 양도차익 2450억 원을 실현하였다.

스타홀딩스는 미국 론스타펀드 III [미국 소재 LP(펀드매니저가 무한책임사원이고 투자자는 유한 책임사원으로 구성)] 등이 벨기에에 설립한 회사로 2001년 6월 15일에 국내 휴면 법인인 C&J Trading Co., LTD.를 매입하여 법인명을 ㈜스타타워로 변경하고 이 회사의 단독 주주가 되었다.

여기서 스타타워의 단독주주가 된 스타홀딩스는 룩셈부르크에 있는 론스타 캐피탈 인베스트먼트가 소유하고 론스타 캐피탈 인베스트먼트는 버뮤다에 있는 론스타펀드III와 미국에 있는 론스타펀드 및 허드코 파트너스 코리아 Ltd.(버뮤다)가 소유하는 복잡한 구조로 되어 있다.

과세상 문제가 된 것은 상기 스타홀딩스 명의로 되어 있는 양도차익 2450억 원이었다. 스타홀딩스는 벨기에에 거주법인이 있고 한국과 벨기에는 조세조약에 의거 주식양도소득에 대해 원천지국 비과세 규정을 받는다고 보고 원천지국인 한국에서 양도소득세 납부의무가 없다고 보았다. 나아가서 벨기에는 양도소득이나 경영참여소득면제도[14]에 의해 경영참여에 따른 소득에 과세하지 않는 국가이기 때문에 거주지국인 벨기에조차도 납세의무가 없다고 판단하였다.

그 당시 지방세법에서 5년 이상 휴면 법인의 경우에는 과밀억제권역에서 본점이나 주사무소의 부동산을 취득하는 경우, 취등록세 중과세 규정을 적용하지 않는 규정을 두고 있었기 때문에 국내 휴면 법인인 C&J Trading Co., LTD.를 매입하여 ㈜스타타워로 상호 명을 바꾸고 매입을 진행하였기 때문에 취·등록세 중과세 의무도 없다고 주장하였다.

한국 국세청은 이에 대해 스타홀딩스는 조세회피 목적으로 설립된 도관회사이기 때문에 실질과세원칙에 따라 미국과 버뮤다에 소재하는 론스타펀드 등을 주식양도의 실질귀속자로 보고 1019억 원을 과세하였다.

미국 론스타III에 부과한 근거는 전술한 바와 같이 한미간 조세조약에 의하면 양도소득은 원천지국이 아닌 거주지국에서 과세한다고 되어 있으므로 미국에서

14) 국외 자회사가 경영에 참가할 수 있는 지분을 가지고 있는 경우에 그 지분으로부터의 배당소득이나 그 지분의 양도소득에 대해서는 모회사의 거주지국에서 과세하지 않는 제도.

과세하도록 되어 있으나 행정합의에 의거 부동산 과다보유법인(부동산이 전체 자산의 50% 이상)인 경우에는 원천지국인 한국에서 과세할 수 있도록 한 행정합의를 이용하였다.

나아가서 휴면법인을 통한 부동산 매입이라도 신규로 부동산을 매입하고 임원 등을 전부 교체한 경우는 신규법인설립에 해당된다고 보고 중과세 면제 조항을 적용할 수 없다고 주장하였다.

이에 국내 대법원은 스타타워를 고정사업장으로 보고 론스타펀드Ⅲ(이하 론스타)의 양도세 부과처분 취소소송 상고심에서 "론스타는 유한 파트너십(LP)으로 법인세법상 외국법인으로 보아야 한다"며 "법인세가 아닌 양도세를 부과한 세무당국의 처분은 부당하다"고 판결하고 기존의 양도소득세를 취소하고 법인세를 부과토록 하였다.

이에 대해 론스타는 헌법소원제기 및 투자자-국가소송(ISD: Investor-State Dispute)[15]을 제기하고 있다.

한편 서울시가 제기한 취 · 등록세 중과와 관련된 소송은 2009년 4월 대법원(대법원 2009.4.9 선고 2007두26629)에서 "등록세 중과를 회피하기 위한 행위를 규제할 필요가 있다고 하더라도 개별적 · 구체적인 법률 규정이 없이는 등록세를 중과할 수 없다"고 판시하여 서울시가 패소하였다.

이에 따라 국가는 2009년 말에 지방세법을 개정하여 휴면법인의 주식을 50% 이상 인수하여 과점주주가 된 때에 그 지분만큼을 법인설립으로 보도록 하고, 2010년부터는 휴면법인의 인수도 설립으로 보도록 개정하였다[2010년 3월 31일 지방세법이 전부 개정되고 2011년부터 등록세는 취득세(취득 2% + 등록 2% + 농특세 0.2% + 지방교육세)로 통합하여 과세한다].

15) 투자를 유치한 국가의 정부가 투자협정상 의무, 투자 계약 등을 위반해 투자협정을 맺은 상대 국가의 투자자에게 부당한 손실이 발생할 경우 적용하는 제도. 손실을 본 투자자가 투자유치국 정부를 상대로 제3의 공정한 국제중재기관에 소송을 제기할 수 있다. 론스타는 한국 정부가 한 · 벨기에 투자협정(BIT)을 위반했다며 국제중재기구인 국제투자분쟁해결센터(ICSID)에 제소했다.

참고 자료

국가별 세제

미 국

1. 연방세

o 법인소득세(Corporate Income Tax): 내국법인(거주자)에 대해서는 미국내외의 전체소득이, 외국법인(비거주자)에게는 미국 내의 소득 및 국외의 특정 소득만이 과세대상이 되는 것이 원칙.
주) 과세구간을 8개로 나누어 15%에서 최고 35%까지 과세.

o 개인 소득세(Individual Income Tax): 미국시민이나 거주 외국인은 국내외의 전체소득이, 비거주 외국인은 미국내 소득만 과세대상이 됨.

캐나다

1. 연방 법인세

구 분	제조업 및 가공업(%)	기타(%)
세율	35.6	44.6

2. 연방 소득세

과세소득(캐나다 달러)		전단계 세액	세율(%)
초 과	이 하		
0	29,590	–	17
29,590	59,180	5,030	26
59,180	–	12,724	29

3. 주 소득세

o 주는 지역내 기업들이 얻은 이익에 대해 소득세를 징수하며 세율은 주마다 상이.

4. 대기업세

o 연방세인 대기업세(Large Corporations Tax: LCT)는 과세자본이 1천만 달러가 넘는 캐나다 내 대기업에게 징수. LCT세율은 캐나다내의 총 소유자본 중 0.225%이며 일부 기업간 상호투자의 경우 공제 가능.

대 만

1. 법인세

o 영리사업소득세의 세율은 순 소득액을 기준으로 15-25%까지 적용

o 원천징수세율(단위: %)

수취자	배 당	이 자	사용료
거주법인 및 개인	15	10	15
조세조약 미체결 시	30/25/20	20	0

조세조약을 체결한 경우 당해 조약이 규정하는 세율을 준용.

조약 체결국: 호주, 잠비아, 인도네시아, 뉴질랜드, 싱가포르, 남아프리카, 베트남

2. 종합소득세

o 소득세법의 규정에 따라 대만 내 거주여부를 불문하고 국내 원천 소득에 대해 과세하는 개인 소득세임.

o 연간 183일 이상 대만에 거주한 자에 대해 6-40%의 세율 적용.

(체재기간이 183일 이하인 비거주자의 경우)

-거주기간이 90일 이하인 자는 대만 내 급여소득의 20%를 원천징수.

-거주기간이 91-182일인 경우, 대만 내 급여소득의 20%를 원천징수,

말레이시아

2. 법인 소득세

o 법인소득세율은 거주자 여부에 상관없이 일괄적으로 28%의 세율 부과.

(석유 생산업체의 경우 38%)

o 과세대상 소득은 전액 소득발생 과정에서 소요된 비용을 공제함으로써 산출. 환경 보호/보존을 위해 설립된 기관에 대한 기부금도 소득공제. 반면, 손실이나 우발채무를 위한 특별 준비금/적립금과 장부상 감가상각에 대해서는 소득공제 불가.

3. 개인 소득세(단위: 링기트)

과세소득		세 율	
초 과	미 만	전단계 세액	세율(%)
RM 50,000	RM 70,000	RM 4,750	21
70,000	100,000	8,950	26
100,000	150,000	16,750	29
150,000		31,250	30

주의: 비거주자 개인에 대하여는 전체 과세 소득에 대하여 일괄적으로 30%의 세율을 적용.

일본

1. 법인세

국내 법인의 경우 전세계 소득(경상 소득, 청산 소득, 특정 펀드 소득)에 대하여 법인세의 적용 받음. 외국 법인의 경우에는 국내 원천소득에 대하여 법인세를 적용. 과세 대상소득의 범위는 대개 일본내 고정사업장 소재 여부 및 형태에 따라 결정.

	세 율(%)		
	1999/2000	1998	1996/97
납입자본금이 1억 엔을 초과하는 경우	30	34.5	37.5
자본금이 1억 엔을 초과하지 않는 법인	22	25	
-소득이 8백만 엔 이하인 경우	30	34.5	28
-소득이 8백만 엔을 초과하는 경우			37.5

2. 거주자세

o 현(縣)세와 지방세 형태로 부과되는데 현세로 5~6%, 지방세로 12.3~14.7% 부과.

o 그 외 지방정부는 법인에 대해 납입자본금 및 고용자수에 따라 기업당 5만~435만 엔의 세금을 부과

3. 개인소득세

o 비거주자는(1년 미만 거주 외국인) 일본에서 취업하여 받게 되는 소득의 경우 통상 공제 없이 20%를 납부

o 영주권 없는 거주자는 일본 내 소득에 대해서 또는 기타 원천에서 발생한 소득에 대해서 정규 세율 적용(단위:엔)

과세소득			
초 과	미 만	전단계 세액	세율(%)
0	3,300,000	–	10
3,300,000	9,000,000	330,000	20
9,000,000	18,000,000	1,470,000	30
18,000,000	30,000,000	4,170,000	40
30,000,000		8,970,000	50

4. 기업세: 현에서만 부과. 소득단계별로 연간소득에 6~13.2% 부과함.

5. 자본세: 지방정부는 토지, 건물 및 사업목적으로 사용되는 기계류에 대한 평가액의 1.4~2.1%의 세율로 고정자산세를 부과

6. 자본이득세: 법인의 자본이익에 있어 전액에 대해 세금 부과. 자본손실에 대해서는 전액 공제

베트남

1. 법인세

o 1999년 법인 표준세율 즉, 사업소득세(BIT)가 인상되었으나, 외국인 투자자의 경우에는 과거의 25% 세율을 그대로 적용.

o 수출 자유 지역, 산업 특구 및 하이테크 특별 단지에 입주한 기업의 경우 10% 또는 15%의 법인세율을 적용.

o 법인세 우대조치(외자법 및 동 세칙에 근거)

1) 우대분야Ⅰ(20% 세율 적용)

① 제품 수출비율 50% 이상 사업,

② 고용인원 500인 이상 사업,

③ 농림수산물 재배 가공사업,

④ 첨단기술 도입, 연구개발 투자,

⑤ 천연자원을 유효하게 활용하는 사업,

⑥ 국산화 비율이 높은 사업 등 6가지 요건 중 한 가지를 충족시키는 사업으로 동 세율은 조업 개시 후 10년간 적용되며 이익 발생 후의 1년간은 면세, 그 후 2년간은 50% 감면.

2) 우대분야Ⅱ (15% 세율 적용)

① 제품의 수출비율 80% 이상,

②철, 기초과학, 기계제조, 석유화학, 비료, 전자부품, 자동차 · 자전거부품,

③인프라건설 · 운영(교량, 도로, 상하수도, 전기, 항만 등),

④다년생 가공식물 재배,

⑤자연, 경제조건이 열악한 지역에의 투자,

⑥종료시에 베트남정부에 무상으로 이관된 투자,

⑦우대분야의 요건 중 2가지를 충족시키는 투자사업으로 조업 개시 후 12년간 적용, 이익발생 후 2년간은 면세, 그 후 3년간은 50% 감면

3) 우대분야Ⅲ(10% 세율 적용)

①자연, 경제조건이 열악한 지역의 인프라 건설

②산악지, 원격지에의 투자

③조림

④특히 장려되는 사업으로 그 세율은 투자 전기간 동안 적용됨.

이익발생 후 4년간은 면세, 그 후 4년간 0% 감면. 특히, 장려되는 사업, 조림, 산악 · 원격지에의 투자사업은 이익발생 후 8년간 면세.

2. 개인소득세

o 개인의 정기 및 비정기소득에 대해 부과되는 세금. 외국인과 내국인을 나누어 차등세율 적용.

o 외국인이 과세연도 중 베트남 내에 183일 이상 체류할 경우, 거주자로 간주하여 아래의 세율을 적용. 체류기간이 30일 이상 183일 미만인 경우, 비거주자로 간주하여 베트남 내에서 얻은 개인소득의 10%만을 외국인 개인소득세로 납부.

〈외국인 거주자의 경우〉

월별소득(Dong)			
초 과	미 만	전단계 세액	세율(%)
0	5,000,000	–	–
5,000,000	12,000,000	–	10
12,000,000	30,000,000	700,000	20
30,000,000	50,000,000	4,300,000	30
50,000,000	70,000,000	10,300,000	40
70,000,000	–	18,300,000	50

※ 비거주 외국인에 대한 세율은 일률적으로 10% 적용.

※ 기술이전에 다른 수수료 소득의 경우 건당 5%의 세율 적용. (2,000,000Dong 미만의 소득인 경우 0%)

o 과세소득에는 봉급(해외에서 받는 봉급 포함)과 주거지원비 등을 포함하는데 주거지원비는 실제 지불된 금액과 총소득의 15% 금액 중 작은 것을 선택할 수 있음.

싱가포르

1. 법인세

o 법인세의 세율은 26%로tj 일괄 부과.

o 주정부 또는 시정부에서는 과세하지 않음.

o 법인 이윤에 대한 과세시 임퓨테이션 제도를 채택.

o 1999년 과세연도의 경우 10% 세율 인하(내국 배당은 제외)

o 원천징수세율

수취자	배 당	이 자	사용료
거주 개인	0	0	0
거주 법인	0	0	0
	조세 조약 미 체결 시		
비거주 법인 및 개인	0	15	15

조세 조약 체결 시 당해 조약이 규정하는 세율을 준용함.

2. 개인소득세

1) 거주자인 경우(단위: S$, %)

과세소득			
초 과	미 만	전단계 세액	세율(%)
35,000	50,000	1,975	12
50,000	75,000	3,775	16
75,000	100,000	7,775	20
100,000	150,000	12,775	22
150,000	200,000	23,775	23
200,000	400,000	35,275	26
400,000	–	87,275	28

※ 거주 개인의 경우, 고정 할인액(S$500)의 혜택 적용

2) 비거주자인 경우

비거주자 개인의 경우 일반적으로 26%의 세율 적용. 단, 내국 고용 소득의 경우 일괄적으로 15% 또는 거주자의 소득세율 가운데 더 높은 과세액을 적용.

비거주자인 임원의 보수는 할인된 세율의 적용을 받지 않음.

인 도

1. 개 요

o 인도의 조세제도는 대부분의 개도국과 마찬가지로 간접세(특히 관세와 물품세)의 비중이 높으며 농업소득을 소득세 부과대상에서 제외

o 직접세를 관장하는 곳은 재무부 수입부(Department of Revenue)의 직접세중앙위원회(Central Board of Direct Taxes: CBDT)임.

2. 법인세

o 법인 기본 세율은 내국기업은 35%, 외국기업(지사 포함)은 48%. 단 외국기업이라도 등록된 경우에는 내국기업으로 간주

o 세법상 내국기업은 인도 기업이거나, 회사를 통제 또는 경영하는 기업이 인도에 있는 경우를 지칭하며 여타 모든 기업은 외국기업으로 분류됨. 따라서 인도에 설립된 기업은 비록 외국기업

의 100% 자회사라 할지라도 내국기업으로 취급되며, 인도에서 영업 중인 외국기업의 지점이나 연락사무소는 외국기업으로 취급됨.

o 모든 기업은 150만 루피를 초과하는 비생산적 자산의 총 가치에 대해 1%의 재산세를 납부하여야 함. 동 자산에는 토지, 공장으로 사용되지 않는 건물, 영업용으로 사용되지 않는 상업적 재산, 고용주를 위한 사무소나 주거시설, 금 · 은 · 백금 등 보석, 자동차, 비행기, 요트 등이 포함됨.

o 1996/97년 예산에서 새로운 조세제도인 최소세 제도(Minimum Alternative Tax: MAT)를 도입. 이에 따라 저개발지역 투자 기업에 대해서는 5년간 법인세를 면제해 주고, 수출실적에 따른 법인세 공제 등 조세우대 대상기업의 폭을 확대.

o MAT는 소득세법의 각종 감면규정에 의하면 세금을 전혀 납부하지 않도록 되어 있는 기업을 대상으로 하는 것으로서 기업의 총 과세 대상소득이 장부상 이익의 30% 미만일 경우에는 장부상 이익의 30%에 대해 소득세를 부과하는 것임. 단 전력을 생산, 배분하는 기업, 사회 간접자본 시설과 관련한 기업과 부실기업은 MAT의 적용대상에서 제외됨.

o 수출가공지대 및 수출 위주업체(Export Oriented Units: EOU), 전력 등 인프라관련 기업들은 과세대상에서 제외. 관세부과율도 품목별로 현행 관세율보다 5~20% 포인트 인하

o 원천징수세율

1) 거주자

거주 법인의 경우 이자는 20%의 세율 적용.

전문용역 수수료는 5%. 기타 거주자의 경우 특정한 이자 형태에 대하여 10%의 세율을 적용하고 특정하지 않은 이자형태에 대하여는 20% 의 세율을 적용함.

2) 비거주자(단위: %)

이전의 형태	세 율(%)
특별세율	
역외 펀드에서 보유한 특정 외국환의 계좌로부터 발생한 배당 및 장기성 자본 이득, 정부 방침에 따라 내국 법인이 해외에서 발행한 채권 또는 주식(외국환표시로 인수)으로부터 발생한 이자 및 장기성 자본 이득	10
외국금융기관	
배당/이자	20
단기성 자본 이득	30
장기성 자본 이득	10
일반세율	
배당[1]	20
외국환 대부 및 채무에 대한 이자	20
사용료 및 기술용역 수수료[2]	30/20
장기성 자본 이득	20
기타 소득	48

1) 1997년 6월 1일부터 내국 법인으로부터 수취한 배당의 경우, 당해 주주는 세금 부담이 전혀 없음.
2) 정부의 승인을 받은 합의에 따라 20%의 경감세율 적용.

3. 개인소득세

o 세법상 인도 거주자 (Indian Resident)란 직전 회계연도에 182일 이상 인도에 거주하거나, 지난 4년 동안 인도에 365일 이상 거주한 사람으로서 직전 회계연도에 60일 이상(비거주자 인도인의 경우는 182일 이상) 거주한 사람을 지칭함.

o 준거주자란 현재 거주하거나 직전 10년 중 9년간 거주자가 아니었던 사람 또는 직전 7년 동안 국외 거주일수가 총 730일 이상인 사람을 지칭

o 과세대상소득

거 주 자: 통상적으로 전세계에서 획득한 소득을 대상으로 함

준거주자: 국외에서 획득한 소득에 대해서는 과세되지 않음.

단, 국내에서 운영하는 사업으로 인해 국외에서 소득을 획득한 경우, 소득을 최초로 수취한 곳이 국내이거나 소득이 국내에서 발생한 것으로 간주되는 경우는 예외

비거주자: 고용주가 인도 내에서 별도의 영업을 운영하고 있지 않은 해에 국내 거주일수가 90일 이내이거나 급여가 영업비용으로 계상되지 않는 경우, 소득발생지가 인도인 소득에 대해서는 납세의무가 있음

o 세율

–소득세 산정은 누진세율 적용.

–소득이 Rs 150,000인 경우 과세액은 Rs 19,000

–Rs 150,000를 초과하는 경우, 30%의 세율 적용

–장기성 자본 이득에 대하여는 20%의 세율 적용

태 국

1. 개 요

o 태국의 조세제도는 조세법(Revenue Code)에 규정되어 있으며, 소득의 성격에 따라 세 가지로 분류하고 있음.

–법인소득세: 일반 회사, 외국계 회사, 합자 회사 및 재단 등을 징수 대상으로 함.

–개인소득세: 모든 개인을 적용 대상으로 함.

–영업세: 태국 내의 모든 영업활동의 이익에 부과됨.

2. 법인세

o 상장기업: 순소득의 30%; 비상장기업: 순소득의 35%

o 과세대상액: 소득에서 통상경비 및 감가상각부분을 제한 순이익

o 누적적자 공제: 과거 5년 내 누적적자를 당기순이익에서 공제 가능

o 감가상각: 취득원가에서 균등액을 정액 상각. 고정설비(20년, 5%), 기계/기타(5년, 20%), 무형자산(10년, 10%)

o 법인 소득세의 신고서는 회사 결산 후 150일 이내에 제출할 필요가 있으나, 결산 종료 후 2개월 이내에 당해 연도 추정 순이익의 1/2을 과표로 먼저 세금을 납부하여야 함.

o 원천징수세율

수취자	배 당	이 자	사용료
거주 법인	0/10(1)	0/1(2)	0
거주 개인	10	15	(3)
비거주 법인 및 개인			
조세조약 미체결 시	10	15	15
조세조약 체결시 당해 조약에서 규정하는 세율을 적용			

3. 소득세

o 납세의무자는 태국에서 180일 이상 거주자로서 태국내 원천소득과 외국소득 모두에 소득세가 부과되며 5%부터 37%의 누진세율로 부과됨.

o 근로소득에 대한 기본 공제율은 6만 바트를 초과하지 않는 범위 내에서 40%로 규정되어 있으며 근로 소득이 아닌 경우 10~85% 범위 내에서 기본 공제.

o 공제대상과 소득세 공제액

- 납세자: 30,000바트
- 납세자의 배우자: 30,000바트
- 자녀(3인에 한함): 15,000바트
- 자녀 교육비: 2,000바트
- 납세자 혹은 배우자의 Provident Fund기금: 7,000바트 이하
- 주택마련자금: 7,000바트 이하

o 개인소득세율(단위: 바트, %)

과세소득			
초 과	미 만	전단계 세액	세율(%)
0	100,000	-	5
100,000	500,000	5,000	10
500,000	1,000,000	45,000	20
1,000,000	4,000,000	145,000	30
4,000,000	-	1,045,000	37

o 원천징수

- 태국 내 외국계 회사가 이윤을 자국으로 송금시 송금액의 20%를 세금으로 납부
- 대출이자, 로열티 등에 대해서는 25%가 원천 징수
- 모든 개인에 대해 매 급여시 개인소득세를, 개인소득세율에 따라 원천징수.
- 급여, 서비스료, 로열티, 이자, 주식배당 이외의 소득에 대한 세금은 10,000바트를 초과할 때마다 1.0%의 소득세액을 감면.
- 원천징수대상이 아닌 태국 거주자에 대한 개인의 이자 지급을 제외하고, 소득세 납부 의무가 있는 자에 대한 모든 이자 지급에 대해서는 원천징수.

4. 부가가치세

o 1992년 1월 1일 영업세 대신 도입

o 연매출액 600,000바트 이하 면세, 600,000바트 이상에서 1200만 바트 이하인 자의 경우는

10%의 정상 부가세를 내거나 1.5%의 세금을 내는 방법 중에서 선택 가능.

o 모든 거래에 적용이 됨. 즉, 매출부가세-매입부가세=부가세. 매월말 마감하여 익월 15일까지 신고토록 함.

o 납세의무자는 생산자, 도매상, 소매상, 수출입상임.

o 부가세 면세의 규정

- 연간 매출 600,000바트 이하
- 농산물, 가금류 수입 및 판매, 비료, 먹이 등 원료 매입
- 출판 재료 및 출판물 수입 또는 판매
- 회계, 법률 서비스, 의료 등 전문 직종
- 문화, 종교 서비스
- 교육
- 인력공급서비스(인력회사)
- 왕실포고에 의한 특화 상품.
- 수입면세상품. 국내외 교통(항공 및 선박 제외)

o 부가세 영세율

- 수출
- 외국인 국적으로 태국 내 서비스 제공
- 국내 · 외 법조인의 국제 항공, 해상 운임
- 해외 원조나 차관조건으로 국내에 반입, 판매, 서비스되는 상품.
- UN, 대사관, 영사관 등의 유관기관에서 제공되는 서비스, 상품.
- 보세 구역, 수출지역 등에서 거래되는 서비스, 상품.

5. 배당금세: 개인(15%), 법인(1%), 재단, 조합(10%)
6. 로열티세: 태국 내에서 수령된 로열티나 수수료는 일반소득으로 처리되나 해외로 송금된 로열티는 25% 원천과세됨.

인도네시아

1. 개 요

인도네시아 세법은 1984년 제정, 2차에 걸쳐 개정.

1995년 세제개혁을 통해 최고 소득세율 30%로 제한하고, 1984년 폐지한 조세감면기간을 제도입하여 신설기업에 대한 최대 10년간 소득세 면제

2. 법인세(단위:루피아)

과세소득			
초 과	미 만	전단계 세액	세율(%)
0	Rp.25,000,000	-	10
Rp 25,000,000	50,000,000	Rp. 2,500,000	15
50,000,000	-	6,250,000	30

ㅇ원천징수세율(단위: %)

배 당					
	포트폴리오	실질 지분	이자	사용료	지점 이윤
거주법인	0	0	15	15	해당사항 없음
거주개인	15	15	15	15	해당사항 없음
비거주 법인 및 개인					
조세조약이 체결되지 않은 경우	20	20	20	20	20/0(6)
조세 조약이 체결된 경우 당해 조약이 규정하고 있는 세율을 적용					

3. 개인 소득세

총과세소득			
초 과	미 만	전단계 세액	세율(%)
0	25,000,000	–	10
25,000,000	50,000,000	2,500,000	15
50,000,000	–	6,250,000	30

4. 부가가치세

o 국세의 일종으로 1985년부터 도입하여 무역, 제조를 포함한 모든 재화와 용역에 10%의 단일세율을 부과하고, 수출시에는 0%의 세율을 적용한 후 매입세액에서 환급해주는 영세율제도 시행.

o 모든 형태의 서비스 및 재화가 과세대상이나 보세구역 내 기업이나 신규투자자의 경우 관련기관에 신청을 통해 수출용 원자재 수입시 부가세 면제.

o 1997년 11월 경제규제 완화조치로 직물, 전자, 철강, 기계 등 18개 산업의 수출품에 대하여 부가세를 면제.

o 부가세 면제: 교육, 고용, 금융, 보건, 호텔시설, 국제항공, 비상업적 예술, 우편, 방송, 종교, 해상교통, 육상교통. 단, 유류 및 가스업자의 경우 개발기간 중 부가세를 연기할 수 있으나 생산개시 후 즉시 지급해야 함.

o 부가세 환급: 매 회계년도 말 납세자는 환급 가능한 부가세를 계산하여 연간 납부세금보고서를 작성, 월세금납부서를 첨부하여 세무서에 제출하여 기납부한 부가세를 환급가능. 또한 환급부가세는 현금 또는 다음 회기에 납부할 소득세에서 공제가능.

5. 인지세: 계약서 문서, 공정증서, 부동산계약서 등의 액면금액의 일정금액을 세금으로 납부.

o 100만 루피 초과금액 명시 문서: 2,000루피

o 25만 루피–100만 루피 명시 문서: 1,000루피

o 25만 루피 미만 문서: 면제

6. 부동산세: 토지 및 건물에 대한 세금은 매년 부과되고 있으며, 세율은 과세표준액의 0.1% 이하

7. 사치세: 사치품에 대하여 10~35%의 사치세 부과

o 10% 부과품목: 물, 청량음료, 화장품, 라디오, 테이프

o 20% 부과품목: 고급가전제품, 소형승용차

o 25% 부과품목: 디젤엔진 유개차, 소형버스, 화물자동차

o 35% 부과품목: 술, 고급승용차

8. 특별소비세: 종가세방식으로 운영하고 과표가 실질 도매가격과는 상이하여 세무당국이 주기적으로 조사

o 담배 20-38%, 맥주 50%, 와인 및 독주 70%, 석유 10%, 설탕 4%

필리핀

1. 법인 소득세

o 납세의무자 및 과세연도

법인은 내국법인과 외국법인으로 대별되며 내국법인은 필리핀 법률에 의해 설립, 존재하는 법인을 말하며 외국법인은 외국법률에 의해 설립, 존재하는 법인을 말한다(설립 준거법 주의). 외국법인이 필리핀에서 사업을 영위하는 경우 필리핀 거주자로 간주. 신고납세제도에 의거하여 납세의무가 있는 법인은 연간 법인세를 추정하여 매 분기 종료일로부터 60일 이내에 예정 신고 · 납부를 하여야 하고 역년기준 과세기간을 취하고 있는 법인의 경우에는 과세기간 종료 후 익년 4월 15일까지 그리고 별도의 과세기간을 취하고 있는 법인의 경우에는 당해 과세기간 종료 후 4개월째의 15일까지 확정 신고. 각 법인별 납세의무 범위는 다음과 같음.

1) 내국법인: 전세계 소득으로부터 발생한 과세 순소득

2) 외국법인: 외국법인은 거주 여부에 따라 거주 외국법인과 비거주 외국법인으로 구분.

① 거주외국법인: 필리핀 내에서 발생한 과세 순소득

② 비거주외국법인: 필리핀 내에서 사업을 영위하는 법인인 경우 필리핀 내의 모든 원천으로부터 발생된 과세 순소득이 필리핀 내에서 사업을 영위하지 않는 법인인 경우에는 필리핀 내의 모든 원천으로부터 발생된 총수입금액이 납세 범위에 해당.

o 과세표준 및 세율

1) 내국법인 및 현지 법인: 국내외 모든 원천 과세소득에 대해 35% 정액과세

2) 외국법인:

i) 거주외국법인: 필리핀 내의 모든 원천으로부터 발생한 순소득에 대해 35% 과세 하나 아래와 같은 법인들은 별도세율 적용.

① 국제운송업자: 필리핀에서 발생하는 총운수소득의 2.5%

② 외국상호생명보험회사: 필리핀 내의 원천에서 발생하는 총투자소득의 10% 과세

③ 역외금융기관(Offshore Banking Units): 거주자에 대한 외화 대부이자는 10% 과세. 그러나, 다른 역외은행업 또는 거주상업은행과의 외화거래에서 생기는 이자는 면세

ii) 비거주외국법인

① 필리핀 내에서의 이자, 배당금, 임대료, 사용료, 급여, 보험료(재보험료 제외), 연금, 보상금 등의 원천으로부터 생긴 소득에 대해 35% 과세

② 과세대상 내국 기업으로부터 수령한 배당액은 15% 과세(단, 비거주 외국기업의 거주지국에서 정상세율인 35%와 배당시 징수당한 15%의 세율차이인 20%만큼의 세액공제를 허용할 경우만 해당됨)

2. 개인 소득세

o 납세 의무자 및 과세연도

필리핀의 개인 소득세는 거주와 시민권에 기초를 두고 있으며, 부부 모두 소득이 있는 기혼자는 합산 신고 혹은 개별 신고를 선택 가능. 사업소득 등이 있는 자는 매 분기 소득에 대하여 매 분기 종료일로부터 2개월째의 15일까지 예정 신고 · 납부.

o 과세표준 및 세율(단위:페소)

과세소득			
초 과	미 만	전단계 세액	세율(%)
0	10,000	–	5
10,000	30,000	500	10
30,000	70,000	2,500	15
70,000	140,000	8,500	20
140,000	250,000	22,500	25
250,000	500,000	50,000	30
5000,000	–	125,000	33

러시아

1. 법인 소득세

o 과세소득의 단위

외국인이 지분을 소유하고 있는지의 여부에 관계없이 러시아 내에서 법인격을 가진 자, 러시아 및 외국회사, 이중과세방지협정에 의하여 보호되지 않는 활동을 하고 있는 대표사무소 등은 러시아 내에서 자본이득을 포함한 소득에 대해서 과세.

① 러시아 내국법에 의해 설립된 법인은 전세계소득에 대하여 과세

② 외국법인은 러시아 국내원천소득에 한하여 과세

o 세 율

연방세13%와 지방세 22%(은행 및 보험회사에 대해서는 30%)를 합쳐 모스크바 내에서는 최고 세율 35%.

o 원천징수세율

- 러시아 내의 원천으로부터 외국의 법적 실체가 수취한 소득은 원천징수 대상이 되나, 그러한 용역이 전적으로 역외에서 이루어진 것이어야 하며 이러한 사실을 문서로써 명확히 남겨야 함.
- 러시아 법인의 주식으로부터 발생한 배당, 이자 및 소득에 대하여 국내 원천징수세율 15%를 적용.
- 외국의 법적 실체가 사용료, 저작권료, 임대료 등과 같은 지적 자산 및 기타 러시아 내의 원천으로부터 발생한 기타 소득을 취득한 경우 20%의 세율 적용.

2. 개인 소득세

o 납세 의무자

러시아 내 거주자 및 비거주자인 개인은 개인소득세의 납세의무를 진다.

1년에 183일 미만의 기간 동안 러시아내에 실질적으로 거주하지 아니하면 러시아 거주자가 아닌 것으로 간주. 이 경우 비거주자는 러시아 내에 원천이 있는 소득에 대하여만 과세(단위: 루블).

연간소득		전단계 세액	세율(%)
초 과	미 만		
–	30,000	12 %	
30,001	60,000	2,700	30,000초과분의 15%
60,001	90,000	6,300	60,000초과분의 20%
90,001	150,000	11,400	90,000초과분의 25%
150,001	300,000	24,600	150,000초과분의 35%
300,001	–	72,600	300,000초과분의 45%

중 국

1. 법인세

o 과세대상

외국인 투자 기업 및 외국 기업과 관련한 주요 조세는 1991년 7월 1일자로 발효된 외국인 투자 기업 및 외국 기업에 대한 중국의 소득세법에서 규정. 동 소득세법에 따르면 중국 내에 고정사업장을 가지고 있는 외국 기업 및 외국인 투자 기업의 경우 30%의 세율(가산세 3% 추가)을 적용. 중국 내에 고정사업장을 두고 있지 않으나 소득의 원천이 중국에 있는 경우 원천징수세율 20%의 적용대상.

o 원천징수 세율

외국인 투자기업이 외국 투자가들에게 배당으로 해외로 송금하는 사업 이윤에 대해서는 원천징수하지 않음.

o 조세조약을 체결하지 아니한 국가의 거주 법인

중국 내에 고정사업장을 두고 있지 아니한 외국 기업은 배당, 이자, 자산 임대, 사용료 및 기타 중국 원천의 비사업소득으로부터 발생한 총소득에 대하여 원천징수세율 20%를 적용. 다만, 다음과 같은 경우는 예외.

1) 승인을 득한 경우 이자소득에 대한 원천징수 면제 가능

2) 독점적 기술 이용 수수료에 대한 원천징수는 경우에 따라 10% 또는 완전 세금감면의 혜택

3) 원천징수의 일시적 면제는 중국 B 및 H 주식으로부터 발생한 배당/이득에 적용

2. 개인 소득세

기업(법인)세와는 달리 개인 소득세의 경우 중국 시민과 외국인 모두에게 적용. 고용소득은 5%에서 최고 45%까지 누진세율을 차등적용. 투자소득은 20%로 균일한 세율을 적용(단위: 위안화).

3. 부가가치세(VAT)

VAT는 유형 재화 및 특정 용역의 공급에 따라 부과되는 것이다. 표준 세율은 17%이다. 다만, 농산물, 수자원, 가스 및 중앙 난방과 관련한 경우는 좀 더 낮은 13%의 세율을 적용.

4. 사업세(Business Tax)

사업세는 VAT에 해당되지 않는 용역, 부동산 이전 및 중국내의 무형 자산의 이전을 포함한 사업활동에 따라 부과되는 지방세를 지칭. 세율은 최저 3%에서 최고8%까지 적용. 연예사업인 경우 세율은 최고 20%.

5. 소비세(Consumption Tax)

VAT 외에 추가로 부과되는 소비세는 담배 및 주류를 포함하여 특정 호화사치 제품의 제조업자 및 수입업자에 대하여 부과되는 조세.

6. 외국기업의 소득세(Foreign Enterprise Income Tax)

외국기업의 소득세는 중화인민공화국 내의 외국인 투자 및 외국계 기업에 대한 소득세를 의미. 동 조세는 중국 내에 거주하는 기업들을 대상으로 전세계 소득에 대하여 30%의 균일한 세율을 적용. 따라서 실효세율은 지방세 3%가 추가되어 33%가 되나, 대부분의 지방정부에서는 지방세를 적용하지 않음.

생산적인 벤처사업에 종사하거나 또는 경제특구에서 사업을 영위하는 납세자를 대상으로 다양한 유인책 마련. 외국인 투자의 80%가 해안지역에 집중되어 있으며 이러한 지역에서 적용되는 표준세율은 15% 또는 24% 수준이다. 또한 그러한 외국인 투자의 경우 세금감면의 혜택을 받을 수도 있음.

비거주자의 경우 중국이 원천지국이 되는 소득에 대해서만 중국에서 과세. 투자소득은 20%의 원천징수 세율을 적용. 조세 조약을 통해 더 낮은 세율의 혜택을 받을 수 있음.

7. 농업세

농업소득은 관련조세인 농업세에 따라 별도로 과세. 조세 부과는 특정 형태의 토지에 대한 연 평균 수확량에 근거. 일반적으로 세율은 13%에서 최고 19%까지 지역마다 차이를 보이고 있으며, 평균 세율은 15% 수준.

8. 인지세(Stamp Duty)

인지세는 '특정 문서'를 생산하는 개인 및 실체에 대하여 부과하는 조세이다. '문서'의 종류는 13개의 범주로 나뉨. 이 가운데 12개는 당해 거래의 가치에 따라 0.003%에서 최고 0.05%의 세율이 적용. '특정 문서'라 함은 구매 및 판매, 프로세스 작업에 대한 착수, 건설공사 계약, 자산 임대, 재화운송, 보관 및 보호, 자금 대부, 자산 및 기술에 대한 보험, 양도, 회계 장부, 권리 및 라이선스와 관련한 등록증서, 기타 재정부가 과세대상으로 정한 문서를 지칭.

홍콩

1. 법인세

홍콩에서 발생한 이윤에 대하여 홍콩에서 무역, 직업 또는 사업을 영위하는 모든 법인은 법인세(16%)를 납부하여야 함.

* 원천징수

배당, 이자 또는 사용료에 대한 원천징수는 없다. 하지만 비거주자가 수취한 사용료에 대하여는 1.6% 또는 16%로서 원천징수와 유사한 성격의 조세를 부과.

2. 소득세 (통화 단위: 홍콩 달러)

연간소득			
초 과	미 만	전단계 세액	세율(%)
	35,000	-	2
HK$ 35,000	70,000	700	7
HK$ 70,000	105,000	3,150	12
HK$ 105,000	-	7,350	17

※ 비용 공제하고 기타 수당 공제는 제외한 전체 과세소득에 대한 표준 세율(15%)이 최대 세액임.

자료: 인터넷 자료 발췌.

Ⅵ. 투자 구조

해외 부동산 투자구조를 결정하기 위해서는 우선 고려하여야 할 요소들이 많이 있다.

우선 현지 투자국가의 부동산을 직접 취득할 것인가 또는 현지 투자국가의 법인의 주식을 취득하여 부동산을 소유하는 투자 구조를 이용할 것인가에 대한 판단이 선행되어야 한다.

또한 해당국가의 투자가가 일회성 투자자인가 아니면 장기적으로 재투자 등의 방법으로 동 투자국가의 투자를 지속할 것인가에 대한 문제도 투자구조를 결정하는 데 중요한 변수가 된다. 일회성의 경우 직접투자방식이 세제면에서 유리하고, 재투자 등을 고려할 경우 해외 지주회사 설립을 통한 투자구조가 보다 적절할 수가 있다.

즉, 해외 투자 구조를 결정하기 위해서는 1단계로 현지 투자 국가의 부동산을 취득하는 구조를 선택하여야 하고(자산투자 vs 주식투자), 2단계로 국내에서 투자할 때의 투자 구조를 결정하여야 한다(직접투자 구조 vs 지주회사 투자구조).

이번 투자구조 설정전략에서는 자산투자방식, 주식투자 방식에 대해서, 그리고 직접투자구조, 해외지주회사를 이용한 투자구조에 대해서 알아본다. 실제로 홍콩과 싱가포르에 지주회사를 설립하는 경우를 비교 검토하여 보자.

■ 자산투자와 주식투자 방식

(1) 자산투자방식은 현지 국가의 부동산을 직접 취득하는 것으로 가장 단순한 투자방식이다. 조세조약 및 원천지국의 투자세법 등에 의해 투자 부동산이 고정사업장으로 간주되지 않는 경우에 투자 부동산으로부터 발생하는 수익은 국내 세법의 적용을 받게 되고 원천지국의 법인세 등의 적용을 받지 않게 된다.

그러나 상당수의 국가는 상기 문제를 해결하기 위해 투자 부동산을 고정사업장으로 간주하고 원천지국에서 법인세를 납부하도록 하고 있다.[16] 그러나 국내 법인세법상 이러한 납부세액은 외국납부세액공제제도를 통해 공제받을 수 있다.

(2) 주식투자방식은 한국에서 부동산을 구입하되, 투자대상 부동산을 소유하고 있는 현지 투자국 법인의 주식을 취득하거나 또는 현지 투자국에 새로운 법인을 설립하여 신규 법인이 투자 대상 부동산을 취득하고 국내의 개인 또는 법인이 현지 신규 법인의 주식을 취득하는 구조로 매입하는 방법이다.

법인의 주식을 취득하는 경우 외형적으로 부동산 등기 및 취득 비용 등을 절감할 수 있으나(내부적으로 취득원가에 기계상) 현지의 투자 부동산을 보유하고 있는 기존의 법인을 인수하는 경우에는 우발적 채무 등 법적 · 재무적 위험 등에 노출될 우려가 있다.

(3) 해외 부동산 투자시 자산투자 방식을 선택할 것인가? 주식 투자방식을 선택할 것인가의 여부는 투자국의 해외 부동산 투자제한사항, 세법, 조세 협약 및 고정사업장의 판단 유무, 국내 법인의 형태(유동화 전문회사 등 법인세를 납부하지 않는 구조일 경우), 국내 법인세법상 외국납부세액공제, 해외 지주회사를 이용한 투자구조 등 많은 변수가 있어 이를 충분히 고려한 후 투자 구조를 결정하여야 한다.

■ 직접투자와 우회투자 방식

(1) 직접투자방식은 당해 투자 대상 부동산을 전술한 방법을 이용하여 취득하

16) 그러나 대다수의 사회주의 국가나 동남아 국가들은 원천적으로 비거주나 외국법인에게 소유권이 아닌 사용권을 허가하고 자국민과 합작 투자 등을 통한 경우에도 지분이 50%를 초과하지 못하도록 규제하고 있다. 캄보디아, 태국 등은 본국사람의 출자지분을 51% 이상을 요구하고 필리핀은 본국사람의 출자지분을 60% 이상만 허용하고 있다. 이 경우에 현지인의 지분포기각서 등을 받거나 우호적인 제3자를 공동투자자로 만들어 부동산을 취득하고 있으나 보다 면밀한 구조설계를 위해서는 별도의 자문을 필요로 한다.

그림 4-2 자산 투자와 주식투자 구조

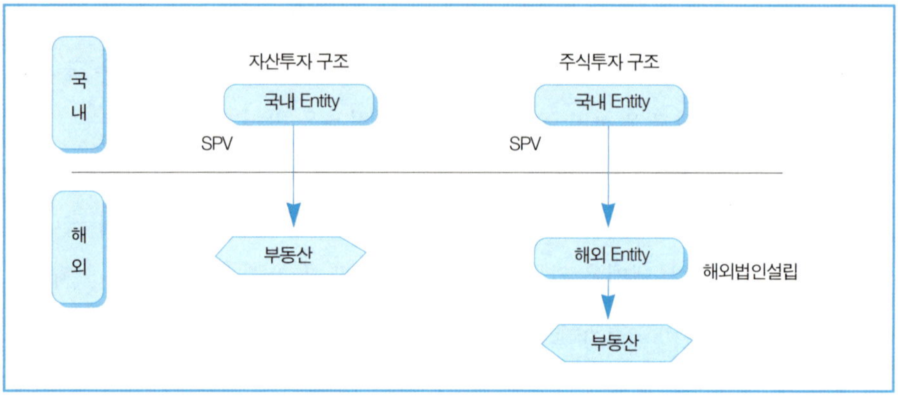

는 경우와 투자 권역별로 체결된 조세동맹 등 특정지역 국가들 사이에 체결된 투자지원제도를 활용하여 제3국에 지주회사를 설립하여 우회투자 하는 방식이 있다.

(2) 일반적으로 직접투자방식이 우회투자 방식보다는 세제 및 기타 측면에서 유리하다. 실제로 우회투자방식을 택할 경우에는 지주회사 설립비용 및 관리비용(paper company라 하더라도 회계감사수수료, 세무조정수수료 발생) 등 영업비용이 추가로 발생한다는 점에서 직접투자보다는 불리하다. 위 예시 〈표 4-3〉에서 보듯이 베트남에 직접 투자하는 경우와 싱가포르에 지주회사를 두는 경우를 비교해 보면 직접투자를 하는 편이 현금흐름 측면에서 유리한 것을 알 수 있다.

(3) 그러나 해외에 지주회사를 두는 이유는 단발성 투자가 아닌 장기 · 지속적인 투자일 경우에 국내 송금을 하지 않고, 현지 재투자를 할 경우 국내 법인세를 내지 않아도 되는 세무상의 이득 외에도 다음과 같은 이점이 있기 때문이다.

- 중국 투자는 홍콩(중국 이외의 과세협정조약 없음)에 지주회사를, 동남아 국가는 싱가포르(대부분의 동남아 국가와 과세협약)에 인도는 모리셔스 · 사이프러스 등에 지주회사를 두는 이유는 지주회사를 설립하는 곳의 영업환경이 투명하거나 외환시장의 자유화 등으로 인해 외국 투자기업들의 과실송금 및 이자, 배당 등에 대해여 비교적 자유로운 송금이 가능하거나, 법인설립절차가 간편하거나 정치경제적 환경으로 인해 사업철수 절차 또는 청산 등이 용이하거나 과세 산정방법이나 세

표 4-3 베트남 투자시, 싱가포르에 지주회사를 두는 경우와 두지 않는 경우 비교

국가	항 목	해외지주 회사	직접투자	비 고
베트남	수입금액	10,000	10,000	
	법인세율	28%	28%	
	법인세액	2,800	2,800	
	배당가능이익	7,200	7,200	
	배당원천징수	0%(주1)	10%(주2)	(주1) 아세안국가, 과세협약(베트남, 싱가포르) (주2) 한국 · 베트남 과세협약: 배당소득에 10% 과세
싱가포르	수입금액	7,200		(1)싱가포르는 현지운영소득 없을 경우: 법인세 영세율 적용(법인세율: 18%) (2)싱가포르 · 베트남 협약: 배당소득비과세
	법인세	0		
	배당원천징수	0		
한 국	수입금액	7,200	6,480 =7200×0.9	
	법인세율	25%	25%	
	법인세	1,800	1,620	
	외국납부세액 공제	0 (싱가포르)	1,620 (베트남)	해외 법인세 납부세액(2,800)이 국내 법인세법 기준 법인세(1,620)보다 많아서 국내 납부 법인세액은 0이 됨
	최종 현금 유입액	5,400 =7200-1800	6,480	

자료: 이진영 '부동산 세제와 투자자전략' 참고

율 등에 혜택이 있는 경우가 많기 때문이다.

- 상기와 같은 맥락에서 중국에 투자시 홍콩에 지주회사를 두는 경우의 이점을 다음과 같이 정리할 수 있다.
  - 중국 투자의 경우. 투자 원본회수가 이론적으로 용이하나 실무적으로 어려워서 홍콩 지주회사 이용.
  - 중국은 타 국가로의 투자이익 회수시 제한사항을 두나, 홍콩지주회사의 경우에는 제한이 없는 점, 홍콩은 외환거래가 자유로워 송금 및 투자이익 회수

가 용이한 점

- 홍콩지주회사가 중국법인의 주식을 제3자에게 양도하는 경우에는 홍콩에 과세권이 있으나 자본이득에 대해서는 과세하지 아니한다(단, 중국법인의 자산 중 부동산이 자산의 대부분을 차지하는 경우에 중국법인의 주식양도로 발생하는 소득에는 중국에서 과세가능하나 홍콩에서는 이 세금을 외국납부세액으로 공제가능).
- 사업 철수하는 경우: 철수하는 경우 부동산 직접 매각보다 지분을 매각하는 것이 보다 용이한 점, 중국에서 법인청산 절차 보다 홍콩에서 지분매각 후 청산이 보다 용이한 점.

〈그림 4-3〉은 상기 사항을 감안한 일반적인 법인 설립구조의 예시이다.

Ⅶ. 관리 전략

자산관리는 국내에서 「자산유동화에 관한 법률」 또는 「부동산투자회사법」 등에서 정하고 있는 자산관리 개념과는 달리 실제 현지에서 부동산 관리를 행하는 것을 의미한다.

즉, 임대(수익)용 부동산의 관리 · 운영, 마케팅, 일상 재무적인 업무를 포괄하는 부동산서비스를 말한다. 따라서 이러한 서비스를 전문으로 하는 업체를 PM업

그림 4-3 일반적인 해외 법인 설립 구조

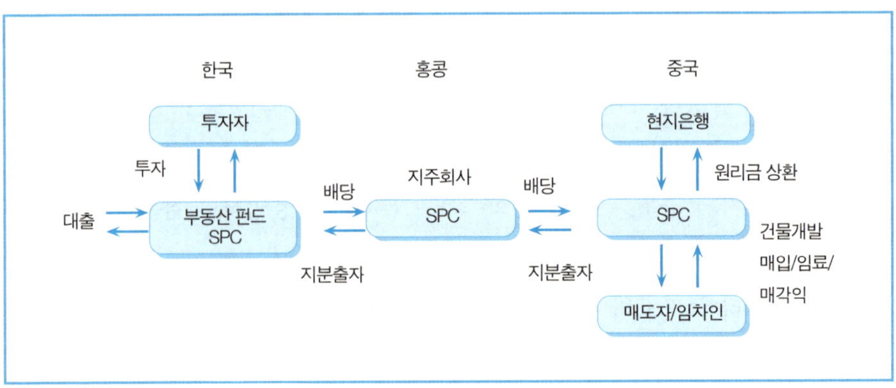

체라고 한다. 대부분의 다국적 부동산회사는 이러한 서비스를 제공하고 있으며, 시설관리 전문 업체로는 UGL, Jonshon Control 등이 있다.

해외 부동산을 관리하는 방법은 다음과 같이 분류할 수 있을 것이다.

■ 자주관리

대규모 부동산 단지이거나 규모의 경제에 미달하는 경우에는 개발업자가 직접 관리하는 방식으로 의사결정이 빠른 강점이 있으나 전문 노하우의 부족, 규모의 경제 미달시 비효율적적인 비용 부담 등의 문제가 발생한다.

■ 위탁관리

외부 전문 기관에 맡기는 경우이나 비용부담 및 대리인 문제(Agency Problem)[17]가 발생할 여지가 높다.

외부 위탁회사는 부동산이 매각될 경우 영업기회를 잃기 때문에 적정 매각 시기를 놓치거나 위탁회사의 이익과 수탁회사인 전문용역업체의 이익이 상충할 경우에 부동산 용역회사가 위탁회사의 이익보다는 자신의 이익을 위해 회사 자원을 오용하는 사례가 발생하는 경우가 있다.

■ 병합관리

자주관리와 위탁관리의 병합을 통해 상기 단점을 보완하는 방식이나 책임소재의 불분명, 의사결정과정 및 집행의 신속성 결여 등의 문제가 발생한다.

이러한 전문 자산관리의 필요성은 다음과 같은 관점에서 판단되어야 한다.

자산관리의 궁극의 목적은 대개 다음과 같은 3가지 목적을 달성하기 위함이다.

■ 임대수입의 극대화

자산관리의 가장 중요한 목적은 최적의 부동산 관리를 통하여 임대수입의 극

17) 1976년 젠센과 맥클링에 의해 제기된 이론으로서, 한 개인 또는 집단이 자신의 이해에 직결되는 일련의 의사 결정 과정을 타인에게 위임(예: 전문 경영인과 주주관계)할 때 대리인 관계가 성립된다. 즉, 주인과 대리인 간에는 정보의 불균형, 감시의 불완전성 등으로 역선택, 도덕적인 위험이 존재하게 된다.

대화를 얻고자 하는 데 있을 것이다.

이를 위해서는 최적 임차인구성(tenant mix)과 효율적인 지원관리를 통해 공실을 최소화하고 임대료 분석, 쾌적시설의 부가, 현장관리, 적정한 임대계약 등 당해 부동산이 산출할 수 있는 최고의 임대수입을 실현하는 데 건물관리의 목적이 있다. 특히 대손이 발생할 경우의 처리방안, 임차인 또는 주변인 들의 분쟁이나 민원에 대한 정리, 정부 관공서 등과의 이해관계 해결 및 임대 관련 부동산회계 업무에 대한 전문적인 서비스 등을 통해 임대수입을 극대화한다.

■ 비용 극소화

건물관리는 운영비용을 최소화하여 최대의 효과를 유지하는 데 그 목적이 있다. 실제로 연간 비용편성을 하여 불필요한 비용이 발생할 여지를 없애고 구매계약의 집중화를 통해서 각종 비품이나 비용 등에 대해서도 비용을 최소화하고, 전기·수도료 등의 에너지 절약을 통해 비용절감을 실현한다. 나아가서 건물의 유지관리 비용을 최소화하기 위하여 선제적인 유지 보수관리 운영계획을 수립하여 실행한다.

또한 화재보험이나 안전시설 등에 대한 일상점검 등을 통해 건물의 가치 보존 등에 대해서도 노력을 기울인다.

■ 가치의 극대화

건물관리의 궁극의 목적은 임대수입의 극대화, 운영경비의 최소화를 통해 순운영수입(NOI)를 높여 건물가치를 극대화하고자 하는 데 그 목적이 있다.

이를 위해서 양질의 임차인 구성, 장기 임차인 구성, 고품격 건물명, 주변 교통환경 또는 주위 환경에 대한 개선 등을 통해 이를 실현한다.

이를 위해서 전문적인 부동산 서비스 회사 선택과 인력의 고용은 중요한 관건이다. 미국은 NAR산하에 부동산관리사협회(IREM: Institute of Real Estate Management)에서 인증된 관리회사에 대해서는 인증부동산관리회사(AMO: Accredited Managemtn Organization)란 자격을, 개인에게는 상업용 부동산은 상업용부동산관리사(CPM:

Certified property manager)자격을, 주거용 부동산에는 주거용부동산관리사(ARM: Accredited residential manager) 자격을 부여한다.

그리고 부동산의 시설관리는 IFMA(institute of Facility Management Association)협회에서 인증부동산시설관리사(CFM: Certified facility management) 자격을 주고 있다.

일본은 상업용 부동산의 경우는 관련 협회가 주관하는 '임대부동산경영관리사'가 주택은 2001년에 도입된 「맨션관리적절화법」에 의거한 '맨션관리사'[18] 제도가 있다.

부동산 관리 업체와의 계약은 다음과 같은 형태로 정한다.

- flat amount: 定額制(단위면적당 계약)
- per door: 단위당 수수료(예: unit당 수수료)
- percentage of collected income: 전체 임대수입의 일정비율
- lease and re-rent fee: 신규 또는 갱신 임대차 중개수수료(별도 수입항목)
- special fee: tax assessment appeal, refinance preparation, supervision of contractors, legal fee, payroll surcharges, extra meetings, extra reporting, telephone/postage/copying charges(건별 추가비용)

Ⅷ. Exit 전략

부동산 투자는 최적의 부동산을 구입하는 것도 중요하지만 구입한 부동산을 최고 가격에 최소의 비용을 들여 파는 것이다. 여기에는 조세전략이 필수적으로 수반되지만 가장 중요한 것은 적정한 매각시점을 선택하여 거래를 성립시키는 것이다.

이러한 시점을 선택하는 것이 모든 부동산 투자에 가장 어려운 일임에는 분명하다. 그러나 부동산 경기변동은 어느 나라나 유사한 패턴을 보인다.

〈그림 4-4〉에서 보면 경기가 좋아서 시장가격이 공급가격보다 커지면 시장의 공급은 증가하고 금융시장은 대출을 증가하고 부동산 지분투자자가 꾸준히 부동

18) 국내 주택관리사와 유사한 제도임.

산 시장으로 유입된다.

어느 정도 시간이 지나면 이러한 공급과잉으로 시장가격이 하락하면 경기 침체가 시작된다. 그러나 기존 호황기에 착공된 자산의 공급은 계속된다. 시장침체로 잔고가 마감되면 더 이상 공급은 없어지게 된다.

시간이 지나 다시 경기가 회복되면 고용이 증가하고 이에 따라 임대수요가 증가하기 시작한다. 이러한 수요증가는 임대료상승으로 이어지나 실제 신규공급은 일어나지 못한다(시장가격〈공급가격).

임대료 상승 압력은 다시 부동산 시장에 자본이 유입되게 하고 시장가격〉공급가격으로 바뀌고 신규공급이 시작된다.

이제 다시 금융시장은 공급시장에 자금을 제공하고 부동산 공급이 확대되어 처음 시장가격〉공급가격 국면으로 순환하게 된다.

따라서 상기 패턴은 시장의 매매적기를 판단하는 데 중요한 도움이 될 것이다.

이제 이러한 매매 시기가 선정되면 어떠한 방법으로 팔 것인가를 결정하여야 한다.

매각 방법은 투자 부동산이 포트폴리오 형태로 구성되어 있을 때는 bulk sale 형태의 일괄매각과 개별로 매각하는 방법이 있을 수 있다. 매수자는 개인투자자

그림 4-4 부동산 경기 cycle

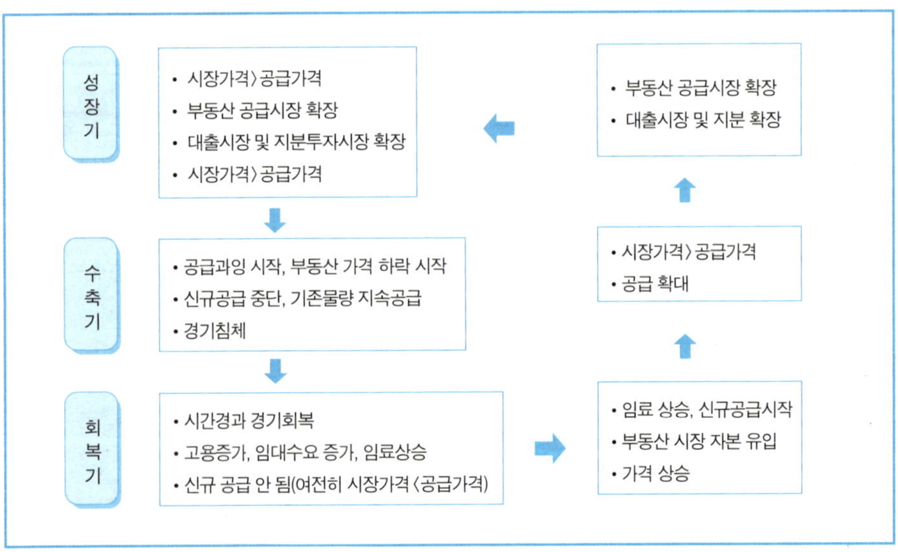

로부터 건설회사, 디벨로퍼, REIT, 펀드 등을 예상할 수 있으며 특별한 경우에는 후속 펀드를 조성하여 매각하는 방법도 있을 것이다.

〈표 4-4〉는 매각 방법과 주요 매각처의 종류를 예시한 표이다.

이러한 매각 방법별로 장단점 등은 〈표 4-5〉와 같이 정리할 수 있다.

나아가서 부동산 매각과 관련하여 상기 매각 방식 중 기술적으로 검토 가능한 방법은 다음과 같은 방법이 있다.

■ 일괄 매각

RTC(정리신탁공사)는 S&LA의 부실채권을 매도시에 매각 가능성이 높은 자산과 낮은 자산별로 tranche를 구성하여 일괄 매각을 시도하였다. 국내에서도 자산관리공사가 IMF 금융위기 때 발생한 부실한 자산을(매각 가능성이 낮은 재산을) 매각 가능성이 좋은 자산에 끼워파는 이 방법을 이용하여 부실자산을 성공적으로 매각하였다.

표 4-4 매각방법

분 류	매각방법	주요 매각처
일괄매각 (Bulk Sale)	입찰매각	사모펀드, REITs
	相對매각	사모펀드, REITs
	후속펀드에 매각	
	신규 REIT조성	펀드와 펀드, REIT M&A 등
개별매각	입찰매각	사모펀드, REITs, developer 등
	相對매각	사모펀드, REITs, developer, end-user,개인투자가 등
	후속펀드에 매각	

표 4-5 매각방법별 장단점 비교

매각방법	장 점	단 점
개별매각	개별 물건별로 최고조건 검토 가능	시간이 걸림
일괄매각	매각 시간 · 노력절약 매각가능성이 떨어지는 부동산도 매각 가능	개별 물건별로 최고조건을 얻기는 어려움
REIT조성	매각시기 · 조건 등이 어느 정도 관리가능	조성 · 재매입의 개연성이 불확실
후속펀드 조성	매각시기 · 조건 등이 어느 정도 관리가능	조성 · 재매입의 개연성이 불확실

■ 공동개발 후 매각

RTC(정리신탁공사)가 시도한 방법으로 일정규모 이상의 자산은 개발업자와 공동으로 개발하여 부가가치를 높인 후 매각하는 방식을 이용하였다. 이는 지주 공동개발의 형태로 개발업자에 상당히 호혜적인 금융조건을 제시하여 개발에 참여하게 하기도 한다.

■ 부동산 자산 매각과 주식 매각

이 거래는 부동산 자산거래가 아닌 주식 거래이므로 매수자는 대상부동산의 소유 회사의 주식을 매입하여 대상 부동산을 확보하게 된다.

즉, 자산 직접거래는 취 · 등록세 등의 부담과 중개비용이 소요되지만 자산매각은 주식거래가 되어 이러한 세금이 발생할 여지가 없이 자산거래와 동일한 자산의 배타적인 지배가 가능하다. 그러나 회사의 우발적 채무 등의 부담을 피하기 어렵다.

■ Put-back option실행 또는 ABS로 전환매각

대부분의 '매각 후 임대방식(sales & lease back)' 에 의한 거래시 매수자가 매도자에게 실행할 수 있는 옵션으로 put-back option을 가진다. 이는 투자종료 시점의 재판매가격(resale price)이 당초 매입가 또는 상호 약정한 금액보다 하락하면 매도자에게 다시 되팔 수 있는 선택권을 말한다. 시장상황에 따라서는 자산 임대료를 기초자산으로 하는 자산담보부증권(ABS)을 발행하여 자산 유동화형태로 지분 매각을 할 수도 있을 것이다.

■ REITs 또는 부동산 펀드에 일괄 매각

REITs[19] 제도를 이용하거나 부동산 투자펀드에 일괄 매각하는 방식의 거래도

19) 모자리츠 제도를 이용하여 매각을 촉진할 수도 있다. 즉, 연기금이 모(母)리츠를 만들고, 모리츠가 부동산 프로젝트별로 사업 규모에 적합한 자(子)리츠를 만들어 수익을 내는 구조다. 일반 리츠는 발행주식 총수의 30%를 외부에서 공모해야 하지만, 모자형 리츠는 공모 의무가 면제된다. 또 모리츠는 자리츠 발행주식 총수의 30%를 초과해 보유할 수 있고, 모리츠가 자리츠에 투자한 금액은 모두 부동산으로 간주된다. 아울러 리츠의 경우 총자산의 5%를 초과해 동일인이 발행한 증권에 투자할 수 없지만 모자형 리츠는 모리츠 총자산의 5%를 초과해 자리츠에 투자할 수 있다. 국민연금 등 연기금이 모리츠 발행주식의 50% 이상을 취득하면 그 모리츠에 대해서는 연기금과 마찬가지로 공모 의무 면제 등의 특례가 부여되는 등의 내용을 담은 「부동산투자회사법 시행령 개정령」이 2011년 12월 31일부터 국내에서 시행됐다.

가능할 것이다. 그러나 이 방식은 러시안 룰렛 게임 양상을 갖고 있어 최후에 자산을 떠안은 펀드에 모든 위험이 전가될 수도 있다.

Ⅸ. 주요국별 투자환경

다음 면의 〈표 4-6〉은 주요국의 투자환경을 정리한 표이다.

제3절 결 론

해외 부동산 투자전략은 투자 목적과 투자방법에 따라 달라져야 한다. 그러나 해외 부동산 투자는 장기에 걸쳐서 이루어지는 속성이 있어 다른 어떤 투자보다 시장위험에 장기간 노출된다.

따라서 해외 부동산 투자를 계획할 때 이러한 위험을 최소화하기 위한 위험관리방안이 먼저 강구되어야 한다. 이를 위해 먼저 취득위험, 관리운영 위험 등을 어떻게 관리 또는 상대방에게 전가할 수 있는지 그 방안에 대해 알아보았다.

이 외에도 자금조달 위험, 환위험 및 청산 후 투자자금의 송환위험을 관리하는 프로그램이 준비되어야 하고 이를 위한 방안을 항목별로 논의하였다.

실제 투자운영을 위한 투자회사 형태는 투자국의 세제 및 법률체계 등에 대한 면밀한 시장조사를 거쳐 최적의 설립방안이 모색되어야 한다.

대부분의 국가에서는 LP, LLC형태의 회사를 설립하지만 나라별로 실제 적용에는 차이가 있음을 알았다. 투자회사 설립과 병행하여 이 회사 자산 취득방법을 직접 취득하는 형태로 할 것인지 아니면 현지회사의 지분을 사는 형식으로 할 것인지에 대한 세법상의 연구, 또한 지주회사형태로 진출하는 것에 대한 장단점 분석 등 여러 가지 방안이 조세전략차원에서 검토되어야 함을 보았다.

특히 투자국의 해외 부동산 투자제한사항, 세법, 조세 협약 및 고정사업장의 판단 유무, 국내 법인의 형태(유동화 전문회사 등 법인세를 납부하지 않는 구조일 경우), 국내 「법인세법」상 외국납부세액공제 등이 주요 검토사항임을 보았다.

표 4-6 주요국의 투자환경

	소유 형태	LTV 등	주거용 임대차 기간	임료 지불주기	임대차 보증금	매매시 계약보증 금비율	중개 수수료	등기비용	매입시 조세	건물 VAT	재산세 또는 부유세	양도소득세
호 주	단독, 지분, 공유, 구분소유, 지상권 등	〈=80%	3~10	월별선지급	3개월분 월세	5~30%	양당사자 3%씩	1%등록세, 변호사비용	이전세 3.5%	N/A	0.01	〈=50%,1 경과 후엔 없음
캐나다	단독, 지분, 공유, 구분소유 임차권, 신탁 등	〈=75%	1	월별선지급	2개월분월세	10%	3~6%	Quebec 공증인기 타변호사	0.5~1.5%	7%	토지가에 비례	25%
프랑스	단독, 지분, 공유, 구분소유, 지상권 등	〈100% ,외국인 〈70	주거 Min. 3	월별/분기별 선지급	주거2개월/ 1분기	5~10%	5~10% 공증인	7%	Max.4.8% +0.1% 등기수수료	19.60%	수익가격의 일정비율+ 점유세(임차인), 720,000 € 이상 부유세	주거시 없음, 단 주거 16~33%
이태리	단독, 지분, 공유, 구분소유, 상속지상권 등	〈=75%	4년자동 재연장	월별선지급	1~3개월분	10~30%	2~5%	가격비례	3~10%	4~20%	0.4~0.7%	없음
스웨덴	단독, 지분, 공유, 구분소유, 지상권 등	〈=90%	9개월~ 10년	협의	협의	10%	3~5%	N/A	1.5~3%	25%	토지0~1%, 부유세 1.5% 〈=1.5Skr	개인 차익 2/3의 30% 법인 90%
영 국	단독, 지분, 공유, 구분소유, 임차권, 신탁 등	75~85%	1~3년/ 5년~ 999년	월별/분기별 선지급	3개월분월세	10%	2~3%	max.800£ 변호사비	4% 인지세 〈=150£	N/A (5~17.5 %재건축)	N/A	40%(내국인)

한편, 현지에서 부동산을 취득할 경우 자금 조달 방법, 현지금융을 이용할 경우의 레버리지 효과 및 환율관리 효과, 대출 금리 및 상환방법 등에 대한 전략 수립의 필요성에 대해서도 알아보았다.

또한 구입 후 투자 부동산의 가치를 극대화하기 위한 각종 관리방안을 실무적 차원에서 살펴보았다.

마지막으로 투자에서 가장 중요한 부문인 exit 전략을 여하히 수립할 것인가에 대해서도 알아보았다.

제 2 편 각론: 해외 부동산 투자론

제5장 해외 부동산 권리 취득

제6장 해외 부동산 투자 분석

제7장 외국환 거래

제8장 해외 부동산 평가

제9장 해외 부동산 중개

제10장 해외 부동산 금융

제11장 해외 부동산 개발

제12장 해외 부동산 관리

제13장 해외 부동산 시장조사

제14장 국내의 해외 부동산 관련제도

부록: 아시아 주요국의 투자 환경

Chapter 5
해외 부동산 권리 취득

해외 부동산 투자는 투자 의사 단계별로 전문적인 식견과 경험을 필요로 한다. 따라서 이를 위해서는 각 투자 의사 단계별로 정확한 정보 분석이 필요하고 이를 위한 분석도구에 대한 이해가 선행되어야 한다.

본장에서는 해외 부동산의 투자에 있어 처음으로 부딪히는 부동산 취득과 관련하여 부동산법제 및 이와 관련된 개념의 차이에 대해 검토해본다.

실제로 자본주의 사회에서 부동산을 구입한다는 의미는 부동산이란 물리적 객체(real estate)가 아닌 부동산 소유권(real property)를 확보하는 과정이다. 따라서 본장에서는 이러한 해외 부동산 소유권의 본질과 특성에 대해 알아보고 이와 관련하여 부동산 취득시 검토해야 할 사항 등에 대해서도 알아본다.

제1절 부동산의 성격

부동산이란 용어가 국내에 소개된 시점에 대해서는 다양한 의견이 있다. 그러나 일반적으로 우리나라에서 부동산이란 용어가 공식적으로 사용된 것은 일제가 식량자원 확보와 효율적인 관리통제 시스템을 구축하기 위해 1912년 3월 「조선부동산 조사령」, 「동 시행규칙」. 「부동산등기시행규칙」 등의 용어로 사용한 것을 효시로 보고 있다. 그전에는 토지 자산 또는 토지가옥 등으로 표현하였다. 일본도 이 용어는 전술한 바와 같이 메이지 유신 이후 사회 전반에 대한 제도를 영국을 기준으로 체계를 구축하였으나 부동산은 프랑스 민법을 기준으로 한 대륙법 체계를 택하였다. 그 이유는 메이지 유신으로 인해 도쿠가와 막부로부터 벗어나 경제적으로는 자본주의 토대가 성립하였고, 정치적으로는 입헌정치가 개시되어 개인의 권리가 신장된 점과 대외적으론 천황제적 절대주의를 표방했지만 실제로 천황은 명목상의 권리만 갖고 있던 당시 상황에 비추어 보면 토지에 대한 소유권을 천황에 맡기는 영국식 제도를 수용하기 어려웠을 것으로 추정된다.

부동산을 의미하는 real estate는 1666년부터 영국에서 사용되었다. 그 의미는 動産을 personal estate(property)라고 하고, 부동산은 부동산의 실체적 측면을 중시하여 real을 접두어로 둔 것이다.

그러나 estate는 중세 봉건제도의 영향을 받아 왕의 영지(real은 스페인어로 국왕을 의미하며 estate는 장원을 의미하는 manor의 근대영어)라는 물리적 경계의 의미를 담고 있기도 하다. 영미법체계하에서 estate란 용어는 범위, 경계, 기한 등의 의미로 사용된다.

실제로 부동산은 소유권 또는 이용권을 중심으로 거래가 된다고 할 때 부동산을 구입한다는 것은 결국 부동산의 사용 · 수익 · 처분권을 포함한 소유권을 구입한다고 볼 수 있다. 이러한 의미로 부동산을 지칭할 경우에는 real property란 용어를 사용한다.

부동산 소유권은 국가별로 다양한 역사적 연혁[1]을 갖고 있고 성격도 다양하다.

Ⅰ. 국내법

우리 민법 제98조에 의하면 유체물 및 전기 기타 관리할 수 있는 자연력을 물건이라 정의하고, 물건은 다시 부동산과 동산으로 나눈다.

동 제99조 제1항에 의하면 "부동산이라 함은 토지 및 그 정착물"을 말한다고 하고, 99조 2항에서는 "부동산 이외의 물건을 동산"이라 규정하고 있다.

1) 인도네시아에는 소유권(Hak Milik), 건축권(Kak Guna Bangunan), 사용권(Hak Pakai), 통제권(Hak Pengelolaan), 경작권(Kak Guna Usaha), 개발권(Right to Exploit: Hak Guna Usaha), 임대권(Right to Lease: Hak Sewa) 등 토지 기본법에는 11종류의 토지 권리가 있다.

민법상의 부동산 개념인 토지와 그 정착물에서 확장하여 토지와 그 정착물의 결합상태인 복합부동산[2]을 포괄하여 협의의 부동산이라 하고 여기에 공장재단(공장 및 광업재단 저당법), 광업재단(공장 및 광업재단 저당법), 선박(선박법 및 선박등기법상의 20톤 이상), 입목(입목에 관한 법률), 항공기 · 자동차 · 중기, 어업권(내수면어업법) 등을 의제(준)부동산이라 하고 여기에 협의의 부동산 개념을 더하여 광의의 부동산이라 부른다.

Ⅱ. 영미법

real estate는 전술한 바와 같이 물리적 · 공법적 개념의 물리적 토지와 개량물을 지칭하고 경제적 · 사법적 개념의 부동산 소유권은 real property, 동산 소유권은 personal property라고 한다. 나아가서 부착된 식기 세척기, 집기 등의 부착물은 fixture라고 한다. estate는 범위, 기한, 권리능력 등에 대한 제약을 수반하는 소유권을 말하며 fee estate는 fee가 세습이 가능하다는 의미를 가지고 있어 세습이 가능한

참고자료

외국인의 성씨체계

1) 영어권
- 14C 영국에서 잉글랜드계에게 성씨 인정. 스코틀랜드와 웨일스는 17C에 이르러 성씨 인정
- 이름은 직업(Archer 등), 개인성향(Long, White 등), 지리적위치(Lake, Bridge 등), 장소(Hamilton, London 등), 봉토권자 이름(Windsor 등)을 이용하여 명명

2) 스페인권
- 세례명+이름+부계+모계로 구성되어 있다

3) 아시아권:
- 성+이름 체계로 구성. 이 체계는 한국, 일본, 중국, 베트남 등 우랄알타이어족권에서 사용
- 헝가리, 루마니아도 이 체계 사용

4) 기 타
- 인도는 지역별로 체계가 다르고 미얀마 등은 종교적 색채를 따라 작명
- 아랍권은 (직위)+이름+Bin+아버지이름+(종족,직업, 지역 등)의 구성체계를 가짐.

2) 토지의 정착물 중 수직적 부가물인 건물은 improvement on land라 하고 수평적 부가물(도랑 등)은 improvement to land라고 한다.

부동산을 말한다. 유사 개념으로 life estate는 생존기간 동안 소유권을 인정하는 제도를 말한다.

제2절 부동산 권리의 유형

부동산의 권리는 소유권, 점유권, 제한물권 및 담보물권 등 다양한 형태의 권리가 존재하나 거래의 객체가 되는 부동산 소유권, 임차권 등을 중심으로 제반 권리의 속성과 태양에 대해 알아보자.

Ⅰ. 국내법

국내법상 소유권의 성격에 대해서 민법 211조에서 토지의 소유권의 구성은 사용. 수익. 처분의 권리[3]를 가진다고 하며 212조에서 공간적으로 권리가 미치는 범위에 대해서는 토지의 상하에 미친다고 규정하고 있다. 토지 소유권 중 사용 · 수익 · 처분권을 나누어 거래의 객체로 할 수 있으며 각각에 대해 제한물권을 설정할 수도 있다.

Ⅱ. 영미법

영미법은 부동산 권리에 대해 제한을 갖지 않는 자유 보유권[4]인가 아니면 기한 등의 제약을 받는 비자유 보유권인가로 나누어 판단한다.

자유 보유권도 상속이 가능한 경우와 가능하지 않은 경우로 나누고 임차권(비자유보유권)도 기한부임차권인가 아니면 무기한부임차권인가로 나눈다

3) 이러한 제반 권리의 묶음을 권리다발(bundle of rights)이라 부른다.

4) 자유 보유권도 점유권과 상속권 형태별로 다음과 같이 세분할 수 있다. freehold〉fee simple〉fee simple in absolute〉fee simple in absolute in possession

- Freehold Estate

  (1) 상속가능 (fee simple estate)

  (2) 상속 불가능(remainder interest 등)

- Non-freehold Estate

  (1) 기한부 임차

  (2) 무기한부 임차: 기한 만료 후 자동갱신

나아가서 부동산 소유권의 성격에 대해서는 ① possession, ② use, ③ enjoyment, ④ disposal에 관한 제 권리로 구성된다고 본다.

부동산 가격은 이러한 제반 권리를 획득하는 데 대한 대가이다.

그러나 이러한 소유권은 다음과 같은 공적 부담 또는 제한을 받는다는 구성은 우리법제와 비슷하다.

- 경찰권(police power): 공익목적을 달성하기 위해 소유권에 대한 공적 부담(공해방지법, 환경보호, 도시계획법 등의 제한)
- 수용권(eminent domain): 토지 등의 수용권의 객체
- 과세권(taxing power): 부동산세 등의 부담
- 귀속권(escheat): 무주부동산의 국가 귀속

참고자료

Gewere와 Possesio의 성격

Gewere: 게르만법상 점유(소유≒점유)는 현상적인데 비해
Possesio: 로마법상 점유(소유≠점유)는 관념적이다.
우리나라 형행 민법은 로마법 체계를 주로하되 게르만법 요소를 가미하고 있다.

현행 민법상 부동산 재산권
1) 물권(물권법정주의, 물적권리): 점유권, 소유권, 용익물권(지상, 지역, 전세권), 담보물권(저당, 가등기담보, 양도담보권)
2) 채권(제한없음, 인적권리): 부동산 임대차 등 단, 주택임대차상 임차권은 물권은 아니나 등기능력은 가지고 있음.

영미법제와 우리법제의 차이점 중의 하나가 Estate란 개념이다.

이는 점유를 수반하는 물권과 사용대차 등을 결합한 개념(지역권, 담보물권 등은 제외)으로 그 성격은 다음과 같다.

- Estate의 성격

(1) 부동산에 대한 점유 또는 점유가능한 권리(possessory or potentially possessory interest in real estate)를 말하며 地役權(easement)은 non-possessory interest in land=limited user privilege으로 부르고 저당권은 lien에 불과하다고 본다.

(2) 부동산 물권 내지는 부동산 재산권으로 본다.

- Estate의 유형

(1) 점유권의 유형에 따른 분류(Estate in Possession vs Estate not in Possession)

(2) 시점에 따른 분류[Present estate in land(현재권) vs Future estate in land(미래권)]

(3) 기한에 따른 분류(Freehold Estate vs Leasehold Estate)

(예) Life Estate [生涯權; estate(기간 · 범위)]와 reversion(복귀권), remainder(잔여권).

가. 무기한 ownership

기한에 따른 부담이 없는 무기한 부동산 소유권인 완전소유권(Fee Simple (=Fee Simple Absolute)은 권리의 분할 · 매매 · 임대 · 담보 등이 가능하다. 그러나 정부의 규제 또는 deed restriction(사용제한 계약)은 받는다.

나. 기한부 ownership

이는 생애권(Life Estate) 등 살아 있는 동안은 임대 · 저당 · 판매가 가능하나 소유자 사망시 권리가 소멸된다는 점에서 기한부 부동산 권리로 볼 수 있다.

이 외에도 기간적 개념을 갖고 있는 미래권(Future Estate)은 다음과 같이 2가지로 나눌 수 있다.

① Reversion(復歸權)

미래 일정 시점에 본인(혹은 상속인)에게 소유권 반환을 조건으로 양도, 단 권리를 행사할 수 있는 기간 동안 매매 및 저당가능

② Remainder(殘餘權)

생애권이 끝나고 그 권원을 승계한 사람의 권리로 복귀권은 제3자(이 사람에게

는 미래의 자산이 됨)에게 양도하거나 이를 저당하는 것도 가능하다.

예) 증여인(Grantor)이 그의 재산을 A의 사후에 B에게 귀속되도록 한 경우의 B의 부동산의 권리

다. 기한부 이용권(Leasehold Estates: 임차권)

소유권처럼 무기한 점유 · 이용 등이 가능한 권리가 아니고 약정기한 범위 내에서 이용권을 가지는 임차권을 말한다.

이는 기간별로 다음과 같이 분류할 수 있다.

① 장기 부동산 임차권(Estate for Years)

일반적으로 ground lease처럼 장기간 토지 등의 임차권을 행사할 수 있는 권리를 말하며 계약기간 동안 임차인이(보통 1년 이상) 독립적 · 배타적으로 부동산을 이용한다.

기간은 99년 이내로 하되 1년 이상은 서면으로 작성한다.

장기 임대일 경우 계약임대료가 시장임대료보다 낮으면 임차권은 가치를 가지며 계약에서 전대를 금지하지 않는 한 이 임차권은 거래 또는 담보권 설정대상이 될 수 있다.

② 연단위 부동산 임차권(Estate from Year to Year)

연단위별로 약정된 임차권을 말하며 계약의 성격에 따라 다음과 같은 세 가지 분류가 가능하다.

ⓐ 短期賃借權(Periodic Tenancy)

- 1년단위로 계약되며 통상 6개월의 사전 통보로 해약됨
- 별도의 통지가 없으면 자동계약 연장 가능
- 구두 계약도 가능

ⓑ 任意賃借權(Estate at Will)

- 기한의 약정이 없는 계약이나 일정한 조건(1달 전 통보)만으로도 해약가능

ⓒ 默許賃借權(Estate at Sufferance)

- 계약기간 이후, 혹은 저당권 실행 후에도 무단점유(묵시적 허용)

제3절 부동산 취득

부동산 거래 관행은 자본주의 발달 정도, 국가의 정체성, 등기부 제도 등의 비치 상황과 성립과정, 역사적 배경 등에 따라 다양한 형태를 가지고 있다.

영국처럼 국토가 국왕의 소유란 개념을 전제로 출발하는 경우와 중국처럼 사회주의 체제하에서는 토지 소유가 국가 소유라고 보는 시각에서 부동산을 관리하는 방법은 유사점도 있지만 국가의 정체성과 사유재산제도의 정착과정의 차이로 인해 많은 차이점을 가진다.

주별로 다양한 역사적 배경과 관행을 가지고 있는 미국은 거래 행위별로 부동산 권리이전 관계를 검토해야 한다. 일본처럼 잘 정비된 부동산 등기제도를 갖고 있어 거래와 관련된 보험제도나 이러한 권리 등에 대한 조사업무를 하는 업을 필요로 하지 않는 국가도 있다.

또 다양한 인종이 모여서 사는 국가의 경우에는 종족간에 거래방법이 다르고 이와 관련된 예측하기 어려운 거래위험이 발생하기도 한다. 또한 소유권이 아닌 임차권을 기준으로 거래가 되는 경우뿐만 아니라 부동산 유형별로 개발권, 저당권 등으로 다양한 분기 형태를 가지고 있거나 전술한 바와 같이 외국인이 거래 할 경우에 자국민과 공동으로 참여하도록 하거나 일정한 형태 및 일정한 지역에 대한 부동산 권리 취득을 원천적으로 제한하는 등 복잡하고 다양한 거래 형태를 가진다.

본절에서는 이 중에서도 미국 등에서 거래되는 부동산 거래 형태를 중심으로 취득과 관련된 사항을 살펴보기로 한다.

Ⅰ. 권리 취득

■ 권원

부동산을 보유할 수 있는 권리, 또는 그 권리가 발생한 원인, 또는 그것이 입증되는 수단이 될 수 있는 것을 말한다. 권리의 증거가 확정적 또는 그에 가깝게 유력한 것은 우량권원(good title), 약한 것은 불량권원(bad title)이라 한다.

이러한 권원에 영향을 주는 공적 기록문서의 시간 순서별 요약서를 권원요약서(Abstract of Title)[5]라 하고 이러한 권리에 하자 발생하여 불측의 손해를 입는 것을 방지하기 위하여 권원보험(Title insurance)[6]에 들기도 한다.

■ 권리증서

부동산 거래시 일반적인 거래 절차는 매매계약(purchase and sales agreement)을 체결하고 매수인이 escrow회사에 일정 약정금을 지불하고, 부동산 소유권에 대한 권원조사 및 대출여부 등을 종합 검토하여 거래를 종결하게 된다.

이 거래가 완성되면 우리법제하에서 부동산 거래시 등기권리증으로 볼 수 있는 권리증서(Deed)가 교환된다. 이는 부동산의 양도인이 양수인에게 권원을 양도하는 사실을 기록한 증서로 양도시 권리증서에 모든 제한물권(encumbrances)을 표시해야 한다.

■ 권리 양도 방법

부동산 권리의 양도 방법은 전술한 거래에 의한 권리증서 교부 외에도 유언, 법원의 판결, 정부의 불하, 점유취득(adverse possession)[7] 등 우리와 유사한 형태의 이전 방법이 존재한다.

부동산거래의 일반적인 거래 절차는 매매계약(purchase and sales agreement)[8]을 체결하고 매수인은 거래 약정금(honest money)을 거래금액의 1~5%(일반적으로 3%) 범위 내에서 에스크로업자에게 맡긴다. 이 후 건물실사(inspection)가 진행되고 매수인은 거래은행에 담보저당 신청(mortgage application)을 진행한다. 이때 escrow 회사는 부동산 소유권에 대한 권원조사 및 대출여부 등을 종합 검토하여 거래를 종결하

5) 타이틀 서치(title search)는 title abstractor 또는 변호사 등 전문 직업인에 의해 진행된다. 현재는 온라인으로 진행되는 경우도 있으나 신뢰성은 상대적으로 낮다. 이 서비스의 유형은 full coverage search, limited coverage search로 대별하고 레포트의 성격이나 용도에 따라 비보험형인 non-insured reports와 경매절차를 진행하기 위하여 이해관계인을 확인하여 통지하기 위한 수단으로 진행되는 foreclosure guarantee search 등이 있다.

6) 권원보험에는 소유자용 권원보험과 저당권자용 권원보험, 임차권용 권원보험 등 세 가지가 있다. 소유자용 권원보험은 부동산의 매수인이 취득하는 소유권을 보험의 목적으로 하고, 저당권자용 권원보험은 부동산을 담보로 금전을 대여하는 채권자가 취득하는 저당권을 목적으로 하는 권원보험이다. 임차권용 권원보험은 임대인이 본래의 소유자가 아닌 경우 발생한 손해 및 대항력 확보 절차상의 하자 등에 대한 손해나 손실을 보상해 주는 권원보험이다. 권원보험은 부동산 등기제도가 없는 미국에서는 부동산 거래의 안전장치로 활성화되어 있으며 우리나라에는 2001년 7월 도입되었다.

7) sheriff's deed(행정처분취득), trustee's deed(신탁회사의 채권상환을 위한 매각으로 인한 취득) 등도 있다

8) 매매계약서에 서명하는 순간 매수자는 그 부동산에 대해 미래의 권리를 가지게 되며 이러한 권리를 에쿼터블 권원(equitable title)-보통법상 및 형평법상의 권원이라 한다.

게 된다. 일반적인 거래 소요기간은 30~260일 범위 내에서 진행이 완료된다.

■ 권리의 보장 방법

부동산 권원을 매도자가 매수자에게 보장하는 방법은 대개 다음과 같이 나눌 수 있다. 그러나 권리증서에 권원약정(title covenants) 조항을 삽입하더라도 판매자가 가지고 있지 않은 권리에 대한 보장은 아니다, 따라서 약정한 내용은 위반시 배상청구(recourse) 소송의 대상이 된다.

- 판매자의 보증서(warranty) 발행

(1) 일반보장증서(General Warranty Deed)

판매자가 부동산의 진정한 소유자로서 판매자 구매시점뿐만 아니라 그 이전 시점까지의 모든 권리를 보장한다는 것으로 이러한 보장 방법이 가장 일반적이며, 구입자로서는 가장 바람직한 방법이다. 그러나 판매자가 보유한 권원보다 우월한 권리를 가진 사람이 나타났을 경우에는 판매자가 그 손해를 보상해야 할 것이다.

(2) 특별보장증서(Special Warranty Deed)

판매자가 소유한 기간 범위 내에 발생한 물권 및 제한 물권만 책임을 진다는 증서

(3) 권리양도(포기)증서(Quitclaim Deed)

판매자가 매각시점에 가지고 있는 모든 권리를 양도하며, 기타 권원에 대한 책임은 지지 않음.

부동산의 소유권 등의 변동 상황이 이어져 있지 않은 경우, 법원에 소송을 제기해서 이 권리를 확보하여 소유권을 취득한다.

〈그림 5-1〉은 미국 일반 권원 보증서의 예시이다.

Ⅱ. 부동산 Due Diligence

이 용어는 1933년 미국에서 제정된 증권법에서 브로커와 딜러 사이에 증권구

그림 5-1 미국 Warranty Deed

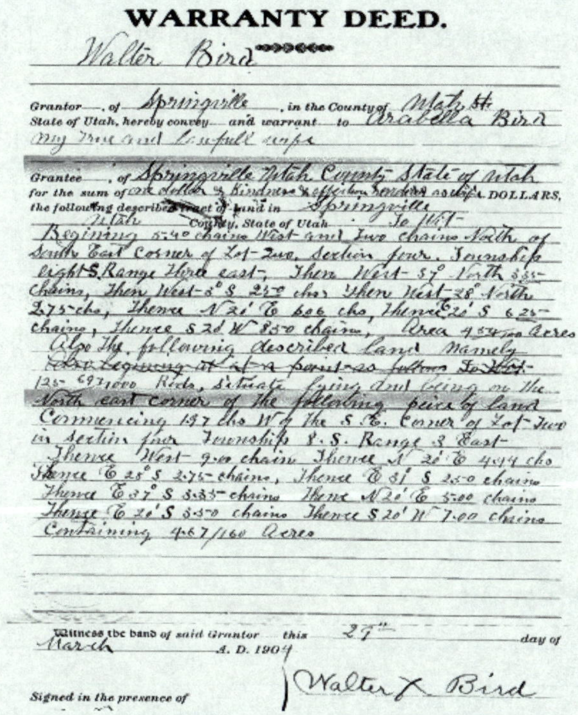
WARRANTY DEED.

Walter Bird

Grantor, of Springville, in the County of Utah St. State of Utah, hereby convey and warrant to Arabella Bird my true and lawfull wife

Grantee, of Springville Utah County State of Utah for the sum of One dollar & kindness & affection ... DOLLARS, the following described tract of land in Springville Utah County, State of Utah. To Wit-

Begining 5.40 chains West and Two chains North of South East Corner of Lot-Two, Section four, Township eight S, Range three east, Then West 57° North 3.35 chains, Then West 5° S 2.50 chs Then West 38° North 2.75 chs, Thence N 21° E 6.06 chs, Thence E 20° S 6.25 chains, Thence S 20° W 8.50 chains, Area 4.54/100 Acres

Also The following described land Namely ... Begining at a point as follows To Wit- 125 69 7/1000 Rods, Situate lying and being on the North east corner of the following piece of land Commencing 1.37 chs W of the S.E. Corner of Lot-Two in Section four Township 8 S. Range 3 East- Thence West 9.00 chains Thence N 20° E 4.94 chs Thence E 25° S 2.75 chains, Thence E 31° S 2.50 chains Thence E 37° S 3.35 chains Thence N 20° E 5.00 chains Thence E 20° S 3.50 chains Thence S 20° W 7.00 chains Containing 4.57/100 Acres

Witness the hand of said Grantor this 27th day of March A. D. 1904

Signed in the presence of

Walter X Bird

입과 관련된 정보를 불충분하게 제시하였을 때 쟁송관계를 명확히 하기 위해 도입된 것으로 알려진다. 그러나 부동산의 경우는 최종 부동산 거래를 완결(closing)하기 전에 매수예정자에 의해 진행되는 사전 검토 및 실사 작업을 말한다.

부동산 유형별, 투자형태별 및 단위별로 최종 투자 또는 구입 의사결정을 하기 전에 검토하여야 할 사항이 달라질 것이다. 면밀한 조사가 진행되면 될수록 그 효과는 클 것이기 때문에 이와 관련하여 구매자는 장기의 실사(DD: due diligence)기간을 요구할 것이고 매도자는 불확정한 상황에 오랜 기간 처해 있는 상황을 피하기 위해 이 기간을 단축코자 할 것이다. 또 실사에 소요되는 비용의 부담주체, 실사 후에 거래가 진행되지 않을 경우 매도자가 매수자에게 또는 그 반대의 경우의 비용 부담 주체와 지불 방법 등 다양한 형태의 선행계약을 진행한다.

이것은 양해각서(MOU: Memorandum of Understanding) 또는 계약에 앞서 구매 또는 투자 의향서(LOI: Letter of Intent)를 제출한 후에 진행하게 된다.

이러한 의향서에 대해 원래의 오퍼조건을 변경하거나 새로운 조항을 추가하여 다시 제시하는 카운터 오퍼(counter offer) 등을 내어 양자가 합의되면 실사업무를 개시하게 된다.

이때 MOU 또는 LOI는 구체적인 조건을 놓고 본협상에 들어가기 전에 체결하는 계약행위이나 이에 대한 법적 구속력은 없다. 그러나 경우에 따라서 법적 구속력을 인정하는 경우도 있다.

이러한 실사와 관련하여 준비하여야 하는 레포트의 유형은 토지 및 건물의 물리적 측면을 조사하는 ER(engineering report), 감정평가보고서, 시장컨설팅 보고서(MR: market report) 및 법적 의견서(legal opinion) 등이 있다.

부동산 구매와 관련하여 일반적으로 진행되는 실사[9]유형 중 오피스의 엔지니어링 실사항목을 예시하면 다음과 같다.

■ ER의 일반적인 구성

표준적인 구성	내 용
적용범위	적용 방법상의 주의 사항 등
총 괄	레포트 내용 총괄
조 사	조사목적 및 조사 방법
부 지	도로(사도) 및 부지 경계, 공급처리시설 정비상황, 기타
물 건	대상 부동산의 개요, 건축도면 검토 및 현황차이, 건축물과 지적 일치 여부 확인
건물진단	건물 및 설비관리상태, 노후/劣化 상태
적법성	건물 · 설비의 건축법, 소방법 및 주차장법 등과 적합성 검토
수선 · 갱신비용	긴급수선 및 중장기 수선비용(자본적 지출)
재조달 원가	대상물건을 조사시점에 재건축할 경우 비용
환경위험 분석	토양오염, 석면 · PCB(폴리염화비닐: 가연성) 등의 유해물질 또는 환경오염 등의 유무
지질 · 지진 등 위험	지반조사, 지진발생시의 예상 최대손실 비용(PML: Probable Maximum Loss) 등
첨부서류	현황사진, 참고자료 - 토지 · 건물 등기부등본, 준공관련 도서 - 신청 · 검사 관련 서류확인, 설비정기조사관련서류 - 청부계약서, 수선갱신비용 - 지질 · 지진 구조 관련계산서 - 기타

9) 일본에서는 부동산 펀드 등의 부동산 취득과 관련한 실사보고서를 engineering report라고도 부른다.

■ 감정평가서의 구성

구 분	내 용
평가대상부동산 및 평가액	감정평가액
	가격시점, 부동산종류, 평가조건, 의뢰목적, 가격유형, 조사 · 작성시점, 감정인의 자격 및 이해 관계유무
	부동산의 물적, 관리관계 확인, 임대차 내용 등
가격형성요인 분석	일반적 분석, 지역분석, 개별분석, 최유효 사용의 판단
	평가(비교방식, 원가방식, 수익방식, 기타방식)
	감정평가액(시산가격)

다음은 부동산 펀드 등이 부동산 투자와 관련한 대체투자를 할 경우에 검토해야 하는 실사 항목들의 예시이다.

■ 대체투자 관련 check list (예)

구 분	내 용
자산운용사	자산규모 및 경력 등
	내부 시스템의 적정성
	관계기관 인허가 여부(국토부, 금융위원회 등)
	운영인력의 관리능력 및 실사 능력 보유 여부
	물리적 실사, 재무적 타당성, 법률분석, 환경분석, 감정평가, 현장조사 등
	운용보수
	LTV/DSCR
	사후관리체계
	Exit전략
부동산	투자 상품의 유형 및 투자상품 타당성점검
	투자상품의 CF타당성
	운영기간 중 현금흐름의 안정성
	소송 등 법적인 하자
	현지 부동산 관리 주체별 적격성 및 보험부보
	부동산운영관리체계

제4절 요 약

부동산 소유권은 국가별로 다양한 역사적 연혁을 갖고 있고 성격도 다양하다.

부동산이란 용어가 의미하는 용어 연혁을 알아보면, 부동산과 관련된 법체계 흐름을 이해할 수 있다. 부동산을 의미하는 real estate는, 動産을 personal estate(property)라고 하고, 부동산은 부동산의 실체적 측면을 중시하여 real를 접두어로 둔 것이다. estate는 중세 봉건제도의 영향을 받아 왕의 영지(real은 스페인어로 국왕을 의미하며 estate는 장원을 의미하는 manor의 근대영어)라는 물리적 경계의 의미를 담고 있다. 영미법 체계하에서 estate란 용어는 범위, 경계, 기한 등의 의미로 사용된다. 따라서 영미법 체계는 우리와 달리 소유권에 기한의 개념을 가미한 법적 체계를 구성함을 발견하였다.

real estate는 전술한 바와 같이 물리적 · 공법적 개념의 물리적 토지와 개량물을 지칭하고 경제적 · 사법적 개념의 부동산 소유권은 real property, 동산 소유권은 personal property라고 한다. 나아가서 부착된 식기 세척기, 집기 등의 부착물은 fixture라고 한다. estate는 범위, 기한, 권리능력 등에 대한 제약을 수반하는 소유권을 말하며 fee estate는 fee가 세습이란 의미를 가지고 있어 이는 세습이 가능한 부동산을 말한다. 유사 개념으로 life estate는 생존기간 동안 소유권을 인정하는 제도를 말한다.

해외(미국)에서 이러한 부동산의 취득은 부동산의 사용 · 수익 · 처분권 등의 권리 전체를 배타적으로 확보하는 것을 말하며 그 토지의 실체적 권리를 확보한다는 의미이다. 따라서 우리와 다른 기록 시스템을 갖고 있는 미국은 변호사 또는 권리분석사들이 이러한 실체적 권리 관계를 권원요약서(Abstract of Title)를 통해 알려준다.

결국 부동산 거래는 부동산을 양도하는 매도자가 갖고 있는 부동산의 권원을 매수자에게 넘겨주는 것을 말하며 이를 보장하기 위하여 warranty를 발행한다. 이 방법 외에도 권리 확보 방안으로는 권원보험 가입 등이 있음을 보았다.

실제 거래에 앞서 거래 당사자는 권리 관계 외에도 부동산의 법적 · 물리적 하자에 대한 조사, 거래가격에 대한 검증 및 이를 보완하는 시장조사 등을 포함하는 실사(due diligence)를 하여 거래를 진행하는 것이 일반적이다. 실사업무와 관련된 항목과 유형 등에 대해 본장에서 알아보았다.

Chapter 6

해외 부동산 투자 분석

투자는 미래이득을 얻기 위해 현재 소비를 희생한 대가이다. 그러나 현재의 소비는 대부분 거의 확실한 반면, 미래의 이득은 거의 대부분이 불확실하다. 따라서 불확실성하에 있어서 투자자의 선택행동은 미래의 불확실한 이득을 위해 현재의 확실한 소비를 교환하는 의사결정 과정이다.

여기에서 말하는 불확실성은 광의의 의미를 갖는 것으로 미래상태에 관한 완전한 무지뿐만 아니라 부분적인 무지까지도 포함한다. 전자를 불확실성(uncertainty)이라고 칭한다면 후자는 위험(risk)으로 볼 수 있으나 양자를 구분하지 않고 투자론에서 설명한다. 그러나 현실세계에서 완전한 무지는 추상적인 개념인바 일반적으로 투자는 위험을 전제로 –즉 부분적인 정보하에서의 무지를 의미한다. 이를 보다 구체적으로 분류 정의해 보면 다음과 같다.

표 6-1 위험의 성격

	확실성	위 험	불확실성
발생가능결과의 수	1	2개 이상	2개 이상
발생확률	100%	추정가능	추정불능
발생가능결과 인식여부	정확한 인식	인식가능	인식곤란

부동산 투자분석도 상기와 같은 전제하에서 투자시장과 부동산에 대한 부분적인 정보와 지식을 바탕으로 한 위험환경하에서 미래의 기대이익을 극대화하는 방안을 찾아가는 과정이다.

제1절 수익률 및 위험

위험하에서 개별투자자산의 미래이득의 평균값은 미래의 가능한 수익을 각각의 수익이 발생할 확률로 가중하여 계산할 수 있으며 이를 수식으로 표현하면 다음과 같다.

$$E(R)=\sum_{i=1}^{N} r_i p_i$$

단, E(*R*): 개별투자부동산의 기대수익, r_i=i부동산의 기대수익,

p_i=r_i가 일어날 확률

예를 들어 벤처씨가 예상한 A부동산의 기대 수익수익은 1억, B부동산의 기대수익은 0.5억, C부동산의 기대수익은 −1.5억이라고 할 경우 3개의 부동산의 평균수익은 {(1+0.5+(−1.5)}/3=0원이 되지만 여기에 각각의 사상(event)이 일어날 확률을 각각의 수익별로 40%, 30%, 30%로 예상할 경우에 평균값은 달라지게 된다.

1억×40%+0.5억×30%+(−1.5억)×30%=0.1억이 된다.

따라서 투자자의 입장에서 이러한 미래의 사상이 일어날 확률에 따라 수익은 다른 값을 가지게 됨을 알 수 있다. 투자론에서 보면 이러한 수익의 변동가능성(variability of possible returns)을 확률분포로 수익의 변동가능성이 크면, 즉 위험이 크면 수익의 확률분포가 넓게 퍼져 있을 것이며 위험이 작으면 수익의 확률분포가 좁게 퍼져 있을 것이다. 결국 위험은 수익의 확률 분포로부터 계량적으로 측정할 수 있다.

아래 그림, 수익의 연속확률분포에서 A부동산과 B부동산의 수익은 0으로 같으나 수익의 분포는 B부동산이 넓다. 이는 B부동산의 위험이 A부동산보다 높다는 것을 의미한다.

상기 그림에서 알 수 있듯이 위험의 크기는 확률 분포의 분산정도에 달려 있다. 즉, 위험은 확률 분포의 분산(Var: variance) 또는 표준편차(σ : standard deviation)로 측정된다. 즉, 분산과 표준편차는 다음과 같이 정의된다.

그림 6-1 부동산 유형별 수익의 분포

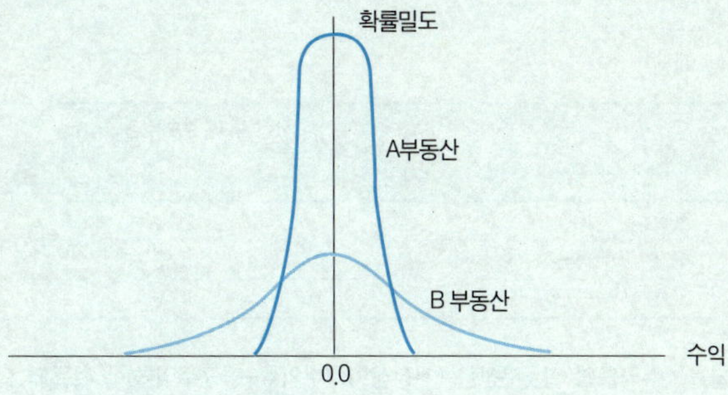

$$Var(R)=\sum_{i=1}^{N}\{r_i-E(R)\}^2 p_i$$

$$\sigma(R)=\sqrt{Var(R)}=\sqrt{\sum_{i=1}^{N}\{r_i-E(R)\}^2 p_i}$$

상기 수식을 이용하여 벤처씨의 투자 부동산 수익의 확률분포의 표준편차를 구하면 다음과 같다.

구 분	r_i	$r_i-E(R)$	$\{r_i-E(R)\}^2$	P_i	$\{r_i-E(R)\}^2\times P_i$
분 산	1억	1-0.1	0.81	40%	0.324
	0.5억	0.5-0.1	0.16	30%	0.048
	-1.5억	-1.5-0.1	2.56	30%	0.768
표준편차					σ^2=1.14 σ=1.068

상기 내용을 보다 일반화하여 표현하면 다음과 같다.

$$E(\sigma^2)=\sum_{i=1}^{N}P(R_{t,i})\times[R_{t,i}-E(R_t)]^2$$

$$E(R_t)=\sum_{i=1}^{N}R_{t,i}\times P(R_{t,i})$$

$E(R_t)$=t시점의 기대수익

$R_{t,i}$=i사상을 기준으로 t시점에서 기대수익

$P(R_{t,i})$=t시점에서 i사상이 일어날 확률

예제: 투자수명이 1년인 A, B자산이 있다고 하자.
이 자산의 향후 시장상황별 투자수익과 확률이 다음과 같이 주어진다면 각 자산별 수익률과 표준편차는 얼마인가?

기대수익과 분산 예제

구 분	확 률	자산별 예상수익률	
		A자산	B자산
호황	30%	100%	20%
보통	40%	15%	15%
불황	30%	-70%	10%

해) 수익률은 확률×수익률의 합, 분산은 (시장상황별수익률–평균수익률)^2×확률의 합으로 구하고 표준편차는 이의 root값을 계산하여 구한다.

구 분	자산별 예상수익률	
	A자산	B자산
수익률	0.3×1+0.4×0.15+0.3×-0.7=15%	0.3×0.2+0.4×0.15+0.3×0.1=15%
분산	$(1-0.15)^2\times0.3+(0.15-0.15)^2\times0.4+(-0.7-0.15)^2\times0.3=0.4335$	$(0.2-0.15)^2\times0.3+(0.15-0.15)^2\times0.4+(0.1-0.15)^2\times0.3=0.0015$
표준편차	$\sigma=0.658$	$\sigma=0.039$

즉, A, B 자산은 15%의 동일한 수익률을 실현했지만 수익산출과 관련된 위험은 A자산이 훨씬 크다는 것을 알 수 있다.
위험을 측정하는 통계치(statistic)로는 상기 표준편차 외에도 범위(range), 중앙값, 최빈치 등을 평균과 비교하여 직관적으로 판단하는 방법 등 다양한 기법이 응용된다.
포트폴리오이론에 있어 자산 상호간의 수익률의 상관관계를 파악하기 위해서는 2개 자산 간의 공분산 $cov(R_a,R_b)$과 상관계수(ρ)를 측정하여야 한다. 공분산은 두 자산의 수익률이 함께 변화하는 정도를 나타내는 통계치로서 다음과 같이 정의한다.

$$cov(R_a,R_b)=\sigma_{ab}=\Sigma(P_i\times(R_{ai}-E(R_a))\times(R_{bi}-E(R_b))$$

P_i: R_a, R_b가 동시에 일어날 확률
R_a: 자산a의 수익률. R_b: 자산b의 수익률
두 자산 수익률 간의 상관관계를 정확히 밝혀주는 것은 상관계수인데 다음식으로 정의된다.

$\rho_{ab}=\sigma^2{}_{ab}/\sigma(R_a)\ \sigma(R_b)$
ρ_{ab}: 두 자산 간의 상관계수
$\sigma(R_a)$: 자산a의 표준편차 $\sigma(R_b)$: 자산b의 표준편차

나아가서 2개 자산으로 구성된 포트폴리오인 경우의 공분산은 다음과 같다.
$Cov(aR_a+bR_b)=a^2Var(R_a)+b^2Var(R_b)+2abCov(R_a,\ R_b)$
$=a^2Var(R_a)+b^2Var(R_b)+2ab\rho_{ab}\sigma(R_a)\ \sigma(R_b)$ 단, a+b=1

예제: 다음 자산 A와 B의 수익률은 20%, 10%이고, 표준편차는 25%, 15%인 자산이다.

자산 A와 B자산의 구성비를 아래와 같이 100%에서 0%까지 각각 변경하였을 때 수익률과 각 자산구성비 대비 상관계수가 주어졌을 때 표준편차를 구해보자. 이를 위해서는 상기식을 이용한 공분산을 구해서 이의 root값을 구하면 된다.

다음 표에서 회색음영이 된 부문이 계산결과이다.

구성비(%)		Total	E(Rp)	상관계수				
A Asset	B Asset	(%)	(%)	100%	50%	0%	-50%	-100%
100.0	0.0	100.0	20주1)	25주2)	25.00	25.00	25.00	25.00
70.00	30.0	100.0	17.00	22.00	20.13	18.07	15.74	13.00
50.00	50.0	100.0	15.00	20.00	17.50	14.58	10.90	5.00
30.00	70.0	100.0	13.00	18.00	15.66	12.90	9.37	3.00
0.00	100.0	100.0	10.00	15.00	15.00	15.00	15.00	15.00

주: 1) 100%×0.2+0.0×0.1=20%

2) $100\%^2 \times 25\%^2 + 0\%^2 \times 15\%^2 + 2 \times 100\% \times 0\% \times 100\% \times 25\% \times 15\% = 0.625 = \sigma_p^2$, $\sigma_p = 0.25$

주1은 포트폴리오 자산의 수익률을 산정한 값을 말하고, 주2는 A자산 100%, B자산 0%인 상항에서 두 자산의 상관계수가 100%인 경우의 표준편차를 계산한 값이다.

이러한 평균과 표준편차를 이용하여 동일한 수준의 기대수익률을 갖는 포트폴리오 중에서 가장 적은 분산을 갖는 포트폴리오를 선택하거나, 또는 동일한 수준의 분산을 갖는 포트폴리오 중에서 가장 높은 기대수익률을 갖는 포트폴리오로 구성된 포트폴리오의 궤적이 효율적 frontier가 된다.

참고 자료

국내펀드의 해외 최적투자 포트폴리오구성

DTZ은 2014년부터 2018년까지 세계 주요도시의 오피스빌딩의 예상수익률과 표준편차(2000~2013년)자료와 동 기간 중 서울과 주요도시 간의 상관계수를 구한 자료 등을 이용하여 최적의 투자 포트폴리오를 구성한 결과 하단 그림과 같이 B포트폴리오(국내 80%+해외 20%)가 최소의 위험하에 최대의 수익을 올릴수 있는 투자집합이며, 해외구성비 20%는 북경 11%, 밀라노 9%로 구성하는 것이 최적의 포트폴리오 구성이 된다고 발표했다.

도시별 서울 수익률과의 상관계수

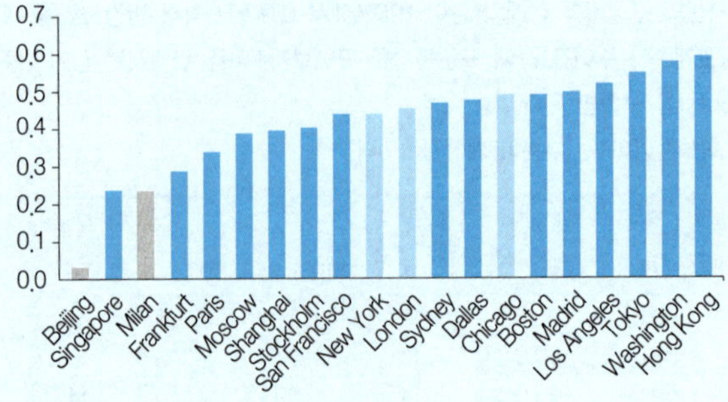

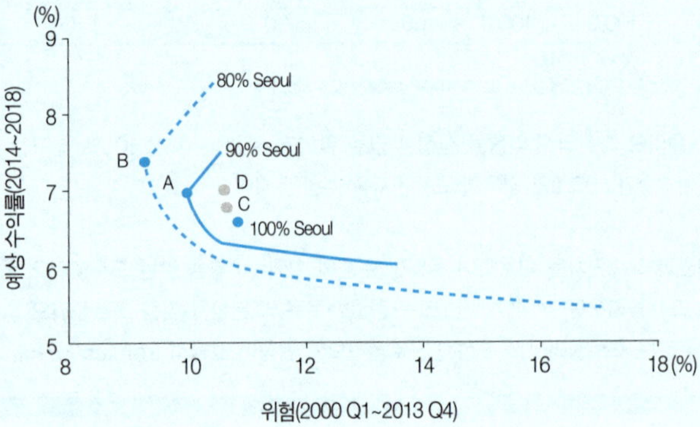

자료: DTZ Research.

Ⅰ. 수익률과 위험의 관계

효용(utility)이란 인간이 어떤 목적물로부터 얻는 심리적 만족감 또는 정신적 행복감의 크기를 나타낸다. 일반적으로 투자로부터 얻을 수 있는 수익이 크면 클수록 투자자들의 효용은 커지게 된다. 따라서 효용은 다음과 같이 수익률의 함수로 나타낼 수 있다.

$$U=f(R)$$

U: 효용, R:수익(률)

상기 효용함수는 수익률이 증가하면 효용도 커지는 수익률에 대한 증가함수이다. 그러나 일반적으로 수익률이 높을수록 위험이 증가하기 때문에 위험을 고려할 경우, 기대효용함수는 다음과 같이 변형된다.

$$E(U)=f(E(R),\sigma)$$

$E(U)$: 기대효용, $E(R)$: 기대수익, σ:위험

결국 투자자들은 기대효용을 극대화하기 위해 위험과 기대수익에 따라 다음과 같은 다양한 투자 효용함수를 가지게 된다.

■ 위험회피형(risk-averse)

위험회피형은 위험을 기피하는 이성적인 인간의 행동으로, 위험을 부담하는 경우에는 이에 상응하는 보상을 기대하게 된다. 대부분의 부동산 투자는 이러한 일반적인 투자 효용함수를 가지는 것을 전제로 위험 · 수익분석을 하게 된다.

즉, 이 위험회피형의 효용함수는 〈그림 6-2〉에서와 같이 수익률이 증가함에 따라 효용은 증가하나 한계효용(marginal utility)은 체감하는 형태를 띤다. 이와 같이 한계효용이 체감하는 이유는 일반적으로 수익이 높을수록 위험이 증가하여 위험회피형의 효용이 한계적으로 작아지기 때문이다. 위험-수익평면에서 곡선 I는 같은 기대효용을 제공하는 투자기회들의 기대수익률과 표준편차의 조합을 나타내며 이를 무차별곡선(indifference curve)이라 한다. 예를 들어 무차별곡선 I상의 투자기회 A, B, C의 기대수익률과 표준편차는 각각 다르지만 기대효용은 같으므로 위험회피형의 투자자는 이들 3개의 투자기회에 대하여 선호의 차이를 두지 않는다. 무차별곡선 I에서 볼 수 있는 바와 같이 위험회피형은 위험이 커질수록 이에 대한 보상으로 더욱 높은 기대수익률을 요구한다.

■ 위험추구형(risk-taking)

〈그림 6-3〉의 위험추구형은 위험을 선호하는 형태로 높은 수익률을 획득하기 위해 큰 위험을 기꺼이 부담하는-선호하는 형이다. 현실적으로 존재하기 어려운

그림 6-2 위험회피형의 효용함수와 무차별곡선

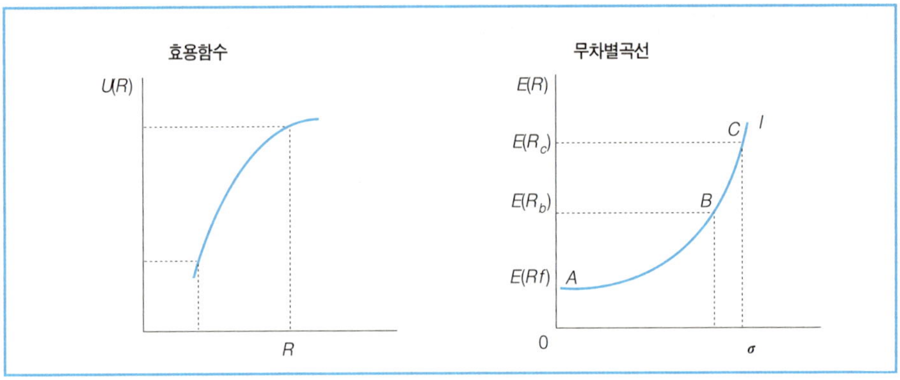

그림 6-3 위험추구형의 효용함수와 무차별곡선

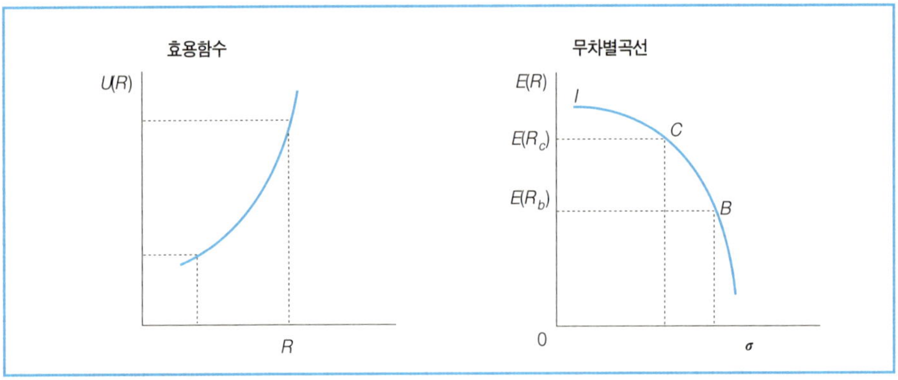

비이성적인 투자자이다.

■ 위험중립형(risk-neutral)

위험중립형은 위험의 크기에 상관없이 기대수익률만 따라 행동하는 형을 말한다. 위험중립형의 효용은 위험의 크기에 상관없이 수익률에 정비례하기 때문에 〈그림 6-4〉와 같은 함수형태를 가지지만 실제 현실에는 존재하기 힘든 투자형태이다.

그림 6-4 위험중립형의 효용함수와 무차별곡선

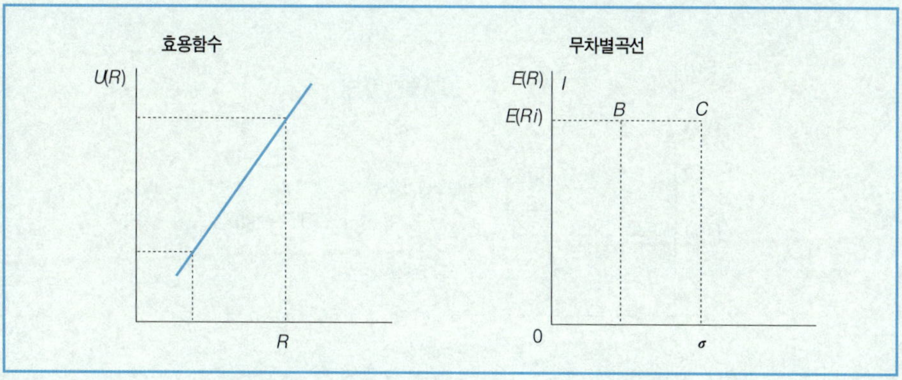

Ⅱ. 각종 수익률

상기 투자안 중에서 위험회피형 투자자의 무차별 곡선을 들여다보면, 먼저 위험이 전혀 존재하지 않는 자산(risk-free asset) –위험을 표준편차로 표시할 경우 이 값이 0인 자산이 존재한다고 할 경우에 이 자산의 수익률을 무위험수익률(risk-free rate of return)이라고 하며, 투자자들의 시간선호만을 반영하여 결정된다. 엄밀한 의미에서 이와 같은 무위험자산이 실재하고 있느냐에 대해서는 많은 의문이 제기된다. 그러나 국공채 등은 대체로 무위험 자산으로 간주된다. 부동산에서는 무위험이자율을 안전율 또는 축척이율이라고도 부른다.

다음 그림에서 보면 위험회피형 투자자의 위험 · 수익 무차별곡선상의 임의의 투자의사 결정점에서 투자의사 결정이 이루어졌다는 내용을, 보다 자세히 들여다보면 투자의사 결정점은 임의의 위험(σ_p)하에서 기대수익[$E(R_p)$]을 얻을 수 있다는 것을 의미한다 이러한 기대수익은 무위험수익률에 위험부담할증률(risk premium)을 더하여 얻는다.

$$E(R)=E(R_f)+r_p \quad \text{단, } r_p=\text{위험부담할증률(risk premium)}$$

그림 6-5 위험회피형 투자자의 무차별곡선상의 수익-위험 관계

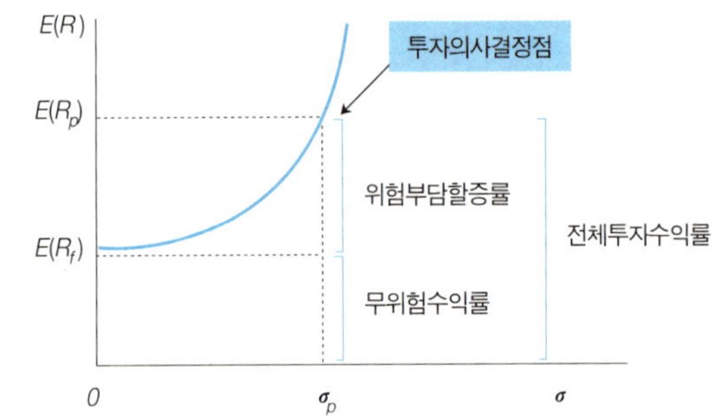

위험부담할증률은 부동산 투자시장에서 늘 화두가 되는 값이다. 시계열적으로 이 수치는 2%선으로 알려져 있으나 투자자의 효용함수, 시장상황, 투자여건 및 부동산 유형에 따라 폭넓은 스펙트럼을 갖고 있다.

이 값은 이론적으로 무위험 수익률을 기준으로 한 현금흐름과 일정 위험하에서 현금흐름을 동일하게 하는 수익률을 구하고 이 수익률과 무위험 이자의 수익률과의 차이가 위험부담할증률이 된다.[1]

부동산 투자시장에서 이 값을 정확히 계측하기는 어려우나 부동산은 그 특성상 위험성(+), 비유동성(+), 관리의 난이성(+), 자금의 안전성(-) 등을 고려하여야 하며 해외 부동산 투자의 경우에는 외환위험 및 자금의 이전위험 등이 추가되며 나아가서 시장의 투명성 등의 정도에 따라 위험부담할증률이 변하게 된다. 시장에서 이러한 값의 대용변수로 거래비용의 크기, 건물 등의 감가상각비, 시장의 투명도 등을 참작하여 결정한다.

1) 확실성등가법(certainty equivalent method)이란 무위험하에서 얻은 투자안의 현금흐름 현가와 위험을 수반한 투자안으로부터 기대되는 현금흐름을 위험조정 할인율로 할인하여 얻은 현가와 같다는 전제하에서 투자의사결정을 판단하는 방법으로 t시점에 불확실한 기대 현금흐름과 확실한 현금흐름(확실성등가)의 비를 확실성등가 계수(a_t)라 한다.
예를 들어 위험이 있는 투자안으로 투자수명은 1년인 이 투자안의 1년 후의 기대되는 현금흐름이 1억이라고 하자. 이 투자안의 효용이 위험이 전혀 없고 1년 후에 현금흐름 8천만 원(무위험이자율 5%)을 보장하는 투자안과 효용면에서 같다(즉 동일한 무차별곡선상에 있다)고 하자. 여기서 1년 후 8천만 원의 확실성 등가는 8천만 원/(1+5%)=76,190,000이 된다. 따라서 두 투자안이 동일한 무차별곡선상에 있다면 위험이 있는 투자안으로부터 기대되는 현금흐름의 위험조정할인율로 할인하여 얻은 현가와 확실성등가의 현가인 76,190,000과 같아야 한다. 따라서 불확실한 현금흐름의 위험조정 할인율 $E(R_k)$는 76,190,000,000=1억/(1+$E(R_k)$)에서 31%가 된다.

따라서 이 값은 투자자의 투자상황 및 시장여건, 부동산 투자 유형, 투자구조 등에 따라 다르기 때문에 이를 일의적으로 규정하기는 어렵다.

일반적으로 이 값은 회사채 수익률과 국공채 수익률의 차이, 환원이율과 국공채 수익률과의 차이 또는 항목별(거래비용, 정액 감가상각비율 및 시장 투명도 등)로 가산하여 구하는 방식 등을 응용하여 이 값을 정하고 있다.

상기 식에서 E(R)은 투자시장에서 할인율(discount rate)[2]로 부른다.

이 값은 투자자의 입장에서 보면 투자안으로부터 기대되는 최소요구수익률이 된다. 이 용어 중 return이 가지는 의미는 위험을 수반한 투자안에 대해 위험을 감수한 대가라는 의미를 가지며, 이 값은 위험부담 요구수익률, IRR(내부 수익률)과 같은 의미로 사용된다. 다만, 장기인 점에서 yield rate로 불리기도 한다.

한편 이 값은 부동산 투자로부터 기대되는 수익을 임대수입으로 국한한 경우(자본이득이 없다고 가정)에는 환원이율과 같은 식이 된다.

환원이율=NOI/P=unlevered yield[3]

할인율=(최소)요구수익률=기대임대수입/부동산 투자액=NOI/P=환원이율

환원이율=할인율±가치변동×상환기금률 (if 가치변동률=0, 환원이율=할인율)

지금까지 검토한 할인율은 인플레이션의 변동을 고려하지 않은 상태의 값이나 이를 고려하면 다음과 같이 바꿀 수 있다.

$$K=(1+i)(1+r_f+r_p)-1 \quad \text{단, } i=\text{인플레이션율}$$

2) 이것은 상황에 따라 IRR(내부수익률)이 되기도 yield rate가 되기도 하고 장애율(hurdle rate)이 되기도 한다. 그러나 이는 투자자의 입장에서 보면 최소요구 기대 수익률(minimum required rate of return)이다.

3) NOI는 DS(금융비용) 이전의 현금흐름인바 이는 레버리지 효과를 감안하지 않은 unlevered 상황을 전제로 한 현금흐름이고 이를 고려한 후의 현금흐름은 BTCF(세공제후 현금흐름)가 되고 이를 기준으로 자기 지분(Equity)으로 나눈 BTCF/E는 levered yield가 된다.

제2절 화폐의 시간적 가치

부동산 투자 분석을 진행하기 위해서는 화폐의 시간적 가치 개념에 대해 정통하여야 한다.

일반적으로 위험을 회피하려는 투자자들은 동일한 금액의 경우 미래의 현금보다는 현재의 현금을 선호하고 이 크기가 크면 클수록 좋을 것이다.

- More is better than less.(magnitude)
- Sooner is better than later.(timing)

이것을 이론적으로 다음과 같이 설명하고 있다.

Ⅰ. 이론적 근거

■ 시차선호 이론

효용이론 중의 하나로 위험을 회피하는 합리적인 투자자들은 미래의 소비보다 현재의 소비를 더 선호하는 시차선호의 경향을 가지고 있다. 이러한 경향으로 인하여 현재의 소비를 미래의 소비화(저축)하는 데는 대가를 요구하게 된다. 그리고 이러한 시차선호경향은 속한 사회나 개인의 특성에 따라 미래의 소비보다 현재의 소비를 선호하는 정도는 달라질 수 있다.

■ 자본의 생산성

투자자들은 현재의 현금을 가지고 주어진 생산기회를 활용하여 미래에 그 이상의 부가가치를 창출할 수 있다. 따라서 미래에 투자수익을 창출할 수 있는 현재의 현금을 더욱 선호하게 된다. 이러한 이유들로 인하여 투자자들은 동일한 금액일 경우 현재의 현금을 포기하게 하기 위해서는 미래에 더 많은 현금을 제공해야 하는데, 추가적으로 지불하는 금액을 현재의 현금에 대한 일정한 비율로 나타낸 것이 이자율이다. 따라서 이자율은 화폐의 가치로서 화폐의 시간적 가치를 반영하는 척도라고 할 수 있다.

일반적으로 이러한 분석은 간단한 투자 분석일 경우에는 재무용계산기(CASIO

등)를 이용하여 이를 해결하나 복잡한 투자분석 패키지의 경우에는 엑셀(Mocrosoft 사의 excel)이 주로 사용된다. 물론 보다 정치한 전문 프로그램으로는 ARGUS 등이 있지만 이의 이용방법에 대한 별도의 교육을 필요로 하는 점에서 범용적 프로그램인 excel을 일반적으로 이용한다.

Ⅱ. 시간적 가치

화폐의 시간적 가치는 다음의 〈표 6-2〉에 열거하는 6가지의 기본적 개념을 바탕으로 진행된다. 여기서 F는 factor로 해당되는 가치를 구하기 위한 율이란 의미로 사용되었다.

■ 미래가치(FV)

현재의 일정금액을 미래의 특정시점에서 평가한 금액을 말한다. 이는 $FV=PV(1+r)^n$(FV: 미래가치, PV: 현재가치, r: 기간이자율, n: 기간)로 표시되며 여기서 미래가치율은 $FVF=(1+r)^n$을 말한다.

표 6-2 화폐의 시간적 가치

구 분	Symbol	수 식
미래가치율, 일시불의 미래가치율 future value of lump-sum factor	FVF	$(1+r)^n$
複利연금終價率, 연금의 미래가치율 future value of an annuity factor	FVAF	$\frac{(1+r)^n-1}{r}$
償還基金率 sinking fund factor	SFF	$\frac{r}{(1+r)^n-1}$
현재가치율, 일시불의 현재가치율 present value of lump-sum factor	PVF	$\frac{1}{(1+r)^n}$
복리연금 현가율, 연금의 현재가치율 present value of an annuity factor	PVAF	$\frac{(1+r)^n-1}{r} \times \frac{1}{(1+r)^n}$
(元利均等賦) 年賦償還率, 저당常數 mortgage constant	MC	$\frac{r \times (1+r)^n}{(1+r)^n-1}$

상기 식에서 보듯이 이자가 복리로 계산된다고 할 때 기간단위(연, 월)보다는 횟수(n)가 보다 중요한 요인이 된다.

따라서 연단위 금리보다는 이를 적용하는 횟수를 감안한 금리가 보다 중요한 의미를 가진다. 이를 실효이율(Effective rate of interest)이라 하고 다음과 같이 표기한다.

$$(1+i/m)^{m}-1 \text{(명목이율 i, 이자지급기 m)}$$

예) 명목금리 6%/년으로 대출하되 매 분기별로 이자를 납부하는 조건이라면 실효이자률은 상기 식을 이용하면 6.14%가 된다.

$$(1+6\%/4)^{4}-1=0.0614$$

■ 현재가치(PV)

상기식에서 역으로 미래에 발생할 일정금액을 현재시점에서 평가한 금액을 현재가치라 한다. 따라서 PV는 FV의 역수 개념이다.

$PV=FV/(1+r)^{n}$으로 표시되고 PVF는 $1/(1+r)^{n}$을 말한다.

상기 가치 계산은 일정금액을 기준으로 시간을 정하여 가치를 판단하는 개념인 데 반하여 일정한 현금흐름이 주어진 기간 동안 규칙적으로 반복되는 연금(annuity)[4]일 경우에는 상기 식은 다소 다른 형태를 띤다.

■ 연금의 미래가치 또는 복리연금종가율(PVA)

연금을 구성하는 개별 현금흐름의 미래가치의 합을 말한다. 이는 다음과 같이 계산된다.

$FV=A[(1+r)^{n}-1)/r]$ (A: 연금 즉, 매기 일정하게 발생한 비용이나 수입, 따라서 FVAF는 $[(1+r)^{n}-1)/r]$가 된다.)

4) 여기는 annuity는 pension의 개념이 아니고 일정한 금액이 일정한 기간 반복적으로 매기 말에 발생한다는 의미를 말한다.

이 식의 산출과정은 다음과 같다. 구하고자 하는 값은 식 (1)로 표시된다.

$$S_n = A(1+r)^{n-1} + A(1+r)^{n-2} + \cdots + A(1+r) + A \quad (1)$$

(1)식의 양변에 (1+r)을 곱하면 (2)식이 된다.

$$S_n(1+r) = A(1+r)^n + A(1+r)^{n-1} + \cdots + A(1+r)^2 + A(1+r) \quad (2)$$

(2)−(1)식을 하면 $S_n \cdot r = A(1+r)^n - A$가 되고, 이것은 즉 $S_n = A\left(\frac{(1+r)^n-1}{r}\right)$가 된다.

■ 연금의 현재가치 또는 복리연금현가율

연금의 미래가치와 기본적으로 동일한 현금흐름을 미래의 특정시점이 아닌 현재시점에서 그 가치를 판단하는 개념이다. 즉 상기 식을 기준으로 보면 보는 관점이 정반대의 개념이므로 상기 식에서 현재가치율을 곱하면 연금의 현재가치를 얻는다.

$$PV = A\left[\left(\frac{(1+r)^n-1}{r}\right) \times \frac{1}{(1+r)^n}\right]$$

상기식에서 연금의 현재가치율 PVAF는 $\left[\left(\frac{(1+r)^n-1}{r}\right) \times \frac{1}{(1+r)^n}\right]$가 된다.

이 식에서 n→∝가 되면 $1/(1+r)^n=0$이 되어 이를 상기식에 대입하면 PV=A/r이 된다. 이는 무기 또는 영구연금의 현재가치가 된다. 이 식은 부동산의 환원이율을 이용하여 부동산 가격을 구하는 식 P=NOI/R(NOI; 순운영소득, R: 환원이율)과 같다. 이를 평가에서는 직접환원방식이라고 한다.

■ 상환기금률

상기 연금의 미래가치를 구하는 식에서 시각을 달리하여 미래의 일정금액을 적립하기 위해서 매년 연금형태로 납입하여야 하는 금액을 알아보기 위해서는 연금의 미래가치식($FV=A[((1+r)^n-1)/r]$)에서 A를 기준으로 식을 전개하면 된다.

즉, $A=FV/[((1+r)^n-1)/r]$이 된다. 여기서 $[1/((1+r)^n-1)]/r(=r/((1+r)^n-1))$를 상환기금률(SFF: sinking fund factor)이라 부른다.

■ 저당상수 또는 (원리균등부)연부상환율

상기 식 중 연금의 현재가치를 구하는 공식에서 현재가치(PV)를 고정하고 이러한 현재가치를 유지하기 위하여 매년 일정액씩 적립하여야 하는 금액을 알아보기 위해서는 $PV=A[(\frac{(1+r)^n-1}{r})\times\frac{1}{(1+r)^n}]$에서 A를 찾아내는 것과 같기 때문에 $A=PV\times\frac{r\times(1+r)^n}{(1+r)^n-1}$가 될 것이다.

이것은 금융기관이 현재 일정액을 대출할 경우 대출시점의 현재가치를 유지하기 위하여 매기 차입자로부터 일정액씩 상환을 받을 경우의 상환액과 같다. 따라서 이러한 맥락에서 금융기간이 상환기간 내에 약정금리로 매기 균등하게 상환받아야 할 상환액을 정하는 데 사용되기 때문에 저당상수(mortgage constant)라고도 한다.

제3절 타당성 검토 방법

부동산 투자 수익률을 산정하는 방법은 재무관리, 투자론 등에서 사용하는 각종 기법들을 동일하게 적용하여 구한다.

이러한 기법은 전술한 화폐의 시간적 가치를 기본으로 하되, 현금흐름 분석을 기간별로 나누어 접근 방법을 달리한다.

먼저 단일기간을 전제로 확실성하에서 투자안을 상정하고, 부동산 투자 수익률은 기간 중 임대수입 등의 현금흐름과 자본가치 상승 등의 예상흐름을 가지고 투자수익률을 산정하는 기본적인 방식으로부터 출발한다. 이는 실현된 수익을 전제로 한 사후적(ex post) 개념의 수익률 산정 방식으로 다음과 같이 표현할 수 있다.

Ⅰ. 역사적 수익률(ex post, realized return)

$$R_t=\frac{P_t-P_{t-1}+CF_t}{P_{t-1}}$$

R_t=t시점에서 투자수익률

P_t=t시점 기말의 자산가격, R_{t-1}=t−1시점 기말의 자산가격
CF_t=t기간동안 수수된 현금흐름

이 식은 단기간의 소득수익률과 자본수익률을 산정하는 일반식으로 이는 실현된 수익을 기준으로 한다는 점에서 기대수익으로 표현되는 사전적(ex ante) 개념과는 다르다.

다음은 장기간을 전제로 확실성하의 투자안의 경제성을 평가하는 데 사용되는 자본예산평가기법을 중심으로 살펴보자.

Ⅱ. 회수기간법(payback period)

이 방법은 투자에 소요되는 자금을 그 투자안의 현금흐름으로부터 회수하는 데 걸리는 연수를 말한다. 그리고 회수기간법은 투자안의 회수기간을 계산하여 이를 기초로 투자안을 평가하는 기법이다.

회수기간을 계산할 때 각 연도별 현금흐름은 연중 균등하게 이루어진다고 가정한다. 따라서 현금유입이 매년 일정할 경우 회수기간은 투자액을 매년의 현금유입액으로 나누어 계산하면 된다. 만약 현금 유입이 일정하지 않을 경우에는 매년의 현금유입을 누계하여 회수기간을 산출한다.

이 방법을 기준으로 의사결정을 할 경우 투자의사결정기준은, 단일투자안의 경우에는 산출된 회수기간이 투자자가 미리 설정한 최장의 회수기간보다 짧으면 그 투자안을 선택하고 그렇지 않으면 기각한다는 것이다.

그러나 이 방법은 쉽고 간단한 이점이 있으나 회수기간 이후의 현금흐름을 무시하고 화폐의 시간적 가치를 고려하지 못하는 단점을 가지고 있다.

이 방법 중 72법칙은 원금의 2배가 되는 이율 및 기간을 산정하는 간편공식으로 사용된다. 예를 들어 금리가 6%일 경우 투자수익이 원금의 2배가 되는 기간은 72/6%=12년으로 간단하게 산정한다.

Ⅲ. 현금할인 분석법(DCF: Discounted Cash Flow Analysis)

장기간의 부동산 투자일 경우 부동산의 현금흐름을 예측하거나 또는 가정하여 이를 투자의사결정시점으로 현금유출(투자금액, cash outflow)과 향후 임대수입 및 매각수입 등 향후 예상되는 현금유입(cash inflow)을 현가하여 투자의사를 결정하는 방법이다. 이 방법은 투자, 개발 타당성 분석 외에도 평가 등에도 사용되어 현대 부동산 투자의사결정에 가장 널리 사용되는 방법이다. 그러나 이 방법은 투자의사결정에 있어 확실성하의 투자의사결정 모형인바 입력값과 투자관련 가정에 크게 좌우되는 결과를 가져오기 때문에 일부에서는 GIGO(garbage in, garbage out: 쓰레기가 들어가면 쓰레기가 나온다)이라고 하여 그 의미를 크게 두지 않는 경우도 있다.

이러한 문제점을 보완하여 real option, 민감도 분석, monte carlo 시뮬레이션 모형을 이용한 DCF분석을 행하기도 한다.

이에 대해서는 후술한다.

Ⅳ. 내부수익률법(IRR: internal rate of return)

이 방법은 투자로부터 기대되는 현금유입의 현가와 현금유출의 현가를 같게 하는 할인율인 내부수익률을 찾아내는 방법을 말한다.

$$\frac{R_1}{(1+r)^1}+\frac{R_2}{(1+r)^2}+\cdots+\frac{R_n}{(1+r)^n}=C$$

$$\sum_{t=1}^{n}\frac{R_t}{(1+r)^t}-C=0$$

R_t=t시점의 순현금흐름

C=t_0시점의 순현금흐름유출(순현금유출의 현가)

즉, 상기 식으로부터 구한 r값이 IRR이 된다.

내부수익률법의 투자의사결정 기준은 다음과 같다. 단일 투자안일 경우에는

IRR이 자본비용(cost of capital)[5]보다 크면 그 투자안을 채택하고 그렇지 않으면 기각한다. 그리고 상호 배타적인 복수의 투자안들의 경우에는 투자안의 IRR이 자본비용보다 큰 투자안 중에서 IRR이 가장 큰 투자안을 선택한다.

그러나 이 방법은 다음과 같은 단점이 있다.

- 현금흐름이 +, -로 구성되어 있을 경우에는 2개 이상의 IRR이 존재하는 경우가 발생한다.
- 자기자본의 투자가 없는 경우는 IRR은 적정한 값이 될 수 없다.
- 투자안들의 위험률이 다를 경우에는 IRR은 투자안의 선택 기준이 될 수 없다.
- IRR은 투자안이 매년 IRR과 동일한 재투자 수익률로 재투자되는 것을 상정하나 현실적으로 이 가정은 성립하기 어렵다.

그리하여 이러한 제반 문제를 해결하기 위하여 후술하는 MIRR, FMIRR등의 변형 기법을 응용한다.

그 외에도 IRR을 기준으로 수익분석을 할 경우에는 기간이 다기간이 되면 다차원 방정식의 해를 구해야 하므로 엑셀 프로그램의 IRR(현금흐름, 추정값) 함수값을 이용하여 구한다.

이 방법도 전술한 바와 같이 확실성하의 투자 의사결정방안이므로 민감도 분석(sensitivity analysis)을 이용하여 투자안 시장 상황을 조건으로 한 확률값을 부여하여 각각의 IRR을 구한 후 이의 산술 평균 값 또는 시나리오별 확률값을 부여하여 이의 가중평균값을 기준으로 IRR을 산정하기도 한다.

물론 Monte carlo simulation을 이용하여 IRR의 확률 분포를 그려 낼 수도 있을 것이다.

(1) 수정내부수익률(MIRR: modified IRR)

이 방법은 현금흐름이 +, -로 구성되어 있을 경우에는 2개 이상의 IRR이 존재

5) 이론적으로 기업가치를 하락시키지 않기 위하여 새로운 투자로부터 벌어들여야 할 최소한의 수익률로 정의된다. 부동산 투자의 경우에는 투자의 기회비용(opportunity cost)이 될 것이다.

하는 경우가 발생하는 것을 방지하고 재투자수익률을 보다 현실적인 수익률(목표 수익률 등)로 가정하여 이러한 수치로 재투자된다고 가정한다.

즉, −CF는 무위험이자율로 투자시점으로 현가하고, +CF는 투자종점(재투자수익률 이용)의 종가로 변형하여 IRR을 산정하는 방법이다.

다음 예제를 이용하여 IRR을 구해보자.

예제: 투자안은 3년을 기준으로, 초기 투자액은 100,000이고 향후 3년 동안 기대되는 CF는 표와 같다고 가정하자.
이러한 현금흐름을 기준으로 한 IRR은 23%가 되나 투자 환경을 고려할 경우 재투자 수익률은 12%로 가정하는 것이 합리적이라고 판단되어 12%를 재투자 수익률로 가정하자. 이러한 가정을 전제로 한 IRR과 MIRR은 다음과 같다.

〈IRR과 MIRR의 비교 예제〉

연 도	0	1	2	3
Cash Flow	−100,000	50,000	50,000	50,000

해) 상기 CF를 기준으로 한 IRR은 23%가 된다.

$$-100{,}000+50{,}000/(1+IRR)+50{,}000/(1+IRR)^2+50{,}000/(1+IRR)^3=0$$

MIRR은 가정한 바와 같이 각 기별 현금흐름을 가정한 재투자수익률로 투자종점의 미래가치를 산정하여 더하면 그 합계는 168,720이 된다.
따라서, MIRR은 다음 식에 의거 19%가 된다.

연 도	0	1	2	3
Cash Flow	−100,000	50,000	50,000	50,000
복리종가		62,720	56,000	50,000
Positive CF 합계		50,000×(1+0.12)²+50,000×(1+0.12)¹+50,000×(1+0.12)⁰ =168,720		

$$-100{,}000+0/(1+IRR)+0/(1+IRR)^2+168{,}720/(1+IRR)^3=0$$

이 값은 재투자 수익률 12%보다 높기 때문에 MIRR기준으로 한 투자의사결정모형 하에서도 이 투자안은 채택 가능하다고 할 수 있다.

(2) 재무관리 수익률(FMRR: financial management rate of return)

이 방법은 전술한 방법과 유사하게 DCF법의 내부수익률법이 하나의 이율을 사용하는 데 대해서 복수의 이율을 사용하는 방법으로 다음의 2개의 재투자 수익률(reinvestment rate)을 사용한다.

하나는 상대적으로 낮은 이율의 안전율(safe rate or conservative rate=보전 투자에 대응하는 율)이고 또 하나는 투자안과 유사한 리스크를 갖고 있는 사업의 보통(일반적) 투자수익률(rate on "run-of-the-mill")이다. 이 2개의 율을 현금지출(cash outflow)과 유입(cash inflow)에 각각 적용한다.

이 방법은 현금흐름이 +, −로 구성되어 있을 경우에는 2개 이상의 IRR이 존재하는 경우가 발생하는 것을 방지하고 −CF는 前期의 +CF와 무위험이자율로 할인하여 상계처리하고, +CF는 재투자수익률로 투자종점의 미래가치를 구하여 FMRR을 산정한다.

즉, 복수의 이율을 사용하여 현금수입은 상대적으로 높은 할인률을 적용하고 현금지출은 상대적으로 낮은 할인율을 적용한다. 또 負의 cash flow가 발생하면 MIRR은 투자시점으로 할인하고 FMRR은 +cash flow가 발생한 직전 시점으로 할인한다.

전 제

(1) 세금공제 후 현금흐름을 전제

(2) 안전율로 투자하는 현금흐름은 투자시점, 투자금액, 인출시점에 대한 제한이 없으나,

(3) 재투자수익률로 투자되는 현금흐름은 투자기간 동안 인출이 불가능함

산정절차

(1) 수익이 처음 발생한 이후 생기는 투자지출은 전기 수익 발생시점으로 할인하여 상계처리하고 남은 各期의 수익을 재투자수익률에 의해 투자분석 기간 말의 가치(복리종가)로 집계한다. 이것을 Sr이라 정한다.

(2) 수익이 발생하기 이전의 투자지출 및 (1)의 방법으로 수익에 의해 상쇄되지 않은 지출은 안전율로 현가하여 투자초기 시점의 투자지출의 총 현재가치를

구한다. 이것을 Co라고 하자.

이를 다음 예제를 통하여 확인해 보자.

예제:

〈MIRR과 FMRR의 비교 예제〉

구 분	0	1	2	3	4
CF	−100,000	25,000	15,000	−15,000	225,000

안전율(−CF 적용)은 4%, 재투자 수익률(+CF적용)은 9%로 가정한다.

해)상기 CF를 기준으로 한 IRR은 30%가 된다.

$$-100{,}000+25{,}000/(1+IRR)+15{,}000/(1+IRR)^2-15{,}000/(1+IRR)^3+225{,}000/(1+IRR)^4=0$$

MIRR에서 정하는 바와 같이 각 기별 현금흐름 중 부의 현금흐름은 투자시점으로 현가한다.
이 경우 3년차 부의 현금흐름은 $-15{,}000/(1+0.04)^3=-13{,}335$이 되고 이 부의 현금흐름을 투자시점의 현금흐름과 합하면 부의 현금흐름은 −113,335가 된다. 양의 현금흐름은 투자종점의 미래가치로 바꾸어 각각을 더하면 275,1970이 된다.

$$25.000\times(1+9\%)^3+15.000\times(1+9\%)^2+225.000\times(1+9\%)^0=275{,}197$$

따라서 MIRR은 다음 식을 이용하면 24.8%가 된다.

$$-113{,}335=275{,}197/(1+MIRR)^4$$

구 분	0	1	2	3	4
CF	−100,000	25,000	15,000	−15,000	225,000
−CF:재투, +CF:안전율	−13,335				17,822
					32,376
	−113,335	0	0	0	275,197

MIRR=24.8%(재투자수익률 : 9%)

FMRR을 구하기 위해 먼저 3년차의 부의 현금흐름은 안전율로 양의 현금흐름을 보이던 직전연도로 현가하여 이를 상계 처리하여 양의 현금흐름으로 변형한다.

$$-15{,}000/(1+4\%)+15{,}000=577$$

그리고 나서 양의 현금흐름들은 재투자수익률을 기준으로 투자종점까지 미래가치를 산정하여 이를 더한다.

$$225{,}000+25000\times1.09^3+577\times1.09^2=258{,}061$$

상기 현금을 이용하여 FMRR을 구하면 다음과 같다.

$$-100{,}000+258{,}061/(1+FMRR)^4=0$$

구 분	0	1	2	3	4
CF	−100,000	25,000	15,000+−15,000/1.04		
	−100,000	25,000	577	0	225,000
	−100,000	0	0	0	$225{,}000+25000\times1.09^3+577\times1.09^2=258{,}061$

FMRR=26.7%

(3) 자본 누적액 비교법(CpA: capital accumulation)

수익률을 비교하는 방식이 아닌 누적 금액을 비교하여 투자성과를 비교하는 방식으로 다음 예제를 통해 이 방법에 대해 알아보자.

예제:

〈자본 누적액 비교법의 비교 예제〉

다음과 같은 상호 독립적인 CF를 가지는 자산 A와 B가 있다고 하자

안전율(−CF 적용)은 4%, 재투자 수익률(+CF 적용)은 9%로 가정한다.

투자시점(Year 0)	자산 A(100,000)	자산 B(60,000)
Year 1 Cash Flow	25,000	20,000
Year 2 Cash Flow	15,000	20,000
Year 3 Cash Flow	−15,000	−12,000
Year 4 Cash Flow	225,000	12,000
Year 5 Cash Flow		150,000

상기 투자안을 비교할 경우 보유기간 및 투자금액이 다르다. 이 경우 2투자안을 비교하기 위해서는 다음과 같은 가정을 한다. 즉, 자산 B안의 경우는 자산A와와 투자금액의 차액 40,000(100,000−60,000)을 재투자 수익률 9%로 투자된 것으로 가정하고 자산 A의 보유기간도 자산 B의 보유기간 5년과 동일한 것으로 상정하고 재투자수익률을 이용하여 이 기간까지의 미래가치(종가)를 구한다.

다음 식은 FMRR산정 과정이다.

투자시점(Year 0)	자산 A(100,000)		자산 B(60,000)	
Year 1 Cash Flow	25,000		20,000	
Year 2 Cash Flow	15,000	−14,423	20,000	−11,538
Year 3 Cash Flow	−15,000		−12,000	
Year 4 Cash Flow	225,000		12,000	
Year 5 Cash Flow			150,000	

다음에 이를 재투자수익률 9%을 이용하여 보유기간 말 복리종가를 구한다.

투자시점(Year 0)	자산 A(100,000)			
Year 1 Cash Flow	25,000			
Year 2 Cash Flow	577			
Year 3 Cash Flow	0			
Year 4 Cash Flow	225,000			
Year 5 Cash Flow		245,250	747	35,290

투자시점(Year 0)	자산 B(60,000)			
Year 1 Cash Flow	20,000			
Year 2 Cash Flow	8,462			
Year 3 Cash Flow	0			
Year 4 Cash Flow	12,000			
Year 5 Cash Flow	150,000	13,080	10,958	28,232

투자시점(Year 0)	자산 A(100,000)	자산 B(60,000)	(40,000)
Year 1 Cash Flow	0	0	0
Year 2 Cash Flow	0	0	0
Year 3 Cash Flow	0	0	0
Year 4 Cash Flow	0	0	0
Year 5 Cash Flow	281,287	202,270	61,545

CpA	181,287 (281,287−100,000)	163,815 (202,270+61,545−60,000−40,000)
IRR	30.0%	33.7%

상기 결과에서 보듯이 IRR과 CpA는 다른 결과를 보인다(자산 B의 경우는 40,000이 9%로 재투자된 것으로 가정한 결과 때문이다).

Ⅴ. 순현재가치법(NPV: net present value)

이 방법은 투자로부터 기대되는 미래의 순현금유입을 자본비용으로 할인하여 순현금유입의 현재가치 총계를 구하고 여기에 순현금유출의 현재가치 합계를 공제하여 구한다.

$$\frac{R_1}{(1+k)^1}+\frac{R_2}{(1+k)^2}+\cdots+\frac{R_t}{(1+k)^N}-C=NPV$$

$$\sum_{t=1}^{n}\frac{R_t}{(1+k)^t}-C=NPV$$

R_t=t시점의 순현금유입,

C=t_0시점의 순현금흐름유출(현금유출의 현가)

k: 자본비용

순현가법의 투자의사결정기준은 단일 투자안일 경우 투자안의 NPV가 0보다 크면 그 투자안은 채택하고 0보다 작으면 기각한다. 그리고 상호 배타적인 여러 투자안들의 경우에는 NPV가 가장 큰 투자안을 선택한다.

이 방법의 변형으로 수익성지수(PI: profitability index)가 있다. 수익성 지수는 자본비용으로 할인된 현금유입의 현가를 현금유출의 현가로 나눈 값으로 정의된다.

$$PI=\frac{\sum_{t=1}^{n}\frac{R_t}{(1+k)^t}-C}{C}$$

이 방법은 투자로부터 기대되는 미래의 순현금유입을 자본비용으로 할인하여 순현금유입의 현재가치 총계를 구한 값을 순현금유출의 현재가치 총계로 나누어 구한 값을 말한다.

투자수익성 지수의 투자의사결정기준은 단일 투자안의 경우에는 투자안의 PI가 1보다 크면 그 투자안을 선택하고 그렇지 않으면 기각한다. 상호배타적인 여러 투자안들의 경우에는 일반적으로 PI가 1보다 큰 투자안들 중에서 PI가장 큰 투자안을 선택하면 된다.

투자안의 분석결과 NPV와 IRR이 다른 결과를 가져오면 어떤 방법을 선택하여야 하는가?

투자안의 NPV는 자본비용 대비 해당 투자안의 공헌의 정도를 나타낸다는 점에서 IRR보다 합리적이다. 이를 비교해보면 먼저, IRR은 투자안의 재투자수익률로 재투자된다고 가정하고 순현가법은 자본비용(자금조달비용)으로 재투자된다고 가정하고 있다. 전자의 경우는 투자안과 동일한 재투자수익률로 다른 투자안에 계속 투자하여야 한다는 점에서 NPV보다는 비현실적이다,

실제로 여러 투자안이 있을 경우 IRR을 기준으로 투자조합을 구성하면 최적투자조합을 구성할 수 없게 되나 NPV는 실제 금액을 기준으로 접근하기 때문에 수익을 극대화할 수 있는 투자조합을 얻을 수 있다.

또한 IRR은 복수의 IRR이 존재하는 문제점 때문에 투자의사결정이 어렵게 된다.

다음 예제를 통해서 NPV와 IRR을 이용한 투자안의 선택과정을 살펴보기로 하자.

이 예제는 부동산 투자안 A와 B는 보유기간 5년 후 매각을 전제로 투자하는 안이다. 보유기간 동안의 NOI 및 향후 매각가격(resale price: RP)은 다음과 같다고 가정해보자.

예제:

〈IRR과 NPV의 차이점 비교 예제 I〉

투자안	구입가격	NOI(5년간 매년수입)	再販가격(RP)
A	500,000	50,000	500,000
B	500,000	10,000	744,204

이 투자안의 IRR를 구해보면 투자안 A와 B는 10%의 동일한 IRR값을 가진다.

투자안 A:

$$-500,000+50,000/(1+IRR)+50,000/(1+IRR)^2+\cdots+550,000/(1+IRR)^5=0$$

투자안 B:

$$-500,000+10,000/(1+IRR)+10,000/(1+IRR)^2+\cdots+754,204/(1+IRR)^5=0$$

이를 다시 10%의 할인율(자본비용)로 투자시점으로 현가하여 각각의 PV를 구해보면 다음과 같다.

투자안	PV of NOI	구성(%)	PV of RP	구성(%)	Total PV	할인율(%)
A	189,589	38	310,461	62	500,000	10
B	37,908	8	462,092	92	500,000	10

투자안 A는 10%의 투자수익을 얻지만 그 수익의 62%는 부동산 가격의 상승으로부터 얻게 되고 나머지 32%는 임대수입으로 구성된다.

반면에, 투자안 B는 92% 즉, 투자성과의 대부분을 부동산가격상승을 통해 실현하고 고작 8%만 임대수입을 통해 얻게 된다.

여기서 자본이득의 실현은 임대계약으로부터 발생하는 임대료에 비해 훨씬 불확실성이 높고 실제 실현의 가능성도 임대료 수입보다는 낮다.

따라서 정상적인 투자자라면 당연히 투자안 A를 선호하게 된다.

〈IRR과 NPV의 차이점 비교 예제 II〉

	0	1	2	3	4	5	NPV(10%)	IRR
A안	−100	30	50	20	20	30	16	17%
B안	−100	170	50	−50	−10	−100	−11	17%
C안	−100	70	50	−35	50	0	13	18%

다음 투자안 A안과 B, C안을 비교해 보자.

먼저, A안과 B안을 비교해보면 IRR은 동일하게 17%이나, NPV(10%를 할인할 경우)는 A안이 16, B안이 −11로 A안이 보다 우수한 투자안임을 알 수 있다. 즉 B안은 투자 1~2년차에 상당한 현금흐름이 기대되나 그 후에는 반대로 상당한 부의 현금흐름을 보이고 있다.

A안을 C안과 비교해보면 C안이 IRR이 18%로 A안보다 높으나 NPV는 A안이 13인 C안보다 훨씬 크다. 실제로 C안은 일부 부의 현금흐름도 보이고 투자종점인 5년차에는 전혀 수익을 발생하지 못하므로 현금흐름과 투자관리측면에 열등한 투자안임을 알 수 있다.

따라서 본 예제를 통해서 단순히 IRR을 기준으로 투자 의사결정을 하는 것은 상당히 위험한 투자의사결정임을 알 수 있다.

〈해외 투자에 송금 제한이 있는 경우와 없는 경우의 NPV비교 예제〉

다음 예제는 해외 투자시 본국에 송금제한이 있는 경우와 없는 경우에 투자수익에 미치는 영향을 가상의 예를 통해 알아보자.

한국에 거주하고 있는 투자자가 아래 예제에 제시된 현금흐름을 가지는 미국내 부동산 펀드에 투자기간 3년을 기준으로 투자하려고 한다. 투자자의 목표수익률을 20%로 가정한다면 이 투자자는 이 투자안으로부터 목표 수익을 실현할 수 있을지를 알아보자. 단, 3년 후 미국달러화 가치가 원화대비 −5% 정도 하락(현재 환율 KRW 1000/$)한다고 하자.

기 간	0	1	2	3
Cash Flow	-10,000	3,000	4,000	12,000

해) 투자자의 목표수익률은 20%이므로 환율 하락(-5%)을 감안한 투자 수익은 다음과 같이 조정되어야 한다.

수익률=20%+5%×(1+20%)=26%

$$\frac{\$수익률-₩수익률}{1+₩수익률}=\$의\ ₩환율\ 변동폭,\quad \frac{\$수익률-20\%}{1+20\%}=5\%$$

상기 현금흐름을 할인율 26%를 기준으로 할인하면 다음과 같다. 따라서 이를 기준으로 한 NPV는 양의 값을 보이므로 이 투자안은 환율 변동폭 5%를 감안하더라도 국내 투자자의 목표 수익 20%를 달성할 수 있는 안임을 알 수 있다.

기 간	0	1	2	3
Cash Flow	-10000	3000	4000	12000
PVF	1.0000	0.7937	0.6299	0.4999
PV	-10000	2381	2520	5999
NPV($)=899.351			NPV(\)= 899,351	

상기 예제에서 미국이 현지 부동산 임대 수입에 대해 매년 투자금액의 10%만 송금하도록 하고 잔액은 투자를 종료 시점에 송금해야 한다는 규정을 둔 경우의 투자 분석을 검토해보자.
송금 제한이 있다면 투자 후 2년간은 매년 $1,000만 한국으로 송금이 가능하게 된다.
그리고 차액은 투자종료시점 송금가액에 가산되어 송금된다(여기서 매년 송금 후 잔액에 대한 미국 현지에서의 이자 발생 등 부가적인 수입은 고려하지 않는다).
이러한 상황을 가상할 경우의 현금흐름은 다음과 같다.
이 경우에 NPV는 -값을 보여서 송금제한이 존재하면 투자자는 20%의 목표수익률을 실현할 수 없게 됨을 알 수 있다.

기 간	0	1	2	3
Cash Flow	-10,000	3,000	4,000	12,000
Repatriation	-10,000	1,000	1,000	17,000주)
PVF	1.0000	0.7937	0.6299	0.4999
PV	-10000	794	630	8498
NPV($)=-78.065			NPV(\)=- 78,065	

주: 12,000+(3,000-1,000)+(4,000-1,000)=17,000

Ⅵ. 민감도 분석(Sensitivity analysis)

이 방법은 어떤 상황이 일어나면 어떤 결과가 일어날까 알아 본다는 의미에서 What-if 분석, 시나리오 분석으로 불리기도 한다. 예를 들어 분양률이 아주 좋을 경우, 보통일 경우, 나쁠 경우 등으로 나누어 NPV 또는 IRR을 산정하여 의사 결정에 도움을 얻는 방법이다. 즉, 여러 국면의 시나리오를 상정하여 이를 토대로 투자의사 결정 변수를 찾아 내는 방법이다.

부동산 투자 분석에 있어서 민감도 분석은 시뮬레이션 분석의 전단계로 대개 3개 국면(optimistic, most likey, pessimistic)으로 나누고 여기에 투입변수는 임대부동산일 경우 공실률, 임대료 및 운영경비 등의 상황별 예상값을 상정하여 DCF방식에 의거 각각의 상황별 NPV 또는 IRR 등의 값을 얻는다.

여기서 구한 3개의 국면별 값은 그 값 자체가 의미를 가지나, 투자시점 기준 각각의 전제 상황별 향후 발생할 확률을 부여하여 상기 IRR 및 NPV의 가중산술평균값을 구할 수도 있다.

다음 그림에서 보듯이 투자안 A와 투자안 B는 각각의 상황별로 수익률을 추정한 자료라고 가정해보자.

투자안 A는 투자안 B보다 비관적인 시장전망이 아닌 상황에서 대분분 보다 좋은 투자지표를 보인다.

그림 6-6 민감도 분석시 투자안 선택기준

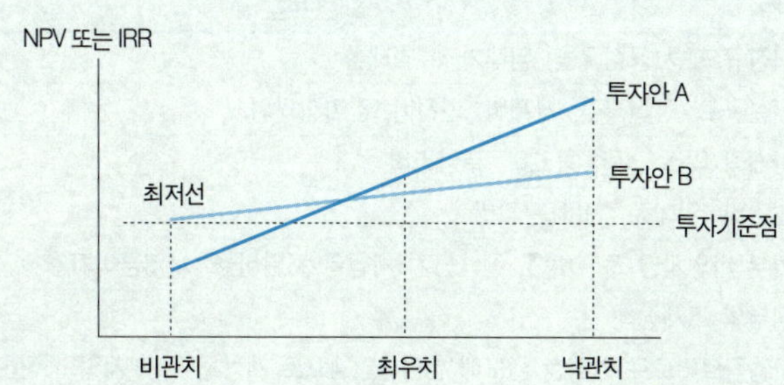

그러나 비관적인 시장상황이 발생한다면 투자의사 기준점보다 낮은 값을 나타낸다.

반면에 투자안 B는 비관적인 상황 외에는 투자안 A보다 낮은 투자성과를 보이지만 어떠한 상황에서도 투자기준점보다 높은 값을 보인다면 위험회피형 투자자의 경우는 대개 투자안 B을 택하게 될 것이다.

〈표 6-3〉은 일반적으로 민감도 분석에 사용되는 변수의 유형을 정리한 표이다.

투자안이나 사업의 성격에 따라 다양한 변형이 가능할 것이다.

민감도 분석에 있어서 Tornado 차트분석이 있다. 민감도 분석 대상 변수 중 NPV 변화에 가장 영향력을 미치는 순부터 나열하여 위험관리를 하는 기법을 말한다.

토네이도 차트는 민감도 차트와 차이가 있다. 이 분석 방법은 하나의 변수를 분석하기 위해 다른 변수의 영향력을 억제한다. 즉, 다른 가정변수의 영향력을 제거하여 예측변수에 대한 각 가정변수 고유의 영향력을 측정한다. 이러한 토네이도 차트는 가정변수의 독립적인 민감도를 측정할 때 또는 보다 단순하고 효과적인 모델을 구축하기 위해 가정변수 또는 의사결정변수를 선택하고자 할 때 유용하다.

환언하면, 민감도 차트는 가정변수들 간의 상관관계를 반영한 예측변수에 대한 영향력을 보여주는 데 반해 토네이도 차트는 가정변수가 예측변수에 미치는 고유한 영향력을 보여 준다는 점에서 차이가 있다.

표 6-3 민감도 분석의 주요 대상 변수

대상 변수	영향요인
매출액	시장규모, 시장점유율, 임대가격, 임대율
투자비	시설규모, 건설기간, 자재비, 인건비, 감가상각비
판매비	마케팅 믹스 전략, 광고비, 분양경비
일반관리비	인건비, 임대료, 기타 관리비
지급이자	외부 타인자금 조달비중, 장 · 단기 차입금 조달비율, 차입금이자율
세 금	정부의 조세정책
매각예정가격	사업종료연도로 가정한 연도에 현금유입액으로 계상될 투자 사업의 잔존가치(세법상 잔존가치, 토지 · 건설 등의 지가상승에 따른 미실현이익, 임대보증금의 환불, 보증금 반환액 등)

그림 6-7 Tornado Chart 예시

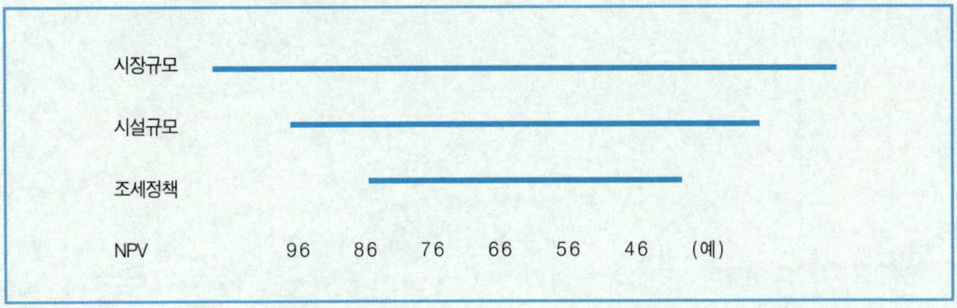

〈그림 6-7〉의 토네이도 차트 분석 예를 보면 분석 대상 부동산의 투자안은 시장규모, 시설규모, 조세정책의 변동폭에 따라 투자안에 미치는 NPV의 변동폭이 큼을 알 수 있다.

Ⅶ. 시뮬레이션 분석(Simulation)

실제 또는 가상의 동적 시스템모형을 컴퓨터를 사용하여 연구하는 것을 말하며 모의실험을 시뮬레이션이라 한다.

변수의 관계가 확실하여 예측치를 정확하게 찾을 수 있는 확정모형(deterministic model)과는 달리, 부동산 투자는 결과를 정확하게 예측할 수 없는 확률모형(stochastic model)이다. 일반적으로 확정모형에서는 분석적 해(analytical solution)를 찾는 것이 가능하지만 확률모형에서는 분석적인 방법으로 해를 찾는 것이 불가능한 경우가 많다. 이 경우에는 수치적(numerical)으로 일련의 난수를 반복적으로 발생해서 시뮬레이션을 하면 답을 찾을 수 있는데 이것이 몬테카를로 시뮬레이션이다.

이 방법은 각각의 변수의 확률분포를 통합해서 목표로 하는 값의 확률분포를 알아내는 것이다.

다음 그림에서 보듯이 분석 대상 투자안에 영향을 미치는 주요 변수의 확률분포를 예상하고 이들 변수들의 결합패턴을 이용하여 투자의사결정에 영향을 미치는 지표의 분포를 파악하는 과정이라고 말할 수 있다.

그림 6-8 simulation 분석

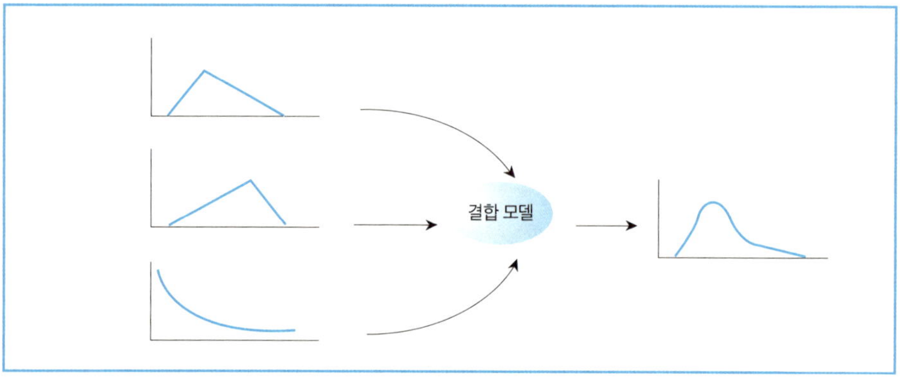

일반적으로 부동산 투자 시뮬레이션은 먼저 가장 확률적으로 일어날 수 있는 확률이 높은 투자의 현금흐름을 예측한다.

이후에 주요 투자 변수, 예를 들어 공실률, 임대료 및 운영경비의 확률분포를 추정한다. 이를 위한 간단한 방법은 난수를 이용한 확률구간법을 이용하여 분포를 추정한다.

이후 상기 주요 변수 각각의 확률분포에 기초한 값을 투입하고 IRR 또는 NPV를 구한다. 이러한 과정을 컴퓨터를 이용하여 수백 번 또는 수천 번 시행한 후 투자안의 NPV 또는 IRR의 분포를 얻는다.

〈그림 6-9〉는 이 방법에 대한 개념도이다.

다음 〈표 6-4〉는 시뮬레이션분석 예제로 보유 기간 5년 동안 임의의 부동산에서 예상되는 현금흐름자료이다.

이 표를 바탕으로 상기 현금흐름에 가장 영향을 미친다고 생각되는 PGI, 공실률(V&LA) 및 운영경비(OE)의 전년대비 변동률에 대한 예상값과 이러한 사상이 일어날 확률분포를 다음 〈표 6-5〉와 같이 예상해 보자.

즉, PGI의 전년대비 변동률이 3%가 될 확률은 30%, 10%가 될 확률은 40%, 15%가 될 확률은 30%가 된다고 가정한 것이다. 공실률과 운영경비도 동일한 가정을 이용하여 확률분포를 정한 것이다. 단, 매각가격 예측을 위한 Going-out cap. rate는

그림 6-9 부동산 Simulation 도식

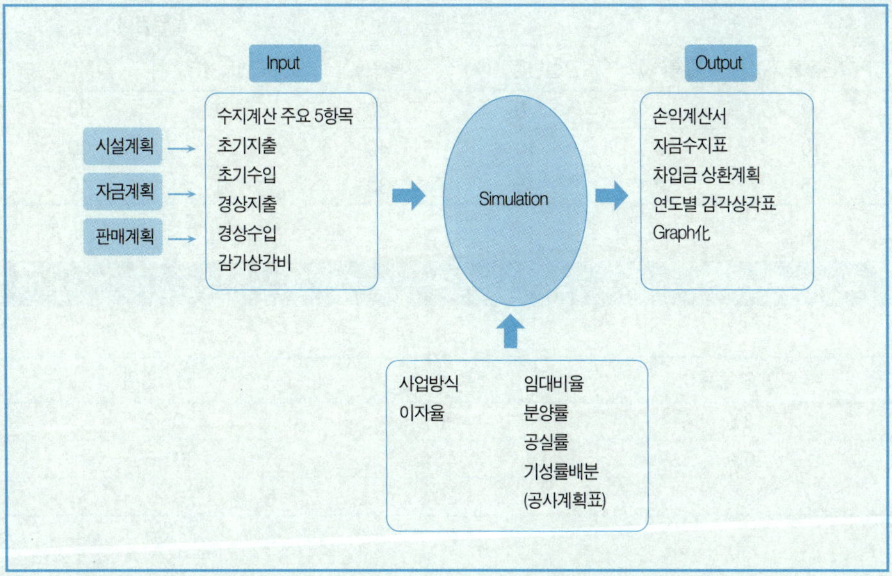

표 6-4 시뮬레이션 예제

구분 \ 연도	0	1	2	3	4	5
PGI		100	110	127	130	143
-V&LA(%)		10	10	15	10	10
EGI		90	99	108	117	129
-OE		37	41	41	45	45
NOI		53	58	67	72	84
RP(resale)						942
CASH FLOW	-1,000	53	58	67	72	1,026

9%로 가정한다.

〈표 6-5〉의 각각의 변수별 확률분포를 얻기 위해 먼저 PGI의 난수에 의한 확률구간 설정과 변동률 입력방법에 대한 예를 들어보면 다음과 같다. 즉, 난수값이 0~29범위(난수범위 0~99사이의 값을 난수로 발생시키면 이 구간에 존재하는 정수값은 100개

표 6-5 시뮬레이션 예제

(단위: %)

PGI		공실률		운영경비	
PGI변동률(%)	확률(%)	공실변동률(%)	확률(%)	OE변동률(%)	확률(%)
3	30	5	30	0	30
10	40	10	40	5	30
15	30	15	30	10	40

표 6-6 확률구간 설정 예시

PGI 변동률	확 률	난수범위
3%	30%	0~29
10%	40%	30~69
15%	30%	70~99

가 되고 0~29사이의 값은 30개가 존재한다. 따라서 이는 전체 구간에서 30%를 반영하게 된다)에서 발생하면 PGI는 전기 대비 3%의 변동이 발생하고, 난수값이 30~69에서 발생하면 10%의 변동이 발생하고 그 외의 구간에 존재하는 난수값이 발생하면 PGI의 변동폭은 15%가 되게 되는 확률 분포값을 가지게 된다는 의미이다(〈표 6-6〉 참조).

이러한 가정을 전제로 엑셀을 이용한 수익률(IRR) 시뮬레이션을 시도한 결과 필자는 평균 6.71%, 표준편차는 3.61%를 얻었다. 실행은 독자들에게 맡긴다.

Ⅷ. 한계수익률(MRR: Marginal rate of return)

IRR과 용어상의 유사성을 가지나 그 의미는 전혀 다른 용어 중에 MRR이 있다. 이는 부동산의 최적 보유기간을 판단하는 도구로 응용된다. 이는 매년 다음해에 매각할 경우의 현금수입(운영수입+매각수입)과 당해 연도 매각시의 현금수입(매각수입)의 차액을 당해 연도의 매각수입으로 나누어 도출한 값이다.

이를 수식으로 표현하면 다음과 같다.

$$MRR=\frac{ATCF_{sale\ proceed(year\ t+1)}+ATCF_{operation(year\ t+1)}-ATCF_{sale\ proceed(year\ t)}}{ATCF_{sale\ proceed(year\ t)}}$$

단, 상기식에서 정의한 용어의 의미는 다음과 같다.

ATCFsale proceed(year t+1): t+1년에 매각할 경우 세금공제후 현금흐름

ATCFsale proceed(year t): t년에 매각할 경우 세금공제후 현금흐름

여기서 현금흐름은 운영소득 및 매각소득의 세금공제후 합을 말한다.

• 운영 소득(operation)의 현금흐름은 NOI에서 감가상각비 및 대출금의 이식을 차감한 금액(과표)에 소득(법인)세율을 곱하여 법인세 등을 산정한 후 이를 NOI에서 공제하여 구한 세금공제후 NOI를 말한다.

NOI−Dep−INI=Taxable Income, Taxable Income × tax rate=TAX

NOI−TAX=$ATCF_{operation}$

단, Dep: 감가상각비, INI: 이자, TAX: 세금(소득세 등)

• 매각 소득(sale proceed)은 매각가격에 장부가격을 공제한 잔액에 소득(법인)세율 등을 곱하여 양도소득세를 산정한 후, 이 금액을 전체 매각가격에서 차감하고 여기에 대출 미상환잔액을 공제한 세금공제후 지분권자에 귀속되는 순현금흐름을 말한다.

(P+△P)−Book value=Capital gain, Capital gain × Tax rate=Capital gain Tax

(P+△P)−Capital gain Tax−Debt Balance=$ATCF_{sales\ proceed}$

단, △P: 가격변동, Book value: 장부가격, Debt Balance: 미상환잔액, Capital gain Tax: 양도소득세

최적 보유기간은 아래 그림에서 보듯이 보유기간 동안 재투자율이 일정한 경우에는 재투자율과 MRR곡선이 만나는 점이 최적 보유기간이 될 것이고, 보유기간 동안 재투자 수익률이 변동되는 경우에 보유기간 동안 이 수익률이 상승하면 최적보유기간은 단축될 것이고 반대인 경우에는 최적보유기간은 늘어날 것이다.

그림 6-10 보유기간 동안 재투자수익률이 고정된 경우

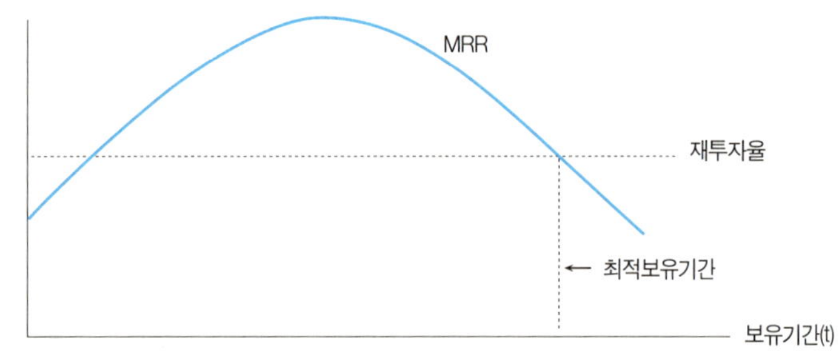

그림 6-11 보유기간 동안 재투자수익률이 변동된 경우

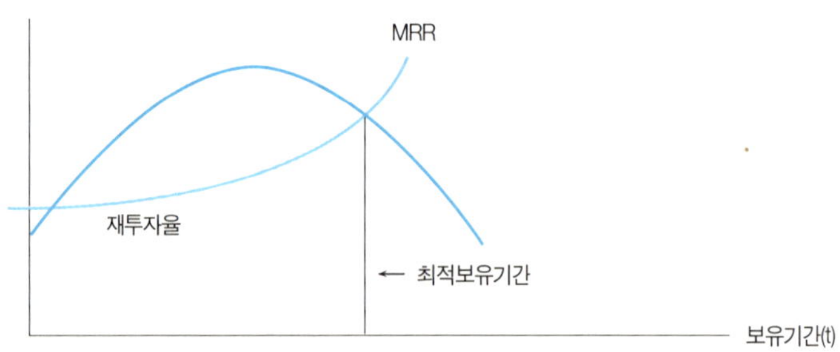

Ⅸ. Real option

이는 資産 타이밍선택 이론으로 확장, 축소, 포기 등 다양한 선택안을 가미하여 평가액을 산정하는 방법으로 부동산의 경우 나지를 개발하는 옵션, 건물을 remodeling하는 옵션, 주택을 없애고 오피스를 개발하는 옵션 등이 이에 속한다.

언제라도 이러한 권리를 행사할 수 있는 것이 American option이고 일정한 날에만 가능한 것이 European option이다. 이러한 맥락에서 보면 부동산은 American option의 성격을 갖고 있다

결국 real option은 언제 개발하는 것이 좋은가, 언제 사는 것이 좋은가 하는 시간선택의 문제이다. 이를 해결하기 위해서는 먼저 문제가 되고 있는 real option을 인식하고 정의한 후 이를 수리식으로 표현하여 이의 해를 구해서 option가치를 구한다. 주로 이용되는 방법은 Black-Sholes 평가방법, Montecarlo Simulation 모형 및 Markov process[6] 해결방안 등이 있다.

다음 예제는 기본적인 option개념을 이용한 토지가격 산정 방법의 예시다.

나지에 대한 토지의 가치를 판단하는 경우에는 대개 가격시점 기준 가격을 산정한다. 그러나 여기서 한걸음 더 나아가서 이 토지를 1년 후에 개발한다고 가정할 경우의 현재의 토지 가치는 관점을 달리할 수 있다. 다음 예제에서처럼 지금 나지를 개발하여 아파트를 매각할 경우와 대비하여, 1년 후에 개발하여 매각할 경우에는 시장의 호 · 불황 여건에 따라 매각가격이 달라지게 될 것이다(1년 후 호황일 확률 60%, 불황일 확률 40%로 가정).

그러나 개발비용은 이러한 여건과 관계없이 건축비용의 물가 변동만큼 반영된 개발비용이 동일하게 적용될 것이다.

만약 1년 후의 상황이 불황이 되면 개발업자는 건축을 하지 않게 될 것이고 호황이 되면 건축을 한다는 전제하에 현재의 토지가격은 〈표 6-7〉과 같이 산정할 수 있다.

6) 블랙-숄즈 옵션가격결정모형은 1973년 블랙(F. Black)과 숄즈(M. Scholes)에 의해 개발된 옵션가격결정에 관한 이론으로 숄즈는 이 모형을 개발한 공로로 1997년 노벨 경제학상을 수상하였다. 이 이론은 콜옵션의 프리미엄은 만기일의 주가지수 기대값의 현재가치로부터 권리 행사시 지급할 금액의 기대값의 현재가치를 차감하여 결정된다는 것이다. Markov process는 어떤 시스템의 시간의 변화에 따라 변화하는 상태를 나타내는 모델을 말한다. 즉 각 상태들은 x0, x1, x2, …라는 확률변수들의 열로 나타낼 때, 한 상태가 결정되는 확률은 그 바로 전의 상태가 무엇인가에 의해서만 결정되고 그 앞의 모든 상태들과 무관한 성질을 가질때 x0, x1, x2, …들을 마코프 연쇄(과정)라고 한다.

표 6-7 토지의 옵션가격 예제

	오늘 개발	1년 후 개발	
확률(%)	100	60%(불황)	40%(호황)
개발완료 후 자산가치 A	1,000	600	1,600
개발비용(토지가 제외) B	800	900	900
NPV (A-B)	200	-300	700
미래가치기준 판단(action)		0(개발하지 않음)	700(개발함)
기대가치(토지)	200	60%×0+40%×700=280	

따라서 현재 개발할 경우의 토지잔여가치(분양가-개발비용)는 200이 되나 1년 후의 여건을 감안한 토지의 기대가치는 280이 된다.

이를 현재가치로 환원하면 280/(1+20%)=233이 된다(할인율 20% 가정시).

따라서 현재의 토지가치는 max(200,233)=233원이 되어 1년 후 옵션을 가미할 경우의 토지가격은 현재시점의 토지가격보다 33원 높게 판단되어 옵션가치는 33이 될 것이다. 결국 상기 표에서 보듯이 전통적인 최유효이용기법에 의한 토지가격은 200원이 되나 미래의 불확실성(상기 분석의 경우는 1년)을 가격에 가미하면 토지가격이 233원이 되므로 이는 토지가격 결정에 대한 또 다른 시각을 제공하는 셈이다.

제4절 요 약

투자는 미래이득을 얻기 위해 현재 소비를 포기한 대가이다. 따라서 투자를 한다는 것은 불확실성하에서 미래의 불확실한 이득을 위해 현재의 확실한 이익을 희생하는 의사결정 과정이다.

여기에서 말하는 불확실성은 광의의 의미를 갖는 것으로 미래상태에 관한 완전한 무지뿐만 아니라 부분적인 무지까지도 포함한다. 전자를 불확실성(uncertainty)이라고 칭한다면 후자는 위험(risk)으로 볼 수 있으나 양자를 구분하지 않고 투자론에서 설명한다. 그러나 현실세계에서 완전한 무지는 추상적인 개념인바 일반적으로 투자는 위험을 전제로–즉 부분적인 정보하에서의 무지를 의미하고 이를 전제로 투자론을 구성한다.

수익은 기대값으로 표시하고 위험은 분산 또는 표준편차로 표시한다.

이러한 접근 도구를 갖고 투자자의 유형을 분류하면 위험회피성, 위험추구형, 위험중립형으로 나눌수 있으나 대부분의 합리적 투자자는 위험회피형임을 보았다.

위험회피형 투자자가 수익과 위험을 계량하는 여러 가지 방법을 살펴보았다. 이 중에서 부동산에 가장 중요한 의미를 가지는 할인율, 위험부담할증률, 환원이율(Cap Rate)을 집중적으로 분석하였다.

나아가서 투자는 미래수익을 위한 현재의 효용을 포기한 대가이므로 이러한 시간선호를 표시하는 각종 방법–화폐의 시간적 가치를 살펴보았다.

이러한 해석의 바탕 위에 역사적 수익률, 회수기간법과 같은 전통적인 분석방법과 이자와 할인 개념을 가미한 분석방법인 현금할인 수지 분석법, 이 틀을 이용하여 NPV, IRR 등을 알아보고 이의 문제점과 변형에 대해서도 검토를 하였다. 나아가서 해외 투자에서 송금제한과 환율변동이 주어진 상황에서 투자수익률을 산정하는 방법도 알아보았다.

이 밖에도 여러 상황별 투자의사지표를 산정하여 보다 구체적인 투자 결정안을 찾아가는 민감도분석, 시뮬레이션 분석 방법의 접근 방법도 연구하였다.

마지막으로 최적 보유기간을 산정하기 위한 한계수익률, 개발옵션 등 옵션이 부가된 상황에서 투자가격은 그렇지 않은 경우와 얼마나 달라지는가 등도 알아보았다.

Chapter 7 외국환 거래

해외 부동산 투자에서 환율은 가장 중요한 결정변수이다. 해외 부동산 투자를 결정하는 경우 당해 투자국의 향후 환율을 예측해서 이를 투자한다는 것은 어려운 일이다. 특히 외환거래에 익숙하지 않은 부동산 투자자의 입장에서는 환율의 변동추이를 분석하고 향후 투자 종료시점의 환율을 파악해서 투자 수익률을 예측한다는 것은 지난한 일이다.

일반적으로 외환에 대한 환율변동 위험을 방지하기 위해 환헤지 상품을 이용할 경우에는 상당한 비용을 부담하여야 하고 이것은 결국 수익률을 하락시켜서 투자결정을 어렵게 하는 요인이 된다. 또한 환헤지 계약을 시도하려고 해도 미국 달러나, 유로, 일본의 엔화처럼 국제 외환시장이 활성화되어 있지 않은 시장은 환헤지 계약 자체를 맺기도 쉽지 않을 것이다. 그리하여 혹자는 해외 부동산 투자는 투자란 용어가 의미하듯이 환차익 또는 환손실을 포함한 광의의 개념으로 보아야 한다는 주장도 있지만 자기지분에 의한 직접투자자가 아닌 펀드운용업자의 경우에는 현실적으로 이러한 투자선택안을 택하기는 어려울 것이다.

그러나 다국적 부동산 투자회사가 외환관리를 하는 경우 건별로 비용을 부담하고 환헤지를 하는 것보다는 환위험에 노출하여 상호 위험을 상쇄시키는 것이 보다 효율적인 전략이 될 것이다(Michael 외, The economics of commercial property markets).

본장에서는 환율에 대한 기본 개념과 작동 원리를 알아보고 해외 부동산 투자 시장에서 적용 가능한 환위험 관리방안에 대해 검토해보자.

제1절 의 의

외환거래(foreign exchange transaction)란 상품거래나 자본거래를 하는 국가의 은행들이 국가간 거래를 결제(settlement)하기 위해 거주자들의 위탁에 따라 외환을 발행하고 지급하는 행위를 말한다. 바꾸어 말하면 결제를 위해 한 나라의 통화를 매입하고 다른 한 나라의 통화를 매각하는 교환거래라 할 수 있다.

이러한 교환 거래를 할 경우 반드시 화폐의 교환비율이 필요할 것이고 이 비율을 환율(foreign exchange rate)이라고 한다. 즉 환율은 한 나라의 화폐가치를 다른 나라의 화폐로 표시한 것이다. 이러한 환율은 자국화폐의 입장에서 보면 자국통화의 대외가치가 되며 외국화폐의 입장에서 보면 외국화폐의 국내 시장가치가 된다. 외환시장에서 외국 화폐는 일종의 상품으로 취급되어 해당국 화폐의 수요와 공급에 따라 환율이 결정된다. 그러나 화폐는 일반 상품과 다른 특수성을 지니고 있기 때문에 그 가치 결정에는 복잡한 요인들이 작용한다. 고정환율제도하에서는 어떤 국가의 통화가 상대국 통화에 대하여 가치가 오르는 것을 평가절상(revaluation)이라 하고, 내리는 것을 평가절하(devaluation)라 한다. 변동환율제도하에서는 이를 각각 통화가치의 상승, 통화가치의 하락이라고 구분해서 표현하기도 한다.

일반적으로 외환시장에서 이루어지는 외환거래는 현물환거래, 선물환거래, 통화선물거래, 통화옵션거래, 통화스왑거래로 구분된다. 이때 각 거래에서 결정되는 환율이나 가격은 현물환율(spot rate), 선물환율(forward exchange rate), 스왑레이트(swap rate), 선물가격(futures price), 행사가격(excercise price 또는 strike price) 등으로 불린다.

Ⅰ. 환율의 표시방법

환율이란 자국통화와 외국통화 간의 교환비율이라 볼 수 있다. 즉, 한 나라의 통화를 다른 나라의 통화로 바꾸는 데 적용되는 비율을 말한다.

이러한 환율의 표시방법은 자국통화표시방법과 외국통화표시방법이 있다.

(1) 자국통화표시환율

외국통화를 기준으로 외화 1단위와 교환되는 자국통화와의 단위량을 표시하는 방법을 자국통화표시환율(rate in home currency) 또는 직접표시환율(direct quotations)이라고 한다. 한편 외환시장에서 단위외화에 대해 국내거주자가 지급해야 될 자국통화의 양을 표시하기 때문에 지급기준환율(giving quotation)이라고도 한다. 예컨대 우리나라에서와 같이 1US$=₩1,200으로 표시하는 방법이 그것이다.

(2) 외국통화표시환율

자국통화를 기준으로 하여 자국통화 한 단위와 교환되는 외화단위를 표시하는 방법을 외국통화표시환율(rate in foreign currency) 또는 외환시장에서 국내거주자가 자국통화 1단위와 교환하여 수취하는 외화의 양을 표시하기 때문에 수취기준환율(receiving quotation)이라고도 한다.

예컨대 1원=1/US$1,200이라고 표시한다. 이 방법은 주로 영국, 호주, 뉴질랜드 등 국가에서 사용하고 있다.

상기 두 가지 방법 중에서 외화기준시세가 빈번하게 사용된다. 그러나 영국과 영연방국가인 호주, 뉴질랜드, 남아프리카공화국 등은 자국화 기준시세에 따르고 있다. 예를 들어 영국은 외화기준시세인 달러당 0.5303파운드로 표시하지 않고, 자국화기준시세 1£=1.8859$로 사용하고 있다.

국제외환시장에서 환율을 표시할 때 일반적인 관행은 10단위 미만의 경우에는 소수점 이하 넷째 자리까지만 표시하고, 10단위 이상일 경우에는 소수점 이하 둘째 자리까지만 표시한다. 예를 들어 달러당 원화 표시환율이 1,025.60이면 1USD=1,025.60KRW로 또는 달러당 파운드 환율이 1.8859파운드이면 1USD=1.8859GBP로 표시한다.

Ⅱ. 매매기준율

우리나라는 외환시장에서 거래된 외환의 거래량과 가격을 감안하여 환율이 시시각각으로 변화는 변동환율제도를 채택하고 있다. 그리고 변동환율제도에 따라 계산된 시장평균환율이 비로 매매기준율에 해당한다. 시장평균환율(MAR: market average rate)은 외환의 매매중개기관을 통해 외국환은행 간에 체결된 외환의 거래량과 가격인 환율을 가중평균 하여 계산한 값이 다음 영업일의 매매기준율로 고시된다.

원화(KRW)와 달러(USD)화의 환율은 원화와 다른 통화와의 환율을 결정하는 기준이 되기 때문에 기준환율이라 하고, 이는 전술한 바와 같이 외환시장[1] 에서 거래되는 거래량과 가격인 환율을 가중평균 하여 산정된 시장평균환율이 다음날 매매기준환율이 된다(달러매매기준율).

이 기준환율을 통해서 간접적으로 계산된 원화와 제3국 통화 사이의 환율을 재정환율이라고 합니다.

예를 들어 유로원환율은 달러원환율과 유러달러환율을 통해 다음과 같이 얻어진다.

$$EUR/KRW=(KRW/USD)\times(USD/EUR)=1050.5\times1.38=1449.69$$

여기서 달러매매기준율은 국내외환시장에서 형성된 시장평균환율을 기준으로 산정하지만 재정환율 산정을 위한 달러와 다른 통화 간의 환율은 주요국제시장에서 형성된 환율을 감안하여 사용한다.

제2절 환율 유형

환율은 상기 매매기준율과 외국환매매율로 나눈다. 외국환매매율은 외국환은행이 다른 은행이나 고객과 거래할 때 적용되는 환율로 이는 선물환율(forward rate, future rate)과 현물환율(spot rate)로 나눈다.

1) 우리나라에서 공식적으로 외국환중개가 허용된 회사로는 서울외국환중개㈜와 한국자금중개㈜ 등 두 곳이 있다. 그러나 외환의 경우에는 전체거래량의 70% 수준을 서울외국환중개주식회사에서 중개를 하고 있어 이회사는 우리나라의 공식적인 외환시장의 역할을 수행하면서 주요통화에 대한 환율을 산출하여 고시하는 국내 유일의 기관이다.

Ⅰ. 현물환율

이는 외환거래가 이루어지는 시점에 외환의 결제가 이루어질 때 적용되는 환율로서 외국환 은행간 거래되는 매매율, 한국은행집중률[2] 및 외국환거래를 취급하는 은행과 대고객간의 매매율로 나눈다.

여기서 외국환은행 대고객 매매율은 다시 고객이 사는 경우 적용하는 매입률과 파는 경우에 적용하는 매도율로 나눈다.

환율표를 살펴보면 현찰매도율이 현찰매입률보다 항상 높은 것을 알 수 있는데 이는 외국환은행이 고객에게 환전을 할 때 별도의 수수료를 받는 것이 아니라, 외화를 싸게 사서 비싸게 팔아 수익을 얻기 때문이다. 참고로 외국환은행은 달러와 엔화의 경우 매매기준율보다 약 1.75% 낮게 고객으로부터 매입하여, 매매기준율보다 약 1.75% 높게 고객에게 매도함으로써 달러당 약 3.5%의 수익을 얻고 있다.

그림 7-1 외환의 거래 형태별 유형

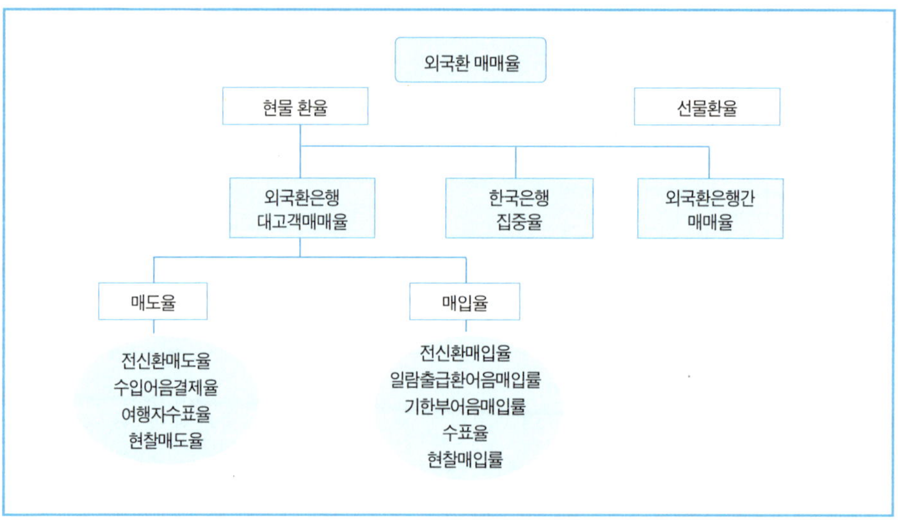

2) 과거 단일변동환율제도에서 사용되었던 개념으로 외환집중제도를 채택하고 있는 경우에 적용되는 환율을 집중률이라 하며 우리나라의 경우에는 한국은행집중기준율, 한국은행집중매도율과 한국은행집중매입률이 있다. 한국은행집중매도율은 한국은행이 외국환은행에 외환을 매도할 때 적용되는 환율이고, 한국은행집중매입률은 한국은행이 외국환은행으로부터 외환을 매입할 때 적용되는 환율, 한국은행집중기준율은 앞의 매입률과 매도율의 중간율을 가리킨다. 그러나 현재의 자유변동환율 제도하에서는 사용되지 않는 개념이다.

전신환매매율은 전신으로 송금되어 오거나 송금되는 외환을 은행이 고객과 매매할 때 적용되는 환율을 말한다. 이는 다시 전신환매도율(고객이 보낼 때)과 전신환매입률(고객이 받을 때)로 나눈다.

전자는 은행이 고객에게 전신환을 매도할 때 적용하는 환율로서, 고객의 입장에서 보면 은행이 고객으로부터 전신환을 매입할 때 적용하는 환율이다. 일반적으로 고객이 해외투자 등을 위해 외환을 외국에 송금하는 경우에 전신환을 매입하게 된다.

반면에 전신환매입률이란 은행이 고객으로부터 전신환을 매입 할 때 적용되는 환율로서, 고객의 입장에서 보면 은행에 전신환을 매도할 때 적용되는 환율이다. 일반적으로 고객은 외국으로부터 수출대금을 수령하거나 또는 외국으로부터 외환을 송금받은 경우 전신환으로 매도하게 된다

은행은 전신환거래시 달러와 엔화의 경우 전신환매입률은 매매기준율보다 약 0.97% 낮게 정하고 전신환매도율은 약 0.97% 높게 결정하여 달러당 약 1.94%의 수익을 얻는다.

Ⅱ. 선물환율

선물환이란 현시점에 외환의 매매계약을 체결하고 외환의 결제는 미래의 약정된 시점에 이루어지는 거래로서, 이때 적용되는 환율을 선물환율이라 한다. 예를 들어 해외 부동산 투자자가 미래의 약정된 시점에 받을 투자관련 외환수입을 은행에 일정한 선물환율에 따라 현재 시점에 매도하는 것이 선물환거래에 해당된다.

반대로 부동산 매입을 위해 미래의 약정된 시점에 지급할 외환을 은행에 일정한 선물환율에 따라 현재 시점에 매입하는 것 역시 선물환거래이다.

현물환과 선물환의 구분은 외환거래 계약을 체결(value spot)하고 2영업일 내에 외환의 결재가 이루어지는 것을 말하고 이 기간을 초과하는 날짜에 외환의 결제일을 정하는 것은 선물환거래가 된다.

선물환을 표시하는 방법에는 약정한 선물환율을 실제 숫자로 표시하는 방법(예를 들어 3월21일에 현물환을 체결하면서 4월 25일에 10만 달러를 달러당 1,040으로 결제하기

로 약정하는 것)과 현물환율과 선물환율의 차이인 선물마진으로 표시하는 방법[예를 들어 선물환율이 현물환율보다 비싸면 P(premium), 싸다면 D(discount), 선물환율과 현물환율이 동일한 경우에는Even, Par, Flat등으로 표기하는 것] 등이 있다.

제3절 환율 결정방법 및 결정요인

일반적으로 환율은 장기적인 측면에서 보면 여러 가지 요인에 의해 결정된다. 이러한 요인은 각국의 구매력, 이자율 및 물가상승률 등에 의해 결정된다.

Ⅰ. 구매력 평가(PPP: purchasing power parity)

환율은 양국 간의 인플레이션과 관계를 가지며 이는 결국 실질구매력에 의해 결정된다는 전제하에 각국의 구매력을 기준으로 평가한 환율을 구매력평가환율이라 한다.

예를 들어 한국에서 스타박스 coffee 1잔의 가격이 5,000원이나 미국에서 5$에 이 커피를 살 수 있다면 환율은 다음과 같이 결정된다.

₩5,000/$5=1,000₩/$

이는 모든 자산은 화폐단위에 상관없이 동일한 가격으로 거래된다는 일물 일가(the law of one price)의 원칙을 기반으로 하고 있다.

–Price i=Price j×(Currency i/Currency j)

예를 들어 미국 금 가격이 $10/ounce이고 KRW/USD=1,000이면 한국판매가는 온스당 10,000원이 될 것이다. 그러나 다른 요인에 의거 환율이 1,100으로 바뀌면 금의 한국판매가11,000원이 되어 1,000의 이익(재정기회)이 발생하게 된다. 이런 상황이 되면 한국은 금 수입을 증가시키게 되고 미국은 이러한 수요증가로 인해 금값이 상승하게 되고 이러한 가격상승은 한국 수요 하락을 가져오게 되고 이로 인해 결국 금값이 다시 하락하는 과정 등을 거쳐 환율 1,000의 균형상태로 복귀하게 된다.

그러나 실제는 수송장벽, 세분화된 시장, 상품의 비동질성 때문에 하나하나의 제품에는 성립이 어렵다.

Ⅱ. 이자율 평가(IRP: interest rate parity)

선물환율의 결정과정을 명목이자율과 투자수익률과 관계로 설명한다. 예를 들어 현재 현물 환율이 KRW/USD=1,000이고 이자율은 한국이 10%, 미국은 이자율 5%라고 하면 1년 후의 명목가치는 한국은 1000×1.1=1,100, 미국은 1*1.05=1.05이 되므로 1년 후의 선물환율은 1100/1.05=1,048 ₩/$이 적정환율이 된다.

즉 이 이론은 현물환율은 양국의 이자율 수준과 반대방향으로 움직이되 그 크기는 양국의 이자율 차이만큼 변동하여 재정기회를 사라지게 한다는 것이다. 미국의 이자율이 영국보다 4% 높으면 달러화는 파운드화 대비 4% 평가 절하된다는 것으로 이를 '국제 Fisher effect' 로 부른다.[3]

다음 예제를 이용하여 환율효과를 고려한 수익률을 계측해 보자.

예제: 미국 연기금이 다음과 같은 현금흐름을 창출하는 터키 소재 쇼핑센터를 구입하려고 한다. 이 자산에 대한 cap rate는 12%이고, 예상 IRR은 20%이다. 현재 미국의 경우, 동일한 규모의 쇼핑센터를 사려고 하면 cap rate는 8%, IRR은 10%이다.

연 도	0	1	2	3	4	5
NOI	−1,000.000	120.000	129.60	139.97	151.17	163.26
+EXIT						1,469.33
CF	−1,000.000	120.000	129.60	139.97	151.17	1,632.59
IRR						20%

임대료는 1년 선불조건이고 매년 8% 상승. 다만, 터키 채권시장에서 채권수익률/이자율은 14%이나 미국은 5%에 그치고 있다고 가정한다.

3) 일반적인 Fisher effect는 명목이자율은 실질이자율과 예상물가상승률의 합계와 같다는 이론이다.

터키 투자안은 높은 IRR을 내고 있어 좋은 투자안으로 보이나 터키와 미국에서 쇼핑센터를 운영할 경우 위험은 양국이 다른 점, 향후 환율의 움직임과 환율이 어떤 방향으로 방향성을 가지게 된다면 이에 대한 대처 방법 등을 추가로 검토해 봐야 한다.

상기 투자안에 대해 먼저 터키 금융시장에서 14%의 금리(원금상환 5년 후, 기간 동안 이자만 지불조건)로 전제 투자액의 60%를 차입(LTV=60%)한다고 하면 상기 표는 〈표 7-1〉과 같이 바뀐다.

수익률은 레버리지 효과로 인해 26.77%로 상승한다.

그러나 상기 차입을 터키가 아닌 미국에서 한다면 보다 많은 수익을 실현할 수 있을 것이다. 〈표 7-2〉에서 이를 확인할 수 있다. 해외에서 낮은 금리의 자금을 차입해서 이자율이 낮은 나라에 투자하는 것을 'carry trade' 라고 한다.

표 7-1 현지차입한 경우 CF

연 도	0	1	2	3	4	5
NOI	−1,000.00	120.00	129.60	139.97	151.17	163.26
	+600.00					1,469.33 −600.00
−INT		84.00	84.00	84.00	84.00	84.00
CF	−400.00	36.00	36.00	36.00	36.00	948.59
IRR						26.77%

표 7-2 미국에서 차입한 경우 CF

연 도	0	1	2	3	4	5
NOI	−1,000.00	120.00	129.60	139.97	151.17	163.26
	+600.00					1,469.33 −600.00
−INT		30.00	30.00	30.00	30.00	30.00
CF	−400.00	90.00	90.00	90.00	90.00	1,002.59
IRR						37.34%

그러나 이러한 수익은 단기간에 일어나는 것이 아니고 예제에서처럼 5년에 걸쳐 일어나기 때문에 현재의 양국 간의 이자율의 차이점 하에서 향후 외환 변동 상황을 고려해 보아야 한다.

상기 환율의 이자율 평가 이론(inerest rate parity)은 양국 간의 이자율 차이는 환율에 동일하게 투영된다는 이론이다. 즉, 터키의 이자율이 14%이고 미국의 이자율이 5%라면 향후 달러가치는 14%−5%=9%/년의 평가절상 효과를 가지게 된다는 것이다.

이 환율효과를 상기 투자안에 대입하면 1차년도 미국달러로 표시 $120의 수입은 $120/(1+9%)=110.09로 바뀌게 되고, 다른 수입금액도 동일한 방식으로 조정된다.

표 7-3 환율효과 감안한 후의 CF

연 도	0	1	2	3	4	5
NOI	−1,000.00	110.09	109.08	108.08	107.09	106.11
	+600.00					954.96 −600.00
-INT		30.00	30.00	30.00	30.00	30.00
CF	−400.00	90.00	90.00	90.00	90.00	431.07
IRR						18.03%

이 표에서 보면 IRR은 〈표 7-2〉의 37.34%에서 반 이하로 떨어지므로 상기 투자안은 펀드 매니저 입장에서는 좀 더 생각하여야 할 시간을 필요로 할 것이다.

미국은 5%의 수익률을 얻지만 현재 터키는 14%의 수익을 얻는다는 점은 투자자의 입장에서는 매력적인 요인이지만 이러한 시장 환경은 터키 시장이 향후 높은 인플레이션 위험을 안고 있다는 반증이기도 하다. 따라서 환율효과와 향후의 인플레이션 위험을 고려하면 이 투자안에 대해 좀더 심도 있는 의사결정을 내려야 할 것이다.

Ⅲ. 물가상승률 비교 평가

환율은 장기적으로 각 나라의 물가상승률과 밀접한 관계를 가진다. 현재환율

그림 7-2 환율, 이자율 및 인플레이션율

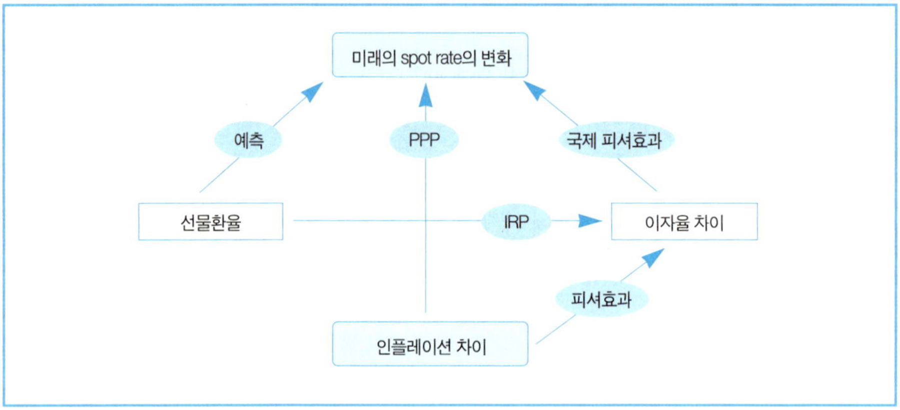

이 1000 ₩/$ 인 상태에서 한국의 물가상승률이 연간 5% 증가하고 미국이 2.5%/년 증가한다고 하면 1년 후의 명목가치는 한국은 1000×1.05=1,050이 되고 미국은 $1×1.025=1.025이 되어 양국 1년 후의 선물환율은 1,050/1.025=1,024 ₩/$(선물환율)이 될 것이다.

위 그림은 PPP, IRP와의 상관관계를 나타내는 그림이다.

이 외에도 다양한 요인들이 환율변동에 영향을 미칠 것이다. 일반적으로 통화량의 변동, 경제성장률, 무역수지, 외국인의 투자자금 등의 변동 등 정치·경제환경이 환율변동에 큰 영향을 미친다.

이 외에도 환율과 관련된 용어중에는 빅맥지수(맥도널드햄버거) 및 톨라테지수(스타벅스 카페라테톨사이즈), 초코파이지수, 노스페이스지수, 신라면지수 등 세계적인 유통망을 형성하고 있는 제품을 기준으로 환율과 구매력을 직관적으로 평가하기 위해 지수를 개발하여 사용하기도 한다. 이는 각국별로 상기 제품의 판매가격을 달러로 환산한 후 이를 미국내 동종제품의 판매가격과 비교한 지표이다. 빅맥지수의 경우는 각국별 1인당 GDP를 감안한 수정 지수를 만들어내기도 한다.

예를 들어 이 지수가 플러스면 통화가치가 달러화 대비 과대평가되어 있다는 의미이고 마이너스는 저평가된 것으로 볼 수 있다는 의미이다.

이러한 지수간 편차가 적을수록 환율이 적정 수준으로 간주된다. 그러나 이러한 접근의 기준이 되는 일물일가의 법칙은 노동력, 임금, 마케팅 정책 등에 따라 달라지기 때문에 이 지수는 단순 참고용으로 검토된다.

제4절 외환리스크 관리

외환리스크란 환율의 변동에 따라 손실이나 이익이 발생할 가능성의 정도를 말한다. 예를 들어 미래의 환율을 달러당 1,050원으로 예상했는데, 미래에 예상대로 이 환율로 거래가 이루어지면 외환리스크는 발생하지 않지만 달러당 환율이 1,000원이 되거나 1,100원이 되면 기대치에 벗어나기 때문에 외환리스크가 발생하게 된다. 외환리스크 헤지(hedge)란 환율의 변동에 따라 발생하는 외환리스크를 방지 하기 위해 여러 가지 기법을 활용하여 이러한 위험을 관리하는 것을 말한다. 특히 해외 부동산 투자자와 관련된 외환리스크를 관리하는 기법으로는 크게 내부 관리기법과 외부 관리기법으로 나눌 수 있다.

Ⅰ. 내부 관리기법

■ 매칭(matching)

매칭은 특정시점에 외환의 유입과 유출을 일치시켜, 그 차액을 최소화함으로써 외환리스크 발생을 제한하는 방법이다. 예를 들어 해외 부동산의 투자관련 수입과 운영경비 등을 상쇄시켜 리스크를 최소화한다.

■ 리딩과 래깅(leading & lagging)

이는 환율 변동에 따라 수입과 지출항목의 발생과 송금시기를 조절하는 것이다. 즉 환율이 달러당 1,000원에서 900원으로 하락하는 추세이면 비용은 최대한 송금시기를 늦추고 수입은 가능한 국내 유입시점을 앞당기는 것을 말한다.

그러나 환율이 달러당 1,000원에서 1,100원으로 상승하는 추세를 보이면 비용을 가급적 발생시기를 앞당기고 수입은 늦추는 전략을 쓰게 된다.

■ 네팅(netting)

네팅은 일정기간에 이루어진 외환거래를 집계하여, 그동안 발생한 투자 수입 관련 외화채권과 관리운영경비 관련 외화채무를 상계 처리한 후, 그 잔액을 결제하는 방식이다. 따라서 이는 수입과 비용 항목 건별로 외환거래를 하지 않고 일정기간 발생한 외환거래를 서로 상계처리하는 방법이다. 따라서 현지 부동산 관리를 하는 PM사에서 분기 또는 년간 단위로 발생한 외환거래를 서로 상계처리하는 방법이 여기에 속한다. 이를 통해 송금과 관련된 비용과 환손익을 줄일 수 있을 것이다.

이는 해외 부동산 투자 주체간에 서로 비용과 수익을 상계처리 하는 것도 가능할 것이다.

Ⅱ. 외부 관리기법

■ 선물환(forward exchange)

전술한 바와 같이 선물환은 외환거래에서 거래 쌍방이 미래에 거래할 특정 외화의 가격을 현재시점에서 미리 계약하고, 이 계약을 미래의 특정시점에 이행하는 금융거래를 말한다.

예를 들어 국내에 있는 해외 부동산 투자자는 현재환율이 달러당 1,000원일 때 3개월 후에 해외 부동산 운영수입 10만 달러를 달러당 1,100원에 매도하기로 약정한 계약을 체결한다면 이러한 계약이 선물환계약에 해당된다.

예를 들어 해외 부동산 투자자 A씨는 해외 부동산 투자수입 자금 1백만 달러를 3개월 후에 수령하게 되어 있다고 가정해 보자. 현재 환율은 달러당 1,000원이나 현재의 원화강세의 환율 추세라면 3개월 후의 환율은 달러당 950원선이 될 것으로 예상된다. 하여 A씨는 3개월 후 달러당 950원으로 하는 선물환 거래 계약을 은행과 체결한다고 하자.

다음 그림은 이러한 과정을 도식적으로 설명한 그림이다. 즉 계약시에는 A씨는 국내은행과 계약을 하면 국내은행은 동일한 외화자금을 대출받아 이를 현물시장에서 원화로 바꾸어 이를 국내 중소기업 등에 대출 등의 방법을 통하여 이식을

그림 7-3 선물환거래 구조

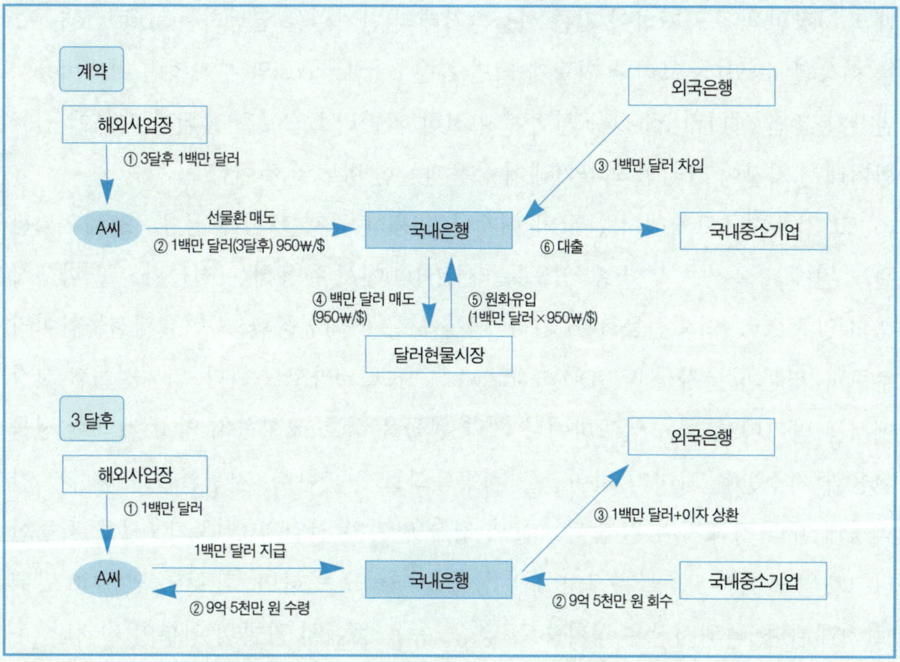

발생시킨다.

그리고 나서 3개월 후에 국내은행은 중소기업으로부터 대출자금을 회수하여 A씨에게 이 금액을 주고 1백만 달러를 받아서 외국은행에 차입한 금액 1백만 달러와 동 기간 중 이자를 가산하여 상환하게 된다.

은행의 입장에서 보면 동 기간 중 이 자금을 이용하여 국내기업에 대출을 통하여 얻은 이자수익과 외국은행에 지불하는 이자 수익의 차액이 은행 수입이 될 것이다.

따라서 선물환거래는 환율의 불리한 변동으로 초래될 수 있는 위험을 회피할 수 있는 이점이 있는 반면에 유리하게 변동할 경우 실현될 수 있는 이익을 포기해야 하는 단점이 있다.

선물환거래에서 결제일은 거래 당사자간에 아무런 제약 없이 결정할 수 있지만 거래일로부터 1주일, 1개월, 2개월, 3개월, 6개월 및 1년째의 특정일로 정하는 것이 일반적이나 1년 미만이 대부분이다. 따라서 1년 이상의 결제일을 가지고 있는 거래의 경우에는 계속하여 기존의 만기일에 환차익이나 환차손을 정산하고 그때의 시장환율에 근거하여 기존 선물환거래의 만기일을 연장하는 market roll-over를 이용할 수 있다. 그러나 이렇게 되면 높은 carrying cost와 부가적인 거래비용이 발생할 뿐만 아니라 roll-over 시점에 여전히 외환리스크에 노출되기 때문에 선물환거래는 기간이 단기인 외환거래에 응용가능한 방법일 것이다.

그러나 대규모거래시 본국의 세제나 운용상 규제를 피해 금융 · 조세 · 외환관리 면에서 특전을 누릴 수 있도록 타국(역외)에서 운용하는 선물환으로 파생상품의 일종으로 '역외선물환'이 있다. 이를 보통 역외선물환, 차액결제선물환이라 부르며, 영문 앞글자를 따 NDF(Non-Deliverable Forward)라고도 한다. 역외선물환 시장에서는 만기에 현물을 인도하거나 계약 원금을 상호 교환하지 않고 계약한 선물환율과 지정환율 사이의 차이만을 지정통화로 정산한다. 지정환율은 당사자 간 약정에 따라 정해지며 원-달러 NDF의 경우 만기일 전일의 매매 기준율로 결정한다. 1개월 물에서 5년 물까지 10개의 상품을 대상으로 하며, 최소 500만 달러 단위로 거래된다. 역외시장은 싱가포르, 홍콩, 뉴욕 등에서 활발히 이루어 지지만, 우리나라에서 말하는 역외선물환시장은 보통 싱가포르와 홍콩에 개설된 시장을 뜻한다. 이 두 시장에서는 원화, 대만 달러, 중국 위안화, 필리핀 페소, 인도 루피 등 다양한 통화가 거래되는데, 이 중 한국의 원화 거래가 가장 활발하다. 특히 2000년 이후 원-달러 환율의 변동 폭이 커지면서 역외선물환 거래가 원-달러 환율을 결정하는 주요 변수로 급부상했다.

일반적으로 선물환거래는 거래당사자 간에 미래 일정 시점에 일정한 가격으로 외환을 주고 받는 계약인바, 선물환율은 현물환율에 미래 일정 기간 보유하는 데에 따른 비용을 가산하여 결정된다. 따라서 선물환율과 현물환율은 일정한 가격의 차이를 보이는 데 이러한 차이를 베이시스(basis)라고 한다.

Ⅲ. 외화예금 및 차입

은행의 외화예금에 가입하여 환율변동 리스크를 저감할 수도 있다.

은행은 고객이 외화로 맡기는 외화예금에 대해 외국통화의 종류, 예금의 유형, 예치금액, 예치기간 등을 감안하여 자유롭게 결정하고 있다.

일반적으로 보통예금과 같이 만기가 없는 외화예금은 원화예금보다 낮은 금리가 적용된다. 반면에 만기가 있는 정기예금에 대해서는 유로시장 또는 콜시장의 이자율을 기준으로 수수료 등을 차감하여 이자율이 결정된다. 은행에 원화를 예치하여 외화예금에 가입했다가, 만기시점에 외화를 원화로 환전하여 인출하는 경우에는 환율의 변동에 따라 환차익이나 환차손을 볼 수도 있다. 따라서 인출시점을 기준으로 선물환 계약을 체결하여 외화예금에 대한 환리스크를 회피할 수도 있다. 또한 원화를 외화로 환전하여 예금해두었다가 이 자금을 이용하여 외환관리를 할 수도 있을 것이다. 예를 들어 해외 부동산 투자의 경우 거래 가격을 약정하고 계약체결시점이나 준공시점이 확정되지 않은 건물의 매입거래 등 거래종결일이 확정되지 않는 부동산 거래의 경우에도 상기 방식을 응용할 수 있을 것이다. 이 경우에는 환전시점의 환율, 수수료, 기간 동안의 외화예금의 금리 등을 고려하여 결정하여야 할 것이다.

또 부동산 거래시 거래금액을 원화로 하여 외환위험을 거래 상대방에 전가할 수도 있을 것이다.

Ⅳ. 통화선물

금융선물거래의 일종으로 환리스크의 헤징이나 환차익을 얻기 위하여 매입자 또는 매도자가 일정통화를 미래의 일정시점에서 당초의 약정가격으로 매입 또는 매도하기로 하는 계약을 말한다.

통화선물은 현 시점에서 매매계약을 체결하고 장래에 거래가 이행된다는 점에서 선물환계약과 유사하나 운용면에서 큰 차이가 있다. 즉 선물환계약은 은행과 고객 간에 직접 결제가 이루어지고 계약 건별로 거래조건이 결정되나, 통화선물은 거래소에서 경쟁입찰방식에 의해 거래 및 결제가 이루어지고 거래상품, 인도기일, 거래단위, 매매조건 등이 표준화되어 있으며 대부분 반대매매에 의해 결제된다.

표 7-4 통화선물과 선물환 비교

구 분	통화선물(futures)	선물환(forward)
계약단위	일정단위로 표준화	임의의 금액
결재일	일정일로 제한	자유롭게 결정
보증금	반드시 예치	의무상항이 아님
거래장소	선물거래소	장외거래
결제	결제일 이전에 반대매매로 상계	당초 계약대로 결제
거래비용	거래수수료 청구	입찰(bid)/매수(offer)간 차액(spread)

주: 통화선물거래단위: 5만 달러; 결제일: 연4회 매년3, 6, 9, 12월 셋째 수요일.

따라서 위 표에서 보듯이 통화선물은 금융파생상품으로 표준화된 거래 형태인바 부동산 거래에 적용하는 데는 한계가 있다.

Ⅴ. 통화옵션(currency option)

금융선물거래의 일종으로 환리스크의 헤징이나 환차익을 얻기 위하여 매입자 또는 매도자가 일정통화를 미래의 일정시점에서 당초의 약정가격으로 매입 또는 매도하기로 하는 계약을 말한다.

미래의 특정 시점(만기일)에 특정 통화를 미리 약정한 가격(행사 가격)으로 사거나 팔 수 있는 권리가 부여된 파생상품이다. 여기서 '미리 결정된 기간 안에 특정 상품을 정해진 가격으로 사고팔 수 있는 권리'를 옵션이라 하는데, 거래의 대상이 되는 기초자산이 특정 통화인 경우 통화옵션이 된다. 통화옵션 소유자는 특정 통화를 사거나 팔 수 있는 권리만 가질 뿐 계약 이행을 위한 의무가 따르지 않아 자기에게 유리할 경우에만 권리를 행사하는 선택권부 청구권을 갖게 된다.

이는 결제일에 외환을 매입할 수 있는 콜옵션(call option)과 결제일에 외환을 매도할 수 있는 권리가 부여된 풋옵션(put option)으로 각각 구분된다.

예를 들어 해외 부동산 투자자가 3개월 후에 10만 달러의 임대수입이 예상된다고 하자 현재 환율이 달러당 1,000원일 경우에 이 투자자는 미래에 수령하는 외화채권에 대해 다음과 같은 3가지 가능성이 있다.

(1) 마무런 대책을 세우지 않은 경우

이는 일종의 투기거래로 환율이 1,000₩/$ 이상으로 오르면 환차익이 발생하고 그렇지 않으면 환차손이 발생하게 되므로 환리스크에 노출된 상태이다.

(2) 선물환 또는 통화선물거래를 통해 10만 달러 매도(선물환율 1,000₩/$)

외환리스크를 헤지하기 위해서 외화채권을 받는 날을 결제일로 달러당 1,000원에 10만 달러를 매도하는 선물환이나 통화선물계약을 체결한다. 이렇게 되면 환율변동에 관계없이 확정된 선물환율로 달러를 매도하고 원화를 환전하게 되나 환차익은 포기하여야 하는 단점이 있다.

(3) 통화옵션거래를 통해 10만 달러 풋옵션 매입(프리미엄 1%)

외화채권을 가지고 있는 투자자는 외화채권을 받는 일자를 결제일로 하여 달러당 1,000원에 10만 달러를 매도하는 통화옵션의 풋옵션 매입계약을 한다. 이에 대한 수수료로 은행에 거래금액인 1억 원의 1%인 100만 원을 프리미엄으로 지급한다.

만약 결제일에 환율이 950원으로 하락하면 부동산 투자자는 통화옵션계약의 이행을 요구하여 10만 달러를 1,000원씩에 매도하고 1억 원을 수령함으로써 500만 원의 환차손을 방지한다. 그러나 실제 100만 원을 은행에 프리미엄으로 지급하였기 때문에 이 계약을 통한 실제 수입은 400만 원이 된다.

그러나 결제일에 환율이 1,050원으로 상승하면 부동산 투자자는 통화옵션계약을 포기하고 외환시장에서 10만 달러를 1,050원에 매도하여 1억 500만 원을 수령함으로써 500만 원의 환차익을 얻게 되지만 프리미엄 비용을 제하면 실제 수입은 400만 원이 된다.

Ⅵ. 통화스왑(currency swap)

양 거래당사자가 계약일에 약정된 환율에 따라 해당통화를 일정시점에서 상호 교환하는 거래를 말한다. 외환리스크 회피나 금리 재정거래를 목적으로 거래방향이 서로 반대되는 형태의 외환 매매계약을 체결하는 것도 이에 해당된다. 예를 들어 현물환을 매도하면서 선물환을 매입하거나 선물환을 매도하는 동시에 선물환을 매입하는 것도 통화스왑에 해당된다.

다음 그림은 미국 연기금이 한국의 부동산을 구입하는 경우, 스왑계약 기간 동안 수익부동산의 임대수입이 확정되어 있다고 하면 다음과 같은 스왑거래를 상정할 수 있다.

아래 그림에서 구입단계에서는 양 당사자는 합의된 환율로 자금을 교환하게 된다. 이때 환율은 주로 현물환율 기초로 결정하나 스왑 개시일 전에 결정된 선물환율이 이용될 수도 있다.

그림 7-4 금융기관을 매개로 한 통화스왑 거래예시

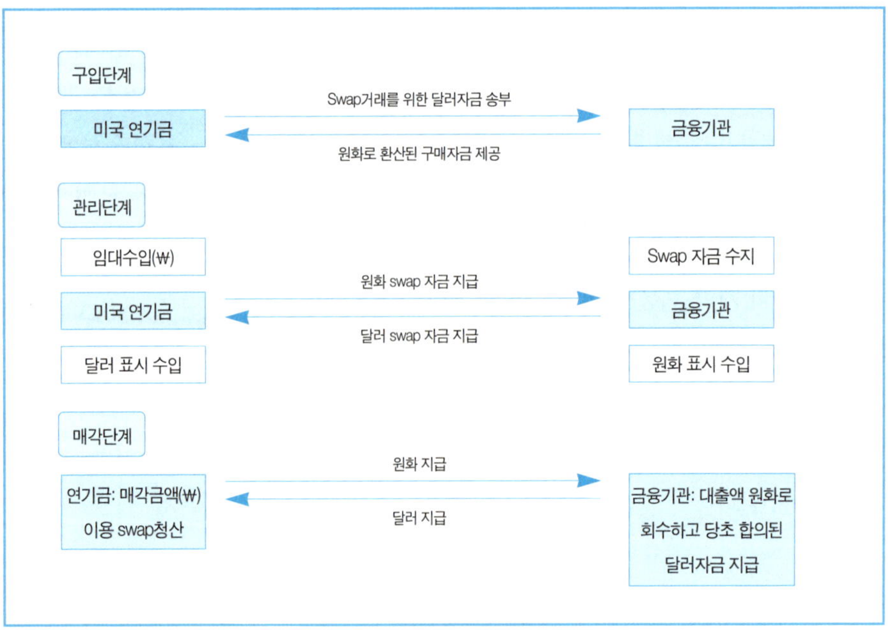

관리단계에서는 거래당사자들은 서로 합의된 금액을 서로 지급하게 된다.

마지막 매각단계에서는 최초에 교환한 원금을 재교환한다. 이때에는 정반대의 자금교환이 발생한다.

상기 과정을 거쳐 각기 원하는 외환자금을 조달할 수 있으며 이로 인해 환위험을 제거할 수 있다.

다음 예제는 기업간 통화 스왑의 또 다른 예제이다.

예제: 미국과 한국에 진출하는 각기업 금융기관 차입조건이 다음과 같다고 하자.

〈차입조건〉

차입조건	KRW	USD
(미국진출)국내B기업	4.5%	LIBOR+1.0%
(한국진출)미국A기업	5.0%	LIBOR
	0.5%	1.0%

상기조건이면 한국기업은 KRW에 상대적 강세(0.5%)이고, 미국기업은 USD에 상대적 강세(1.0%)임을 알 수 있다.

이 상황에서 통화스왑을 실행하면 다음과 같은 과정을 거치게 된다.

(통화스왑)

1단계

$ 元金

(미국기업→국내진출희망) A기업〈〉B기업(한국기업→미국진출희망)

KRW 元金

2단계

$이자지급

(미국기업→국내진출희망) A기업〈〉B기업(한국기업→미국진출희망)

KRW 이자지급

3단계

$원금지급

(미국기업→국내진출희망) A기업〈〉B기업(한국기업→미국진출희망)

KRW 원금지급

즉 1단계에서는 약정 환율로 각기 비교우위를 가지고 있는 자금을 교환하고 2단계에서는 각기 해당 이자를 상호 교환한다. 마지막 청산단계에서는 최초의 원금을 상호 교환하여 금융기관에 차입된 자금을 상환하게 된다. 이렇게 되면 환위험 제거뿐만 아니라 각기 원하는 자금을 조달할 수 있게 되며 차입비용 또한 원하는 형태로 부담할 수 있게 된다.

참고 자료

외환투기거래

일반적으로 기업이나 은행은 외환조작을 통해 외환리스크를 줄이거나 회피할 수 있다. 그러나 적극적으로 외환의 투기거래를 통해 환차익을 내는 경우도 있다. 이러한 외환의 투기거래에는 외환의 재정거래(arbitrage)와 선물환거래가 있다.

재정거래 중에는 장소에 따라 환율이 달라지는 것을 이용한 장소적 재정거래(뉴욕시장 1파운드 1.7000달러, 런던시장 1.7020인 경우 뉴욕시장에서 파운드 매입하여 런던시장에서 파운드 매도하면 파운드당 0.0020의 환차익 실현), 장단기 선물환율의 시세차익을 이용한 시간적 재정거래와 국가별 금리 차이이용한 금리 재정거래가 있다.

제5절 요 약

해외 부동산 투자에서 환율은 가장 중요한 결정변수이다. 특히 외환거래에 익숙하지 않은 부동산 투자자의 입장에서는 환율의 변동추이를 분석하고 향후 투자 종료시점의 환율을 파악해서 투자 수익률을 예측한다는 것은 지난한 일이다.

일반적으로 외환에 대한 환율변동 위험을 방지하기 위해 환헤지 상품을 이용할 경우에는 상당한 비용을 부담하여야 하고 이것은 결국 수익률을 하락시켜서 투자결정을 어렵게 하는 요인이 된다. 또한 환헤지 계약을 시도하려고 해도 미국 달러나, 유로, 일본의 엔화처럼 국제 외환시장이 활성화되어 있지 않은 시장은 환헤지 계약 자체를 맺기도 쉽지 않을 것이다.

혹자는 해외 부동산 투자는 투자란 용어가 의미하듯이 환차익 또는 환손실을 포함한 광의의 개념으로 보아야 한다는 주장도 있지만 자기지분에 의한 직접투자자가 아닌 펀드운용업자의 경우에는 현실적으로 이러한 투자 선택 안을 택하기는 어려울 것이다. 그러나 다국적 부동산 투자회사가 외환관리를 하는 경우 건별로 비용을 부담하고 환헤지를 하는 것보다는 환위험에 노출하여 상호 위험을 상쇄시키는 것이 보다 효율적인 전략이 될 것이다(Michael 외, The economics of commercial property markets)라고 주장하는 사람도 있다.

본장에서는 환율에 대한 기본 개념과 작동 원리를 알아보고 해외 부동산 투자시장에서 적용 가능한 환위험 관리방안에 대해 검토해 보기위하여 먼저 환율에 대한 이해와 환율이 결정되는 원리를 알아보고 선물 · 현물환율 등의 관련용어도 살펴보았다.

그리고 환율의 결정방법 중 기본적인 개념을 중심으로 검토해 보았다.

이 중 이자율평가 기준에서는 실제로 미국 투자자가 터키 쇼핑센터 구입과 관련된 투자의사결정과정을 예시하였다. 이러한 이론적 접근 외에도 빅맥지수(맥도널드 햄버거), 톨라테지수(스타벅스 카페라테 톨사이즈), 초코파이지수, 노스페이스지수, 신라면지수 등에 대해서도 알아보았다.

그리고 나서 외환관리기법으로 내부적 관리기법(메칭, 리딩과 래깅, 네팅)과 부동산 투자에 활용 가능한 외화예금, 선물환, 통화스왑을 기준으로 예시를 통해 적용가능성을 살펴보았다.

Chapter 8

해외 부동산 평가

부동산은 부동산의 고유한 특성인 자연적 특성[부동성(不動性), 부증성(不增性), 영속성(永續性), 개별성(個別性)]과 인문적 특성(용도의 다양성, 사회적 가치의 변동성, 병합 분할의 가능성 등)으로 인해 상장주식과 다르게 전국적인 시장을 갖지도 못하고 객관적인 거래가격도 존재하지 않는다.

따라서 전문직업군에 의뢰하여 적정한 가치를 판단하게 된다.

감정평가를 국내법에서는 토지 등의 경제적 가치를 판정하여 그 가치를 가액으로 표시하는 것으로 정의하고 있다.

본장에서는 평가 기법, 각국별 평가가격 및 평가보고서의 유형 등에 대해 알아본다.

제1절 일반적 평가방법

부동산 가격을 산정하기 위하여 일반적으로 3가지 방법이 이용되고 있다. ① 원가방식(cost approach)은 부동산의 대치가격(replacement cost)[1]에서 가격시점 기준 발생감가(accrued depreciation)액을 추계하여 대치가격에서 발생감가액을 공제하여 가격을 산정하는 방식, ② 비준방식(sales comparison approach)은 평가대상 부동산과 유사한 이용상황을 가지고 있는 부동산과 평가대상 부동산을 비교하여 가격을 산

1) 가격 시점(국내에서는 가격산정의 기준시점이란 의미에서 기준시점이라고 함)에 평가 대상이 되는 부동산과 동일한 효용과 기능을 가지는 부동산을 신규로 건설 · 제조하는 데 소요되는 비용을 말한다.

정하는 방식, ③ 수익방식(income capitalization)은 대상부동산의 임대수익(NOI)을 환원이율(cap rate)로 나누어 가격을 산정하거나 적정 부동산 보유기간 동안의 현금흐름을 할인하여 적정가격을 내는 DCF(현금할인수지 분석법) 방식을 주로 이용한다.

이 외에도 시장의 거래가격의 통계분포로부터 적정가격을 찾아가는 통계적 기법인 회귀분석을 이용하기도 하고 품질 등의 비교를 거쳐 가격을 산정하거나 옵션기법을 이용하는 경우도 있다.

Ⅰ. 원가방식(cost approach)

(1) 한 국

이 방식은 주로 건물가격 산정에 주로 적용되며 재조달 가격(reproduction cost), 즉 발주자가 청부자에 대해 지불하는 표준적인 건설비(직접공사비+간접공사비+일반관리비+발주자가 통상 부담하는 부대비용)–발생감가를 통하여 가격을 산정한다.

발생감가의 산정방식은 평가대상 부동산의 물리적 감가, 기능적 감가 및 경제적 감가요인[2]을 합산하여 산정하고 물리적 감가는 정액법, 정률법[3] 등을 이용하여 산정한다. 실제적으로는 물리적 감가와 이를 총괄한 관찰감가법으로 감가수정액을 산정한다.

또 이 방식은 토지의 경우 매립지 또는 택지 후보지[4]의 가격 산정에 적용되는 개발방식, 공제방식, 가산방식 등의 방법이 응용된다.

(2) 미 국

한국은 건물가격 산정에 주로 이 방식을 이용하나 미국은 이 방식의 정의를 토지가격에 건물가격을 합하여 가격을 산정한다는 논리로 전개하고 있다. 즉, 부

2) 물리적 감가는 자연적인 노후화로 인해 발생하는 감가요인을 가리키고, 기능적 감가는 설계 등의 잘못으로 인해 인근의 유사 부동산에 비해 가격이 상대적으로 하락하는 것을, 경제적 감가 또는 외부적 감가는 쓰레기처리장, 고가도로 등의 설치로 인해 주변환경이 열악해져서 부동산 가격이 하락하는 경우를 말한다.

3) 정액법은 매년 일정액씩 건물의 노후화가 진행된다고 보는 개념이고 정률법은 전년 잔존가격에 매년 일정비율로 가격이 하락한다는 전제하에 감가액을 산정하는 기법을 말한다.

4) 임지지역(山林地域), 농지지역, 택지지역, 상호 간에 다른 지역으로 전환되고 있는 어느 지역의 토지를 말한다. 임지는 농지후보지로 농지는 택지후보지로 전환되는 수가 많지만 반대의 경우도 있다. 토지가 집약적 이용 방향으로 진행되는 토지를 일컫는 말이다. 성숙도가 높은 방향으로 진행되는 토지이며 어떤 지역에 인구가 많아지거나 도시가 확장될 때 일어나는 현상이며 토지가치가 상승한다.

동산가격은 토지가격+건물가격(direct cost+indirect cost+entrepreneur profit)의 합으로 정의하고, 토지가격은 거래사례, 지대환원법, 비율법, 배분법, 개발법, 직접환원법 등을 이용하여 구하고 건물가격은 대치원가(replacement cost)에서 발생감가(물리적, 기능적, 외부적 요인)를 공제하여 구한다는 논리이다.

Ⅱ. 비교방식(sales comparison approach)

(1) 한 국

주로 토지가격 산정에 이용된다.

이 방식은 거래사례로부터 다음 산식을 이용하여 가격을 산정한다. 아래 〈그림 8-1〉 거래사례비교법의 도식적 절차는 이 방식에 대한 개념을 정리한 그림이다.

거래 사례×사정 보정×시점수정× 지역요인 비교×개별요인 비교×면적 비교

여기서 사정보정은 거래가격이 시장가격과 대비하여 고가 또는 저가로 거래된 경우의 보정요인이며, 시점수정은 거래시점과 가격시점 간의 가격 보정을, 지역요인 비교는 거래사례 부동산이 소재하는 지역과 평가대상부동산이 소재하는 지역 간의 가격수준 비교를 말하며, 개별요인 비교는 대상부동산과 거래사례 부동산간의 형상, 접면도로 조건, 고저, 향, 이용상황, 도시계획사항 등에 대한 비교를 말한다.

그림 8-1 거래사례비교법의 도식적 절차

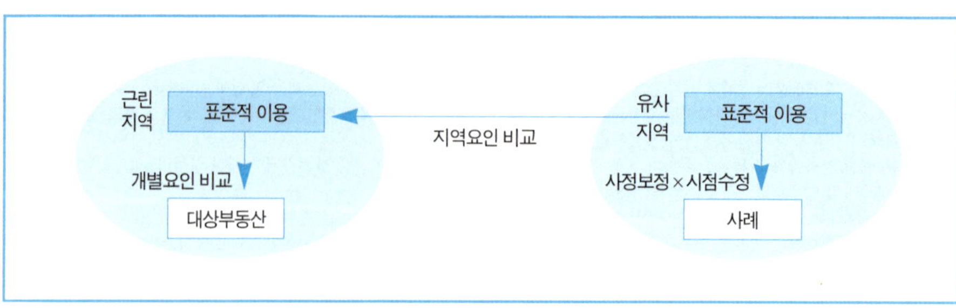

(2) 미 국

이 방식은 전체 부동산 가격을 비교 방식을 통하여 산정하기 위해 사용되며 다음 산식을 이용하여 가격을 산정한다.

> **사례가격±사정보정±금융조건보정±시점수정±**
> **지역요인 비교±토지개별요인 비교±건물개별요인 비교**

여기서 금융조건보정은 정상적인 대출조건과 대비하여 대출조건이 좋은지 나쁜지를 비교하는 항목이다.

즉, 한국, 일본 등은 이 방식의 산정을 위하여 사례를 기준으로 보정요인을 곱하거나 나누어 가격을 산정하는 데 반해 미국 등의 방식은 더하거나 빼는 방식을 동원하여 누적오차를 줄이는 방식을 택하고 있다.

Ⅲ. 수익방식(income capitalization approach)

이 방식은 임대수입 또는 지대를 중심으로 가격을 산정하는 방식으로 다음과 같이 정의한다.

> **부동산 가격=소득/환원 이율**

수익을 중심으로 가격을 산정하는 방식인바 보다 엄밀히 말하면 부동산 가격은 미래 수입의 현재가치로 보고 다음과 같이 표시할 수 있다고 본다.

> **부동산 가격=Σ소득/(1+환원 이율)^n**

이 방식은 1959년 이전은 물리적 잔여법을 중심으로 투자수익 보다 부동산 생산성에 비중을 두고 접근한 반면, 1959-1970년에는 자기지분과 타인지분 고려 저당 · 지분환원 방식-투자수익 중심으로 가격을 산정하는 방식으로 변경되었다.

1970년 이후부터는 투자자의 시장 참여 형태를 중심으로 현금할인 수지 분석 모형(DCF)을 이용하여 주로 가격을 산정한다. 즉, 부동산을 생산요소의 하나로 보고 가격을 구하는 시각이다(Price-Determining).

소득의 유형

PGI(Potential Gross Income: 총임료소득)−V & LA(Vacancy & Loss Allowance: 공실 및 대손 충당금)
=EGI(Effective Gross Income: 유효 임료소득)

EGI(Effective Gross Income: 유효 임료소득)−OE(Operating Expense: 운영경비)
=NOI(Net Operating Income: 순운영소득)

NOI(Net Operating Income: 순운영소득)−DS(Debt Service: 원리금 상환액)
=BTCF(Before Tax Cash Flow: 세금공제 전 현금흐름)

BTCF(Before Tax Cash Flow: 세금공제 전 현금흐름)−Tax(Income Tax: 소득세)
=ATCF(After Tax Cash Flow: 세금공제 후 현금흐름)

NOI: 실질총수익(임료, 보증금운용익, 관리비, 임대인수수 수고광열비, 주차장, 자판기 등)-총비용(유지관리비, PM 비용, 수선비, 재산세 등, 보험료, 수도 광열비, 기타 제지출) 등

NCF(net cash flow: 순수입 현금흐름): NOI-자본적 지출

(1) 한 국

임대수익으로부터 건물에 귀속하는 순이익을 공제하고 난 토지수익을 기준으로 토지의 수익가격을 산정하는 토지 잔여법이 주류를 이루고 있다. 그러나 현재는 후술하는 DCF법도 폭넓게 사용되고 있다.

[(연간 임대수입-연간 필요 제경비)−건물가격×건물의 환원이율]/토지 환원이율

① 연간 임대수입=月 지불임료×12+보증금×운용이율+선불적 일시금×연부상환율[$r\times(1+r)^n/r[(1+r)^n-1)$]+(관리비−실비)/월×12+(期初支拂時)월지불임료

×월운용이율+연간 주차장 수입+연간 기타 수입계. 단, r=운용이율 또는 기타 대체투자상품의 수익률

② 연간 운영경비=공실 및 대손충당금+수선유지비+화재보험료+공조공과+(감가상각비)

③ 건물환원이율=r+1/n, r+r/[(1+r)^{n}−1]. 단, n=잔존 내용연수, r=할인율

④ 토지환원이율→r, r−g, r−δ×r/[(1+r)^{n}−1]. 단, g=연간 임대료 및 토지 상승률, δ=가격변동률, 잔존내용연수 기간 중 지가상승률

(2) 미 국

현금할인 수지분석법(Discounted Cash Flow Model)이 주로 사용된다.

이는 대체로 5년 또는 10년의 보유기간을 상정하고 할인율(투자 수익률)을 시장자료를 활용하여 산정한 후 다음 식을 이용하여 부동산 가격을 산정한다.

$$P=\sum_{n=1}^{10}\frac{NOI}{(1+r)^{n}}+\frac{P\times(1\pm\Delta)}{(1+r)^{n}}$$

단, r은 할인율, n은 보유기간, Δ은 보유기간 동안의 가격 변동률을 의미한다.

또 부동산가격=자기자본+타인자본=자기지분귀속 소득/자기지분환원이율+원리금 상환액/저당상수

으로 보고 다음과 같은 각종 이율을 산정하여 환원이율을 산정하고 있으나 상세한 설명은 본서의 범위를 넘는다.

① R=E/V×y+L/V×MC; y 자기 수익률, E/V 자기자본비율, L/V 타인자본비율, MC 저당상수

② R=y−L/V×p×r/(1+r)^{n}−1−Δ×r/(1+r)^{n}−1; r 할인율, p 잔액비율, Δ 가격변동률

③ R=r−g; g는 매년 변동율

④ R=LTV×MC×DCR; MC 저당상수, LTV 대부비율, DCR 부채cover율

⑤ R=1−OER/EGIM; OER 운영경비율, EGIM 유효조수익승수

⑥ R=going-in 환원이율, going-out 환원이율(매각예정가격 산정시 적용)

참고
자료

외국 실거래가 공개

영국과 미국, 싱가포르 등 주요 선진국들은 우리나라처럼 부동산 실거래 가격을 등기부등본에 기재하고 이를 공개하고 있다.

영국은 부동산 거래 계약서에 취득자가 실거래가를 기재해 등기소에 제출토록 하고 있다. 등기소는 수집된 거래가격 정보의 데이터베이스(DB)를 구축해 2003년부터 인터넷을 통해 공개하고 있다.

미국은 부동산 중개업자가 등기소에 실거래계약서를 제출하면 세무서가 등기소로부터 자료를 넘겨받아 이를 종합한다. 인터넷에 실거래가를 공개하기 시작한 것은 지난 1998년부터이다.

싱가포르는 취득자가 등기소에 실거래 계약서를 제출하면 등기소와 감정사협회가 이를 종합 구축해 인터넷에 공개하고 있다.

프랑스는 부동산 거래 공증인을 통해 등기소에 실거래계약서를 제출하고 공증인협회가 가격 정보를 종합 구축해 CD롬(문자나 그림 등 다량의 정보를 고밀도로 저장한 디스크)으로 만들어 유료 배포하고 있다. 실거래가를 공공기관이 공개하는 것이 아니라 민간차원에서 상업적으로 활용하고 있는 것이다.

제2절 국제 평가기준

전문성을 갖춘 평가기준은 1970년대부터 시작한 급격한 경제환경의 변화로 그 중요성이 부각되고 나아가서 투자시장이 급속히 국제화되면서 국제적으로 인정을 받는 평가기준의 필요성이 제기되었다.

이러한 상황을 인지하고 영국왕립평가사협회(RICS)와 미국의 평가 단체들은 1970년대 후반부터 평가기준 제정의 필요성을 논의하기 시작하였고, 이는 1981년 국제자산 평가기준위원회의 설립으로 이어지고 이 위원회는 1994년에 국제평가기준위원회(IVSC: International Valuation Standards Committee)로 명칭을 변경되어 오늘에 이르고 있다. 동 위원회가 만든 국제평가기준(IVS: International Valuation Standards)은 여러 번의 개정을 거쳐 현재는 국제 평가기준으로 활용되고 있다.

그러나 미국은 USPAP을, 영국은 RICS기준을 주로 사용하고 있는 실정이다.

Ⅰ. IVSC

현재 54개국 70여 개의 단체로 구성되어 있으며 Board of Trustees, Standards Board 및 Professional Board로 구성되어 있다.

Ⅱ. RICS

영국 및 영연방 국가에서는 이 기준(Red Book)을 기준으로 가격을 산정하고 있다. 그러나 상당한 부분은 IVS와 일치한다.

Ⅲ. USPAP(Uniform Standards of Professional Appraisal Practice)

이 기준은 미국 평가재단(Appraisal Foundation)이 채택하고 있는 평가 기준으로 평가재단 중에서 기준을 담당하고 있는 Appraisal Standards Board(ASB)가 개정 관리를 맡고 있다.

평가사 선발 기준은 Appraisal Qualifications Board(AQB)에서 맡고 있다.

Ⅳ. IFRS

국제적으로 기업의 회계처리 및 재무제표에 대한 통일성을 증대하기 위해 국제 민간회계사 단체인 국제회계기준위원회(IASB: International Accounting Standards Board)가 제정하여 발표하는 회계기준으로 국제재무보고기준이다.

2009년부터 국내의 상장기업에 도입하기 시작하였으며, 2011년부터 IFRS 기준에 따라 일반 상장기업과 금융회사를 중심으로 IFRS를 도입하였다. 이에 따라 2011년부터 2조 원 이상 상장기업은 국제회계기준(IFRS)을 의무적으로 적용해야 한다. 2조 원 미만 기업에서는 2013년부터 시행된다.

평가와 관련된 기준으로 공정가치가 있다.

이 기준에 의하면 건설업의 경우 공사진행기준을 사용할 수 없고 인도기준을 회계처리 기준으로 삼아 공사기간 중 부채비율이 급증하게 된다.

또한 프로젝트파이낸싱(PF)의 경우 시행사의 재무제표를 건설사의 재무제표와 연결토록 함으로써 건설사의 부채비율을 높아지게 하는 부작용을 가져오기도 했다.

제3절 주요국별 시장가치 기준

세계 각국의 가치기준(basis of value)은 당해 국가의 평가제도 및 시장의 가격이 어떤 기준에서 산정되는지를 알 수 있는 주요한 잣대이다. 따라서 각국별로 시장가격 기준 및 각종 가격개념에 대해 검토해 본다.

Ⅰ. IVSC

2007년 국제평가기준에서는 市場가치, 其他가치로 가격의 유형을 대별하였으나 2011년 개정판에서는 자유로운 공개시장을 상정하고 이 시장에서 거래될 수 있는 가격유형(시장가치가 이 유형에 속한다), 보유주체가 자산 소유권으로부터 향유할 수 있는 이익을 평가한 경우로 이것은 보유주체에만 특정화되는 것으로 일반적인 시장 참여자와는 관련이 없는 가격유형과('투자가치' 및 '특별가치'가 이 범주에 속한다), 특정 당사자 사이에 거래할 경우 합리적으로 형성될 수 있는 가격으로 당해 자산의 이해 당사자들과 관련이 없는 제삼자 입장에서 정상적인 거래를 전제로 하지만 당해 자산은 공개시장의 출품이란 필요조건과 일반 시장을 전제로 하지 않고 당해 자산을 보유함으로써 얻게 되는 이익 또는 불이익을 반영하여 결정되는 가격유형(공정가격이 이 유형에 속한다)으로 대별하고 있다.

IVS에서 정하는 시장가치는 다음과 같다.

The estimated amount for which an asset or liability should exchange on the date of valuation between a willing buyer and a willing seller in an arm's length transaction after proper marketing wherein the parties had each acted knowledgeably, prudently, and without compulsion.

대상물건의 적절한 마케팅 후에 거래에 강제가 없는 상태에서 거래사례에 정통하고, 사려 깊게 행동하는 거래의사를 가진 거래당사자 간에 가격시점에 자산이나 부채에 대해 정상적인 거래[5]를 할 경우 거래될 수 있는 추정가액

추정가액(estimated amount)은 정상적인 거래에서 거래 자산에 화폐로 지불될 수 있는 금액을 표시한 가격(가격시점에 시장에서 거래될 수 있는 확률이 높은 가격으로 매도자가 거래에서 합리적으로 얻을 수 있는 최대 가격)을 말하며, 이것은 정상적인 금융조건을 기준으로 하며 만약 거래 당사자 중 한쪽만이 누리는 특별한 금전적인 양보나 혜택 또는 특정가격(special value)을 구성하는 요인들이 미치는 영향은 배제한다.

여기서 거래당사자 간에 발생하는 거래비용 또는 거래와 관련된 세금은 포함하지 않는 것으로 정의한다.

이와 유사한 개념으로 IVS는 공정가격(fair value)이란 가치기준을 다음과 같이 제시하고 있다.

The estimated price for the transfer of an asset or liability between identified knowledgeable and willing parties that reflects the respective interests of those parties.

거래의지를 가진 거래 특정 당사자들을 잘 인지하고 있는 당사자들 간에 자산과 부채의 이전 거래시 당사자간의 개별적 이익을 반영하여 결정될 수 있는 가격.

이 개념은 IFRS 13에서는 측정일에 시장 참여자 사이에 정상적으로 거래를 상정한 경우, 자산 매각시 수령하거나 부채 이전시 지급해야 하는 가격을 말한다고 정하고 있다

The price that would be received to sell an asset, or paid to transfer a liability, in an orderly transaction[6] between market participants at the measurement date (IFRS 13).

실제 IVS 15에서는 상기와 같이 IFRS와 IVS가 공정가치를 각각 다르게 정하고

5) 정상적(질서적)인 거래(in an arm' s length transaction)는 거래 당사자 간에 특별한 관계(예, 자회사 모회사관계, 임차인과 임대인과 등)가 없는 당사자간 거래로서 '시장가치'는 상호 관련이 없이 서로 독립적으로 행동하는 거래 당사자간에 형성된다는 것을 전제로 한다.

6) 측정일 전에 일정기간 시장에 방매하되 통상적인 마케팅 활동을 전제로 한다.

있지만 실질은 대개 공정가치와 시장가치는 일치한다고 정하고, IVS 16에서는 공정가치는 특정 두 당사자간에 거래를 통해서 얻게 되는 각자의 이익과 불이익을 고려하여 평가하지만 시장가치는 시장 참여자 모두에게 적용되지 않는 특정한 이익은 고려하지 않기 때문에 일정한 경우에 fair value는 market value와 달라질 수 있다고 정의한다.[7] 이는 후술하는 일본의 시장가격과 한정가격 정의와 유사한 개념으로 볼 수도 있다.

즉 두 당사자 간에는 공정한(fair) 가격은 일반 시장에서도 동일하게 얻어질 수 있지만 당사자간 권리의 병합을 통하여 특별가치가 발생하는 경우, 시장가치를 사정할 경우에는 특별가치를 고려하지 말아야 하지만 공정가치를 산정할 경우에는 이를 고려하여야 하는 경우가 가끔 발생한다. 이러한 예로는 비상장 주식끼리의 상호 합병시 주식가격, 임차인과 임대인이 임대계약을 포기하거나 영구히 이전하는 경우 등과 같이 그 실제가치와 시장가치는 달라질 수 있다.

Ⅱ. 미 국

미국은 시장가치에 대해 평가관련교과서, 각 전문가별 직능단체, 연방제도, 인허가관련법, 법원판례, 심지어 사전에까지 다양한 기준을 두고 있다.

■ AI

다음 AI(Appraisal Institute)가 정의하고 있는 시장가치 기준이 가장 폭넓게 인정되고 있는 평가기준이다.

The most probable price, as of a specified date, in cash, or in terms equivalent to cash, or in other precisely revealed terms, for which the specified property rights should sell after reasonable exposure in a competitive market under all conditions requisite to a fair sale, with the buyer and seller each acting prudently, knowledgeably, and for self-

7) IFRS에 의하면 부동산 및 기타 자산을 하나의 group으로 매각할 때 이러한 group으로 이용을 최유효 이용으로 한 공정가격과 각각의 자산의 최유효 이용을 전제로 한 시장가격의 합이 달라질 수가 있을 것이다. 이 경우 가치기준을 달리함으로써 다른 가격이 산정될 수 있는 여지가 있다.

interest, and assuming that neither is under undue duress.[8]

시장가치란 공정한 거래가 이루어질 수 있는 모든 조건이 충족된 경쟁시장(competitive market)과 매물이 합리적인 기간 시장에 방매되어 자신의 이익을 위해 사려 깊게 행동하는 거래당사자가 충분한 정보와 지식을 갖게 되고 거래에 어떠한 강박조건이 존재하지 않는 상황하에서 특정일을 기준으로 평가대상 부동산의 특정권리에 대해서 거래될 가능성이 가장 높은 가격(most probable price)을 현금, 현금등가 기준 또는 기타 면밀한 조건 등을 명시하여 나타낸 가격을 말한다.

평가는 부동산(real estate)이 아닌 부동산권리(property rights)에 대한 가격 시점의 시장가치를 산정하는 것으로 여기서 주요 논제가 되는 용어에 대해 검토해 보면 most probable price(최빈거래가능가격)에서 most probable은 probable이 암시하듯이 이는 확률적 개념을 내재하고 있다. 이는 거래가능 가격의 평균(expected)을 의미하는 것이 아니고 거래가능 가격 중에서 가장 일어날 수 있는 빈도가 높은 거래가능 가격을 의미한다.[9] 여기서 실제 평가에서 구하는 가격은 최빈 매매가능가격이기보다는 거래가능가격의 가중산술평균가격으로 보는 것이 보다 더 합리적인 것으로 보는 주장도 다수 있다.

여기서 most probable price와 평가가격 산정의 전제가 되는 최유효이용을 전제로 한 highest price(가격)과의 관계이다.[10] 그러나 실제 시장에서 거래될 수 있는 가격은 언제나 최고가격으로 거래되는 것이 아니기 때문에 종전의 기준인 the highest price[입찰자들의 입찰제시가격(distribution of bid) 중 가장 높은 가격을 매도자가 선택한다는 근거에 기인]가 아닌 거래가능 가격들 중(distribution of transactions)에서 가장 거래될 가능성이 높은 최빈가격으로 바꾸어 놓았다.

이와 관련하여 주목할 것은 most probable price와 most probable selling price(최빈매매가능가격)와의 관계이다. Ratcliff는 확률 개념을 제시하고 시장가격은 시장의 모든 전제 조건에 대한 언급이 없이 단순히 거래될 수 있는 확률이 높은 금액을 지칭하는 most probable selling price를 주장한 적이 있다. 이 경우는 강박조건(duress)

8) AI(2008), The Appraisal of Real Estate 13th ed., p. 23.
9) Kenneth M. Lusht(1997), 'Real Estate Valuation', IRWIN, p. 15.
10) the most probable price 이전의 시장가격정의는 the highest price였다.

이나 거래사례에 정통하지 못한 당사자 간에 형성된 가격도 시장의 정상가격으로 인정하게 되는 결과가 될 수도 있게 되어 selling을 제외하고 most probable price로 정의하고 있다.

다음은 reasonable exposure(충분한 기간 방매)에 대한 정의에서 Appraisal Foundation(이하 AF)은 2012년 1월에 발표한 질의 응답에서 기존의 입장을 바꾸어 exposure time은 당해 부동산이 가격시점 이전부터 일정한 기간 시장에 거래를 위해 출품된 기간을, marketing time은 대상 부동산 인근지역 소재 부동산이 거래에 이르기까지의 평균적인 기간을 지칭하는 것으로 하고 있다.

여기서 competitive market(경쟁시장)은 후술하는 일본 기준에서 정의하는 합리적 시장을 말하는 것으로 이러한 시장을 구성하는 제조건 fair sale, with the buyer and seller each acting prudently, knowedgeably, and for self-interest, and assuming that neither is under undue duress 즉, 다수[11]의 매도자와 매수자가 시장통제나 거래를 강제하는 수단이 없고 수요와 공급이 자유롭게 작동하는 공개시장에, 다수의 매수자와 매도자가 존재하고, 매수자나 매도자 쌍방이 시장의 사정에 충분히 정통하고 자기의 이익을 위해 사려 깊게 거래 활동을 한다고 보는 것이다.

그러나 부동산 경쟁시장은 수요와 공급이 균형을 이루어 안정되게 모든 시장의 정보가 가격에 바로 반영되는 효율적 시장(efficiency market)으로 정의하는 것이 어렵고[12] 시장 참여자 별로 정보비용의 차이가 발생하는 점 등에 비추어 보면 현실적으로 불완전 경쟁시장의 성격을 가진다고 보아야 할 것이다.

상기 내용 중 또 하나 우리가 주목할 대목은 평가가격을 표시하는 기준이다. 모든 평가가격은 현금을 기준으로 in cash, or in terms equivalent to cash, 또는 in other precisely revealed terms중에서 하나를 선택하여 표시하도록 하고 있다.

이는 거래 방법이 할부거래, 구조화 거래 등 다양한 방법에 의해 이루어지고 나아가서 거래시점의 시장금리와 장기 대출금리에 현저한 차이가 발생하는 모기

11) 일반적으로 부동산 시장에서 부동산(특히 토지)의 공급은 수요에 비해 상대적으로 희소한 특징을 갖고 있는바 이러한 특징을 무시하고 부동산 가격을 구할 수는 없다. 따라서 정상가격이 성립하는 시장의 조건은 완전 경쟁시장에서의 원자적 경쟁상태가 아닌 거래당사자가 독점적인 지배력을 갖지 않는 정도의 소극적인 의미로 이해해야 한다.

12) 부동산 시장은 소수의 구매자와 매도자가 시장에 참여하고, 물품간 비동질성, 공개정보의 부족, 높은 거래비용, 비이동성, 상대적 공급의 비탄력성 등 때문에 효율적인 시장으로 보기 어렵다. 다만, 일부 연구에 의하면 부동산 시장은 주식시장보다는 효율적이지 못하지만 상대적인 효율성을 갖고 있는 것으로 보고 있다.

지론 등 중장기 담보를 안고 있는 부동산의 거래가 일반화되어 가고 있다. 이러한 부동산 대출에 적용된 대출금리와 시장금리의 차이가 큰 경우 및 거래에 다양한 거래 부가 조건이 설정되어 있는 거래를 사례자료로 선택할 경우에는 가격시점에 현찰 기준으로 거래할 경우의 거래가격으로 변환시켜야 하므로 3가지 선택 방법을 제시하고 있다.

시장가치(value)를 정의하면서 그 결과값을 가격(most probable price)으로 표시하도록 하고 있다. 즉 시장가치는 평가라는 절차를 걸쳐 가액으로 표시하는 과정으로, 가치는 구하고자 하는 목표를 가격은 그 결과를 표시하는 방법을 말한다. 강학적으로도 가치는 장기적 균형하에서는 가격의 기대값과 같은 의미가 된다.

■ USPAP(미 감정평가실무기준)

Appraisal Foundation은 다음 USPAP 용어정의[13]에서 보듯이 시장가치에 대한 구체적인 개념 정의를 하지 않고 감정평가사가 적정 가치 기준을 선정하고 이러한 기준과 관련된 제반 전제를 감정서에 필수기재사항(평가대상권리, 가격시점, 거래지불조건, 모기지론의 금리와 시장금리와의 관계 등)으로 표시하도록 하고 있다.

a type of value, stated as an opinion, that presumes the transfer of property(i.e., a right of ownership or a bundle of such rights), as of a certain date, under specific conditions set forth in the definition of the term identified by the appraiser as applicable in an appraisal

감정평가사가 당해 감정평가에 적용 가능하다고 인지한 시장가치 정의(여러 시장가치 정의 중)에 표기된 제반 조건하에 특정일에 부동산 소유권(예를 들어 소유권 또는 이러한 제반 권리)의 이전을 전제로 할 경우 의견으로 기술할 수 있는 가치의 유형

■ Uniform Appraisal Standards for Federal Land Acquisitions(토지보상기준)

Interagency Land Acquisition Conference[14]는 일관된 보상 평가업무를 수행하기

13) The Appraisal Foundation(2012-13 ed.), Union Standards of Professional Appraisal Practices, Definition, U.3.

14) 1968년 11월 27일 공공목적의 토지취득업무에 종사하는 연방기관들이 일관된 공적 업무를 수행하기 위해 기준의 제정 및 지침을 작성하기 위해 모인 위원회.

위해 AI와 미국법무부의 공동작업으로 작성한 보상평가기준(Uniform Appraisal Standards for Federal Land Acquisitions)[15]은 보상은 정당보상(just compensation)을 전제로 하고 이는 market value와 같다고 본다.[16]나아가서 여러 판례에서 정당보상은 fair market value,[17] cash market value등의 용어로 사용되고 있으나 이는 market value와 동일한 개념으로 간주하고 별도의 의미를 부여하지 않는다고 본다.[18]

그러나 market value는 매도자와 매수자가 시장통제나 거래를 강제하는 수단이 없는(assuming that neither is under undue duress) 시장조건을 전제로 하는데 보상가격은 당초부터 거래의사를 두고 대상물건을 시장에 방매한 경우가 아니고, 피수용자(매도자)에 대하여 수용이란 강제수단을 갖고 있기 때문에 원칙적으로 시장가격의 범주에 둘 수는 없다는 주장도 있으나, 이 기준에서 시장가치 정의를 다음과 두고 있어 그 논쟁의 실익은 없을 것으로 판단된다.

Market value is the amount in cash, or on terms reasonably equivalent to cash, for which in all probability the property would have sold on the effective date of the appraisal, after a reasonable exposure time on the open competitive market, from a willing and reasonably knowledgeable seller to a willing and reasonably knowledgeable buyer, with neither acting under any compulsion to buy or sell, giving due consideration to all available economic uses of the property at the time of the appraisal

■ IAAO

IAAO(International Association of Assessing Officers)는 미국 국제조세 사정인 협회로서 시장가치를 다음과 같이 정의하고 있다.[19]

15) 1971년 제정된 이 기준은 4절로 구성되어 있으며 제1절은 일반적 평가 및 작성기준, 제2절은 연방판례들을 중심으로 관련법, 제3절은 review 기준, 제4절은 특별하고 특이하되 자주 접하는 문제점들의 처리 방안에 대해 기술하고 있으며 통칭 'Yellow Book'으로 부른다.

16) Kirby Forest Industries, Inc. v. United Staes, 467 U.S. 1,9-10(1984)(인용 생략).

17) fair market value는 주로 미 연방법제, 국가간 계약(한미 FTA에서도 이 용어 사용), 조세부과와 관련된 세금부과 대상 자산의 과표 산정과 관련하여 이 용어를 사용하고 있으나 일반적인 정의는 market value와 같은 의미로 사용하고 있다[the price at which the property would change hands between a willing buyer and a willing seller, neither being under any compulsion to buy or to sell and both having reasonable knowledge of relevant facts. United States v. Cartwright, 411 U. S. 546, 93 S. Ct. 1713, 1716-17, 36 L. Ed. 2d 528, 73-1 U.S. Tax Cas. (CCH) ¶ 12,926 (1973) [quoting from U.S. Treasury regulations relating to Federal estate taxes, at 26 C.F.R. sec. 20.2031-1(b)].

18) Uniform Appraisal Standards for Federal Land Acquisitions, op.cit, p. 30. Section-B.

19) 정수연(2009), '부동산실거래가격은 공시가격을 대신할 수 있을까?', 감정평가학논집 제8권 제2호, 한국감정평가학회, p. 1~17.

Market value is the cash price a property would bring in a competitive and open market. In such a market, sufficient time has been allowed for a sale, the buyer and seller are not subject to undue pressure, and both are well informed

이 정의는 상기 AI와 Uniform Appraisal Standards for Federal Land Acquisitions에서 정의하는 내용과 거의 차이가 없는 내용이다.

Ⅲ. 일 본

「부동산 감정평가기준」 및 「부동산 감정평가기준 운용상의 유의사항」은 일본에서 부동산감정사가 평가시 통일된 기준으로 이용된다. 이 평가기준은 1964년에 제정되어 2002년에 가격개념 및 수익환원법 등을 전면 개편하고 2006년에는 증권시장의 성숙 · 발전에 따라 투자자 보호를 위한 감정평가서의 정치화를 위해 일부 개편을 하였고 2007년에는 부동산 금융시장의 발전에 따라 증권화 대상 부동산 가격에 관한 감정평가란 제3장을 추가하는 개편을 하였다. 2009년에는 CRE(Corporate Real Estate) 개념의 도입과 감정평가 전 과정을 거치지 않고 간단한 가격 조사를 업으로 하는 평가업자의 가격 조사목적 및 범위 등에 관해 의뢰 자와 확정하여야 사항, 그 보고서 등의 기재사항을 정한 「가격조사가이드라인」을 제정하고 제8장 감정평가서의 절차 제2절에 '의뢰자의 제출처 및 이해관계 등의 확인'을 부가한 일부 개편이 있었다.

일본기준에서는 부동산 감정사가 구하는 가격은 기본적으로 정상가격이라고 정의하고 의뢰목적 및 평가조건에 따라 한정가격,[20] 특정가격[21] 및 특수가격[22]으

20) 한정가격이란 시장성을 갖는 부동산에 대해서 부동산을 취득하고자 하는 다른 부동산과의 병합 또는 부동산의 일부를 취득할 때, 분할 등으로 인하여 합리적인 시장에서 형성될 수 있는 시장가치와 괴리됨으로써, 시장이 상대적으로 한정되는 경우에 취득부분이 당해 시장에 한정되는 데 근거하여 시장가치를 적정하게 표시하는 가격을 말한다.

21) 특정가격이란 시장성을 갖는 부동산에 대해 법령 등에 따라 사회적 요청을 배경으로 하는 평가목적하에서 정상가격의 제 조건을 충족시키지 않는 경우에 부동산의 경제가치를 표시한 가격이다. 그 예로는 (1) 자산유동화에 관한 법률 또는 투자신탁 및 투자법인에 관한 법률에 의거한 평가목적을 달성하기 위해 투자타당가격을 투자자에게 제시하는 경우, (2) 민사재생법에서 정한 평가목적에 근거하여 매각목적을 전제로 한 가격을 산정하는 경우 또는 회사갱생법에 기초한 평가목적을 수행하기 위해 사업의 계속을 전제로 하는 경우, (3) 민사재생법 또는 회사갱생법에 기초한 평가목적을 수행하기 위해 사업의 계속을 전제로 하는 경우 등이 있다.

22) 평가기준에는 특수가격이란 개념을 인정하고 있고 그 정의를 문화재 등 일반적으로 시장성을 갖지 않는 부동산에 대해, 그 이용현황 등을 전제로 한 부동산의 경제가치를 적정하게 표시하는 가격을 말한다. 그 예는 문화재 지정을 받은 건물, 종교건축물 또는 공공공익시설용으로 사용되는 부동산에 대해 그 보존을 목적으로 평가하는 경우 등이 있다.

로 구분하여 정의하고 있다.

정상가격은 '시장성을 갖는 부동산'에 대해 현실의 사회경제 정세하에서 합리적이라고 인정되는 조건을 만족하는 시장에서 형성될 수 있는 시장가치를 표시한 적정한 가격을 말한다고 정의하고 있다. 여기서 '시장성을 갖는 부동산'이란 용어를 사용하여 시장성이 제한받는 한정가격, 특수가격이란 용어의 도입을 가능케 하고, 여기서 현실의 사회경제 정세하에서 합리적이라고 인정되는 조건을 만족하는 시장이란 다음 조건을 만족하는 시장으로 정의하고 있다.

(1) 시장참가자가 자유의사에 따라 시장의 참여 및 진출입이 자유로운 시장으로 시장 참여자는 자기이익을 최대화하기 위해 다음과 같은 요건하에 신중하고 현명하게 예측, 행동한다.

① 특별한 동기(急賣나 急買)[23]을 갖고 있지 않을 것

② 대상부동산 및 대상부동산이 속하는 시장에서 거래를 성사시키기 위해서 필요한 통상의 지식과 정보를 구해 둘 것

③ 거래를 성립시키기 위해서는 통상 필요하다고 인정되는 노력과 비용을 기울일 것

④ 대상 부동산의 최유효사용을 전제로 한 가치 판단을 행할 것.

⑤ 매수자가 통상의 자금조달능력을 갖고 있을 것.[24]

(2) 거래형태, 시장참여자가 거래에 제약을 받거나 急賣 또는 急買 등을 유인하는 특별한 것이 없을 것

(3) 거래 대상부동산이 상당기간(exposure time) 시장에 공개되어 있을 것,[25]

따라서 이 기준은 시장의 조건을 구체적으로 서술하고 있는 것이 특징이다.

23) 특별한 동기는 다음과 같은 경우도 포함한다고 보아야 한다.
1. 거래당사자가 거래물건에 대해 특별한 집착을 보이지 않을 것
2. 거래에 특별히 유리한 조건이 부가되지 않을 것
3. 거래에 특별히 유리한 융자 조건 등이 부가되지 않을 것
4. 거래시점에 특별한 편익 제공이 없을 것

24) 통상의 자금조달 능력이란 매수자가 시장의 표준적인 차입조건(LTV, 금리, 차입기간)하에서 차입금과 자기자금을 이용하여 자금조달을 할 수 있는 능력을 말한다(부동산감정평가기준운용상의 유의사항).

25) 가격시점 현재 시장에 출품되어 공개되어 있는 것을 말하며, 가격시점 이후 매매성립 시까지 공개된다는 것을 말하는 것은 아니다(부동산감정평가기준운용상의 유의사항).
나아가서 시장의 출품기간이 상대적으로 짧은 경우에는 급매가격이 되어 이 기준(민사재생법)에서 정하는 특정가격으로 정의된다.

다만, '시장가치를 표시하는 적정가격' 이란 용어는 정상가격과 시장가격이 동의어란 점에서 보면 정상가격을 중복해서 설명하고 있는 여분의 표현으로 인식하고, '적정가격' 이란 개념은 '합리적인 시장' 이란 개념에서는 도출되지 않는 규범적 요청을 담고 있는 의미로 사족에 불과한 수식적 개념으로 보기도 한다.[26]

일본은 「부동산감정평가기준의 국제화에 관한 검토 보고서」[27]에서 자국의 정상가격은 IVS의 시장가치와 대등한 개념으로 보고, 한정가격은 IVS의 특별가치(special value)에 포함되고, 특정가치 개념은 IVS에 정의되지 않고 있다고 본다. 시장가치와 정상가격의 전제가 되는 시장과 시장참여자의 성격을 비교하여 보면 표현만 달리할 뿐 내용은 동일하다고 비교검토 의견을 내고 있다.

Ⅳ. RICS

RICS는 Red book 12th ed.에서 market value를 IVS에서 정의하고 있는 market value[28]와 동일하게 정의하고 있다.

The estimated amount for which an asset or liability[29] should exchange on the date of valuation between a willing buyer and a willing seller in an arm's length transaction after proper marketing[30] wherein the parties had each acted knowledgeably, prudently, and without compulsion.

다만 이 정의에는 일반적인 시장가치기준에서 설명하고 있는 내용을 포함하고 있으나 특이한 점은 다른 국가나 기관이 설명하지 않는 희망가치(hope value)[31]란 개념과 '기존 사용가치'(existing use value)[32]이다. 이는 재무제표 작성을 위한 평가에서 소유자가 계속 사용하고 있는 부동산을 평가할 경우에 사용되는 개념으로, 그 정의는 시장가치와 같으나 매수자는 대체 가능용도 및 시장가치의 변화를 가져올

26) 高畠秀夫 (1991), 現代不動産 平價論, p. 60.
27) 國土交通省 지가조사과(2011. 3).
28) market value는 open market value와 혼용하여 사용하여 왔으나 Red Book 4th ed.이후부터는 사용하지 않고 있다.
29) 이전 version에서는 an asset or liability란 용어 대신에 RICS가 부동산관련 재산권에 대한 평가를 위해 제정된 점을 감안하여 a property란 용어를 주로 사용하였으나 이번 개정판에서는 필요한 경우를 제외하고 property는 asset으로 변경되었다.
30) 일정매수자가 인지할 수 있을 정도의 출품기간의 충분성과 일상적인 마케팅수준으로 설명[Red Book(2009), PS 3.2, p. 42].
31) 현재 개발 허가는 나지 않고 있으나 향후 개발가능성이 있는 토지의 경우나 특별한 거래자와 거래시 얻을 수 있는 가치 등을 의미한다.
32) UKGAPP에서 정하고 있는 가격개념이다.

수 있는 요인들을 무시하고 영업 장소로 사용될 모든 자산을 비어 있는 상태로 점유하는 것을 전제로 하여 산정된 가격을 말한다.

그리고 2012년 3월부터 공정가치를 산정할 경우에는 IVS 2011년 기준의 적용을 강제하고 IVS 300(재무용 보고서 작성을 위한 평가 응용)은 이와 관련된 평가 보고서를 작성할 경우에 IFRS 13(공정가치 산정)의 적용에 관한 특별한 안내지침을 제공하고 있다. 앞으로 IFRS기준 재무용 보고서 작성을 위한 감정평가서 작성시에는 공정가치를 산정하여야 하고 시장가치는 특별한 요구가 있는 경우에는 기재가 가능하나 대개의 경우는 시장가치와 공정가치는 실질적으로 동일한 개념이라는 정도는 적시할 수는 있을 것이다.

한편 유럽평가사 협회(TEGoVA: The European Group of Valuers' Associations)가 정한 유럽평가기준(European Valuation Standards; 일명 'Blue Book'으로 부르기도 함)에서는 시장가치를 다음과 같이 정의하고 있다.

The estimated amount for which the property should exchange on the date of valuation between a willing buyer and a willing seller in an arm's length transaction after proper marketing wherein the parties had each acted knowledgeably, prudently and without compulsion."

이는 RICS의 규정과 일치하는 개념으로 보아도 무관할 것이다.

V. 중 국

중국[33]은 토지의 경우에는 도시토지평가규정(GB/T18508-2001: 城镇土地估价規程)을 적용하고, 건물 등의 평가는 부동산 평가규범(GB/T50291-1999: 房地产估价規范)을 적용하고 있다.

후자의 기준에 의하면 시장가치는 공개시장가치(公开市場价値; open market value)로 정의하고 공개시장에서 가장 형성될 가능성이 높은 가격으로 공개시장가치를 적용할 경우 평가가격은 객관적이고 합리적인 가격 또는 가치이어야 하고 이것은

33) 홍콩은 일반적으로 영국 RICS규정에 따라 평가를 한다.

공개시장가치가 된다고 정의하고 있다.

도시토지 평가규정에는 '정상가격'을 규정하고 이는 공개적 시장에서 시장정보에 정통하고, 거래당사자는 평등하게 자기가 원하는 방식으로 개별적인 동기가 없는 정황하에서 거래 가능한 가격으로 정하고 있다.

제4절 평가보고서의 유형

감정평가보고서는 구두보고서와 서류형태의 평가보고서로 나눌 수 있다.

감정평가사가 보고하는 구두 평가보고서는 의뢰인에게 서류 형태로 보고되지 않을 뿐 그 형식과 가격 도출 과정은 유사하여야 한다는 전제를 가지고 있다. 또한 1~2페이지로 구성되고 가격만을 전달하는 형태의 보고서가 있는가 하면 가격도출과정을 처음부터 끝까지 자세히 설명하는 서술식 감정평가보고서(narrative appraisal report)도 있다.

법에 의해 평가방법이 정해져 있는 법정평가보고서(보상평가, 회사갱생법 등에 의한 평가)가 있는가 하면 일반적인 평가관행 및 기준에 의한 평가보고서가 있다. 또한 참고용으로 현장을 가지 않고 인근의 가격수준 및 평가전례 등을 유추하여 가격 수준을 판단하는 '탁상평가보고서'가 있는가 하면 법에 정해진 양식에 따른 정형화된 평가보고서도 있다. 따라서 다양한 형태의 평가보고서가 가능하나 미국은 서류형태의 보고서를 보고서에 포함되는 정보수준에 따라 다음 3가지로 나눈다.

■ 서술식 감정평가보고서(self-contained appraisal report)

대상부동산 평가와 관련된 시장경제환경, 주변환경 분석 등의 가격산정의 제반 절차를 자세히 서술식으로 기재하여 평가에 관한 모든 정보를 얻을 수 있는 평가보고서를 말한다.

■ 요약 감정평가보고서(summary appraisal report)

서술식 보고서와 축약보고서의 중간 정도 수준의 감정평가 보고서를 말한다.

■ 제한용도 감정평가보고서(restricted use appraisal report)

제한된 용도만에 사용되는 감정평가 보고서로 평가목적에 필요한 정보만을 기재한다.

제5절 요 약

해외 부동산 투자에서 가장 중요한 것은 투자자산의 적정한 자산가치를 파악하는 일이다. 이를 위해서는 전문직업군에 의뢰하여 적정한 가치를 판단하게 된다.

이러한 평가제도는 나라별로 다양한 체계를 갖고 있다. 국가에서 이러한 제도를 관장하는 경우와 민간 시장에 맡기는 경우로 나눈다.

부동산 가격을 산정하는 방법에는 일반적으로 3가지 방법이 이용되고 있다. ① 원가방식(cost approach)은 부동산의 대치가격(replacement cost)에서 가격시점 기준 발생감가(accrued depreciation)액을 추계하여 대치가격에서 발생감가액을 공제하여 가격을 산정하는 방식, ② 비교방식(sales comparison approach)은 평가대상 부동산과 유사한 이용상황을 가지고 있는 부동산과 평가대상 부동산을 비교하여 가격을 산정하는 방식, ③ 수익방식(income capitalization)은 대상부동산의 임대수익(NOI)를 환원이율(cap rate)로 나누어 가격을 산정하거나 적정 부동산 보유기간 동안의 현금흐름을 할인하여 적정가격을 내는 DCF(현금할인수지 분석법)방식을 주로 이용한다.

이 외에도 시장의 거래가격의 통계분포로부터 적정가격을 찾아가는 통계적 기법인 회귀분석을 이용하기도 하고 품질 등의 비교를 거쳐 가격을 산정하거나 옵션기법을 이용하는 경우도 있다.

전문성을 갖춘 평가기준은 1970년대부터 시작한 급격한 경제환경의 변화로 그 중요성이 부각되고 나아가서 투자시장이 급속히 국제화되면서 국제적으로 인정을 받는 평가기준의 필요성이 제기되었다.

이러한 상황을 인지하고 영국왕립평가사협회(RICS)와 미국의 평가 단체들은 1970년대 후반부터 평가기준 제정의 필요성을 논의하기 시작하였고, 이는 1981년 국제자산 평가기준위원회의 설립으로 이어지고 이 위원회는 1994년에 국제평가

기준위원회(IVSC: International Valuation Standards Committees)로 명칭이 변경되어 오늘에 이르고 있다. 동 위원회가 만든 국제평가기준(IVS: International Valuation Standards)은 여러 번의 개정을 거쳐 현재는 국제 평가기준으로 활용되고 있다.

세계 각국의 가치기준(basis of value)은 당해 국가의 평가제도 및 시장의 가격이 어떤 기준에서 산정되는지를 알 수 있는 주요한 잣대이다.

나라별로 기관별로 시장가치(market value)개념에 대해 알아보았다. 대부분 대동소이하지만 기관의 설립목적, 법의 제정 목적에 따라 다소 차이가 있음을 알 수 있다.

감정평가보고서는 구두보고서와 서류형태의 평가보고서로 나눌 수 있는데, 서류형태의 보고서는 보고서에 포함되는 정보수준에 따라 다음 3가지로 나눈다는 것을 알았다.

(1) 서술식 감정평가보고서(self-contained appraisal report)

(2) 요약 감정평가보고서(summary appraisal report)

(3) 제한용도 감정평가보고서(restricted use appraisal report)

Chapter 9 해외 부동산 중개

제1절 부동산 거래 유형

부동산 중개거래 유형은 직접거래 및 중개업자를 이용한 중개거래로 나눌 수 있을 것이다. 또한 거래 종별에 따라 소유권거래 및 임대차 거래 등으로 구별할 수 있다. 부동산 중개와 관련된 용어로는 agent(대리인),[1] principal(의뢰인), fiduciary relationship(신임 또는 수탁관계)[2] 등이 있다.

I. 직접거래

외환 FX마진거래는 일본의 '와타나베 부인', 미국의 스미스 부인, 이탈리아의 소피아 부인 등으로 확대될 만큼 세계 각국 투자자들이 가장 선호하는 해외투자 창구이다. 그러나 기관 투자자들처럼 투자 지역에 투자 경험이 있거나 간접투자 시에는 직접거래가 가능할 수도 있으나 개인의 해외 부동산의 직거래는 현지 사정에 정통하지 않은 경우에는 적용하기 어렵다. 다음은 일반적인 절차를 설명하고 있으나, 실제 각 단계별로 경험과 전문적인 식견이 없이는 만족할 만한 결과를 얻기가 어려운 것이 현실이다.

① Start by renting, ② Viewing & detailed inspection of the property, ③ Consider

1) 타인의 권익을 대리해 활동할 수 있는 권한을 위임받은 사람을 말하며 부동산 거래에서는 부동산 '브로커'가 에이전트가 된다. Agency는 의뢰인과 에이전트 사이의 대리관계를 말한다.
2) 의뢰인으로부터 대리권을 수탁받은 대리인과 의뢰인과의 신의성실 관계를 말한다.

그림 9-1 개인의 해외 부동산 취득 관련 흐름도

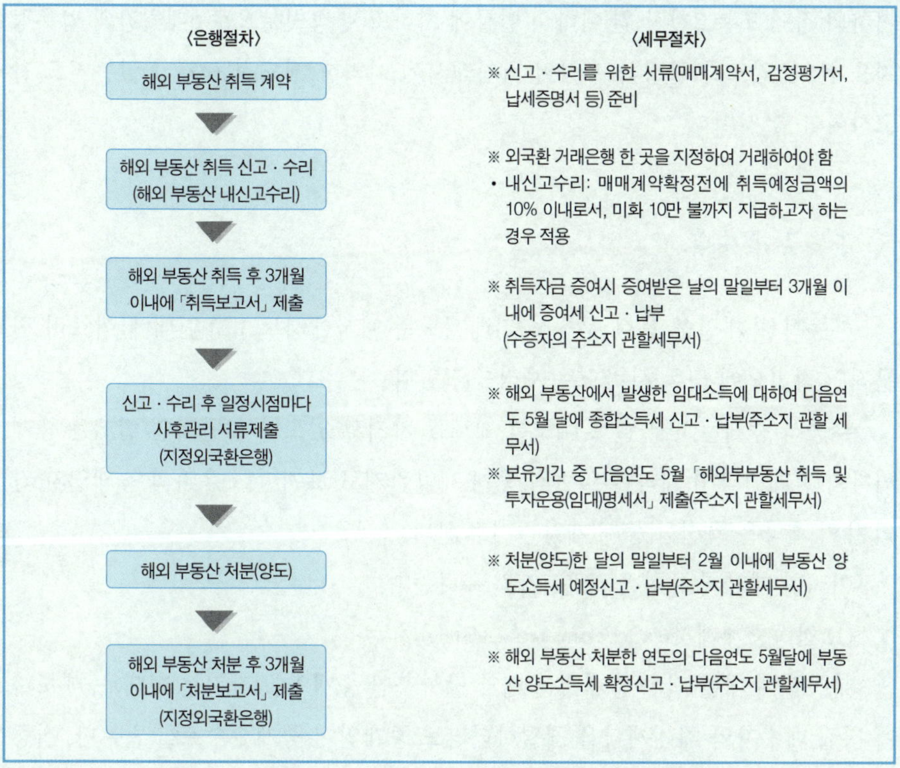

the marketability of the real estate, ④ Observe real estate price cycles, ⑤ Check the legal and tax situation, ⑥ Purchase with the aid of one or several experts (Kälin, Int'l real estate handbook).

나아가서 국내 거주 개인의 경우에는 해외 부동산 취득시 지정거래외환은행의 장에게 신고하고 투자적격의 여부를 수리받아야 하고, 3월 이내에 '해외 부동산취득신고서'를 제출하여야 한다. 나아가서 투자운용수익(임대소득)에 대해서는 종합신고세를 납부하고, 양도소득세(국내에 해외 부동산 양도일까지 계속 5년 이상 주소 또는 거소를 둔 자)를 신고. 납부하여야 한다.

위 그림은 해외 부동산 취득 및 처분과 관련된 은행절차 및 세무절차 흐름도이다.

또한, 국내법(공인중개사의 업무 및 부동산거래신고에 관한 법률 제33조 제6항)에서는 중개의뢰인과 직접거래를 하거나 거래당사자 쌍방을 대리할 경우 3년 이하의 징역 또는 2천만 원 이하의 벌금에 처하고 행정처분으로 6개월간의 업무정지를 할 수 있도록 규정하고 있어 직거래시에 이러한 제도적 규제가 있는지도 참고하여야 할 것이다.

Ⅱ. 중개거래

부동산 중개인을 통한 부동산 거래제도는 미국에서도 1970년대에 이르러 전문적인 직업군에 의한 서비스로 자리를 잡았다.

부동산 중개는 나라별로 다양한 제도를 가지고 있으나 일반적인 법제는 중개업자와 판매원과의 계약은 일반적 중개 계약관계로 보지만 소유자와 중개업자 간의 용역 계약은 특별한 중개 계약관계로 본다.

이러한 계약의 유형은 다음 3가지로 나눈다.

(1) 전속중개계약(exclusive-right-to-sell listing)

부동산에 대한 전속 중개권은 계약 당사자인 중개인이 가지는 형태로, 매도자가 직접 매수자와 매매계약을 체결하더라도 중개인이 중개수수료를 받는다. 집중적이고 전문적인 매각 또는 매수 서비스가 필요한 경우에 체결된다.

(2) 독점중개계약(exclusive agency listing)

부동산에 대한 매각권을 매도자와 중개인이 공유하는 형태로서 매도인이 직접 매각한 경우에는 중개수수료를 지불하지 않아도 된다.

(3) 일반중개계약(open 또는 non-exclusive listing)

매도자와 실제로 중개계약을 성사시킨 중개인에게만 중개수수료를 지불하는 형태로 집중적인 중개서비스가 어렵고 매각 부동산에 대한 정보관리 등에 한계를 가진다.

이 외에도 중개인이 매도자 제시가격과 거래가격의 차이를 중개수수료 형태로 받는 net listing,[3] 다수의 중개인이 공동으로 수행하는 공동 중개계약 등이 있을 수 있다.

이러한 중개계약은 일방대리가 원칙이고 매수자와 매도자 양방을 대리하는 쌍방대리는 금지한다. 쌍방대리를 금지하는 이유는 본인의 이익을 보호하기 위한 것이므로, 쌍방당사자 사이에 이익의 충돌이 일어나지 않는 경우에는 쌍방대리가 허용된다. 본인이 미리 허락한 경우에는 당연히 쌍방대리가 인정되며, 그 허락은 명시적 · 묵시적으로도 가능하다.

실제 중개계약이 성립되면, 중개인은 중개인 전용 주택 정보 서비스(multi listing service) 사이트에 중개매물을 올리게 되고 매도자측 중개인(lstign agent)과 매수자측 중개인(seller agent)이 중개거래를 진행한다. 일본도 이것을 모방하여 1990년부터 REINS(Real Estate Information Network System)라는 형태로 이 시스템을 도입하여 운영하고 있다.

제2절 부동산 거래 계약

중개계약 유형은 부동산 매각 관련 거래와 임대차 계약을 위한 거래로 나눌 수 있다. 이러한 계약은 자발적(voluntary), 법적으로 실행가능한 합의(agreement)나 약속(promise)이며, 법적 의사능력이 있는 당사자(legaly competent parties) 간에 성립되고, 이는 법적인 상호 약인사항(legal considerations)에 부보되는 법률행위(legal act)이다.

각각의 거래유형별 특성을 알아보자.

Ⅰ. 소유권 등의 매매거래 계약

부동산 매매계약은 다음과 같은 필수요인이 계약서에 기재되어야 한다.

(1) 청약과 승낙(offer & acceptance)

거래 일방이 청약을, 거래 상대방이 이에 대한 승낙을 해야 하며, 양 당사자 간에 상호동의(mutual consent)가 있어야 한다.

3) 미국 대부분의 주에서는 불법이다.

(2) 약인(consideration)

한쪽의 약속에 대한 다른 한쪽의 반대급부(反對給付)를 말한다. 영미법은 약인의 존재를 계약의 유효조건으로 하고 있다.

(3) 동의(reality of consent)

계약 내용에 대해 자발적이고 자유로운 의사에 의한 동의가 존재해야 한다.

(4) 합법성(legal purpose)

계약은 합법적인 목적을 가져야 하므로 불법적인 내용을 담아서는 안 된다.

(5) 법률행위 당사자능력(legally competent parties)

계약은 법률행위의 당사자능력을 가진 주체들에 의해 진행되어야 한다. 미국은 대부분의 주의 경우 18세 이상인 자로 정신병자나 수감자와의 계약은 법률적 효력을 가지지 못한다.

(6) 유효한 계약(validity of contract)

계약에 따른 모든 사항들에 대해 법적 필수요소를 구비하고 있고 집행가능한 계약. 단, 이러한 요건을 구비하고 있지만 철회(rescind)나 파기(disaffirm)가 가능한 경우에는 '무효가능 계약(voidable contract)' 으로 구분된다.

이러한 계약은 계약의 이행, 계약의 양도, 재계약 또는 계약위반(liquidated damages)[4]에 의해 종결된다.

Ⅱ. 임대차 계약

임대차 계약은 임대인(lessor)와 임차인(lessee, tenant)과의 계약으로 임차인이 특정기간 동안 임대차 목적물에 대해 독점적인 점유권과 사용권(covenant of quiet enjoyment)을 보유하는 데 대한 대가로 임대인에 임료를 지불하는 계약이다. 임대차 계약이 만료된 후 임대인은 환수권(reversionary right)을 가지며 1년 이상의 임대차는 서면으로 계약을 작성하도록 하고 있다.

부동산 거래계약에서 전술한 바와 같이 유효한 임대차 계약이 성립하기 위해

4) 일방당사자의 계약 위반에 따른 소송을 피하기 위하여 양 계약 당사자가 계약위반시 계약을 위반한 당사자가 선의의 당사자에게 지불할 보상금(손해배상예상액)을 미리 정하는 것을 말한다.

서는 계약당사자의 합법적 능력(legal capacity), 합법적 목적물(legal objective), 청약과 승낙의 존재(offer and acceptance) 및 거래 약인(considerations)이 존재해야 한다.[5]

임대차 계약은 임대 목적물의 증개축, 양도 및 전대차 (sublease) 등은 임대인의 사전 동의를 필요로 한다. 임차인이 당해 임차 부동산을 전대차한 경우 원임차인의 임차권을 '샌드위치 임대(sandwich lease)'라고 한다.

임대차 계약은 각국별로 다양한 임대 관행을 갖고 있어 전문가의 도움을 필요로 하지만 일반적으로 다음 사항에 특히 유의 하여 계약을 진행하여야 한다.

임대계약면적은 나라별로 전용면적기준, 공용 면적기준(주차장 포함여부 등), 또는 이의 병합형태 등이 존재한다.

입간판 등의 설치 가능성, 전대가능성, 임차인의 민원 해결 방식, 임차인의 구성 등도 주요 검토 사항이다.

이 외에도 임대인이 임차인에 제공하는 각종 인센티브(concession)-임료 감액, tenant improvement(임차인 인테리어 설비) 보조, 이사비 보조, free rent(무상 임대기간)도 면밀히 검토하여야 한다.

이 외에도 장기 임대차인 경우 임차인이 임대인에 요구할 수 있는 옵션에 대해서도 상호 합의하여야 한다.

(1) Renewal option: 임차인이 임대기간 만료 후 임료 갱신권한

(2) Cancellation(breakout) option:임차인이 장기 임대 계약 기간 중에 임대계약을 취소할 수 있는 권한 및 횟수

(3) Expansion option: 임차인이 연접한 임대공간을 임대인이 다른 임대인에게 임대할 경우 먼저 기존 임차인에게 확장임대권을 우선적(right of fist refusal)으로 주는 옵션.

■ 실효임대료(effective lease)

상기 임대차 옵션을 기준으로 최종 임대차 계약을 진행할 경우, 임대인 및 임

5) 미국에서는 모든 사람이 인종, 종교, 국적, 성별, 장애유무, 가족 상태 등에 상관없이 선택한 주택에 임대차계약을 맺을 수 있도록 한 공정 주거에 관한 법(Fair Housing Act 또는 Civil Rights Act)이 있다.

차인은 각각의 임차 또는 임대 안에 대해 비교 검토를 필요로 할 것이다. 이때 기준이 되는 임료를 실효임대료(effective rent)라고 한다.

화폐의 시간적 가치 중에서 매월(년) 초 지불형태의 연금(임대료)의 현재가치는 다음과 같이 연금의 현재가치 공식에서 금리(1+r)를 곱하여 다음과 같이 구한다(제6장 제2절 화폐의 시간적 가치 참조).

$$PV=PMT(1+r)\frac{(1+r)^N-1}{r\times(1+r)^N}$$

단, r=i/m, N=mT, PMT=연금(임대료), i=연간이자, m=연간납입횟수, T=납입연수

상기식을 활용하여 매월 지불액을 구하면 다음과 같다.

$$PMT=PV\times\frac{r\times(1+r)^N}{(1+r)\times[(1+r)^N-1]}$$

이 식을 활용하여 실효 임대료(매기 실제 지불하는 임료)를 산정해보자

예를 들어 임대료안 A는 임대기간 5년, 임대료 $20/SF, rent free 1년, 선물형태이고 임대형식은 임차인이 운영경비일체를 부담하는 형태일 때 임대인의 실효임대료를 구해보자. 단, 할인율은 7%로 가정한다.

5년간 임료 현재가치: Lease $PV=0+20/1.07+20/1.07^2+20/1.07^3+20/1.07^4=\$67.74$

(임대인)실효임대료 $=\$67.74\times(0.7\times1.07^5)/[1.07\times(1.07^5-1)]=\$15.44/SF$

나아가서 상기 임대료안을 기준으로 임차인의 입장에서 실효임대료를 구해보자. 단, 임차인이 부담하는 초년도 운영경비는 $10/SF이나 매년 2%의 상승률을 예상한다. 이 경우의 5년간 실제지불임료의 현재가치는 다음과 같다.

5년간 임료 현재가치: $LeasePV=10+30.20/1.07+30.40/1.07^2+30.61/1.07^3+30.82/1.07^4=\$113.27$

(임차인)실효임대료 $=\$113.27\times(0.7\times1.07^5)/[1.07\times(1.07^5-1)]=\$25.81/SF$가 된다.

제3절 변형된 거래 형태

전통적인 부동산 거래 형태 중에서도 조세 목적, 재정목적 등의 이유로 부동산 거래 형태를 이러한 목적에 부응한 변형된 형태가 있다. 이 중에서도 매각 후 재임대 형태의 부동산 거래는 국내의 경우에도 1990년대 후반 국내 기업의 금융위기를 극복하기 위한 수단으로 가장 많이 활용된 변형 거래 수단이었다. 이외에도 옵션형태의 거래, 분할 상환형태의 거래등 다양한 변형거래 방법에 대해 알아보자.

Ⅰ. 매각 후 재임대(SLB: Sales and Leaseback)

매도인(기업 등)이 매수인인 투자자(투자 펀드 등)에게 부동산을 매각 후 다시 재임대하는 형태의 부동산 거래로 투자자는 공실 위험이 없이 임대수익을 얻을 수 있는 반면에 매도인은 영업환경의 변화가 없이 계속해서 사업을 지속할 수 있는 이점이 있다. 매도인은 이로 인해 유동성을 확보하고 부채비율 등을 감소시키는 효과를 얻는 방면에 향후 기대되는 양도 차익은 포기하여야 한다. 나아가서 매수인은 향후에 약정한 기간이 경과한 후 매도인에게 거래 부동산을 되팔 수 있는 권리인 putback option을 보유하는 반면에 매수인이 매도인에게 거래 부동산을 되살 수 있는 call option인 buyback option을 가지는 경우도 있다.[6] call option의 변형으로 매수인이 당해 부동산을 재매각시 매도인에게 우선 협상권을 부여하는 first right of refusal을 주기도 한다. 이 거래에 있어 매수인은 매도인에게 master lease[7]와 triple net lease를 요구한다.

6) 이 경우에는 매도인과 매수인은 거래 시 임대료를 투자금액에 연계하여 지불하는 형태를 취한다. 매수인인 투자자는 putback option이 있을 경우에는 임대료 채권을 기초자산으로 하는 ABS(자산담보부 증권)을 발행하여 유동화시키기도 한다. 실제로 이 옵션은 자산가격이 하락할 경우 매수인이 투자자에게 실행하는 것이기 때문에 실제 매수인의 투자 옵션가치는 실거래 가격보다 높다. buyback option도 매도인의 입장에서 보면 가격이 상승하여야 실행할 가치가 있기 때문에 옵션가치를 감안하면 이 거래로 인한 매도인의 재무효과 또한 실제 거래가격보다 높다. 그러나 금융실무에서 buyback option이 있다면 이 거래는 true sale로 볼 수 없기 때문에 금융리스로 취급한다.

7) 거래 부동산에 여러 명의 임차인이 있을 경우 매도인이 임대계약 전체를 총괄 관리하여 실제 임대계약의 단일 주체로 매도인이 되는 임대계약을 말한다(해외 부동산 임대시장편 참조).

그림 9-2 Sales and Leaseback 구조

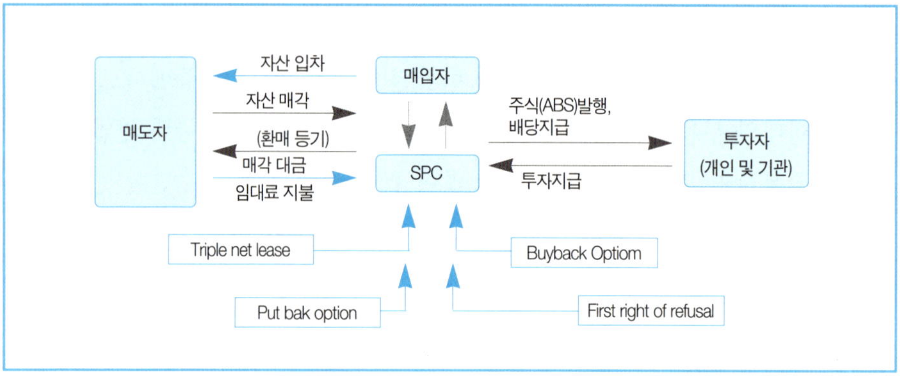

다음은 이러한 거래로부터 기대되는 효과를 정리한 것이다.

- 매도 회사는 양도차익(특별이익) 발생하여 높은 Earning Per Share 실현
- 기업 사냥꾼으로부터 기업 보호
- 기업의 재무구조 개선효과 기대, 반면에 양도차익은 상실
- 판매관리비의 형태가 감가상각비에서 임대료 형태로 바뀜

다음은 은행 대출, 단순 SLB거래, buyback option이 있는 SLB거래를 비교한 표이다.

표 9-1 Sales and leaseback 효과 비교 분석

구 분	재무효과
은행 대출	현금자산 증가, 고정자산 변동무, 부채증가, 감가상각비의 절세효과
Sales & Leaseback	현금 자산 증가, 고정자산 감소, 부채감소, 임대료의 절세효과, 부동산 전체를 담보로 LTV 100%로 융자받은 효과
Sales & Leaseback with Buyback Option	현금 자산 증가, 고정자산 감소, 부채감소, 매각위험감소 매각가능성 제고, 부동산 전체를 담보로 LTV 100%로 융자받은 효과

Ⅱ. 구매 옵션(buying option)

매수자에게 향후 구매할 수 있는 권리를 부여하는 것을 말한다. 이는 임대차 계약에서 lease option의 하나로 임차인에게 이러한 구매 옵션을 부여할 수도 있고, 분양을 촉진시키기 위하여 일정한 기간을 주고 입주민들에게 향후 이 권리를 행사할 수 있도록 하거나 반대로 put back option을 주어 재매각 권한을 줄 수도 있다. 실제 임대차 계약에서는 임차인에게 일정기간 또는 조건의 성립을 전제로 이 옵션을 부가조건으로 한 계약을 체결하기도 한다.

Ⅲ. 할부 판매(installement contract)

이는 land contract, contract for deed로 불리기도 한다. 매도인이 양도소득세를 이연할 수 있는 이점과 매각을 용이하게 할 수 있는 이점이 있는 반면에 거래 위험에 노출될 우려는 있다. 반면에 매수인은 equitable title을 보유(거주, 임대, 수리 등의 권리가 있으나 잔금완료 전에는 저당권은 없음)하게 된다.

제4절 부동산 중개업자

나라별로 부동산 중개관행이 다르듯이 중개업에 종사하는 사람들에 대한 관리 방법 및 호칭도 다르다.

다음은 각국별 중개업자 및 보조원의 명칭이다.

- 미국: sales person, brokers, realtors
- 캐나다: sales person, broker & agent
- 영국: estate agent, letting agent
- 프랑스: agence immobiliere(파리시), entremise(지방도시)
- 호주: broker

- 일본: 택지건물취급주임자
- 대만: 중개 책임자, 중개 보조원

제5절 요 약

일반적인 부동산 거래 절차는 다음과 같이 정리할 수 있다.

① Start by renting, ② Viewing & detailed inspection of the property, ③ Consider the marketability of the real estate, ④ Observe real estate price cycles, ⑤ Check the legal and tax situation, ⑥ Purchase with the aid of one or several experts (Kälin; Int'l real estate handbook)

그러나 실제 실무에서는 각국별 제도상의 차이로 인해 다소 차이가 있을 것이다.

부동산 중개거래 유형은 직접거래 및 중개업자를 이용한 중개거래로 나눌 수 있고, 거래 종별에 따라 소유권거래 및 임대차 거래 등으로 대별할 수 있다. 부동산 중개와 관련된 용어로는 agent(대리인), principal(의뢰인), fiduciary relationship(신임 또는 수탁관계) 등이 있음을 알았다.

또한 부동산 중개거래 유형으로는 ① 전속중개계약(exclusive-right-to-sell listing), ② 독점중개계약(exclusive agency listing), ③ 일반중개계약(open 또는 non-exclusive listing)으로 나누고 전속중개의 장점을 알아보았다.

소유권거래 계약시 거래가 성립하기 위한 주요 사항에 대해 알아보고 임대차 계약은 나라별 계약상 특이사항, 일반적으로 적용되는 옵션과 이와 관련된 용어에 대해서도 살펴보았다.

특히, 임대차 계약시 각종 옵션이 가미된 경우의 '실효임대료'의 산정 방법에 대해 예제를 이용하여 그 의미를 파악하였다.

이 외에도 전통적인 부동산 거래 형태에서 거래 내용과 목적에 따라 변형된 거래 방법 -① 매각 후 재임대 방법, ② 옵션형태의 거래 ③ 분할 상환형태의 거래 방법 등에 대해 알아보았다.

Chapter 10

해외 부동산 금융

부동산 금융은 2000년대 이후 부동산의 새로운 관심 분야로 떠오른 분야이다. 대출금리, 대출형태, 대출효과, 대출자금의 원천 및 운용(현지금융의 구조) 등이 부동산 금융이 일반적으로 다루는 분야이다.

그러나 실제 주택 등의 대출의 경우에는 나라별로 다양한 대출제도와 심사기준을 가지고 있어 주의를 요한다. 실제 대출 심사기준은 신용, 담보자산의 규모, 종류 및 감정 가격, 대출비율(LTV), 대출신청인의 신분(외국인, 영주권자 등)에 따라 달라지게 된다.

제1절 대출금리

일반적으로 금리는 '고정금리(fixed rate)' 와 '변동금리(variable rate)'로 나눌 수 있다. 고정금리는 상품에 가입한 기간에 시중금리가 아무리 큰 폭으로 변하더라도 이자율이 변하지 않는 것을 말한다. 정기예금, 정기적금과 같은 예금상품은 대부분 고정금리이며, 채권, CP(기업어음), CD(양도성예금증서), 개발신탁 등도 고정금리를 적용한다. 이에 반해 변동금리는 적용되는 이자율이 가입기간에 계속 변하는 것을 말한다. 대출 후 금리가 큰 폭으로 상승했을 경우 고정금리는 변동금리보다 유리하지만 대출초기금리가 변동금리보다 높다. 반면 변동금리는 대출초기 금리가 고정금리보다 낮지만 대출 후 금리가 큰 폭으로 상승할 경우에는 고정금리보다 불리하다. 또 금리가 불확정적이므로 안정적인 자금관리에 어려움이 있다. 따라서 고정금리와 변동금리 중 어느 상품에 투자할지 결정하는 데 가장 중요한 요인은 장래 금리 예측이라고 할 수 있다.

고정금리는 변동금리와 고정금리 swap시 시장에서 설정되는 율에 스프레드(spread)를 더하여 산정하는 데 비하여, 변동금리는 LIBOR[또는 일본의 도쿄 은행간 거래금리인 TIBOR(Tokyo inter-bank offered rate)]에 스프레드(spread)를 더하여 결정한다. 다음은 이자율 조작을 통한 여러 가지 대출 기법의 예시이다. 다음 절에서 보다 다양한 형태의 대출방법에 대해 알아본다.

(1) 가변이자율 저당

차입자와 대출자 간 사전 합의된 어떤 지수에 따라 이자율을 변화시키는 것.

(2) 조정이자율 저당

이자율을 조정할 수 있는 지수를 다양하게 함.

(3) 재협상이자율 저당

일정기간(3-5년) 단위로 차입자와 대출자 간 재협상을 통해 이자율을 결정하는 방법.

(4) 가격수준조정저당

이자율이 아니라 미상환 잔액을 조정하는 방법. 이자율 인상요인이 발생할 때 이자율이 아니라 미상환 잔액을 실제잔액보다 늘리면 매월 상환 이자분이 증가하여 실질이자율 인상과 동일한 효과가 발생한다.

제2절 대출형태

대출형태는 고정금리와 변동금리 형태별 대출 방법이 다르다.

각각 대출금리 형태별 상환구조를 살펴보자.

Ⅰ. 고정금리 기준 대출유형(Fixed Rate Mortgage)

■ 대출 형태의 이해

1930~40년대에 고안된 대출 형태로서 상환기간 동안은 이자만 지불하고 만기시에 원금을 상환하는 방식이다. 이후 경제적 호황이 지속되고 낮은 인플레이션율이 유지되자 부동산 및 借主를 분석하는 형식으로 발전하였다. 다음은 대출금 $60,000 연리 12%(월납) 대출기한 5년의 대출 상품으로 상환기간 동안은 이자만 지불하고 상환기간 만료시에 원금 상환하는 형태의 현금흐름표이다.

(1) 기간 중 원금을 일정하게 상환하는 방식(Constant Amortization Mortgage: CAM)

아래 표에서 원금은 일정하게 매월 166.67으로 상환한다는 전제하에 잔액에 대해서는 월1%씩 이자를 더해서 상환하는 형태이다.

표 10-1 CAM형태의 원리금 상환방법

Month	기초 잔액	이자율 (12%/12)	월원금 상환액주)	월 지불액	기말잔액
1	60000.00	600.00	166.67	766.67	59833.33
2	59833.33	598.33	166.67	765.00	59666.66
3	59666.66	596.67	166.67	763.34	59500.00
4	59500.00	595.00	166.67	761.67	59333.33
5	59333.33	593.33	166.67	760.00	59166.67
6	59166.67	591.67	166.67	758.34	59000.00
360	166.67	1.67	166.67	168.34	0

주: 60,000/360월=166.67

(2) 기간 중 일정한 지불금액(원리금균등상환)으로 상환하는 방식(Constant Payment Mortgage: CPM)

〈표 10-2〉에서 원금과 이자를 일정하게 상환하는 형태로 매월 지불액 617.17에는 원금과 전기 미상환 잔액에 대한 이자가 포함된다.

(3) 일정기간 동안 원리금 지불을 일정률로 상승시키는 방식(Graduated Payment

표 10-2 CPM형태의 원리금 상환방법

Month	기초 잔액	월원리금 상환액주)	이자율(12%/12)	원금상환액	기말잔액
1	60,000	617.17	600.00	17.17	59982.83
2	59982.83	617.17	599.83	17.34	59965.49
3	59965.49	617.17	599.65	17.52	59947.97
4	59947.97	617.17	599.48	17.69	59930.28
5	59930.28	617.17	599.30	17.87	59912.41
6	59912.41	617.17	599.12	18.05	59894.36
360	611.06	617.17	6.11	611.06	0

주: 원리금 연부 상환율 또는 저당상수를 이용하여 매월 지불하는 원리금 상환액은 다음과 같이 계산한다. 60,000×MC(1%, 360)=617.17

표 10-3 GPM형태의 원리금 상환방법

Year	기초 잔액 (A)	요구월이자 지불액(B)	실제상환액주1) (C)	원금상환액 (B-C)	잔액의 변화 (D)	기말잔액 (A+D)
1	60,000	600.00	474.83주2)	125.17	1587.47	61587.47
2	61587.47	615.87	510.44	105.43	1337.12	62924.59
3	62924.59	629.25	548.72	80.53	1021.32	63945.91
4	63945.91	639.46	589.87	49.59	628.93	64574.84
5	64574.84	645.75	634.11	11.64	147.62	64722.46
6	64722.46	647.22	681.67	(34.45)	(436.91)	64285.55
30	7672.10	76.72	681.67	(604.95)	(7672.00)	0

주: 1)상환액은 매년 7.5%씩 상승하는 것으로 함.
주: 2)474.83원이 산출된 내역.

지불기간 (1)	지불액 (2)	매기 상승률(3)	복리연금 현가율(4)	복리현가율 (5)	조정률 (4)×(5)
MP1	MP1(1.0)	1.0	11.255077	-	11.255077
MP2	MP2(1+0.075)	1.075	11.255077	0.887449	10.737430
MP3	MP3(1+0.075)2	1.155625	11.255077	0.7875566	10.243594
MP4	MP3(1+0.075)3	1.242297	11.255077	0.698925	9.772473
MP5	MP3(1+0.075)4	1.335469	11.255077	0.620260	9.323008
MP6~30	MP3(1+0.075)5	1.435629	94.946551	0.550450	75.030751
					126.362333

MP1×126.362333=60,000 MP1=474.83, $\frac{[(1+0.01)^{12}-1]}{(0.01\times(1+0.01)^{12}}$ =11.255077.

그림 10-1 상환방법별 지불금액과 상환잔액의 비교

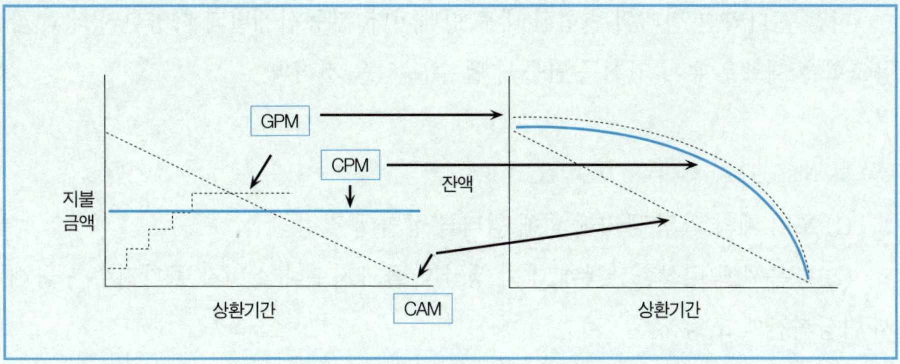

Mortgage: GPM)

〈표 10-3〉은 초기 1~5년 동안은 월 1%의 약정이자 지불액보다 낮은 월 일정금액을 지불하되, 동 기간 동안은 매년 지불액을 7.5% 상승시키고 그 후에는 이러한 변동없이 일정하게 원리금을 상환하는 방식의 대출일 경우 원금상환액과 잔액의 변화를 계산한 표이다. 매월 지불액의 현가합이 대출금액과 같게 하는 MP를 찾아내는 계산방법은 〈표 10-3〉 하단에서와 같이 구한다. 여기서 초기 5년 동안 원금잔액이 늘어나는 이유는 월 지불액이 월 1%의 약정 이자율보다 낮기 때문에 그 차액만큼 기말잔액이 증가하기 때문이다.

Ⅱ. 변동금리 기준 대출유형(Variable Rate Mortgage)

■ 변동금리 대출 형태의 이해

1970년대 이후 자본시장이 발달하고 대출 형태도 다양해졌다. 고정금리 하에서는 대출 심사기준에 적합하지 못해 대출이 불가능하였던 부동산상품도 대출이 가능해지고 부동산 운영시장의 발전과 더불어 대출 상환 방식도 운영소득, 자본상승익 또는 물가지수 등과 연계하는 창조적 금융시장(creative financing market)으로 진화하였다. 그러나 부동산 시장이 활성화되고 유동성이 풍부해짐에 따라 초기 납부금액을 낮게 하고 서서히 상환금액을 체증하되, 기간별로 적용금리를 변동시키는 형태의 ARM이 등장하였다. 서브프라임 모기지 위기는 이러한 형태의 대출 방식에서 출발하였다고 본다.

다음은 다양한 형태의 변형된 대출 형태이다. 부동산개발과 다양한 형태의 금융조합은 새로운 투자 기회를 만들어 낼 수도 있을 것이다.

Price Level Adjusted Mortgage (PLAM)

(1) 초기 계약 약정 금리에 의해 원리금 상환액 결정

(2) 다음해에 미상환잔액에 대해 생산자 물가지수나 소비자 물가지수를 곱해서 미상환잔액 조정

(3) 조정된 미상환잔액에 대해 미상환 기간을 기준으로 초기 약정 금리로 새로운 원리금 지불액을 재계산, 이러한 방식을 미상환 기간 동안 반복하여 원리금 상환액 결정

Adjustable Rate Mortgage (ARM)

(1) 초기 계약 약정 금리(통상적으로 시장금리 보다 저리)에 의해 원리금 상환액 결정

다음해에는 미상환잔액을 기준으로, 적용이자율은 전년도 국공채 수익률에 대출자의 margin(spread)을 가산한 금리(composite rate)로 새로운 원리금 지불액 산정

(2) 예시

연도	지수	margin	적용 이자율	월지불액	지불액의 변화율	기말잔액
1			8%	440.26		59,499
2	10%	2%	12%	614.24	39.5%	59,255
3	13%	2%	15%	752.26	22.5%	59,106
4	15%	2%	17%	846.20	12.5%	58,991
5	10%	2%	12%	617.60	-27.0%	58,639

Shared Appreciation Mortgage (SAM)

(1) 초기 계약 약정 금리(통상적으로 시장금리보다 저리)에 의해 원리금 상환액 결정

(2) 약정 기간에 부동산을 매각시 양도차익에 대해 대출자가 일정한 portion을 차지함.

■ Equity Participation Loans

(1) 초기 계약 약정 금리(통상적으로 시장금리보다 저리)에 의해 원리금 상환액 결정

(2) 대출자는 수익용 부동산의 PGI, NOI 또는 BTCF에 일정 부분을 차지하는 형태의 부동산 대출 형태

■ Interest-Only Loan

(1) 상환 기간 동안 이자만 지불, 기간 만료시에 원금 일시 상환

(2) 높은 DCR 유지 가능

■ Accrual Loan

(1) 일정기간동안 정상금리보다 낮은 금리 적용

(2) 동 기간 중 미상환 잔액은 증가

(3) 높은 DCR 유지

■ Convertible Mortgage

(1) 일정기간 동안 정상금리보다 낮은 금리 적용

(2) 일정 기간 후 대출자가 저당 부동산의 일정 지분을 살 수 있는 권리를 유보

■ Wraparound Mortgage

(1) 신규 저당권자가 기존 저당채무를 인수함.

(2) 차입자는 추가대출액에서 선순위 저당권의 잔액을 공제한 금액만 수수함

(3) 예시

연도	차입액	이자율	대출기간	잔여기간	지불액/월	LTV
A은행 기존저당	90,000	8%	15	15	860.09	60%
B은행 담보 (2번저당)	30,000	15.5%	B은행에서 추가 대출시 적용금리			20%
전체저당	120,000					80%

* B은행은 120,000원을 10%/년에 15년 동안 상환하는 조건으로 대출하여 원리금지불액

1,289.53/월을 받음으로써 차입자의 추가 담보설정시 부담하여야 할 금리인 15.5%보다 낮게 대출하되 기존 담보대출의 실행금리보다는 높게 적용하여 차액을 수수할 수 있다.

■ Buydown Loan

(1) 일정기간 시장금리보다 낮은 금리로 매수자에게 대출

(2) 부동산 건설업자 등이 시장금리와 약정금리의 차액에 대해 보전

제3절 레버리지

투자 부동산의 기대수익률보다 낮은 금리로 차입한 자금을 이용하여 투자할 경우 투자자의 자기지분에 대한 기대 수익이 증대되는 효과를 말한다. 그러나 Modigliani-Miller는 추가적인 부채의 사용은 관련 할인율을 증대시키게 되므로 의미가 없다고 주장하기도 한다

Ⅰ. 레버리지 목적

(1) 자금차입 또는 대체 투자 및 효율적인 포트폴리오 구성

(2) 지급(저당)이자의 절세효과

(3) 재무 레버리지 효과

차입을 통하여 자기지분만을 이용하여 투자한 경우의 수익률보다 외부 차입을 통하여 투자한 경우의 수익률이 훨씬 커지는 효과를 말한다. 단, 투자대상 부동산의 수익률이 대출금리보다는 커야 한다. 이는 다음 식으로 표현된다.

$$BTIRR_E = BTIRR_P + [BTIRR_P - BTIRR_D](D/E)$$

단, $BTIRR_E$=자기 지분에 대한 세공제전 IRR,

$BTIRR_P$=부동산에 대한 세공제전 IRR(자기 지분과 차입금 포함),

$BTIRR_D$=차입금(타인자본)에 대한 IRR(이자),

D/E=자기지분에 대한 차입금 비율

Ⅱ. 레버리지 효과

다음 예제는 SPC가 타인 자본(non recourse loan)[1]을 차입하여 운영한 경우와 그렇지 않은 경우의 수익률을 비교한 그림이다.

그림 10-2 SPC 레버지지 효과

(1) 타인 자본이 없는 경우

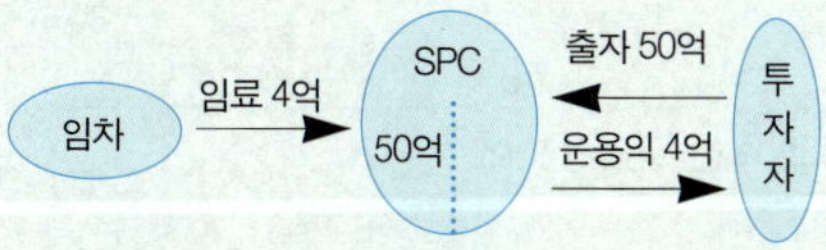

부동산 총액①	50억
투자자출자총액	50억
임료 등	4억
투자자운용익②	4억
투자자 출자 수익률	4/50=8% ②/①

(2) 타인 자본이 있는 경우

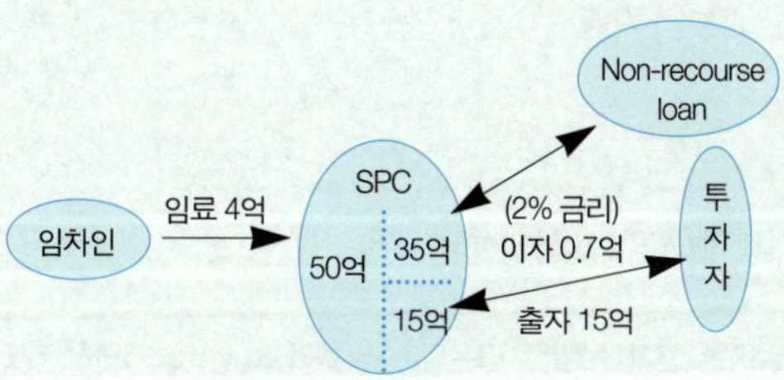

부동산 총액①	50억
대출액	35억
출자액	15억
임료 등	4억
대출이자	0.7억(2%금리)
투자자운용익②	3.3억
투자자 출자 수익률	3.3/15=22% ② / ①

1) 비소구금융이라 한다. 구상권(求償權) 범위를 담보물로 한정하기 때문에 담보물 이외에는 채무가 면제되는 융자다. 부동산개발 PF(프로젝트 파이낸싱)사업에서 대출기관은 비소구금융으로 대출하면서 리스크를 일부 부담하는 대신 금리를 더 높게 책정하거나, 수익의 일부를 성공보수로 받는 계약을 하는 게 보통이다. 부동산증권화가 발전됨에 따라 논리코스론의 이용이 많아졌다. 제한소구금융(limited recourse loan)은 차입자가 담보물 외에 일반재산으로 일부 제한적으로 채무를 지는 융자다

예제: 다음 예제를 통해서 레버리지 효과를 다시 확인해 보자.

〈조건〉
구매가격: 100,000(토지가격 85,000, 건물가격 15,000)
차입금액: 80,000(이자율 10%, 이자만 지급)
임대수입(NOI): 12,000/년, 세율: 28%, 감가상각: 31.5년(정액)
再販가격(5년 후): 100,000, 보유기간: 5년

1) 借入할 경우

구 분	0	1	2	3	4	5
NOI		12,000	12,000	12,000	12,000	12,000
지급이자		8,000	8,000	8,000	8,000	8,000
BTCF		4,000	4,000	4,000	4,000	4,000
재판가격						100,000
미상환잔액						80,000
Total BTCF	−20,000	4,000	4,000	4,000	4,000	24,000

* 세공제전 내부수익률(Before−tax IRR: BTIRR)=20%(Levered IRR)

2) 借入이 없을 경우

구 분	0	1	2	3	4	5
NOI		12,000	12,000	12,000	12,000	12,000
지급이자	0					
BTCF		12,000	12,000	12,000	12,000	12,000
재판가격						100,000
미상환잔액						0
Total BTCF	−100,000	12,000	12,000	12,000	12,000	112,000

* 세공제전 내부수익률(Before−tax IRR: BTIRR)=12% (Unlevered IRR)

상기 차입 유무에 따른 투자안을 비교 검토한 결과 차입한 경우의 수익률이 Levered IRR 20% 〉 Unlevered IRR 12%로 양(陽)의 leverage 효과를 얻을 수 있음을 보여주고 있다.

$$BTIRR_E = BTIRR_P + [BTIRR_P - BTIRR_D]\ (D/E) = 12\% + (12\% - 10\%) \times 8/2 = 20\%$$

제4절 자금의 원천

해외 부동산 자금은 다양한 채널을 통하여 유입되고 유출된다. 장기 투자 자금이 있는가 하면 단기성 핫머니도 존재할 것이다. 이는 대별하면 자기자금과 타인 자본으로 구성되지만 전환사채 등 hybrid 형태도 있을 것이다.

일반적인 자금원은 상업은행, S&L Association, Mutual Saving Bank, Credit Union, 생명보험, 저당회사 등의 부채형태로 자금을 공급하는 기관과 Pension fund, Commingled Real Estate Funds(폐쇄형, 개방형), 사모펀드, REIT, 개발업자, 해당분야 사업자(호텔, 서비스아파트, 할인매장, 레스토랑 등) 등과 같이 지분형태로 자금을 공급하는 entity가 있는가 하면 보다 규모가 크고 미국의 FHA, FHLMC, GNMA와 같이 2차 저당시장에서 자금원으로서 공적 기능을 수행하는 자금원도 있다.

이를 보다 구체적으로 부동산 시장을 중심으로 분류하면 다음과 같이 정리할 수 있다.

Ⅰ. 전통적인 자금원

(1) 소유권 및 임차권에 대한 담보 저당(freehold and leasehold mortgage)

금융기관으로부터의 부동산 소유권이나 임차권에 대한 담보를 바탕으로 한 자금차입

(2) 비담보저당 기관 대출(비소구권 저당)[unsecured institutional lending (non-recourse loan)]

개발사업이나 특정 사업을 수행하기 위해 SPC등을 설립하고 투자자 지분과 이와 관련된 자금차입

(3) 합작투자지분 및 대출금(joint-venture equity and debt financing)

합자 또는 합작 기업을 통한 자금조달과 이와 관련된 차입자금

(4) 지분투자자 금융 및 시공자금융(shareholder loan /contractor financing)

shareholder loan은 주주 대여금으로 주주가 당해 기업에 행하는 대출로서 대부분 후순위채의 형태를 띤다. 기업 초기단계에 금융기관으로부터 차입이 어려운 경우 또는 기업 M&A을 시도할 경우 이용된다. contractor financing 은 시공사가 시행사에 대여해 주는 시공자금융을 말한다.

(5) 임대보증금(advanced payment of KEY money)

임대보증금 또는 전세보증금(한국) 등 반환채권을 담보로 한 차입자금

(6) 매각 후 재임대(sales and leaseback)

점유 · 사용 중에 있는 부동산을 매각하고 재임차함으로써 계속기업의 영속성을 유지하면서 유동성을 확보

(7) 2차저당시장의 MBS, CMBS 및 REIT(sale of debt and equity securities)

상업은행 등이 부채형태의 신용창출을 통한 방법 중에는 주택저당권을 기초로 하거나 상업용 부동산을 기초로 해서 수익증서 또는 채권을 발행하고 자금을 확보하는 방법과 공모를 통한 자금확보 방법이 있다.

Ⅱ. 구체적 자금 유형

부동산시장의 가용 자금원을 공적 시장 및 사적 시장으로 나누고 투자원을 자기지분과 타인자본으로 나누면 다음과 같이 정리할 수 있다.

지분(Equity)

불특정 (Public)			특정 (Private)
	REITs REOC	Direct Property Investment JV/Partnership PFV, REF	
	MBS ABS CMBS	Private Mortgage Mezzanine Participation Loan Project Financing	

채권(Debt)

(1) REOC(real estate owned company)는 부동산 운용회사로 REIT와 유사하나 REOC는 재투하거나 회사유보 등의 방법으로 다양한 운용이 가능하다. 단, REIT만큼의 세금 혜택은 없다.

(2) PFV(프로젝트 금융회사: project finacing vehicle)는 부동산 개발 사업을 운영하기 위하여 설립되는 회사로 설립의 주된 목적은 장기 투자 및 세제혜택이다. 국내법에서 설립요건은 다음과 같다.

1. 자본금 50억 원 이상

2. 금융기관 출자 5% 이상

3. 한시적 회사로서 존립기간이 2년 이상이어야 합니다.

4. 본점 외의 영업소를 설치하지 않고 직원과 상근임원을 두지 아니할 것

5. 수익을 주주에게 90% 이상 배분하는 회사

6. 자본시장과 금융투자업에 관한 법률에 따른 신탁업을 영위하는 금융기관(자금관리사무수탁회사, AMC)에 자금관리업무를 위탁할 것

그리고 PFV의 세제혜택은

1. 배당이익의 90% 이상을 배당하는 경우에, 그 배당금액을 당해 사업연도의 소득금액(법인세 대상이 되는 과세표준)에서 공제

2. 개발 예정지 등과 같은 경우 취득(등록)세 50% 감면(프로젝트금융투자회사가 취득하는 부동산을 말함)

3. 수도권내 법인 설립 시에 등록세 3배중과 배제이다.

(3) PEF(Private Equity Fund)

투자전문운용사가 소수의 기관 및 개인투자자로부터 장기자금을 조달하여

그림 10-3 PEF 구성

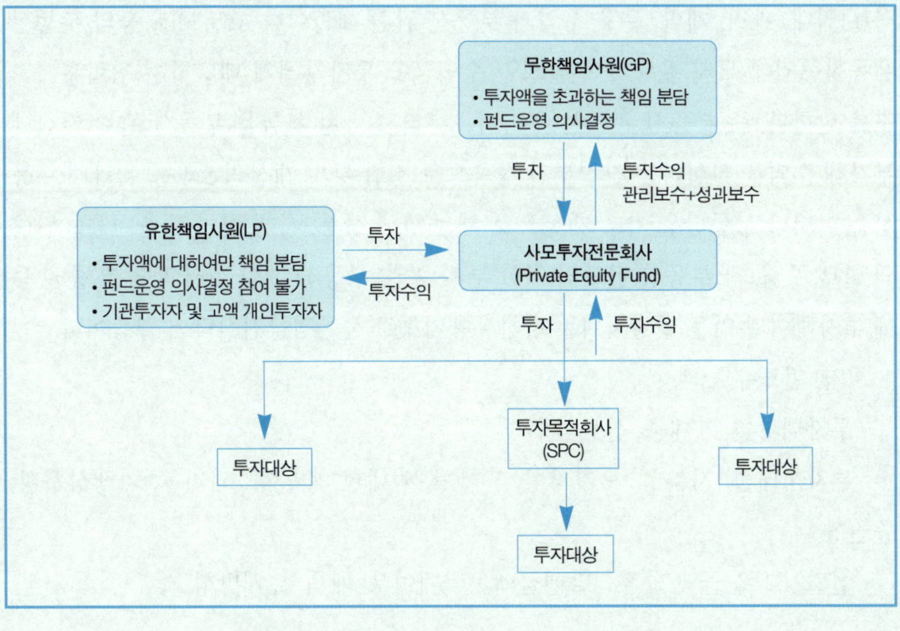

기업가치 제고의 가능성이 높은 기업의 주식 및 지분 증권에 투자하고 경영성과 개선 등을 통해 고수익을 추구하는 사모투자 전문회사와 단순투자 목적의 자금을 모아 펀드를 운영하는 주식형 사모펀드(일반사모펀드)로 나눈다. 국제적으로 사모펀드는 대개 헤지펀드를 의미한다. 사모투자 전문회사는 〈그림 10-3〉과 같이 1인 이상의 무한책임사원과 1인 이상의 유한책임사원으로 구성되며 국내 자본시장법에 의하면 49명 이하로 제한하고 있다. 외국의 경우 펀드 설립(Private Equity Real Estate)은 대개 운영자인 무한책임사원(GP), 재무적 투자자인 유한책임사원(LP) 및 전략적 투자자인 Project 사업자의 지분투자 등으로 설립된다.

프로젝트 사업 시행시 금융기관 Loan To Cost(공사비대비 대출비율)는 60~65% 범위로 하고 수익배분은 펀드모집시 GP와 LP의 투자금액을 고려하여 결정하되 예를 들어 GP가 펀드모집액의 1~5% 정도 지분 투자시 수익배분은 GP : LP=20% : 80% 정도로 배분하되 LP에 약정한 우선 투자수익을 먼저 지불하는 구조로 설계한다. 〈표 10-4〉는 부동산사모펀드의 특징을 정리한 표이다.

(4) REF (Real Estate Fund)

부동산 펀드는 광의로는 PEF뿐만 아니라 제3장 제1절에서 언급한 모든 펀드를 지칭하나 자본시장법에서는 부동산에 투자운용하고, 그 부동산으로부터 발생하는 임대, 관리, 개발, 운용 수익과 부동산 관련 대출이나 ABS, MBS 등의 부동산 유동화증권에 투자 운용하여 발생한 수익금을 투자자에게 배당하는 집합투자기구를 말한다. 즉 부동산 펀드는 투자자로부터 수탁된 자금을 부동산 관련 자산에 투자해 수익을 실현하는 간접투자 상품으로 집합 투자 재산의 50%를 초과해 부동산뿐 아니라 부동산을 기초 재산으로 하는 파생 상품, 시행 법인 대출, 리츠(REITs)의 발행 주식, 타 부동산 펀드의 집합 투자 증권, 부동산 개발 회사의 발행 증권 등에 투자하여 수익을 발생시키는 자산운용기구로 불특정금전신탁의 일종이다.

(가) 펀드유형

투자대상별: PF대출, 실물인수

투자형태별: 지분형, 모기지형, 혼합형, 임대형, 개발형, 권리형, 파생상품형, 증권형

설립시 모집금액 확정 · 발행금액 · 환매여부: 폐쇄형, 개방형

표 10-4 Real Estate Private Equity Fund 주요 특징

투자 전략	• 부동산을 직접 매입 • 프로젝트투자회사 등 부동산 관련 회사에 지분 투자(equity investment) 및 mezzanine loan 등 후순위 대출투자(debt investment)
펀드 존속 기간	• 특정 부동산 자산을 취득하거나, 특정 부동산 개발 프로젝트에 투자하기 위해 조성된 펀드는 보통 2~3년이나, • 다수 부동산에 분산 투자하는 혼합형(commingled) 펀드는 보통 5~10년. 이러한 장기 운용 펀드는 사업계획서에 투자대상 부동산이 지정되어 있지 않음(blind pool)
자본금 납입	• 일반적으로 펀드 설정 초기에 투자금액 전부를 납입하지 않음. 펀드 설정 시 투자의사 금액만 약정(commitment)하고 자금이 필요할 때마다 1~2주 전에 통지(capital call), 투자자의 출자지분 비율에 따라 자본금을 납입토록 함. • 투자자 입장에선 일정기간(drawdown period) 동안 약정한 투자금액의 유동성을 확보해야 하는 단점이 있음. 존속기간 7~8년짜리 펀드의 경우 보통 2~3년이 약정된 투자금액이 모두 투자되는 소요기간임
배당 정책	• 펀드로부터 생성된 모든 이윤은 투자자의 원금과 Preferred Return[2]이 우선 분배되고, 나머지 profit에 대하여 펀드 운용사와 나눠 갖는 구조(일반적으로 2:8)
법적 형태	• 세금의 효율성과 투자자의 fund structure에 대한 이해 정도에 따라 법적 형태 결정 • 전통적인 형태는 LP (Limited Partnership), 최근엔 LLC (Limited Liability Company) 형태가 점차 인기 • 펀드의 운용주체인 LP의 General Partner는 무한책임인 반면, LLC의 managing member는 유한책임

법률상 조직 형태: 신탁형, 회사형

투자 대상 특정 여부: 특정, 불특정, 혼합

펀드존속기간: 기한부, 무기한부

자산관리: 자기관리, 외부관리, 혼합관리

성격: hedge fund[개인모집, 고수익, 규제강화(주요 조세 회피지역 위장거점 설치)], 사모펀드(PEF; 주로 주식투자, 사업구조&지배구조 개선 후 투자가치 상승 고위험.고수익 추구), 뮤

2) 투자자 유치를 위해 투자자에게 주어지는 인센티브로서 $1,000,000짜리 부동산에 자기지분(equity) 20%, 타인지분 80%로 투자한 경우에 수익의 75%는 지분권자에 8%의 우선배당(preffered return)을 두는 형태의 투자안으로 투자자를 모집한 부동산투자회사가 있다고 하자.
만약 연간 BTCF가 $200,000이면 75%×$200,000=$150,000는 지분투자자에게, 나머지 25%×$200,000=$50,000는 펀드(회사)에 귀속하게 되고 투자자는 7.5%(150,000/2,000,000)의 수익을 얻게 된다. 그러나 이 금액은 약정수익률 8%($160,000=2,000,000×8%)에 미치지 못하므로, 수익 배분은 수정되어 $160,000는 지분투자자에게 나머지 $40,000는 회사에 귀속하게 된다.

추얼펀드

모집형태: 공모, 사모, 혼합형

(나) 펀드구조

국내 자본시장법상 펀드는 회사형과 신탁형으로 나누고 회사형은 부동산을 총자산의 70% 미만으로 제한하고 있으나 신탁형에는 이러한 제한을 두고 있지 않다. 다음은 일반적 구조이다.

일반적 부동산펀드의 구조

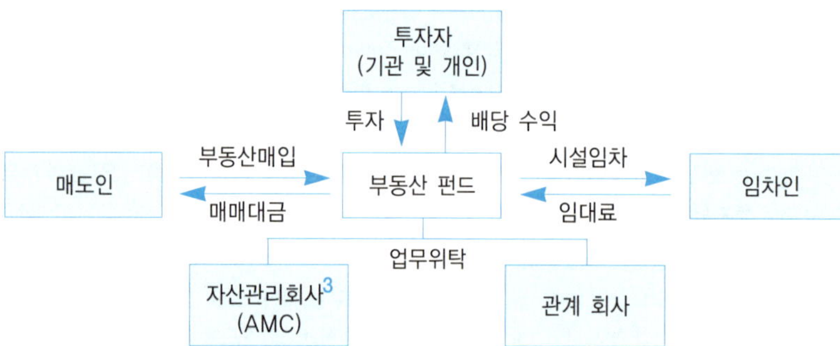

(5) 자산담보부 증권(ABS: asset backed securities)

금융기관이나 기업이 보유한 장기성 유가증권, 대출채권, 외상매출금 등의 자산을 담보로 증권을 발행하여 투자자에게 매각함으로써 자금을 조달하는 방법.

다음은 일반적 ABS의 발행구조이다.

상기 그림에서 자산보유자의 기초재산이 금융기관의 주택저당권인 경우 수익증권발행 형태는 RMBS(residential mortgage backed securities)가 되고 기초재산이 상업

3) 자산관리회사(AMC: Asset Management Company)는 자산운용회사로 불리기도 하며 부동산 투자회사의 AMC는 국내법상 자산관리회사, 자본시장법상 집합투자의 AMC는 집합투자업자를 지칭한다.

참고 자료

REIT와 REF의 비교

(가) Ownership 및 의사결정(통제권): 리츠는 주주가 이사회, 주주총회 이용하여 의사결정하고 주권을 발행하여 리츠 소유
REF는 투자자가 REF가 발행하는 수익권에 투자하고 AMC가 법인 이사제도를 통해 REF통제
(나) 배당순위: 리츠는 우선주, 보통주 등의 주권발행 가능하나 REF는 동순위 수익권만 발행
(다) 투자지분: 리츠는 1인이 35%까지 가능하다. 따라서 3인 이상이면 설립가능하나 은행 · 보험의 경우에는 지분 제한규정이 있다. 그러나 연기금 · 공제회 등이 투자한 경우 및 기업구조조정리츠의 경우에는 지분 투자제한이 없다. REF는 자본시장법에 명시적인 1인 지분제한 조건이 없다.
(라) 개발사업: 리츠는 시행자로서 역할 가능하므로 AMC가 개발사업등록 주체가 되어 개발 사업 추진가능하나 REF는 토지 소유권이 매도자로부터 자산보관회사(은행)로 이전되어 현실적으로 개발사업 시행이 어렵다. 따라서 시행사로부터 부동산 일괄매수 후 매수자의 지위로서 선매입방식으로 부동산의 인허가 후 공사중인 부동산을 인수하는 경우가 대부분이다.
(마) 영속성: 리츠는 영속형으로 IPO가 가능하다. 그러나 REF는 이러한 형태가 불가능하다.
(바) 해외 부동산 투자: 해외 부동산 투자시 세제상의 이유로 REF가 선호되나 해외 REIT도 가능하다. 일본은 REITs해외자산 취득을 가능케 하고 이를 위한 감정가격기준 등을 제정하고 있다.

용 부동산일 경우에는 CMBS(commercial mortgage backed securities)가 된다.

(6) 참여대출(Paricipation Loan)

대주단 또는 채권자(금융기관 등)가 프로젝트에 채권을 지분으로 전환하는 경우 또는 부동산 임대수익으로부터 먼저 원리금 등을 상환받는 형태의 대출형태.

제5절 Project financing

미래에 발생하는 현금흐름을 담보로 하여 프로젝트를 수행하는 데 필요한 자금을 조달하는 금융기법을 말한다. 광의의 프로젝트 파이낸싱은 특정 프로젝트의 소요자금을 조달하기 위한 일체의 금융방식을 통칭하지만 협의의 관점에서는 해당 프로젝트의 신용이나 담보보다는 프로젝트의 미래 현금흐름을 기초로 대출을

표 10-5 일반 기업금융과 프로젝트 파이낸싱 비교

항 목	일반기업금융	프로젝트 파이낸싱
차 주	계획사업을 수행하는 기업	특수목적법인
금융보증	차주의 자산	프로젝트 자산
재무적 탄력성에 대한 영향	채무자에 대한 재무적 탄력성의 약화	사업주에 의한 완전한 또는 상당한 감소 효과
회계 처리	대차대조표	부외 효과(사업주의 자산, 부채와 분리)
여신제공결정에서 주요 변수	고객관계, 대차대조표의 견고성, 수익성	미래 현금흐름
활용가능한 레버리지 정도	채무자의 대차대조표에 대한 영향에 따름	프로젝트에서 창출되는 현금흐름에 달림 (레버리지는 대체로 훨씬 높음)
대출에 필요한 서류	상대적으로 단순하고 종류가 적음	매우 복잡하고 방대하며 종류가 많음
채권보전방법	차주의 자산담보 또는 연대보증	프로젝트 관련 자산 담보 주요 계약상의 권리 제3자로부터의 직 · 간접의 보장 및 보증
자금관리	차주 임의로 관리	결제위탁계정(escrow account) 운영
대출기간 및 금리	상대적으로 단기이며, 기업의 신용도에 따라 차등 적용	비교적 장기이며, 리스크가 커 기업금융에 비해 고금리임
대출심사 및 사업성 검토	프로젝트의 사업성에 대한 의존도 낮음 차주의 자산, 신용상태, 상환능력에 중점	필수적으로 요구 차주의 신용보다 계획사업의 사업성 및 리스크에 중점을 둠
소구권	사업실패에 따른 위험은 모기업이 부담 모기업 보증이 있으면 소구권 행사 가능	사업관련자의 책임은 지분투자분에 한정 모기업에 대한 소구권 배제 및 한정

해주는 금융기법을 의미한다. 일반적으로 부동산개발프로젝트에는 부지 확보와 공사 진행에 대규모 자금이 소요되므로 총사업비 중 일정 부분은 타인자본에 의존하지 않을 수 없으며, 타인자본의 조달을 위한 부동산개발금융에는 은행을 통한 직접 대출에서 자산유동화에 이르기까지 다양한 방법이 활용되고 있다. 그중 부동산 PF 대출은 특정 부동산개발 프로젝트의 사업성을 평가하여 '해당 사업에서 발생하는 미래현금흐름(Cash Flow; 주로 분양수익)을 제공받은 차입원리금의 주된 상환재원'으로 하는 대출로 정의할 수 있다

〈표 10-5〉는 일반 기업금융과 프로젝트 파이낸싱의 차이점을 비교한 표이다.

Ⅰ. 국내 부동산 PF의 구조

현재 국내 부동산 개발의 PF는 전통적인 의미의 PF가 아니라 단일 프로젝트에만 자금을 사용하도록 하는 '특정 조건부 기업금융'이라는 표현이 적절하다. PF의 기본원리는 프로젝트로부터 발생하는 현금흐름만을 담보로 자금을 조달하는 것이나 국내 부동산 PF의 경우 일차적으로는 실차주인 사업 시행사에게 관련 대출 상환의무를 지게 한다. 그러나 대부분 사업시행사가 신용도가 낮고 사업 자본투입비율이 과소한 관계로 연대보증이나 채무인수를 통해 해당 사업의 모든 Risk를 시공사가 전적으로 부담하게 하는 구조를 일반적으로 활용하고 있다. 게다가, 해당 프로젝트의 현금흐름이 아닌 분양수입금에 대한 담보권을 통하여 채권을 보전하는 구조로서 PF의 주요 특성인 제한적 소구 또는 비소구성이 희석화되어 시공사에 대한 기업대출과 거의 유사한 성격을 지니게 되었다.

이에 따라 대주의 입장에서는 프로젝트 자체의 사업성보다는 시행 및 시공주체의 신용등급 및 신용보강 정도가 더욱 중요한 검토사항이 되어 왔다. 시공사 입장에서도 채무보증 방식의 PF가 일종의 부외금융으로서 자체 재무제표를 표면적으로 악화시키지 않고 높은 도급단가와 일정 부분의 사업이익을 기대할 수 있다는 이유로 선호하는 사업방식이었다.

2011년부터 시행되는 국제회계기준(IFRS)상 건설회사의 경우 PF 채무보증에 대해 부채로 인식하기 때문에 PF 지급보증을 통한 신용창출 제도가 어려워지게 되어 시행사의 자기지분규제 제도, 우량PF사업 활성화, PF관리의 투명화 등이 논의되고 있다.' 이를 기준으로 PF사업 구조를 도시하면 〈그림 10-4〉와 같다.

나아가서 국내 PF는 시행사가 영세하여 최소한의 토지비용만 준비하고 선순위 대출과 분양대금에 모든 공사비용과 사업이익까지를 기대하고 있으나 외국은 선순의 대출과 자기자본으로 토지 비용을 부담하고 있어 국내의 PF사업의 위험이 상대적으로 크다.

■ 국내 부동산 PF의 평가방법

부동산개발 Project는 시행사의 부도위험, 인허가위험, 분양위험, 완공위험 등

그림 10-4 국내 PF 사업 구조

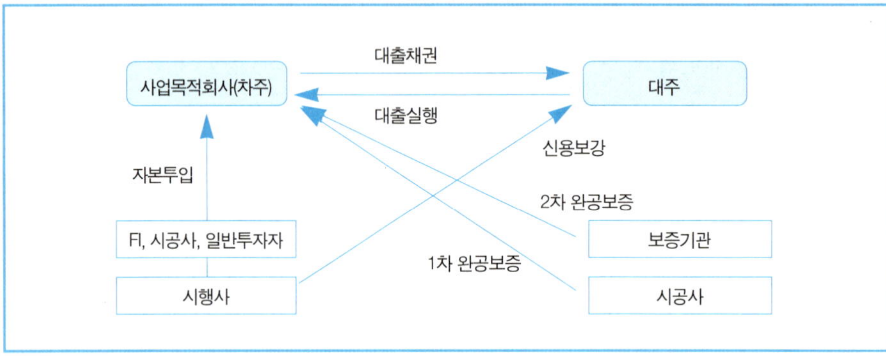

그림 10-5 국내외 PF 사업 비교

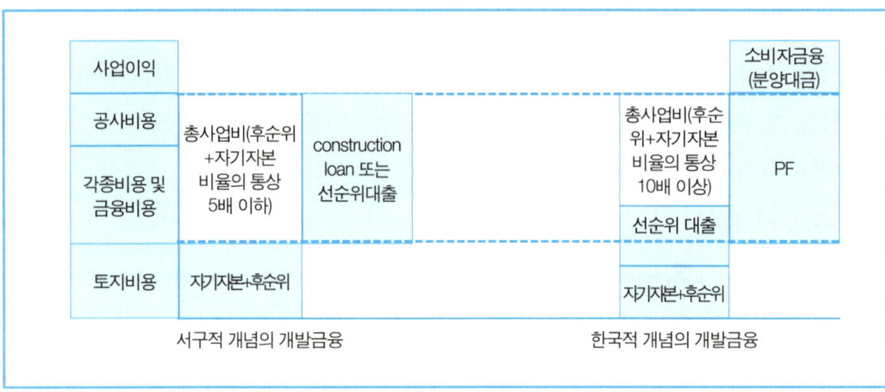

자료: 김진 외, "부동산대출부실화 요인에 관한 연구," 일부 수정.

Project의 개시에서 완료단계에 이르기까지 여러 가지 위험에 노출되므로 Project의 성공여부가 불확실하고, 투하자본의 회수에 2~3년의 긴 시간이 소요되고, 차입금 상환의 재원을 담보가 아닌 Project 자체의 현금창출능력에 의존하기 때문에 경제성(사업성) 여부에 대한 판단이 매우 중요하다.

금융기관의 PF평가는 PF사업의 사업성분석, 현금흐름분석, 민감도분석, 구조분석 등의 재무적 평가 및 기술성 평가 등을 통해 대출원리금의 적기상환능력과

표 10-6 신용보강 수단과 내용

종 류	내 용
채무인수 및 연대보증	확실한 신용공여를 지원하는 시공사의 채무인수 및 연대보증이 보편화되어 있으며, 이사회의사록 등의 자료 제출이 의무화(약정 효력)
공사비 지급유보	계약금과 중도금 유입으로 cashflow가 개선되어 대출원리금 상환재원이 마련될 때까지 시공사에 대한 공사비의 전부 혹은 일부를 지급 유보
자금보충	공사비 지급은 예정대로 집행하되 현금부족상황이 발생하면, 시공사나 사업참여자가 즉시 부족자금을 지원하는 약정으로 사업진행과정에서 유동성을 확충하는 역할
책임준공	시공사가 공사비 지급에 관계없이 정해진 기간에 해당 부동산 Project를 책임지고 완료하는 약정. 시공위험은 피할 수 있으나 원리금상환을 보장하지는 못함
책임분양	시공사가 Project 분양물량의 일정 부분에 대하여 책임을 지는 것으로 실제 분양률이 책임분양률에 미달할 경우 시공사가 미달한 분양률만큼의 분양대금을 보충
미분양 담보대출	PF대출시점에 향후 발생할 미분양물량에 대하여 일정 수준의 LTV를 적용하여 담보대출을 실행하는 것을 제2의 금융기관으로부터 확약받는 것
미분양물건에 대한 신탁 및 우선수익권 설정	부동산경기 침체로 분양률이 저조하여 대출원리금 상환재원 확보가 어려울 경우 미분양물건에 대한 할인분양 및 처분신탁등기를 통해 우선수익권 확보. (강제 매각으로 상환재원 확보)
시행권 및 시공권 포기각서 징구	사전에 합의한 금융조건 등의 위반사항이 발생하는 경우 원리금상환의 확실성을 높이기 위해 해당사업의 전반적인 사업권(시행권, 시공권, 소유권)을 금융기관의 통제하에 두기 위해 포기각서를 징구
사업부지 담보신탁 우선수익권	Project 사업부지에 대하여 신탁 및 근저당권 설정 등으로 채권을 보전할 수 있으나, 분양승인 전까지 사업부지 담보신탁을 해지해야 하므로 분양승인 이전단계까지만 유효
독립된 담보자산 제공	시행사나 그 대표이사가 소유하고 있는 독립된 자산을 담보로 확보하는 방법

사업성을 평가하는 일련의 절차를 말한다.

이 외에도 자금상환을 담보하기 위한 수단으로 신용보강조치를 취하고 있는데 이를 정리하면 〈표 10-6〉과 같다.

Ⅱ. 미국의 부동산PF

■ 미국의 부동산개발사업 구조

(1) 미국내 부동산개발사업에 있어 사업주체는 다양한 형태로 존재하며, 개인사업자부터 무한책임 & 유한책임 파트너십, 유한책임회사, 부동산투자신탁회사 등이 존재하나, 대부분 부동산개발회사는 LLC(Limited Liability company, 유한책임회사) 형태가 가장 많이 이용된다.

(2) LLC는 전술한 바와 같이 개발업자(GP, General Partner)가 무한책임을 지며, 합자회사와는 달리 모든 참여자 및 투자자는 유한책임 파트너가 된다.

이 제도의 장점은 파트너십의 소득은 과세되지 않는 '이중과세문제' 해결. 투자자가 손실을 입을 경우, 투자자의 다른 사업소득에서 공제받을 수 있다는 것이다.

그러나 파트너로 참여하는 모든 이는 회사를 대표하여 타인과 계약체결이 가능하여 문제점이 있다.

(3) 개발회사(Developer)가 부동산사업의 중심으로 개발사업PF의 자금조달을 담당한다.

사업초기에 적정 자본금(Equity, 통상 총사업비의 20% 정도)을 투자자 및 출자파트너로부터 조달한다. 조달된 초기자본금(Equity)으로 토지매입 및 소유권을 확보한 후, 인허가 작업을 시행하고 사업승인이 완료되면 시공사를 선정하고 복수의 대출금융기관들과 사업자금대출의 거래조건을 검토한 후 건설자금(Construction Loan) 대출기관을 최종 결정하는 구조다

■ 미국의 부동산개발사업 절차

(1) 개발회사가 특정 개발사업을 기획하고 개발컨셉트와 상품을 결정하면, 초기검토를 통해 주어진 부지의 사업타당성을 분석한 후 개발대상 토지를 확보해야 한다. 이를 위해서 개발회사는 SPA(Sales and Purchase Agreement)조건에 따라 계약금을 결정하고 보통 자기자금으로 토지계약금의 5~10% 정도를 지불한다.

(2) 나머지 토지매입자금을 마련하기 위해 금융기관 등으로부터 bridge loan 형태의 토지담보대출(land acquisition loan)과 추가 자기자본으로 토지잔금을 지급하여

토지소유권을 양도받고, 이후 투자자들로부터 자금을 확보하거나 건설자금대출(Construction Loan)을 받아서 기존 금융기관의 토지대출금을 상환, 토지담보를 해제한다(토지담보대출의 경우, 나대지는 유동성이 없어 차입금 상환에 사용할 수 있는 현금흐름이 확실하지 않은 관계로 토지담보대출은 주로 시가의 40~50% 정도에 불과하다).

자본금 투자자 유치를 통해 토지를 사업수행 Project LLC가 바로 매입하는 경우도 있다.

(3) 개발회사는 사업시행법인(Project Company, 주로 LLC형태)를 설립해 토지소유일체를 Project LLC에 양도하고 사업을 진행한다.

시행사인 개발회사는 총 자본금의 약 10%를 투자하는 GP(General Partner)가 되어 인허가 및 건설자금대출 등 전반적인 사업수행의 책임을 진다.

투자수익을 목적으로 사업에 참여하는 투자자 및 출자파트너는 총자본금의 90%를 투자하며 LP(Limited Partner)로 사업수행 책임이 없으며 단순 투자자로 참여한다.

개발회사는 사업인허가 작업을 통해 개발허가를 취득한 후 본격적인 사업을 시행하게 되는데, 이때 금융기관으로부터 장기저당대출(Permanent Loan)제공 확인과 함께 건설자금(Construction Loan)을 조달한다.

부동산개발 건설자금대출은 사업이 완공된 후 반드시 장기저당대출에 의해 차환될 것을 전제로 하며, 장기저당대출이 확보되지 않은 상황에서는 대출이 이루어지기 어려운 구조이다.

대출금융기관은 부동산개발의 사업형태에 따라, 건설자금대출의 안정적인 차환을 위해 준공시점에 장기저당대출을 확보가능한지에 대한 보장을 요구한다.

(1) 주거단지의 경우 사업성이 확실한 경우 대출기관은 대출약정서를 거의 요구하지 않으나, 상업용 부동산 개발의 경우 대출 전에 주요임차인의 임대계약 및 다른 대출기관으로부터의 장기저당대출 제공확약서를 요구한다

(2) 또한 분양형 주택사업의 경우는 장기저당대출이 필요 없는 관계로 선분양비율(일반적으로 50%)을 요구한다.

(3) 개발단계의 건설자금대출(Construction Loan)은 주로 공사기간인 2~3년으로 단기간 대출(Short term Financing)을 시행하며, 프로젝트가 완공된 후 장기저당대출로 차환되는 것을 전제로 한다.

따라서 상업용 부동산PF는 장기저당대출 없이는 건설자금을 대출받기 어려운 구조이며 안정적인 임대수익을 담보로 한 장기저당대출을 확보한 후 건설자금 대출을 시행한다. 이에 따라 상업용 부동산 개발사업에 있어서 건설자금 대출시에는 대출 전에 주요 임차인과의 임대차계약을 요구하기도 한다.

(4) 건설자금대출은 총사업비의 70~80%에 해당하는 금액 또는 준공 후 안정적인 운용수익을 기본으로 DSCR(Debt Service Coverage Ratio, 부채상환비율[4])을 적용 후 산정된 금액 중 작은 금액을 적용한다. 이자율은 보통 30일물은 LIBOR+대략 2%의 변동금리로 장기저당대출금리보다 높으며, 대출기간 동안은 이자만 지급한다(Interest Only, I/O), 원금은 준공시 일시 상환하는 구조로 한다.

(5) 개발회사가 금융기관의 PF대출을 받기 위해 미국 내에서는 모기지 브로커(Mortgage Broker)를 통하기도 하며, 개발회사가 직접 대출기관(모기지뱅커)과 접촉하기도 한다. 모기지 브로커는 대출금융기관과 개발회사를 연결해주며 거래체결을 지원하고 수수료를 받는 직업으로 각 대출금융기관의 기호 및 특성을 잘 파악하고 있어 대출서류작성 및 프로세스를 진행하여 다양한 대출 공급원 중 최선의 선택대안을 제시한다.

부동산개발사업의 건설자금대출은 주로 상업은행이 취급하며, 생보사 및 파이낸스회사 등 기타 금융기관들도 참여한다.

〈그림 10-6〉과 〈그림 10-7〉은 이를 요약 정리한 것이다.

■ 미국의 부동산개발사업 평가

(1) 부동산개발사업의 사업평가는 먼저 분석적 위험평가가 선행되는데, 각 단계별로 평가점수를 반영한 뒤 최종적인 프로젝트 평가점수를 산정한다. 먼저 개별프로젝트 평가에 있어 위험평가분야는 크게 마켓리스크, 금융분석, 기술 · 건설 · 운용 평가, 법적 · 금융구조 분석 등으로 분류되며 각 평가항목별로 점수를 부여한다.

(2) 프로젝트 평가가 완료되면, 지역별 위험과 신용보강을 포함하여 프로젝트

4) DSCR은 금융상환금액과 순운영소득과의 비, 즉 NOI/DS를 말하며 주로 이 비는 1.2 이상을 적용하여 대출금액을 결정한다.

그림 10-6 부동산 개발사업구조

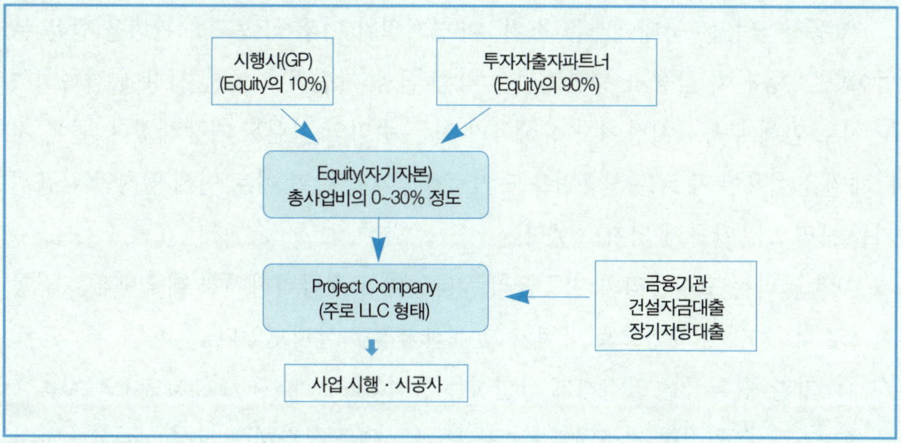

그림 10-7 부동산 개발사업 과정

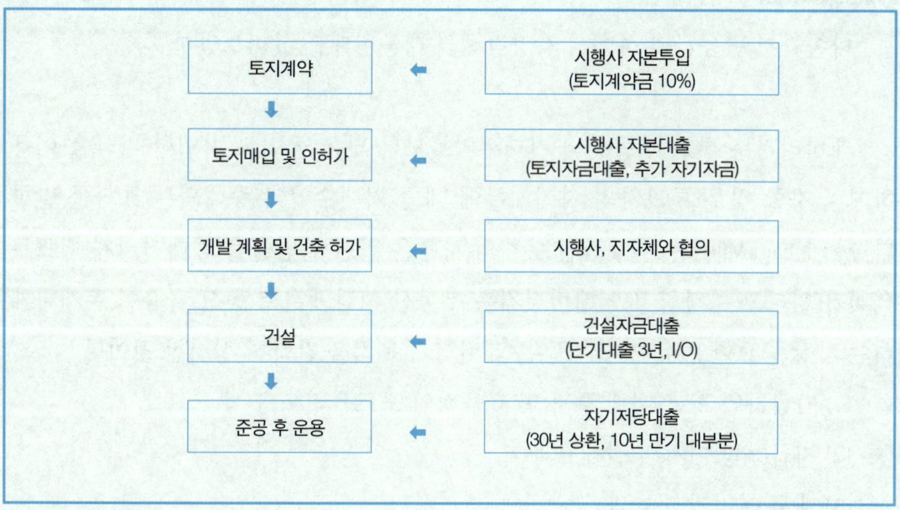

에 대한 종합평가를 실시한 후 각 시행사 및 시공사 등 기관별 평가를 추가함으로써 최종 PF에 대한 평가를 완료한다.

제6절 요 약

부동산 금융은 국내에서는 소위 IMF경제위기 이후 급속도로 관심을 받은 분야이다. 부동산이 금융과 통합되면서 각종 금융 기법이 부동산 시장에 접목되었고 이로 인해 부동산시장에서 상상하기 힘든 수익의 실현도 가능해졌다. 물론 저당채권을 이용한 새로운 신용창조도 가능해졌지만 한편 이로 인해 엄청난 금융위기를 불러오는 단초가 되기도 했다.

대출금리는 고정금리와 변동금리로 나누며 고정금리하에서 대출형태는 전통적으로 다음 3가지 유형으로 나뉘고 그 계산과정을 살펴보았다.

(1) 기간 중 원금을 일정하게 상환하는 방식(Constant Amortization Mortgage: CAM)

(2) 기간 중 일정한 지불금액(원리금균등상환)으로 상환하는 방식(Constant Payment Mortgage: CPM)

(3) 일정기간 동안 원리금 지불을 일정률로 상승시키는 방식(Graduated Payment Mortgage: GPM)

나아가서 변동금리 하에서 각양각색의 대출형태를 살펴보았다.

레버리지는 투자 부동산의 기대수익률보다 낮은 금리로 차입한 자금을 이용하여 투자할 경우 투자자의 자기지분에 대한 기대수익이 증대되는 효과를 말한다. Modigliani-Miller는 추가적인 부채의 사용은 관련 할인율을 증대시키게 되므로 의미가 없다고 주장하지만 레버리지는 부동산 시장에서 부동산 금융이 존재하게 하는 가장 중요한 이유이다. 다음은 레버리지 목적을 간략히 정리한 것이다.

(1) 자금차입 또는 대체 투자 및 효율적인 포트폴리오 구성

(2) 지급(저당)이자의 절세효과

(3) 재무 레버리지 효과

부동산 금융과 관련한 자금원으로는 다음과 같은 분류가 가능하고,

(1) 소유권 및 임차권에 대한 담보 저당(freehold and leasehold mortgage)

(2) 비담보저당 기관 대출(비소구권 저당)[unsecured institutional lending (non-recourse loan)]

(3) 합작투자지분 및 대출금(joint-venture equity and debt financing)

(4) 지분투자자 금융 및 시공자금융(shareholder loan /contractor financing).

(5) 임대보증금(advanced payment of KEY money)

(6) 매각후 재임대(sales and leaseback)

(7) 2차저당시장의 MBS, CMBS 및 REIT(sale of debt and equity securities)

구체적인 자금원의 형태는 공적 시장 및 사적 시장으로 나누고 투자원을 자기 지분과 타인자본으로 나누면 다음 그림과 같이 정리할 수 있음을 알았다.

	불특정 (Public)	특정 (Private)
지분(Equity)	REITs REOC	Direct Property Inv JV/Partnership PFV, REF
채권(Debt)	MBS ABS CMBS	Private Mortgage Mezzanine Participation Loan Project Financing

프로젝트 파이낸싱은 미래에 발생하는 현금흐름을 담보로 하여 프로젝트를 수행하는 데 필요한 자금을 조달하는 금융기법을 말한다. 그중 부동산 PF 대출은 특정 부동산개발 프로젝트의 사업성을 평가하여 '해당사업에서 발생하는 미래현금흐름(Cash Flow; 주로 분양수익)을 제공받은 차입원리금의 주된 상환재원'으로 하는 대출로 정의할 수 있다.

국내외 부동산 시장의 침체가 지속되자 기존의 PF에 의한 부동산 개발사업이 문제가 발생하기 시작하고 프로젝트 사업에 대한 대출 보증을 확약한 건설사의 부실이 커지고 IFRS의 도입으로 더 이상 시공사의 지급보증이 어려워지자 국내 PF 사업 구조는 보다 서구적인 형태의 PF 본래의 취지에 맞게 진화하기 시작했다.

이러한 맥락에서 미국 등의 프로젝트 financing사업의 개요를 살펴보고 건설자금대출(construction loan)과 장기저당대출(permanent loan)과의 관계를 확인하였다.

Chapter 11 해외 부동산 개발

자국의 건설업체들이 인력과 건설기자재를 자국에서 가지고 가거나 또는 외국에서 조달하여 해외에서 벌이는 건설사업인 해외건설은 해외건설공사와 해외건설용역으로 구분할 수 있다.

「해외건설촉진법」에는, 해외건설공사는 해외에서 발주되는 토목 · 건축 및 산업설비와 철강구조물, 전기통신 그리고 이와 유사한 것으로, 해외건설용역은 해외건설공사의 조사 · 계획 · 설계 · 구매 · 조달 · 감리 · 시운전 · 평가 · 자문과 그 밖에 이와 유사한 것이라고 각각 규정되어 있다.

한편 해외건설업은 원도급(元都給) · 하도급(下都給), 그 밖의 명칭 여하에 불구하고 해외건설공사 또는 해외건설용역을 도급하는 영업을 말한다.

국내의 해외건설 시장의 진출은 광복 이후 유엔군 및 미군과의 도급공사를 진행하면서 시작되었다고 보아도 과언이 아니다. 이러한 경험을 토대로 월남, 태국, 사우디아라비로 성공적으로 진출하였고 향후 건설업에 중동붐을 불러일으키는데 결정적인 역할을 하였다. 이후 미국, 중국, 호주, 동구권 등으로 외연을 확장해 나갈 수 있었다.

그러나 부동산 개발사업의 경우는 1980년 후반 및 90년대 초반에 이르러 본격적으로 시도되었다.

다음 1988.3.15자 경향신문은 쌍용건설의 미국 샌프란시스코의 베이뷰플라자 재개발공사와 아니하임레스런스틸 호텔공사의 수주를 포함하여 한국건설업계의 미국 진출을 크게 보도하고 있다.

그러나 이 시기는 해외 부동산 취득이 금지되었고, 해외 부동산 개발사업 자

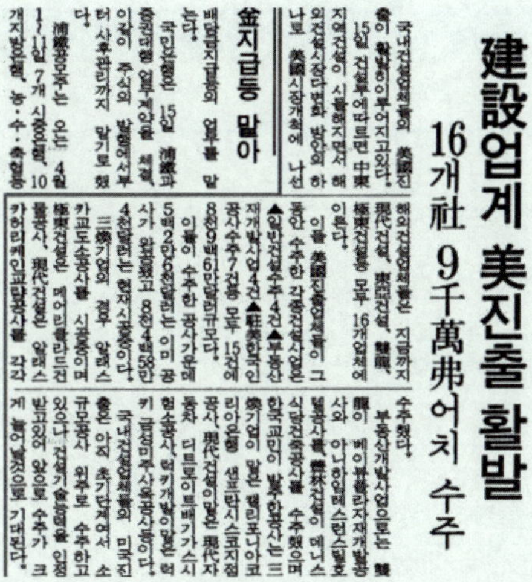
建設업계 美진출 활발
16개社 9千萬弗어치 수주

국내건설업체들의 美國진출이 활발히 이루어지고있다. 15일 건설부에 따르면 中東지역건설이 시들해지면서 해외건설시장다변화 방안의 하나로 美國시장개척에 나선 해외건설업체들은 지금까지 現代건설, 東亞건설, 韓[illegible], 極東건설등 모두 16개업체에 이른다.

이들 美國진출업체들이 그동안 수주한 각종건설사업은 ▲일반건설수주 4건 ▲부동산재개발사업4건 ▲駐美한국인공사수주7건등 모두 15건에 8천9백61만달러규모다.

이들이 수주한 공사가운데 5백2만6천달러는 이미 공사가 완공됐고 8천4백58만4천달러는 현재 시공중이다.

三[illegible]기업의 경우 알래스카교도소공사를 시공중이며 極東건설은 메어리랜드건물공사, 現代건설은 알래스카허리케인교량공사를 각각 수주했다.

부동산개발사업으로는 韓[illegible]이 베이뷰플라자재개발공사와 아나하임에스티런스빌호텔공사를, [illegible]林건설이 메니스식당건축공사를 수주했으며 한국교민이 발주한공사는 三[illegible]기업이 맡은 캘리포니아코리아은행 샌프란시스코지점공사, 現代건설이 맡은 現代자동차 디트로이트배기가스시험소공사, 럭키개발이 맡은 럭키 금성미주사옥공사등이다.

국내건설업체들의 미국진출은 아직 초기단계여서 소규모공사 위주로 수주하고 있으나 건설기술능력을 인정받고있어 앞으로 수주가 크게 늘어날것으로 기대된다.

株[illegible]지급등 맡아

배당금지급등의 업무를 맡는다.

국민은행은 15일 [illegible]銀과 증권대행 업무계약을 체결, 이같이 주식의 발행에서부터 사후관리까지 맡기로 했다.

[illegible]銀공모주는 오는 4월 1~11일 7개 시중은행, 10개지방은행, 농·수·축협등

체가 허용되지 않고, 다만 건설업체의 시공을 수반한 해외 부동산 투자일 경우에만 허용되었다.

그 후 국내에서 꾸준한 성장세를 지속하다가 1990년대 후반 아시아지역을 흔든 금융위기로 다시 위기를 겪었지만 지속적인 자구노력과 2000년대 중후반 세계 부동산경기의 호황과 함께 풍부한 유동성이 공급되자 이를 바탕으로 해외 부동산 개발 시장에 나선다. 그러나 철저한 시장조사도 없었을 뿐만 아니라 개발 경험부족으로 다시 위기를 겪게 되었지만 보다 큰 위기는 2008년 이후 불어닥친 유럽재정위기, 이로 인해 해외 개발사업의 주요 금융공급원인 저축은행이 부실화되고 국내금융기관의 IB부문 수익성이 악화된 점이 보다 큰 요인이 되었다. 이로 인해 해외 개발사업은 전면 구조조정의 단계를 밟고 있다.

또 한편으로 이러한 위기를 불러온 원인중에는 시행사와 시공사의 관계가 국내와 달리 시행사가 철저한 시장분석 및 사업 타당성에 대한 검토가 없이 단순히 프로젝트의 시공을 시공사에 소개해주는 가교역할에 그치고, 시공사는 각종 위험에 대한 대비가 없이 높은 수익성을 추구한 결과로 판단된다.

본장에서는 이러한 해외 부동산 개발사업과 관련된 부문에 대해 검토해 보자.

제1절 의 의

부동산 개발은 사업구상 기획단계를 시작으로 하여 이러한 구상에 대한 시장조사 및 검증을 통하여 개발전략을 보다 정제하게 된다.

이를 기반으로 본격적인 타당성 분석과 이를 기반으로 한 설계 및 건축과정을 거쳐 건물을 완성하게 된다. 이때 분양전략 및 자금조달 방안은 기획단계에서부

그림 11-1 부동산 개발과정 도식

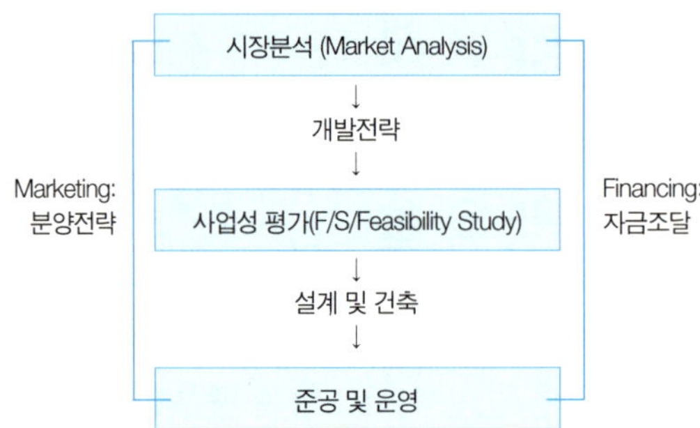

터 준공 · 운영 단계 전 과정에 걸쳐 가장 화두가 되는 부분이다. 즉 어떻게 분양할 것인가? 건축자금은 어떠한 자금원으로부터 어떠한 방법으로 조달할 것인가? 등이 부동산 개발에 있어 가장 중요하기 때문이다.

〈그림 11-1〉은 부동산 개발 과정을 정리한 것이다.

그러나 해외 부동산 개발은 위 그림에서 시장조사 · 분석 업무 외에도 자연환경, 인문환경 및 외국자본에 대한 현지인의 태도(anti-national 분위기 등)에 대한 조사 등 추가로 검토되어야 할 부분이 상당히 많을 것이다. 특히 일반 나대지를 대상으로 하는 greenfield 개발이 아닌 기존 시가지 내 개발일 경우에는 이러한 건설외적 환경에 주의를 필요로 한다.

자연환경과 관련된 분석요인으로는 지진 유무, 몬순/홍수빈도 및 주기, 태풍 등의 유무, 지반/지질, 폐광구의 유무 등에 대한 사전 조사가 수반되어야 하며, 토지취득관련 위험–외국인 취득제한 조건, 오염 · 지질 · 수리 · 배수관련 위험 및 인허가 위험 등–에 대해 충분한 사전연구조사를 필요로 한다.

스위스의 경우 개발사업의 경우 지역주민의 동의가 필요하고 일본의 경우 대형몰 개발에는 우리나라와 비슷한 지역상인의 동의가 있어야 한다.

나아가서 소유권양도 및 부지확보(토지 및 임대차제도, 등기), 분양가/임대가(감정평가), 측량, 개발비용(공사/인력/자재 확보), 도시계획 등 개발관련 전반에 걸쳐 면밀한 시장조사가 무엇보다도 중요하다.

실제로 작은 인허가 사항을 제대로 조사하지 못하여 원천적으로 사업이 진행되지 못하는 경우가 많기 때문이다.

또한 정부지원시설, 근로자 지원 및 관련 시설 유무 등의 조사와 현지의 담보저당제도 및 가용자원, 자금원 등에 대한 조사, 사업수익에 대한 국내송금과 관련된 조세 및 제한 사항 등에 대한 검토도 필요로 한다.

이에 대한 조사는 현지 다국적 부동산 컨실팅회사 또는 회계 · 법무 법인이나 현지 부동산 컨설턴트 등에게 조사용역을 주어 확인하거나 현지 KOTRA 방문, 현지인 및 체류 외국인 면담, 행정당국 방문 등을 통해 이를 확인해 보아야 한다. 현지 문화 및 습관에 대한 이해가 제대로 되지 못한 채 진행된 개발 사업은 항상 예기치 않은 위험에 노출(exposure)된다.

제2절 개발사업 단계

Ⅰ. 개발사업의 절차

부동산 개발 사업의 절차는 전술한 바와 같이 ① 사업구상,[1] ② 예비타당성 분석, ③ 부지매입 및 인허가, ④ 시공 및 마케팅, ⑤ 매각 및 관리의 5단계로 구분한다.

각 단계별로 리스크 요인이 있고, 그 현실화는 언제든 가능하므로 제반 위험요소의 발생가능성에 대한 분석과 함께 적절한 통제장치의 마련이 필요하다.

이를 위해, ①과 ②단계에서는 프로젝트 진행 이전에 입지, 사업조건, 시장환

1) 전략계획 중에는 Loss leader, Transit-Oriented Development 등이 있는데 전자는 사업안 중 박물관, 미술관, 전시실의 주요시설로 하고 이러한 개발상품을 중심으로 사업을 영위하고자 할 경우에 상기 박물관 등을 미끼 상품(Loss leader)라고 부른다. 후자는 토지이용과 교통의 연관성을 강조하고 대중교통 중심의 복합적 토지이용과 보행친화적인 교통체계환경을 유도하고자 하는 방식으로 도시계획적인 측면에서 TOD는 무분별한 도시의 외연적 확산을 억제하고 승용차 중심의 통행패턴을 대중교통 및 녹색교통 위주의 통행패턴으로 변화시키는 기법이다.
이 외에도 복합개발(Mixed-Use Development), 토지이용규제 대상단위를 개별필지나 기존지구로 하지 않고 일단의 사업지로 하여 하나의 단위로 계획, 설계하고 이에 따라 개발하는 PUD(Planned Unit Develoment) 개발방식 및 도시계획일몰제 등을 이용한 시차별 개발구상 등이 있다.

경 및 사업특성 등을 분석하고, ③단계에서는 토지의 위치별 · 용도별 권리분석과 매입전략 수립, 매입 단계별 자금 조달계획 및 집행과 인허가와 관련된 자료 준비

표 11-1 개발단계별 위험 요인

개발단계		위험	개별 위험요인
사업구상 및 예비타당성 분석단계 (개발전)	토지 매입 단계	사업규모 및 추진일정	- 토지매입 미확정에 따른 사업규모 불확실 - 사업추진방법, 기간, 일정
		자금조달	- 소요자금의 규모 및 조달방법
		계획추진	- 시장환경 및 거시경제동향의 변화 가능성(ex: 금리, 환율, 물가) - 사업추진주체의 능력과 신뢰성, 경험부족에 따른 사업중단 - 유사 프로젝트와의 경쟁
부지매입 및 인허가단계 (개발)		정부정책	- 정부정책의 변화(ex, 공급정책, 세제, 금융) - 관련 법률의 변경 가능성
		토지매입	- 알박기 등 토지매입의 어려움(소유권 이전 문제) - 토지매입기간의 장기화, 소요비용과다
		자금조달	- 미분양 발생으로 현금흐름 악화와 자금조달상의 문제 발생 - 이에 따른 사업상 손실 발생(ex, 추가토지비 부담 및 설계변경 등)
	인허가 단계	인허가	- 복잡한 인허가절차와 기간지연
시공 및 마케팅단계 (개발)	시공 단계	마케팅	- 수요패턴의 변화와 수요예측 실패 - 분양계획 및 분양가책정
		공사지연 및 중단	- 시공사 부도로 공사중단 - 민원발생, 문화재발견, 장애물발견으로 공사지연
		적기준공	- 사업계획시의 일정과 공정불일치(공사사고, 자재가격 상승) - 준공지연(토지매입, 인허가, 공사, 분양, 법적 분쟁 등) - 초과비용위험(Cost Over-run) - 부분준공에 따른 문제
		시행사	- 자금인출 및 유용 위험
		준공승인	- 설계변경의 적정성
매각 및 관리단계 (개발후)	준공후 단계	입주지연	- 잔금미납으로 현금흐름 악화 - 입주 취소 우려(중도금 집단대출 지급보증)
		민원발생	- 수분양자의 요구사항(설계 및 견본주택과의 차이 및 하자발생 - 사업정산에 따른 이해관계자와의 분쟁
		사업성악화	- 현금흐름 악화로 인한 손실

자료: SCI, 한국부동산금융연구소, 하나금융경영연구소 정리.

참고 자료

해외 신도시개발사업

– 해외 대규모 개발 사업을 보면 일본의 경우는 롯본기힐스, 미드타운개발 사업이 대표적인 개발사업으로 손꼽힌다. 2003년 도시재개발 프로젝트의 일환으로 문을 연 롯본기힐스는 10만 9000m²의 대지에 주거단지, 상업시설, 문화시설, 호텔, 영화관, 방송국, 미술관, 야외 원형극장, 공원 등 다양한 기능의 건물과 공간이 들어서 있다.

이 지역의 중심은 54층 규모의 초고층건물인 모리타워(Mori Tower)로 안에는 모리예술관을 비롯해 극장, 식당, 카페, 상점은 물론 TV아사히, 리만브라더스 같은 기업이 입주해 롯본기힐스를 찾는 관광객들의 필수코스다. 이는 수도권 규제완화, 공업제한법 철폐, 도시외곽 공장건설가능 등으로 도심재개발이 활성화된 점도 있지만 모리빌딩의 모리 미노루 회장이 롯본기힐스 구상부터 완공까지 17년이 걸렸다. 그동안 수백 번의 주민 간담회를 열어 500명 주민 100%의 동의를 받아냈다. 미드타운도 방위청 이전부지에 개발한 건물로 미쓰이 부동산이 15~16년에 걸쳐 완성한 것이다

	용도	scheme	위치	근처역	부지면적
개발 개요	복합	SPV(주)	도쿄 미나토구	롯본기	약 8.5ha
	총바닥 면적	구조	층수	준공시점	건설
	724.500m²	–	오피스동 B6F/54F 주택 A동 B2F/6F 주택 B·C동 B2F/43F 주택 D동 B2F/1F	2003년 4월	2000.4~2003.4
	공기(개월)	tenant		PM회사	
	37	–		미스터리스-PM-모리빌딩	
유동화 개요	총사업비	equity	equity 비율	부동산 소유	자금조달
	약 2,700억 엔	약 1,000억 엔	37%	SPV롯본기힐즈 파이낸셜코프	복수형태의 대출 모리빌딩의 출자
	디벨로퍼	어레인저	equity투자가	debt투자가	debt투자가(市場)
	모리빌딩	미즈호증권(파이낸셜어드바이저	모리빌딩	미즈호, 미쯔이 스미토모 등	–
	기타 참여 프레이어			제3신용보완	
	미쯔비시 신탁, 롯본기힐즈 리스서포트(회수대행SPV)			–	

그러나 신도시 개발사업은 실패로 돌아갔다. 1958년에 일본은 일본 최초로 오사카에 '센리(千里) 뉴타운'을 시작으로 오쿠라지 뉴타운(1963), 타마 뉴타운(1965), 센보쿠 뉴타운(1965), 치바 뉴타운(1993), 코호쿠 뉴타운(1969) 등 총 6개 신도시를 건설했으나 오사카의 센리 뉴타운(직주근접 효과) 외에는 대부분 실패로 돌아갔다.

– 영국은 런던 동부의 노후화된 항구인 Dockland인 Canary Wharf재개발을 시도하였으나 불황 및 개발실패로 재개발회사가 파산하는 등 우여곡절을 겪은 후에 지금은 런던의 주요 금융도시로 성장했다.

– 중동의 보석으로 불리며 막대한 자금을 끌어가던 두바이가 모라토리엄을 선언했다. 두바이 국영 개발회사인 '두바이월드'가 채무 지불유예(모라토리엄)를 선언했다. 두바이월드는 바다 위에 섬을 만드는 것으로 알려졌던 '팜 아일랜드'의 시행사인 나킬의 모기업으로 유명하다. 그러나 아부다비의 금융지원으로 상당부분의 개발이 완료되었다.

- 프랑스 정부와 파리시 당국 등 자치단체로 구성된 라데팡스 개발위원회(EPAD)는 지난 1958년부터 30여 년에 걸친 장기 개발구상을 마련, 런던 금융도시와 경쟁을 위한 신도시 건설 사업인 라데팡스 건설 사업을 1980~90년대에 걸쳐 대부분의 공사를 마무리하고 이를 완성하였다. 그러나 목적한 도심인구 이동이 이루어지지 않고 관광객 유치 효과도 기대에 미치지 못하여 실패한 개발사례로 보인다. 프랑스 정부는 이를 보완하기 위해 파리 도심 재개발을 추진하고 있으나 문화재와의 충돌로 인해 한계에 부딪치고 있다.

및 실행, 인허가 기간지연과 관련된 전략 등이 가동되어야 하고, ④~⑤단계에서는 착공 및 분양, 준공관리에서 미분양의 처분과 입주 후 하자관리까지 실행되는 것을 가르킨다.

그러나 해외 개발사업의 경우에는 상기 전형적인 개발 단계 외에도 기술적인 절차에 대한 사전인지와 경험이 필요하다.

나아가서 개발업자의 사업구상에 따른 사업을 진행하기 위해서 Developer는 CM(construction manager), PM(project manager), Q/S(quantity surveyor),[2] 설계사등을 고용하여 해외 건설공사를 수주할 시공사를 선정하게 된다.

Ⅱ. 건설공사 용역

먼저 개발시공사에 대한 사전입찰자격심사(PQ: prequlification)를 진행한다.

이때 입찰업체로부터 입찰의향서(EOI: expression of Interest)를 받게 된다. 다만, 이 경우에 건설업체는 사전에 현지에서 건설사업과 관련된 사업등록 및 면허취득 등의 제반 절차를 완료한 업체이어야 한다.

그리고 나서 입찰초청장(ITB: Invitation to Bid/Tender, RFP, Soliciting)을 발급하고 개발업자는 '현장설명회'에서 설계도서, 빌딩스펙, 수량조서(bill of quantities) 등을 제시한다. 대형건설사업일 경우에 입찰 업체는 현지 시공업체로부터 견적을 받아서 이를 참고로 하여 견적서를 제출하게 된다.

2) RICS(왕립평가사협회)에서 이 자격을 관리하고 있으며 한국에서는 엔지니어링협회에서 관련 교육을 실시하고 있다.

시공업체의 견적 공사금액은 적산과정을 거쳐서 직접비(재료비+노무비+경비 등)+간접비(preliminaries)(현장경비+일반관리비+업자이윤: 7~10%) 등으로 구성한 견적금액을 입찰보증금(bid bond; earnest money)과 함께 제출한다.

개발업자는 입찰 가능후보군(short-listing)을 선정하고 이들과 최종 시공가격을 협상하게 된다.

최종 가격이 결정되면 낙찰자 선정(Letter of Intent, Letter of Award, Letter of Acceptance)을 하게 된다.

이와 관련된 것으로 유럽식과 미국식 계약 형태가 존재한다.

(1) 유럽식 계약: 낙찰통지에 의해 착공을 하게 되고 공사 중에 P-bond(이행보증서)를 제출하고 정식계약을 체결한다.

(2) 미국식 계약: 낙찰통지 후 정식계약 체결한다. 이후 P-bond 제출 후 착공지시서(NTP)를 발급한다.

이와 동시에 선수금 수령과 함께 이에 대한 선수금환급보증서(AP-bond)를 제출한다.

공사가 진행되어 준공(실질적 준공)이 되고 하자보수기간을 거쳐 최종준공을 하게 되고 건설업자는 유보금(retention money)을 수수함으로써 최종 준공이 완료된다. 해외건설촉진법 제13조는 5일 이내에 해외건설협회에 준공보고를 하도록 하고 있다.

공사비 관련 bond(보증서)는 입찰보증서(Bid-Bond), 이행보증서[P-Bond(Perfomamce Bond) 또는 Surety Bond(미국식)], 선수금환급보증서(AP Bond: Advance Payment Bond), 하자보수 보증서(W-Bond: Warraty Bond), 유보금환급보증서(R-Bond: Retention Bond)가 있고 이는 은행에서 지급보증을 확약하는 금융기관 발행 보증서(Letter of Guarantee) 형태로 제출한다.

제3절 사업타당성 분석

사업타당성 분석은 먼저 개발 컨셉에 대한 시장의 SWOT분석을 통한 당해 투자안에 대한 시장의 수요 · 공급을 분석하는 시장분석(market study)과 시장에서 분양가능성을 판단하는 시장성분석(marketability study)의 기반 위에 사업의 최종 진행 여부를 판단하는 타당성분석을 하게 된다.

Ⅰ. 재무적 · 경제적 타당성 분석

DCF분석을 통한 전반적인 현금수지 분석 외에 자금운용계획, 차입금의 상환계획 등, 사업자금의 동원과 회수가능성, 경제적 수익성 및 필요성 등의 사업 타당성을 판단하기 위한 방법은 제6장 제3절에서 언급한 타당성 검토 방법들을 이용하게 된다.

■ NPV, IRR, MIRR, FMRR의 비교 검토

상기 분석 도구 이외에도 건설사업을 공공의 입장에서 타당성을 검토하는 수익률 지표로 경제적 내부수익률(EIRR: Economic internal rate of return)이 있다. 이는 프로젝트가 창출하는 경제적 가치를 수입으로 하고 프로젝트 투입비용 중 이전요소가격(예: 세금)을 제외한 금액을 비용으로 한 현금흐름을 현재가치로 할인하여 환산하였을 때, 현재가치가 0이 되는 투자 내부수익률을 말한다. 유료도로를 건설할 경우의 재무적 의미의 투자 수익률 IRR과 EIRR을 비교해 보자.

물론 재무적 IRR은 투자자의 목표치를 상회하여야 이 프로젝트가 가능하겠지만, 아시아 개발 은행(ADB)의 사업 선정 기준을 예로 들면 고속도로 BOT(build-operate-transfer)[3]사업 지원에 대한 EIRR은 12%를 요구하고 있다.

공공부분은 사회적 비용 및 편익분석(cost-benefit) 등을 행하여 사업성을 판단한다.

비용편익분석은 사회자본에 관한 투자기준을 마련하기 위해 고안된 분석도구의 하나이다. 민간투자의 경우에는 얻어지는 이익이 판매수익인 화폐액으로 나타나는 데 비해 사회자본의 경우에는 이익이 판매 수익을 나타내지 못하므로 한

3) 개발 프로젝트를 수주한 시행자(건설업자)가 사업에 필요한 자금을 조달하고 건설을 마친 후 자본설비 등을 일정기간 동안 운영하는 것. 여기에 그 운영수익으로 운영자금을 충당하고 부채를 상환하는 한편 지분 투자자에 대해 배당을 하며, 운영기간이 종료되면 정부에 무상으로 양도한다. 이러한 방식은 주로 재정적자의 누적과 외채문제로 자금조달이 어려운 개발도상국들이나 국가사업의 민영화 정책을 추진하고 있는 국가들의 인프라 개발에 도입되고 있다. 그러나 BOT 프로젝트는 비교적 공사기간이 장기적이며 정치적 불안정성에 따른 위험이 큰 것이 단점이다.

표 11-2 IRR과 EIRR의 비교

항목	IRR(재무적)	EIRR(경제적)
예상수입	- 통행수입 - 정부보조 등 혜택(있는 경우)	- 도로 신설로 인한 운송시간 단축 및 연료소모절약에 따른 경제적 가치
예상비용	- 건설비용 - 운영 · 유지 · 보수 · 관리 비용	- FIRR의 제반비용에서 세금, 공익근로비 지출 등과 같은 이전요소가격을 제한 건설비용

정된 자원을 효과적으로 활용하기 위해서는 이익을 비용과 비교할 수 있도록 화폐단위로 환원해야 한다는 문제가 생긴다. 이를 비교 검토하기 위해 건설에 소요되는 총비용 C와 향후 기대되는 편익의 현재가치인 B를 비교함으로써 그 사회자본의 효율을 측정한다. B와 C의 비교에 있어서는 ① B와 C의 차액을 구하는 방법, ② B를 C와 같게 하는 할인율, 즉 사회자본의 한계효율을 측정하는 방법, ③ B/C를 구하는 방법 등이 있으나 ③이 일반적으로 쓰인다.

■ stress test

가상의 상황을 설정하여 포트폴리오의 가치변화를 평가하는 '시나리오 분석', 금리나 환율 등 하나의 리스크 요인을 일정한 수준으로 변화시켜 포트폴리오의 가치변화를 평가하는 '민감도 테스트' 등이 있다. 이러한 분석을 통하여 자산과 부채 등 재무상태를 정확히 측정함으로써 리스크 관리를 효율적으로 하고, 리스크에 대한 미래지향적 평가, 평가 모형과 과거 데이터의 한계 극복, 자기자본과 유동성 계획 수립 등에 도움을 얻는다.

따라서 프로젝트와 관련하여 분양, 공사기간 등 분석, 시행사/시공사 신용도 분석, 사업구조/금융구조 등에 변화를 주어 위험을 계측하고 이에 대한 대안을 강구하는 방법이다.

이 용어는 금융 분야에서는 '금융시스템 스트레스 테스트'의 줄임말로 사용되는데 이는 예외적이지만 일어날 가능성이 있는 시나리오를 가정하여 금융시스템이 받게 되는 잠재적 손실을 측정하고 재무 건전성을 평가하는 것이다. 1990년대에 대형 투자은행들이 경제상황이 극도로 악화될 경우에 직면하게 될 영업중단의 위험을 측정하기 위하여 활용한 것이 시초라고 알려져 있으며, 한국 금융권에는 2005년부터 본격적으로 도입되었다.

■ 기타 재무적 분석 방법

(1) 금융기관의 입장에서 보면 부채커버율[DCR: debt cover ratio (NOI/DS)] 분석, 여유현금계수[DTBE: discount to break-even: (영업현금흐름-원리금상환액)/매출액]가 일정한 기준 이상인지를 비교하여 검토한다.

(2) 간편방식에 의한 분석법으로 〈표 11-3〉 front-door 방식과 〈표 11-4〉 back-door 방식이 있다. 전자는 총공사비, LTV[4] 등 자금조달 변수를 투입하여 건설된 부동산이 최소한 받아야 할 임대료를 판단하는 방법이다. 후자는 m^2당 임대료를 투입변수로 할 때 토지 등에 최대한 지불 가능한 가격은 얼마인가 등을 알아내는 간편 투자 분석 도구이다.

Ⅱ. 기술적 타당성 분석

프로젝트의 입지, 지질, 지반 등의 기술적인 타당성과 소요자금 규모 등을 검토한다. 이 외에도 환경문제가 국제적 관심사로 대두되면서 환경분야에 대한 기술적 심사도 필요로 한다.

LEED(Leadership in Energy and Enviromental Design)는 미국 그린빌딩위원회(USGBC)가 만든 자연친화적 빌딩/건축물에 부여하는 친환경 인증제도로서 건축물의 디자인과 설계 · 시공, 그리고 운영 중에 발생하는 환경 피해를 최소화할 수 있도록 건축된 건축물에만 부여하는 미국의 녹색건물인증제도(LEED)입니다.

전 세계적으로 103개국에서 4,000개가 넘는 건축물이 LEED 인증을 받았으며, 국내에서 인증을 받은 건축물은 총 19개(2012년 1월 현재)인데, 이 중 신축건물이 대부분이며 기존 건물은 삼성동 코엑스를 비롯해 6건이다.

4) LTV는 Loan to Value로 대출비율을 지칭하나 건설단계에서는 LTV보다는 LTC(Loan to Cost)란 용어 -투입공사비 대비 대출금액-를 주로 사용한다.

표 11-3 Front Door Procedure

구 분	비 고(예시)
부지취득가	660,000
+건설비	580,000
=전체개발비용	1,240,000
*LTV	80%
=금융조달비용	992,000
*저당상수(6%,10년,월)	0.1332
=원리금 상환액	132,159
*DCR	1.2
=필요 NOI	158,591
+추정운영경비(임대인부담)	110,000
=필요 EGI	268,591
/예상 점유율	95%
=필요 PGI	282,727
/ 임대면적(m^2)	100
=m^2당 임대가	2,827

표 11-4 Back Door Procedure

구 분	비 고(예시)
임대면적	100
*평균임대가	2,827
=예상 PGI	282,700
-공실률(%)	5%
=예상 EGI	268,591
-예상 운영경비	110,000
=예상 NOI	158,591
/DCR	1.2
/저당상수	0.1332
/LTV	80%
=예상 조달 가능 공사비용	이 비용으로 공사가 가능한가?(1,240,000)
-예상 공사비(토지제외)	580,000
=최대 지불가능 토지 취득가	이 금액으로 토지를 취득할 수 있는가?(660,000)

LEED는 기본 점수가 100점, Innovation in Design에 6점, Regional Priority에 4점, 합계 110점으로 평가하고 점수별로 다음과 같은 등급체계를 두고 있다.

80점 이상 platinum등급, 60~79점 gold등급, 50~59점 silver등급, 40~49점은 certified를 부여하고 있다.

Ⅲ. 법적 타당성 분석

현지국의 법령 체계상 사업수행에 불법이나 위법사항 유무 여부가 있는지, 사업과 관련된 소유권, 인근 주민과의 분쟁 및 공사와 관련된 법적 하자의 유무 등이 주검토 대상이 된다.

제4절 자금조달 형태

개발과 관련하여 가장 큰 화두는 어디서 어떠한 방법으로 자금을 모집하는가에 있다.

이러한 자금조달방법에는 전통적인 자금조달방법 외에 투자자 유치를 위한 기법들이 동원된다.

본절에서 공사비 계약방식과 일반적인 자금조달 형태에 대해 알아보자.

Ⅰ. 공사비 계약방식

공사비는 soft cost, hard cost와 contingency reserve로 구성된다. 즉, 직접공사비, 간접공사비에 통상의 일반관리비 및 이윤을 더하여 산정하게 된다.

이러한 공사비를 기준으로 한 건설공사 계약방식은

① 공사계약 금액이 확정되는 firm price 방식, ② 그 외(other than firm price)의 방식으로 대별된다.

참고자료

공사비 차이 발생요인

국가간 공사비의 차이는 물가, 조세, 운송비, 인건비, 수송수단, 자원의 유무 등에 좌우되지만 다음과 같은 요인도 이에 영향을 미친다.

(1) 지리적 위치 및 조건

(2) 건설자재, 건설인력, 및 건설관리의 확보 여부

(3) 건축허가 관련 시간 및 소요금액

(4) 보증보험료, 근로자보상관련, 책임보험 등 금액(멕시코 공사비 낮으나 관련비용 높음)

(5) 환경정책 등(유럽이 미국보다 엄격함)

공사비계약방식을 보다 구체적으로 정리하면,

(1) 정액계약(lump sum contract): 공사비를 정하여 계약

(2) 실비정산방식(cost-reimbursable contract): 공사비를 실비 정산하는 방식으로 공사비에 규정된 보수를 더하여 정산

(3) 단가계약 방식: 공정별단가를 정해서 공사계약하는 방식으로 나눈다.

일반적으로 공사계약서 양식은 FIDIC(federation international des ingenieurs-council) 양식을 주로 사용한다.

개발업자(발주자)는 프로젝트 건설완공 위험, 공사비초과 위험 등을 회피하기 위하여, 시공자에게 건설과정에서의 설계, 물자조달, 인허가 등 각종 절차를 일괄적으로 부담시키고 건설비도 계약시에 확정하는 확정가격에 의한 일괄도급계약(Fixed Price and Lump-sum Turn-key Contract)을 맺는다. 설계 · 조달 · 건설을 일괄 추진한다는 점에서, 이러한 계약을 EPC(Engineering, Procurement and Construction)계약이라 부른다.

Ⅱ. 자금조달 형태

자금조달은 자기자본과 타인자본으로 나누어 보면 통상 전체 사업비의 10~20% 범위 내에서 개발업자의 자기 지분이 투입되고, 타인자본은 금융기관으로부터 차입하게 되는데, 차입형태는 프로젝트 파이넌싱으로 진행된다. 자금조달은 대개 (1) 토지대금 및 조기 사업비를 마련하기 위한 프로젝트 파이낸싱(일반적으로

7~10%대의 금리수준이나 지역별 부동산 유형별, 시대별로 당연히 다른 값을 가진다)과 (2) 브리지론 상환 및 건설비 및 사업운영비 마련을 위한 본 프로젝트 파이낸싱 단계로 나눈다.

일반적으로 초기 단계는 사업 위험이 높아서 2차금융권에서 bridge loan 형태로 들어온다. 토지구입 등이 완료되면 2단계로 1차금융권은 익스포저 관리를 위해 전체 공사비의 30~80% 정도만 지급보증을 해주고 나머지는 시공사에 미분양물량 인수, 채무인수 등의 방법으로 분양리스크를 부담시키는 것이 일반적이다.

이 외에도 금융기관(펀드)이 신용보강을 위한 수단으로 시공사에 부담시키는 위험회피 수단으로는 다음과 같은 방법들이 있다.

(1) 지급보증: 개발사업에 문제가 발생할 경우 시공사가 금융기관이 개발업자(시행사)에 대출한 원금 및 이자를 대신 상환하는 것

(2) 채무인수: 개발사업에 문제가 발생할 경우 시공사가 금융기관으로 받은 대출금 채권의 부담을 모두 인수하는 것

(3) 이자지급보증: 개발사업에 문제가 발생하면 금융기관으로부터 대출받은 원금의 이자만 상환하는 것

(4) 책임준공보증: 개발사업에 문제가 발생시 시공사는 자기 책임하에 준공을 완료하는 것

(5) 대물인수: 개발사업 진행과 더불어 분양 부진 또는 예상외의 사업비가 발생하여 시공사의 공사비를 지급하지 못하게 될 경우에 완공된 물건으로 미집행공사비를 대물로 정산하는 것을 말하며 인수가는 통상 분양가의 70~90%선으로 한다. 또한 금융기관 등은 대출채권의 확실한 상환을 보증하기 위하여 시공사에 일정량의 분양책임을 부과하기도 한다.

그러나 이러한 방법은 프로젝트의 cash flow에 기초한 진정한 의미의 project financing으로 보기는 어렵다.

상기 방법 외에도 mezzanine fund가 전환사채(CB)나 신주인수권부사채(BW)의 인수 또는 신주인수권, 주식전환권 등 주식관련 권리를 취득하는 대신 무담보 또는 후순위 저당 형태로 자금을 대여하는 방법이 있다. 이는 선순위 대출과 지분권 사이에 있어 '메자닌'[5]이라 불린다. 이 외에도 전술한 우선배당(preferred return) 형

태로 외부 자금을 모집할 수도 있다.

이때 조달된 자금은 자금의 원천별, 자금의 성격, 요구금리 수준, 상환기간 등에 따라 tranche로 구분하여 관리하게 된다.

이외에도 개발업자는 선매각 대금(분양대금)[6] 또는 운영수입으로 자금을 조달할 수도 있고, 초기 개발사업을 진행하는 경우에는 시공사금융(contract financing)을 이용할 수도 있다.

Ⅲ. 대출 형태

일반적인 부동산 개발사업은 개발회사가 초기 토지 취득단계에서는 bridge loan형태인 고수익의 land acquisition loan(A&D loan)을 이용한다.

일반적으로 개발업자는 토지 취득비용의 최소한 30%는 자기지분으로 나머지는 A&D loan을 이용한다. 개발전 소지에 대한 개발위험 때문에 적용 LTV는 50% 내외에 머문다.

S&L, 상업은행은 건설단계에서 construction loan대출을 하게 된다.

이는 공사기간 동안 수입이 없고, 공사기간 중 제도나 시장의 변동으로 분양이 제대로 되지 않아 원금손실의 우려도 있지만, 높은 이자율과 수수료, 높은 LTV와 비교적 대출기간이 단기인 점이 대출자 입장에서는 매력적인 면이 있다. 이 대출금액은 기성고에 따라 공사비가 지불되고 변제는 분양 또는 장기 permanent loan이 실행되면 상환받게 된다. 전술한 바와 같이 상업용 부동산개발사업인 경우 permanent loan 대출 확약서가 없다면 construction loan을 받기가 어렵다.

Permanent loan은 투자은행, 연기금 및 생명보험 등이 주요 공급원이다.

〈표 11-5〉는 이러한 단계를 정리한 것이다.

5) '메자닌' 은 건물 1층과 2층 사이에 있는 라운지 등의 공간을 의미하는 이탈리아어로 대출방식이 담보(1층)와 신용(2층) 사이에 있다는 의미에서 이같이 불리게 되었다. 실제 이들 자본의 요구수익률은 대체로 10~14% 범위에 있다.

6) 선매각은 개발업자의 입장에서 보면 자금조달 부담을 경감하고 익스포저 감소를 가져오는 이점이 있는 반면에 자산가치 상승익을 포기해야 하고 금융비용을 감안하여 매매가를 할인해 주어야 하는 단점이 있다.

표 11-5 건설기간 중 대출자금 공급원

1 단계	2 단계	3 단계
기획단계	건설단계	준공 · 운영단계
Set-Out risk	Construction risk	Market risk
Land Acquisition Loan	Construction Loan	Permanent Loan(Take-Out Loan)
부지확보	건축	Refinancing

제5절 위험관리 방안

부동산 개발과 관련한 위험의 종류는 시행사 신용위험, 토지매입위험, 사업승인 위험, 완공위험, 분양위험, 준공후단계의 위험 등이 있을 수 있다.

Ⅰ. 위험의 유형 및 관리방안

■ 개발업자(시행사) 신용위험

시행사의 낮은 자금력[7]이 주된 문제이나 PF금융구조는 시행사가 해당 사업목적 이외의 용도로 자금을 인출하거나 유용할 가능성을 구조적으로 차단한다.

시공단계에서 시행사의 부도사유가 발생했을 때, 분양보증이 없는 개발사업의 경우는 약정체결을 통해 시공사가 시행권을 인수하여 사업주로 참여할 수 있으며, 국내의 경우와 같이 대한주택보증과 같은 분양보증기관의 참여가 있을 경우, 분양보증기관이 개입하여 분양이행을 하거나 환급이행을 할 수도 있다.

7) 이 외에도 내부통제절차 역시 제대로 갖추어지지 않은 경우가 많아 재무적 측면이나 비재무적(정성적) 측면 모두 위험요소가 상존하고 있다. 또한 만약 개발업자인 시행사가 두 개의 개발사업을 동시에 진행할 경우, 하나의 프로젝트에서 다른 프로젝트로 부도위험의 전이 가능성은 주요 검토대상이며, 이를 방지하기 위해 금융기관은 해당 프로젝트만을 수행하는 SPC 설립을 요구하거나, 대출약정서에 다른 사업 추진 금지조항을 삽입하기도 한다. 또한 대출자금의 인출제한요건을 대출약정서에 명시하도록 하고 개발사업관련 계좌에 근질권을 설정할 수 있으며, 해당 프로젝트의 부동산을 다른 용도로 전용할 수 없도록 금융기관은 그 부동산의 담보신탁을 거의 필수적으로 요구한다.

■ 토지취득 관련 위험

취득이 장기화되면 매입원가 상승 및 금융비용의 부담이 증가할 뿐만 아니라 계획된 자금조달기간 · 구조와의 불일치로 인해 사업 자체가 무산될 위험도 있다. 나아가서 사업승인을 위해서는 토지 전체의 소유권 취득이 우선되어야 하므로 토지매입위험은 '사업승인위험'에도 영향을 미친다.

■ 완공위험

시공사가 계약된 공기 내에 완공하지 못하는 위험으로 PF에서 가장 큰 위험이며, 본질적인 위험이다. 기술적 타당성 검토가 선행되어야 하며, 책임준공[8]을 약정한 시공사의 신용도는 완공위험을 판단하는 가장 중요한 요소이다.

■ 분양위험

부동산 개발사업에서 고려해야 할 가장 중요한 위험 중 하나인데, 단계별 요구분양률을 충족해야 적기에 공사대금을 지급할 수 있고 시행사의 사업비를 충당하거나 기존의 차입금을 계획대로 상환하는 것이 가능하게 된다. 사업상 수익창출을 위해서는 손익분기점 분양률을 초과해야 한다.

■ 준공후단계의 위험

대표적인 것이 미분양 부동산의 처분과 관련된 위험인데, 일반적으로 준공 시점까지 대출금이 상환되지 않을 경우 대주는 미분양부동산에 대해 소유권 보존등기를 하고 관리처분신탁한 후 1순위 우선권을 보유한 후, 미분양 부동산의 일괄매각 또는 경매/공매를 통해 유입된 현금에 대해 1순위 우선권을 실행하여 대출 원리금을 회수한다. 대주단의 대출금 회수방안은 전술한 것처럼 시공사의 지급보증, 책임준공 외에도 다양한 형태의 보완장치를 시행사와 시공사에 부여한다. 이러한 보완장치가 크면 클수록 개발사업 수익이 저하되는 것은 물론 사업의 상대적 탄력성이 저하되어 시장 변화에 능동적으로 대처하지 못해 개발사업 전체에

8) 책임준공약정은 계약서상에 완공일까지 준공필증을 받는 것으로 명시하고, 약정을 이행하지 못할 경우 위약벌을 통하여 대출금에 해당하는 금액을 상환하도록 강제한다.

부담으로 작용할 수도 있다.

다음은 해외 부동산 개발사업에 대한 대출금 회수방안으로 검토되는 방법들을 열거한 것이다. 이 외에도 사업부지에 1순위 근저당권 실행하되 소유권 문제를 완벽히 하기 위해 권원보험 가입을 강제하거나, 차주의 지분권에 대한 1순위 근질권 설정, 차주의 제 권리에 대한 양도담보권 설정(대여금채권 양도승낙 절차 포함), 국내 자금관리계정에 대주를 1순위를 하는 근질권설정, 시행사관계자 또는 이사들의 연대보증, 차주의 사업시행권 포기각서, 시행사의 시공권 및 유치권 포기각서, 준공 후 미분양 1순위 담보 취득 등을 통한 보전 장치를 마련할 수 있다.

(1) 해외 SPC와 국내 SPC 지분 100% 질권 설정, 시행권 포기각서 징구, 배당 및 청산결의서 징구

(2) 자금의 에스크로 계좌를 통한 관리, 사업관련계좌 질권설정, 대리금융기관 역할 담당

(3) 우량시공사 확보, 책임준공 확약, 일부 공사비 준공 후 지급 및 미분양분 공사비 대물변제 계약체결

(4) 토지사용증 취득 조건부 대출 확약서 제공

(5) 분양률 미달성시 채권확보에 문제없는 수준으로 할인분양개시

(6) 차주연대보증, 시행사 추가 출자 등 추가 채권확보 방안 마련

■ 기타위험

운영위험과 시장위험, 원재료수급 위험, 법률/정치적 위험 등이 있다.

〈표 11-6〉은 이러한 위험의 유형과 통제방안을 보다 구체적으로 상설한 표이다.

Ⅱ. 특별목적회사(SPC: special propose company)

개발사업 등의 수행과정에서 발생하는 위험을 본래 회사 업무와 격리하여 개발 프로젝트만을 위한 회사를 설립할 필요가 있다. 이 회사는 본래의 목적 사업인 개발사업이 완료되면 해산하게 된다. 이러한 당해 목적 사업을 수행하기 위해 일시적으로 설립하는 회사를 특별목적회사라고 한다.

표 11-6 Project 위험요인 및 통제방안

위험		위험 통제 방안
공사완공위험 (Completion risk)	완공 위험	- 사업주의 공사지연으로 인한 손해배상 및 채무상환의무 부담 - 전문가에 의한 기성검사 및 기성에 따른 공사비 지급 - 시공권 포기각서/유치권 · 양도담보/연대시공사 선정
	비용 위험	- 초과비용에 대한 추가출자확보 및 추가대출약정(Credit Line 설정) - 비용초과에 대한 예비비 설정 - 자금집행순위결정 및 최소현금보유 규정
	기술 위험	- 양호한 기술력, 시공실적, 재무상태를 보유한 시공업자 선정 - EPC(engineering-procurement-construction) 계약[주1)] - 프로젝트의 설계 및 건설계획의 타당성에 대한 전문가의 평가 - 각종 기자재 및 설비에 대한 품질보증
운영/관리위험 (Operation risk)	시행사 위험	-사업기간 동안 신규 사업 제한 -대체 시행사 마련(시행권 포기각서 및 건축주 명의변경 등을 구비한 제소전 화해조서 작성)
	원재료 위험	- 고정가격의 장기 공급계약 및 'Put or Pay' 계약[주2)]
	재무적 위험	- 사업자금관리를 위한 별도의 계정 개설(Escrow Account) - 자금흐름계좌에 대한 질권설정
	운영위험	- 예비비 설정 및 사업주 또는 제3자의 추가 출자
	생산 및 판매 위험	- 경험 및 기술력이 있는 운영인력 확보 - 고정가격의 장기판매계약 및 원료비 연동 공급단가 결정 - 'Take or Pay' 계약[주3)]
	기술 위험	- 전문가에 의한 기술 평가 - 적정 수준의 유지보수비 설정
시장위험(Market risk)		- 전문가에 의한 시장조사 - 신용도, 재무상태 양호한 구매자 선정
출자자위험 (Sponsor risk)		- 실적, 경험, 기술력 양호한 사업주 선정 - 신용도 및 재무상태가 양호한 사업주 선정 - 타인자본 조달 전 자기자본 투입 완료
정치적 위험 (Political risk)		- 정부와의 실시 협약을 통한 보장책 마련 - 정치적 위험에 대한 보험 가입(외국 보험사)
법률적 위험		- 제반 계약 및 프로젝트 전반에 걸친 법률의견서 징구

주: 1) 프로젝트의 설계 및 건설과 관련된 다수의 이해관계자들과 개별 계약을 체결하기보다는 이들을 대표하는 특정인을 계약당사자로 하여 단일 계약을 체결함으로써 당사자들의 권리, 의무관계를 포괄적으로 규정하는 것.
2) 'Put or pay'는 프로젝트회사의 안정적 원자재 조달을 위한 무조건 공급약정으로 원자재 공급자는 프로젝트회사에 약정된 양의 원자재를 항상 공급하여야 하고, 원자재 공급이 불가능하게 된 경우에는 프로젝트 회사가 시장에서 원자재를 구입하기에 충분한 금액을 지급한다는 내용.
3) 'Take or Pay'는 구매자의 생산물 구입물량이 계약상 약정된 수량에 미달하는 경우에도 생산물 구매자는 계약수량에 상당하는 구입대금을 지불하도록 하는 것(자료: 한국기업평가).

■ 의의

사업주가 사업의 추진을 위하여 별도로 설립한 독립적인 업체로 관련법에 따

표 11-7 부동산 관련 SPC

구분	부동산유동화 SPC		부동산개발 SPC	
	영속적	한시적	영속적	한시적
명목회사 (법인세면제)	위탁관리리츠	CR-리츠 ABS CRV 회사형부동산펀드		PFV
실체회사	자기관리리츠			일반SPC (프로젝트회사)

주: 신탁형 부동산펀드와 CRC(기업구조조정전문회사)는 SPC의 범주에 포함되지 않는다. (자료: 김승규 논문)

라서 구체적인 형태는 달라질 수 있으나, 자산보유자 혹은 프로젝트 사업주와는 회계상 그리고 법률상 절연된 구조를 취하는 것이 일반적이다. 따라서 프로젝트의 자산, 관련계약 그리고 현금흐름은 사업주인 기업체와 법적으로 절연된 구조를 취하고 있다.

현재 우리나라 부동산시장에서 SPC라는 용어는 광범위하게 사용되고 있으며, 사용되는 분야에 있어서 그 의미와 구조를 조금씩 달리하고 있다. 즉 부동산을 유동화부문과 개발부문으로 나누었을 때, 부동산유동화에 사용되는 SPC들은 자산유동화에 관한 법률(ABS)에서의 유동화전문회사, 기업구조조정투자회사(CRV)법에 의한 기업구조조정투자회사, 부동산투자회사법에 의한 기업구조조정부동산투자회사(CR-Reits), 위탁관리부동산투자회사(일반Reits), 자본시장법에 의한 회사형간접투자기구가 있으며, 부동산개발사업에서 사용되는 SPC들은 개별법에 의한 설치 근거가 없는 일반 상법상의 법인들이다. SPC에 대한 용어도 독립법인, 특수목적회사, 프로젝트회사, 특정목적회사, 특별목적회사 등 사용되는 분야에 따라 조금씩 의미를 달리하고 있다.

〈표11-7〉부동산 관련 SPC와 같이 SPC는 그 실체에 따라 명목회사와 실체회사, 영속적인 회사와 한시적인 회사로 나눌 수 있으며, 각각의 구분에 의해 광의의 의미와 협의의 의미로써 SPC의 범주가 조금씩 달라진다.

즉, 특별한 목적을 위해 설립된다라는 SPC의 광의의 의미로는 위의 모든 회사가 SPC라고 할 수 있으며, SPC는 이중과세가 면제된다라는 전제(법인세법)로는 명목회사형태만이 SPC라고 할 수 있다. 또한 SPC는 영속적일 수 없다라는 의미에서 본다면 일반리츠(위탁관리리츠, 자기관리리츠)는 SPC에서 제외된다. 그런 의미에서 SPC라는 것은 법적인 분류, 사전적인 의미로써 명확해질 수 없고, 사용자에 따라 달라질 수 있는 관념적, 추상적인 개념이라고 할 수 있다.

부동산유동화에 있어서의 SPC는 부동산의 원소유주가 회계상으로 독립된 별도의 법인을 설립하여 자산을 SPC로 양도하여, 양도된 부동산을 기초로 유동화증권을 발행하는 것으로, 유동화증권에 대한 회수, 지급이 완료되면 SPC는 청산하게 된다.

부동산개발사업에서의 프로젝트금융에 있어서 실질적인 차주는 프로젝트를 추진하는 사업주이지만, SPC라는 형식적인 차주회사를 설립하여 법률상으로는 프로젝트회사가 차입의 주체가 된다. 따라서 프로젝트 회사의 차입금은 프로젝트 사업주와 분리되어 사업주의 대차대조표에 부외채무로 표시되거나 또는 표시되지 않아 대차대조표외 금융(Off-Balance Sheet Financing)이 가능하다. 이러한 SPC를 활용한 개발사업은 일반적으로 대규모 SOC사업에서 많이 볼 수 있으며, 최근에는 민간 부동산개발사업에서도 흔히 볼 수 있다. 시행자인 건설업체가 각 건설현장마다 SPC를 설립하고 현장관리는 SPC가 담당하게 된다. 이 경우 프로젝트마다 SPC가 설립되므로 추가로 회사설립비용이 발생하게 된다. 그러나 프로젝트와 건설업체를 분리하는 효과를 가시적으로 볼 수 있어 건설업체의 신용도와 분리가 가능하다.

■ 구조

〈그림 11-2〉 부동산개발 SPC 기본구조는 SPC를 이용한 개발사업의 일반적인 형태이다. 하지만 이러한 구조는 표준화되어 있지 않고, 프로젝트별로 다양하게 구성된다. 즉 사업의 유형별로 각 참여자들의 역할은 변할 수 있다.

SPC구조가 처음 적용되었던 SOC사업의 경우, 사업단계가 건설-소유(이전)-운영 3단계로 이루어지고 그 기간도 10년 이상 장기인 데 반해, 부동산개발사업은 건설-판매로 사업이 종료되는 분양형이 대부분이며, 사업기간도 3년 이하의 단기인

그림 11-2 부동산개발 SPC 기본구조

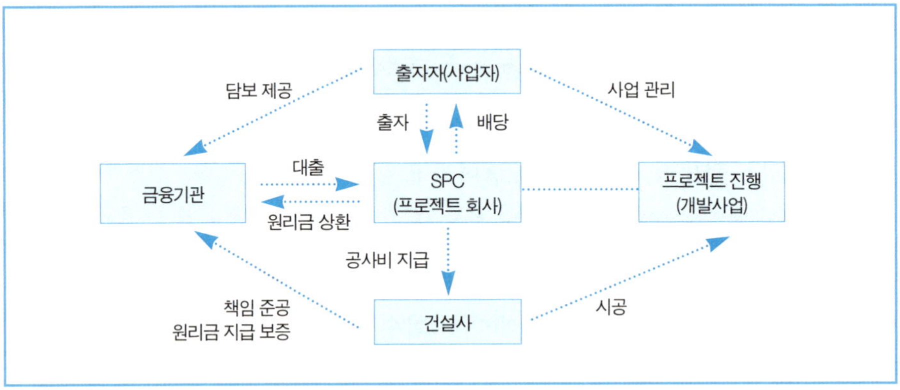

주: 결재위탁계정(Escrow a/c)의 설정: 프로젝트의 결제 투명성을 위하여 프로젝트 회사는 프로젝트와 관련된 모든 현금흐름을 관리하는 결재위탁계정(Escrow a/c)을 설치한다. 특히 환율변동위험, 정치적 위험을 회피하기 위하여 해외에 결재위탁계정(Off-shore Escrow a/c)을 설치하여 국제적으로 신용도가 높은 금융기관이 관리하게 하는 경우도 있다.

경우가 많다. 따라서 자금을 조달하는 구조도 부동산프로젝트금융 구조가 SOC프로젝트금융 구조보다 상대적으로 단순하다고 볼 수 있다. SOC사업의 경우 출자자들은 국가기관, 공공단체, 지자체 등과 여러 재무적 투자자들(은행, 보험사, 연기금, 펀드)로 이루어지며 자본금의 규모 또한 대단히 크고, Project Financing 역시 여러 금융기관 간의 신디케이트론 등을 통한 대규모 자금이 조달된다.[9] 이에 반해 일반적인 부동산개발프로젝트의 경우, 2-3개 이내의 출자자들이 설립한 최소한의 상업상의 규정에 의한 SPC와, 단일 금융기관에 의한 Proejct Financing, 개발사업의 일정부분을 보증하고 시공에 참여하는 건설사 등으로 이루어진다.

■ 이중과세

미국의 경우 실체회사나 명목회사나의 구분과는 상관없이 투자의 도관체(conduit)로 인정받으면 법인세가 면제되지만, 우리나라의 경우 실체회사가 아닌 명목회사의 형태만이 법인세를 면제받을 수 있도록 되어 있다.

9) 본 사업의 추진과정에서 소요되는 모든 자금의 유출은 대주단이 자금관리에 관한 합의서에 기초하여 설정한 결제수탁계정(escrow account)을 통하여 이루어지는 구조로 한다.

따라서 실체회사 형태인 자기관리리츠와 일반 개발사업에서의 상법상의 법인(개발사업의 주체: 프로젝트회사)들은 이중과세를 부담하게 된다.

Ⅲ. 해외 개발사업 투자구조

다음 그림은 중국에 부동산 개발 사업을 위한 SPC설립을 통한 투자 구조도 예시이다.

〈그림 11-3〉 투자안은 국내 신탁사가 국내 SPC에 대출한 후, 중국SPC에 지분투자하는 구조로서 대출금의 용도는 토지비, 이자유보금 및 초기사업비 등이다.

먼저, Fund의 이자(예: Fund 1: 연15%, Fund 2: 연8%, 매3개월이자 후취)는 Escrow Account에 예치하여 이자 재원을 확보하고, Fund 1 중 일부는 국내 SPC에서 중국 SPC에 외채등기 대출로 투자된 후 1년 후에 조기상환하되, 투자자금 회수는 펀드 설정일로부터 12개월 후 원금 부분상환하고 24개월 이후 전액 조기상환한다는 가정으로 설계된 구조이다.

〈그림 11-4〉은 세제 및 SPC청산 지분회수를 용이하게 하기 위한 목적으로 홍콩에 SPC를 추가로 설립하는 투자안의 예시다.

제6절 마케팅

부동산 마케팅은 사업의 성과와 직결되는 부문임에도 불구하고 이에 대해 체계적인 연구 등이 아직 미흡하다.

또한 일본의 경우는 부동산 광고와 관련하여 '경품표시법에 의한 표시규제', '택지건물매매법에 의한 광고규제', '경품표시법에의한 광고규제', '경품표시법과 공정경쟁규약'에 의한 광고 규제 등 각종 제도적 규제와 제약을 받고 있으나 국내는 공정거래법 등에 의한 일부 제약이 있으나 부동산광고 전반을 규제하는 법은 없다.[10]

일반적인 마케팅을 위한 분석절차는 다음과 같다.

그림 11-3 SPC설립을 통한 해외 부동산 개발 구조도 예시1

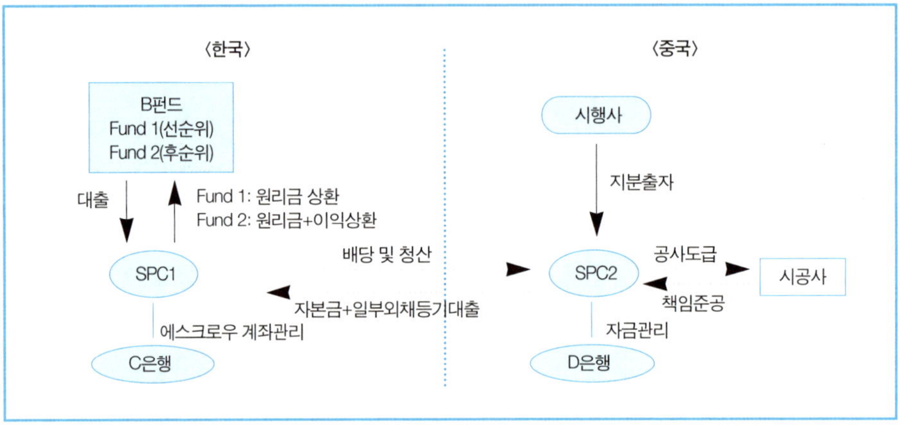

그림 11-4 SPC설립을 통한 해외 부동산 개발 구조도 예시2

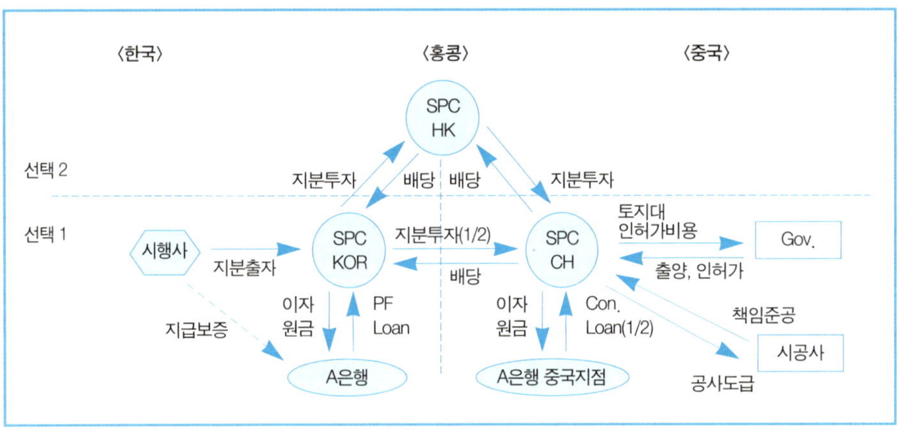

10) 「공인중개사의 업무 및 부동산 거래신고에 관한 법률」은 개업공인중개사가 의뢰받은 중개대상물에 대하여 표시 · 광고(「표시 · 광고의 공정화에 관한 법률」 제2조에 따른 표시 · 광고를 말한다.)를 하려면 중개사무소, 개업공인중개사에 관한 사항으로서 대통령령으로 정하는 사항을 명시하여야 한다고 정하고 있다.

참고 자료

해외 SPC 사례: 일본

일본은 「회사법」을 개정하여 종래 유한회사형태가 아닌 (1) 유한 책임중간법인, (2) 합동회사(종래 유한회사형태 대신), (3) 2000년 「자산유동화법」에 의한 특정목적회사(미국의 syndication 형태임) 설립을 가능게 했다.

유한책임 중간법인이란 일본 중간법인법에서 정하는 법인으로 SPC가 1인에 의해 설립된 경우[대개 실질 펀드 조성자를 sponsor로 부르고 유동화 · 증권화법상 originator(자산매도자)로 자산운용사 또는 투자자인 경우가 많음]에 SPC가 타 투자자 및 대출자 의사에 반해 sponsor 1인의 이익을 위해 운영되거나 임의도산 결정을 하거나 부동산 이외의 사업을 행할 수 있다. 이때 펀드조성자가 의사결정을 하는 사원이 되고 이외에도 독립 · 공정한 제3자(originator, 펀드조성자, 자산운영사와 이해관계가 없는 제3자)에게도 의결권을 부여하는 사원을 선임하여 SPC의 '도산격리' 효과를 얻고자 설립하는 법인을 말한다.

〈유한회사익명조합 구조〉

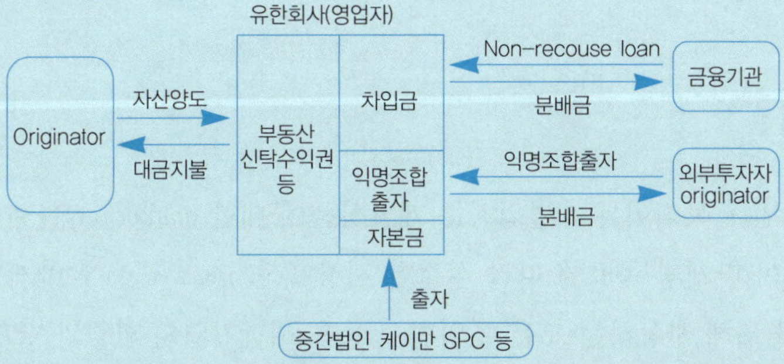

합동회사는 민법이 적용되는 임의조합형(민법: 투자자는 취득자산의 출자공유지분 보유, 임의조합 출자, 공동소유)으로 조합명의로 임대운영 등의 공동사업을 영위하는 형태이고, 익명조합형(상법: 투자자는 익명조합의 영업자에 현금출자, 영업자 단독 소유하는 형태)은 운영자가 회사를 대표하여 부동산을 취득하여 임대사업을 영위한다.

특정목적회사(TMK)는 특정된 부동산을 유동화시키기 위해 고안된 투자 vechicle이다.

Ⅰ. 기본적 접근

먼저 (1) 수요 시장의 분석이 선행되어야 한다. 수요 · 공급에 대한 기존 분석(인구변동, 부동산 유형별 재고 및 연간 거래량 또는 수요량 등) 과 함께 시장 수요의 변화(계절적 변동, 장기 추세 변동 및 부동산 주기, 대출비율, 경매상황, 대출조건, 혼인율 등)분석을 실행하고, 수요량 및 합리적인 분양가격 등의 조사를 수행한다.

(2) 다음 단계는 수요자인 고객의 분석이 진행되어야 한다. 누가 수요층인가, 소유구조, 세대구성에 대한 분석과 함께 리스팅 방법, 경쟁시장분석, 주거형태 및 지불임대료, 소비자 행동, 적정가격 등에 대한 분석을 하고, 나아가서 투자자인 수요자의 투자유인 방법, 절세효과 실현 방법, 투자수익 보장방법, 관리방안 등에 대한 연구검토가 이루어져야 한다.

(3) 그리고 나서 개발업자인 시행사의 능력, 인력구조, 조직구성, 조세환경, 분양방법, 광고방법, 광고예산, 규모의 경제 등 전반적인 분양을 위한 회사의 능력에 대한 검토가 수반되어야 한다.

(4) 그리고 분양인력(외부, 내부인력)에 대한 인센티브 구조, 세일즈 방법, 분양인력 관리 등에 대한 전반적인 계획안이 수립되어야 한다.

Ⅱ. 기술적 접근

분양 · 임대 목적이든 개발업자는 개발상품에 대한 market mix를 수립하여야 한다. 기업이 마케팅 목표에 따라 설정한 시장표적(market target)에 마케팅 활동을 집중시키기 위해 사용하는 모든 투입변수 등을 해당기업의 환경과 상황에 맞게, 그리고 마케팅 효과가 최대화되도록 배합하는 마케팅 전략. 즉, price(가격), promotion(광고방법), place(유통채널 또는 장소), product(상품 구성인 서비스)를 말하는데 이를 흔히 4Ps라고 한다.

표적 시장의 선정은 개발대상물건의 성격 및 규모에 따라 분양대상물건의 수요층이 거주하는 물리적인 범위를 설정 · 분석하고 시장세분화 전략에 따라 주 마케팅 대상층인 표적시장을 선정한다.

나아가서 광고는 광고목적에 따라

(1) 물건광고

(2) 기업광고

(3) 물건 · 기업의 절충광고 중에서 선택하여 실행한다.

참고 자료

광고 매체별 분류

4대 매체: TV, 라디오, 신문, 잡지
기타매체: 옥외광고, 애드벌륜, 팜플렛, 네온사인, 비행선, 전화부, 차량, 벤치, 차내광고, 영화, 포스터, 티켓(광고안내), 직접우송물(DM), 엽서(광고인쇄), 카탈로그, 인터넷

이때 직접수요층인 예상수요군과 간접수요층인 잠재수요군을 구분하여 별도의 광고, 홍보전략을 수립한다.

광고와 관련된 매체는 물건의 성격 및 표적시장의 수요층 등을 참작하여 선정한다. 광고매체는 신문, TV, 잡지, DM, CATV, 라디오, 옥외광고, 전자우편, 기타홍보물 등으로 구성된다.

광고는 헤드라인(headline)과 본문에 해당되는 바디카피(body copy)와 문자 이외의 사진이나 그림인 일러스트(illustration)로 구성되며 헤드라인의 선정에 가장 주의를 기울여야 한다.

나아가서 광고횟수는 소요예산, 광고효과 등을 참작하여 결정하되 광고효과 분석시에는 다음 사항을 검토하여 결정한다.

(1) 광고매체는 표적고객을 대상으로 하여 부동산 광고를 하고 있는가.
(2) 광고표현은 표적 고객의 공감을 불러일으키고 있는가.
(3) 광고 매체의 선정은 적정한가.
(4) 광고내용이 광고매체의 특성에 합당한가.
(5) 광고가 표적 고객에 실질적으로 도달하는 비율은 얼마인가?

광고의 효과는 양적인 면(얼마만큼 사람에게 도달했는가)과 질적인 면(한 사람에게 얼마만큼의 영향력을 주었는가)으로 구분하여 판단할 수 있고 산정지표로는 도달률(reach), 빈도수(frequency), GRP(gross rating point) 등이 있는데 도달률은 매체도달효과를 측정하는 지표이고 빈도수는 광고의 평균 접촉횟수를 측정하는 지표이고 GRP는 도달률과 도달횟수를 곱한 것으로 소위 광고의 체적관련 지표이다.

광고와 더불어 부동산의 판매촉진 방법은 다음 3가지로 분류한다.

(1) 고객지향 부동산 판매촉진: 오픈하우스, 물건설명회, 텔레마케팅, 강습회, 부동산 박람회, 고객콘테스트, 지불조건의 우대책(할인 등) 등.

(2) 판매지향 부동산 판매촉진: 부동산 중개(법)인이나 분양업자들에게 인적, 물적, 금융적인 지원방안의 강구 및 보너스 제도의 도입 등을 통하여 판매촉진을 강구하는 방법

(3) 사내지향 부동산 판매촉진: 사내기관지, 사보에 홍보, 부동산물건의 이름을 현상공모, 신규물건 설명회 등을 통하여 사내를 유기적으로 활용.

상가 등의 분양방법은 대체로 내정가 공개경쟁입찰방법에 의한다. 그러나 경우에 따라서는 물건의 특성 또는 시장상황 등의 변동으로 이 방법이 적절치 않다고 판단될 경우에는 지명(제한)경쟁입찰로 분양할 수 있다.

분양시기는 각국별 광고 규제와 관행을 고려하여 착공과 동시에 하는 경우, 토지매입이 완료된 후에 바로 시작하는 경우 및 기타 법령에서 정하는 방법에 의한 분양시기로 나눌 수 있다.

분양활동은 대체로 다음과 같은 단계로 구분한다.

(1) 분양준비: 분양활동을 기간별로 세분화하고 모델하우스 설치 및 분양안내와 상담업무, 표적시장 수요자의 자료조사 업무를 행한다.

(2) 모델하우스: 모델하우스 오픈행사 및 부대사업 등의 계획을 입안하고 모델하우스에서 분양업무를 수행한다.

(3) 분양활동: 매 사업연도의 분양계획을 수립하고 매일, 매주, 매월 목표치와 대비하여 분양성과를 검토, 분석한다.

제7절 요 약

부동산 개발은 사업구상 기획단계를 시작으로 하여 이러한 구상에 대한 시장조사 및 검증을 통하여 개발전략을 보다 정제하게 된다.

이를 기반으로 본격적인 타당성 분석을 행하게 된다. 이후 설계 및 건축과정을 거쳐 건물을 완성하게 된다. 이때 분양전략 및 자금조달 방안은 기획단계에서부터 준공 · 운영 단계 전과정에 걸쳐 가장 화두가 되는 부분이다. 즉 어떻게 분양할 것인가, 건축자금은 어떠한 자금원으로부터 어떠한 방법으로 조달할 것인가 등이 부동산 개발에 있어 가장 중요하다.

바꾸어 말하면, 부동산 개발 사업의 절차는 ① 사업구상, ② 예비타당성 분석, ③ 부지매입 및 인허가, ④ 시공 및 마케팅, ⑤ 매각 및 관리의 5단계로 구분된다.

각 단계별로 리스크요인이 있고, 그 현실화는 언제든 가능하므로 제반 위험요소의 발생가능성에 대한 분석과 함께 적절한 통제장치가 사업단계별로 마련되어야 한다는 것을 알았다.

그러나 해외 부동산 개발은 상기 도식에서 시장조사 분석 업무 외에도 자연환경, 인문환경 및 외국자본에 대한 현지인의 태도(anti-national 분위기 등) 등 수많은 외적 환경요인에 대한 분석이 수반되어야 한다. 특히 일반 나대지를 대상으로 하는 greenfield 개발이 아닌 기존 시가지 내 개발일 경우에는 이러한 건설외적 환경에 주의를 필요로 한다.

자연환경과 관련된 분석요인으로는 지진 유무, 몬순/홍수빈도 및 주기, 태풍 등의 유무, 지반/지질, 폐광구의 유무 등에 대한 사전 조사가 수반되어야 하며, 토지취득관련 위험 -외국인 취득제한 조건, 오염 · 지질 · 수리 · 배수관련 위험 및 인허가 위험 등- 에 대해 충분한 사전연구조사가 필요하다.

나아가서 스위스의 경우 개발사업의 경우 지역주민의 동의가 필요하고 일본의 경우, 대형몰 개발에는 우리나라와 비슷한 지역상인의 동의가 있어야 한다.

이에 선행하여 소유권양도 및 부지확보(토지 및 임대차제도, 등기), 분양가/임대가(감정평가), 측량, 개발비용(공사/인력/자재확보), 도시계획 등 개발관련 전반에 걸쳐 면밀한 시장조사가 무엇보다도 중요한 사항임을 다시 한번 확인할 수 있었다.

또 일반적인 건설사의 용역 절차를 알아보고 이와 관련된 자금조달 방안에 대해 검토해 보았다.

자금조달은 자기자본과 타인자본으로 나누어 보면 통상 전체 사업비의 10~20% 범위 내에서 개발업자의 자기 지분이 투입되고, 타인자본은 금융기관으로 차입하게 되는데 차입형태는 프로젝트 파이낸싱(construction loan)으로 진행된다. 이외에도 mezzanine fund, 선매각 대금(분양대금) 또는 운영수입으로 자금을 조달할 수도 있고, 초기 개발사업을 진행하는 경우에는 시공사 금융(contract financing)을 이용할 수도 있음을 보았다.

또한 개발과 관련된 위험의 종류는 시행사 신용위험, 토지매입위험, 사업승인위험, 완공위험, 분양위험, 준공 후 단계의 위험 등이 있을 수 있으며 이를 위한 리스크 관리 방안에 대해 검토하였다.

사업 · 운영 위험을 저감하기 위하여 특별목적회사(SPV)를 설립하게 되는데 이를 이용한 개발 사업구조 등을 도식을 통해 알아보았고, 마지막으로 개발이 완료된 후의 마케팅 방법에 대해 마케팅 기법을 중심으로 살펴보았다.

Chapter 12 해외 부동산 관리

해외에서 부동산을 취득하면 임대관리 등의 자선관리의 필요성이 대두되며, 건설사업이 완료되면 매각시까지 적정한 지산관리가 필요하다.

자산관리는 상가 등 상업용 부동산, 주택 등 주거용 부동산, 오피스 등 부동산 유형별로 그 유형에 부응하는 관리서비스가 필요하며 서비스도 부동산시설에 대한 관리뿐만 아니라 부동산 운영 · 관리 등 임대수입관리 전반에 대한 관리에서부터 임차인관리에 이르기까지 다양한 범주를 다루게 된다.

제1절 의 의

부동산관리는 임대(수익)용 부동산의 관리 · 운영, 마케팅, 일상 재무적인 업무를 포괄하는 부동산업의 한 분야로서, 보다 전문적인 관리를 위해서는 외부의 기관(인력)에 의한 관리 용역서비스를 통해서 NOI를 극대화하고 이를 바탕으로 부동산의 자산가치를 유지 또는 증대시키는 것이다.

이러한 부동산 관리 서비스는 임대관리, 부동산관리(회계), interior design을 주요 업무로 하는 것과 시설관리(건축영선, 기계설비, 소방, 관제, 전기 등), 경비(시설경비, 보안시스템관리, 주차관리 및 안내), 미화, 위생, 방역, 조경(화분), 건물보안업을 총괄하는 업으로 구분된다. 전자는 자산관리서비스 또는 PM(property management)서비스라고 하고 후자는 시설관리 서비스 또는 FM(facility management)서비스라고 한다.

이러한 서비스는 통상적인 부동산자산관리에서 빈집관리, 해외 이주자 등을 위한 처분관리, 개발관리 등 자산관리 영역으로 확대되고 있다.

미국에서 1920년대 초반부터 시작된 자산관리업무가 하나의 전문영역으로 발달하기까지의 미국연혁을 시대별로 조명해 보면,

■ 1920년대

부의 축적에 의한 장기여행수요가 증가하게 되자 부동산 소유주는 여행기간 동안 임대료수입 및 관리 등의 위탁업무를 외부인에게 맡길 필요가 생기자 이러한 업무를 수행할 업자를 찾게 된다. 이때부터 소규모의 전문 부동산 관리업자가 등장하게 된다. 그러나 임대차 계약은 소유자가 직접 하는 것이 관행이었다.

■ 공황기(1928~1933)

대공항이 발생하자 금융기관은 부실화된 유입부동산을 관리할 필요가 대두하자 건설업 종사자나 사무직 직원을 중심으로 전문 관리부서를 설립하고 임대료 수취 및 빌딩관리 등 통상업무를 맡게 한다. 금융기관의 은행관리자는 부동산업무에 정통하지 못하고 본연의 업무와 다른 시장분석, 마케팅, 부동산 경제분석 등을 수행하기 어려워 부동산관리에 문제점이 발생하자 전문 부동산 서비스업체를 필요로 하게 된다. 이는 전문 종합서비스업체가 등장하는 계기가 된다.

■ 경기회복과 2차대전(1928~1957)

금융기관소유 부동산이 경기회복과 함께 일반투자자들에게 소개되는 등 관리서비스 시장이 발달되기 시작하나 제2차 세계대전의 발발로 관리에 대한 관심이 줄어든다.

■ 전후와 1980년대 이후

전후 부동산 공급과잉 문제 해소의 필요성이 대두되고, 부동산의 고층화,[1] 아

1) 근대빌딩은 철구조물 건물과 함께 고속 엘리베이터 등장으로 인해 초고층빌딩이 속출하고 이러한 건축기술의 발달은 CBD형성을 촉진하게 된다. 또한, 자동차의 대중화는 직주분리를 가능케 하여 주거의 교외화를 가능케 했다. 이는 다수의 교외형 쇼핑몰이 등장하는 동인이 되었다.

파트의 등장, 금융기관의 부실화 등의 복합요인으로 다시 부동산관리의 전문성이 필요하게 되어 이후 전문 부동산 관리업이 본격적으로 발달하게 된다.

제2절 목 적

전문적인 부동산 관리 서비스의 목적은 임대수입은 증대시키고 운영경비는 감소화해서 부동산의 가치를 상승시키는 것이다.

이를 보다 구체적으로 설명하면 다음과 같다.

(1) 임대수입의 극대화

임대료 분석, 쾌적시설의 부가, 현장관리, 임차인관리, 공실 감소, 임대 계약관리 등

(2) 비용 극소화

비용예산편성, 구매계약의 집중화(자재 및 소모품), 에너지 절약, 예방관리

(3) 자산의 효율적 관리

보험가입, 안전시설에 대한 충분한 조명시설, 양질의 Tenant 구성, 용도 변경 등

다음 표는 서비스목적별 세부 방법을 예시한 표이다.

표 12-1 부동산 관리 목적별 활동 방법

분 류	방 법	주요활동
수입 증대	가동률 상승	임차인 영업활동, 공실 감소
	임료 상승	신규임료 인상, 계약 갱신시 임료 상승 교섭
	수입원 확대	간판설비, 자동판매기 설치 등
비용 억제	관리비용 저감	관리 비용 및 방법의 개선
	관리회사 변경	관리회사 입찰 선정
가치 향상	리노베이션	사무실OA화, 출입구, 화장실, 엘리베이터, 복도 리뉴얼 등
	용도변경	오피스빌딩 임대맨션 등 용도변경
	내진보강	내진 보강공사
	위법상태 해소	행정부서와 협의 후 위법상태 해소, 적법공사 시공

시설관리의 목적은 (1) 임차인 만족도 제고를 통하여 높은 점유율을 유지하고, (2) 건물 자산가치 향상과 이미지 제고를 위해 양질의 임차인구성(tenant-mix)을 가능케 하고, (3) 운영경비 절감을 통하여 순운영수입의 증대를 가져오게 하는 데 있다.

시설관리의 유형은 (1) Service maintenance(긴급, 24시간 이내, 수수), (2) Routine maintenance(시설, 위생, 경비 등), (3) Preventive maintenance(에어컨디션 필터교체, 외벽페인팅, 유지보수 등), (4) Extraordinary maintenance(대수선, 개조 등)으로 나눈다.

전술한 바와 같이 미국은 NAR산하에 부동산관리사협회(IREM: Institute of Real Estate Management)에서 (1) 인증부동산관리회사(AMO: Accredited Management Organization)이란 자격을 관리회사 단위로 부여하고, 개인에게는 상업용 부동산은 (2) 상업용부동산관리사(CPM: Certified Property Manager) 자격을, (3) 주거용 부동산에는 주거용부동산관리사(ARM: Accredited Residential Manager) 자격을 부여한다.

이 외에도 부동산소유자 및 관리자 국제 협회(BOMI: Building Owners and Managers Institute International)에서 관리하는 부동산 행정관리사(RPA: Real Estate Administrator)와 쇼핑센터 국제협의회(ICS: International Council of Shopping Centers)의 상업용 부동산 관리를 전문으로 하는 쇼핑센터관리사(CSM: Shopping Center Manager) 제도가 있다.

아파트먼트는 전국아파트협회(NAA: National Apartment Association)에서 부여하는 아파트 관리자격사(CAM: Certified Apartment Manager) 자격 제도가 있다.

일본은 아파트는 우리나라의 주택관리사와 유사한 '맨션관리사'가 맡고 있고, 상업용 부동산은 임대부동산경영관리협회에서 '임대부동산경영관리사'란 자격을 제공하고 있다.

부동산의 시설관리는 IFMA(Institute of Facility Management Association)협회에서 인증부동산시설관리사(CFM: Certified Facility Management) 자격을 주고 있다.

제3절 효 과

효율적인 관리를 통하여 증대된 임대수익이 가져오는 자산가치 증가 효과를 다음 예제를 통하여 확인해 보자.

예제 1: 효율적 자산관리를 통하여 유효조소득을 15% 상승시키고, 운영경비는 10% 정도 절감할 수 있었다고 가정해 보자.

이로 인한 자산가치 증대 효과를 알아보기 위해 cap rate를 6%로 하면 수익가치는 각각 1,000,000 및 1,317,000이 되어 전체적으로 31.7%의 자산가치 증가효과를 가져온 것을 알 수 있다.

구 분	자산관리 전	자산관리 후	변화율(%)
유효조소득	100,000	115,000	15%
운영경비	40,000	36,000	-10%
순소득	60,000	79,000	
Cap Rate	6%	6%	
수익가치	1,000,000	1,317,000	31.7% 증대

예제 2: 매출 100억을 올리는 회사에서 부동산 관련 비용을 5% 절감할 경우 수익을 변화를 살펴보자.

회사 매출	100억
회사비용	90억(18 부동산, 72 부동산 이외)
수익	10억

(1) 5% 절감시 부동산 관련 비용→18×(1−5%)=17.1억이 되어 전체회사 비용지출액은 17.1+72=89.1억이 된다.

(2) 회사매출 100−회사비용 89.1=수입 10.9(=10.9/10−1=9% 증가)

즉, 부동산관련 지출 비용을 5% 감소시 수익은 9%증가함을 알 수 있다.

제4절 업무 범위

관리자의 업무 범위는 부동산 유형별로 달라질 수 있으나 대체로 다음과 같이 분류할 수 있다.

Ⅰ. 관리의 범위

(1) 현장관리(Site Management)

(2) 관리인력관리(Personnel Management)

(3) 재무관리(Financial Management)

(4) 임대차 및 임차인관리(Leasing & Tenant Management)

상기 업무를 수행하기 위해 PM관리자가 하는 업무는 다음과 같다.

부동산 관리 및 시설관리 등 종합적인 서비스를 체계적이고 효율적으로 관리하기 위해 회사 특성에 맞게 전산화작업(운영소프트웨어: MAXIMO, MRI, ARCHIBUS 등) 과정을 시도하기도 한다.

Ⅱ. 관리자의 업무

(1) 부동산 유지관리(Maintain the property)

(가) 건물 유지 관리(FM업무)

• 업무개요

건물유지관리 업무는 임대수입의 안정적 확보, 건물의 자산가치의 유지, 건물 내부 시설의 보호 및 이용자의 안정성 · 쾌적성을 확보하는 업무와 부대업무로 구성된다. 관리부서는 매 회계연도 말에 수선 충당금으로 건물가격의 0.1%를 적립하여야 한다.

(나) 관리의 내용

• 설비관리업무

임대건물의 규모, 성격에 따라 건물 관리를 위한 전문적인 유자격자를 채용하고 일상 건물 관리일지의 작성 및 관공서 등에 각종 보고자료를 제출하는 업무이다.

화재 등의 피해를 미연에 방지하고, 화재 피해 발생시 피해를 최소화하기 위한 업무이다. 소방계획의 작성, 소방훈련의 실시, 소방설비의 점검 및 정비 등을 그 내용으로 한다.

• 보안경비 및 청소관리업무

보안경비 및 청소관리는 외부 용역업자를 이용하거나 자체 인력을 이용하여 관리할 수도 있다.

• 영선공사

영선 업무는 건축 · 설비의 유지를 위한 수선공사와 임차인의 요구사항에 대한 부대시설 등의 시설 개선 공사로 구성된다.

(2) 임차인 요구 사항에 대응(Respond to tenants needs)

(3) 임대료 수거(Collect rents) 및 비용 지급(Pay expenses)

(4) 예산안 작성(Prepare budgets)

(5) 개발, 마케팅 계획 작성(Developing marketing plans)

(6) 임대차계약 협상(Negotiate leases)

(7) 보고서 작성(Report to owners)

(가) 시장조사 보고서(Marketing Survey)

• 지역, 개별, 행정요인, 인구구조, 경쟁요인, 공실률, 쾌적시설, 임차인구성, 관리상태 등

• 관리 계획(Management plan)

• 지역분석, 인근지역분석, 부동산분석, 시장분석

• 대안분석(운영방법의 변경, 건물구조변경, 사용방법의 변경), Cost-benefit 분석

(나) 보고서 유형(Reporting)

• 수입 · 경비 보고서, 임료 명세서(rent roll)

• 보증금 명세서, P/L, 예산관련보고서,

• 공실 보고서, 체납임대료 보고서, 월별종합보고서

(8) 관리인력의 채용 및 감독(Hire and supervise personnel)

Ⅲ. 부동산 유형별 관리

부동산 관리 업무를 부동산 유형별로 특이사항을 정리해보면 다음과 같다.

(1) 오피스 등 사무용 부동산

1) 임대계약

• 표준적 임대조항/임대료변동조항(Standard clause/Escalation clause)

• 운영경비 부담항목에 따른 임대 조항(Net, double, triple net lease)

• 임대인/임차인 운영경비 부담 상한선(Expense stop. Expense cap)

• 옵션(Options)

• 임대면적 확장, 계약갱신, 계약 해지옵션

참고 자료

임대료 등의 결정 방법

- 임대료의 산정 방식: 임대료는 유사 부동산의 임대료 수준을 비교하여 결정(비준임료)하거나 투입가격에 적정기대이율(금융상품의 수익률을 참작하여 결정)을 곱하고 수선유지비, 화재보험료, 대손충당금, 제세 공과금 및 기타 운영비용에 감가상각비를 가산하여 결정(적산임료)한다. 다만, 물건의 성격상 적정 임대료의 산정이 곤란한 경우에는 외부 감정평가업자에게 용역을 의뢰할 수 있다.
- 관리비: 일반관리비/청소비/오물수거/소독비/승강기유지비/난방비/급탕비/수선유지비/기타관리규약으로 정하는 비목
- 특별수선충당금은 별도로 징수가능: 장기수선계획에서 정하는 바에 의하되, 승강기유지비와 급탕비, 그리고 수선유지비 비목별 월별 금액을 합한 금액을 기준으로 3%~30% 범위 내에서 징수 가능하다
- 관리비 산정방법: 예산제(연간단위), 정액제(월별정산)로 구분

- The right of refusal, Tenant purchase option

2) 건물 등급의 사정

- 위치, 접근성, 세평, 외관, 로비, 엘리베이터, 복도, 인테리어, 임차인서비스, 기계설비, 관리, 임차인 구성을 고려하여 결정

3) 임대료 산정

- 적산법(적산임료 또는 공급자 기준 임료) 또는 임대사례비교법(비준임료 또는 시장임료)
- Beak Even 임료=(운영경비+금융비용+투자 지분액×최저요구수익률)/임대(계약)면적

(2) 상가 등 리테일 부동산

1) 임대계약

- 장소, 업종, 영업시간, 개점시간 등
- 공용면적의 유지관리 비용 부담
- 광고, sign 및 그래픽/ Rent concession
- 임차인 구성

- MD, 임차인 선정
- Anchor tenant, Ancillary tenants

2) 임대료 산정

- 비율 임료(Percentage-only, Variable-scale, Minimum percentage, Maximum percentage)
- 기타 수입

(3) 주택임대관리

1) 특성

임대주택(준주택 포함)의 시설물 유지 · 보수, 임차인 관리 등의 종합서비스를 수행하는 업으로 국내에는 2014년 2월 시행(주택법 및 주택법 시행령). 이는 주택 입주 단계, 운영단계 및 퇴거 단계로 나누어 임대주택 관리 서비스를 하게 된다.

이 서비스는 자기관리형과 위탁관리형으로 나눈다.

표 12-2 주택 임대관리업

	자기관리형	위탁관리형
자본금	5억 원	2억 원
전문인력	2명	3명
계약당사자	임대관리업자(임대인)와 임차인 (임대관리업체가 계약 당사자)	건물주와 임차인 (임대관리업체는 대행 업무)
공실부담	임대관리업체	건물주
수익의 원천	임대료와 전대료의 차익	임대관리 수수료
보증	건물주에 대한 임대료 보증가입 임차인에 대한 보증금 보증가입	n/a

* 자본금 및 전문인력 조건은 위탁관리형 1000호, 자기관리형 300호 이상인 경우 필요
** 전문인력: 변호사, 법무사, 회계사, 세무사, 주택관리사, 공인중개사

2) 일본의 임대주택관리

- 일본의 임대주택관리 시장은 크게 개인형과 기업형으로 나누고, 개인형은 주택매입을 통한 직접관리나 지역 중개사 또는 중개 법인을 통해 운영되는데 최근에는 거의 사라진 형태이다

• 관리업체

(1) 대기업형: 도큐전철이나 미쓰이부동산, 모리빌딩이 대표적

(2) 중소기업형: 레오파래스21, 다이코겐탁쿠, 에이블

(3) 소기업형: 리폼이나 오크하우스가 운영하는 셰어하우스가 유명

제5절 관리 방법

해외 부동산을 관리하는 방법은 부동산 원론에서 설명한 바와 같이 자주관리, 위탁관리 및 병합관리로 나눌 수 있다.

그 장단점에 대해서는 제1편 총론의 관리전략편을 참고.

제6절 수수료 결정

부동산 관리 용역 수수료는 단위면적당 용역비를 산정하는 방식이 일반적이나 성과급 제도를 실시하여 임료 상승분이나 경비절감분의 일정비율을 인센티브로 요구하는 경우도 있다.

다음은 일반적인 용역 계약의 수수료 형태이다.

• flat amount: 정액제(단위면적당 계약)

• per door: 단위당 수수료

• percentage of collected income: 전체 임대수입의 일정비율

• lease and re-rent fee: 신규 또는 갱신 임대차 중개 수수료[고정적 성격의 PM용역비 외에 별도의 LM(임대차용역업자) 수입항목]

• special fee: 조세이의 신청비, refinancing 관련 비용, 변호사 자문료, 부가적인 인건비, 용역업자의 관리감독 비용, 추가 보고비용, 감정평가비용, 우편비 등 실비적 성격의 비용 등.

제7절 요 약

자산관리는 상가 등 상업용 부동산, 주택 등 주거용 부동산, 오피스 등 부동산 유형별로 그 유형에 부응하는 관리서비스가 필요하며 서비스도 부동산시설에 대한 관리뿐만 아니라 부동산 운영 · 관리 등 임대수입관리 전반에 대한 관리에서부터 임차인관리에 이르기까지 다양한 범주를 다루게 된다.

부동산관리는 임대(수익)용 부동산의 관리 · 운영, 마케팅, 일상 재무적인 업무를 포괄하는 부동산업의 한 분야로서, 보다 전문적인 관리를 위해서는 외부의 기관(인력)에 의한 관리 용역서비스를 통해서 NOI를 극대화하고 이를 바탕으로 부동산의 자산가치를 유지 또는 증대시키는 부동산 용역서비스이다.

본장에서는 자산관리의 효과를 예제를 통해 확인해보고 자산관리의 범위는 일반적으로 다음과 같다는 것을 알았다.

(1) 현장관리(Site management)

(2) 관리인력관리(Personnel Management)

(3) 재무관리(Financial Management)

(4) 임대차 및 임차인관리(Leasing & Tenant Management)

상기 업무를 수행하기 위해 PM관리자가 하는 업무를 열거해서 확인하였다.

나아가서 부동산 관리 및 시설관리 등 종합적인 서비스를 체계적이고 효율적으로 관리하기 위해 회사 특성에 맞게 전산화 작업을 하게 되는데 다양한 운영 소프트웨어가 있음을 알 수 있었다.

그리고 원론에서 설명한 바와 같이 관리방법은 자주관리, 위탁관리 및 병합관리로 나눌 수 있다.

이러한 업무를 하는 사람과 회사 · 단체 등에 대해 조사하였다.

마지막으로 부동산 관리 용역 수수료를 결정하는 다양한 방법 등을 예시를 통하여 확인하였다.

Chapter 13

해외 부동산 시장조사

부동산 의사결정은 부동산 정보를 수집하고 그 정보를 분석하여 이에 근거한 결정에 이르는 일련의 절차라고 할 수 있다. 따라서 면밀한 시장조사가 수반되지 않는 부동산 투자는 당연히 투자 실패의 위험을 안게 마련이다. 본장에서는 해외에서 부동산 사업을 영위하기 필요한 시장조사 방법에 대해 알아보자.

제1절 조사방법

조사의 종류에 따라 조사목적을 달성하기 위해 어떠한 자료가 필요하고 어떤 절차를 통해서 자료를 얻을 것이며 분석을 위해서는 어떤 기법이 사용되어야 하는가 하는 것이 결정되어야 효율적인 자료 수집이 가능할 것이다. 이를 위해서는 과학적인 접근과 조사설계가 선행되어야 한다. 다음은 이러한 조사방법과 관련된 기법들이다.

■ 탐색적 조사방법

탐색조사의 주된 목적은 주어진 문제에 대한 예비지식을 넓히고 문제에 익숙해지기 위해 탐색조사를 하기도 하지만, 탐색조사는 특정 조사설계를 확정하기 전에 예비적으로 시행하는 성격을 띠고 있다. 이 조사는 대개 선행조사의 성격을 가지며 이 조사가 행해진 후에 보다 심도 있는 조사가 행해진다.

주로 문헌조사, 사례조사, 2차자료 등을 이용하여 조사를 수행하는 방법으로 목적을 달성하는 방법 외에도 소수의 응답자와 집중적인 대화를 통하여 정보를 찾아내는 소비자 면접조사(focus group interview)[1] 등 경험 자료를 이용하는 정성적 분석을 포함한다.

■ 유추법

심리학에서 사용되는 기법으로 잘 아는 문제를 이용해서 낯선 문제를 해결하는 것으로, 예를 들어 새로운 백화점 출시를 고려할 경우 추정매출액 및 상권 등의 범위를 기존의 백화점의 상권 및 매출액으로부터 유추하여 결정하는 방법을 말한다.

■ 통계적 방법

통계적 기법을 동원하여 조사 분석을 수행하는 방법으로 평균, 분산 등의 자료 등을 이용하는 기술통계와 여러 변수를 투입하여 입체적으로 분석하는 다변량 통계 기법 및 이러한 기법을 응용한 컨조인트 분석 등과 선형계획법 등 OR기법을 이용한 분석 및 공간도시정보를 이용하는 GIS등 다양한 계량 기법들을 이용할 수 있다.

제2절 거시경제분석

투자국의 부동산 거시 경제 지표에 대한 시계열적 분석을 통하여 투자국의 경기변동 상황을 평가하고, 부동산 경기 변동(회복, 호황, 쇠퇴, 불황)국면 중 투자 시점의 경기 상황 및 향후 상황을 판단하여 최적 투자시점을 판단하여야 한다. 부동산은 장기적 투자 상품인바 투자시작 시점, 투자완료 시점 및 투자청산 시점 등의 경

1) 표적시장으로 예상되는 소비자를 일정한 자격기준에 따라 6~12명 정도 선발하여 한 장소에 모이게 한 후 면접자의 진행 아래 조사목적과 관련된 토론을 함으로써 자료를 수집하는 마케팅 조사기법이다. 보통 1시간 30분에서 2시간 정도 걸리며, 응답자들간의 상호작용을 통하여 유익한 정보가 도출되어야 하므로 면접자는 응답자 전원이 자유스러운 분위기에서 자신의 의견을 말할 수 있도록 유도해야 한다. 또 대화에 의해 자료가 수집되므로 면접자의 대인간 커뮤니케이션 능력과 청취능력, 응답자 발언에 이은 탐사질문 능력이 요구된다. 면접법의 결과로 설문지 작성에 필요한 기본정보를 수집할 수 있고, 신제품에 대한 아이디어, 소비자의 제품구매 및 사용실태에 대한 이해, 제품사용에서의 문제점 등을 파악할 수 있다.

참고 자료

상권범위 내에서 추정매출액 산출방법

상권비 기준

- PCS(Per Capital Sales): 총가구수×평균 매출액(경쟁점포 무시)
- TS(Total Sales): 매장면적당 평균 매출액×매장면적

Vacuum기법

- Up={(가구수(인구)×가구당 지출액(개인당 지출액))-Σ(경쟁업체 매장면적×매장면적당 매출액)×Market Share
- Sp=가구수×소득×유사업종, 상품에 소비되는 비율×예상 Market Share+우연적 수요

비교유추 접근

- 예상상권 범위 확정→비교점포의 가구당 매출액×예상 상권범위 내의 가구수×기존점포의 흡수율

매출액 기준

- 고객수×객단가×영업일수
- 평당매출액×매장면적
- 자점취급품목에 대한 1세대당 소비지출액×예상상권내 세대수×Share
- 1인당 연간 지출액×상권내 인구×지역 소득계수
- 통행객수×입점률×구매율×평균 구매개수×평균단가

지표에 의한 방법(유사도시 지표이용)

- 유사 도시 소매업의 ㎡당 소비자수=유사도시상업인구/유사도시매장면적 합계(m^2)
  ※유사도시(비슷한 인구규모, 3차산업인구/2차산업인구비 등을 고려 6~7개를 선정하여 결정) 상업 인구=해당 상위 도시권의 행정인구×(해당 市 연간 소비 판매액/해당 상위 도시권의 연간 소매 판매액)
- 소매업 m^2당 소비자수(지지인구)=해당 시의 상업인구/(현재매장 면적+공급예정 매장규모)
- 대형점 점유율 =해당 도시의 대형점 면적/해당 도시 소매업종 매장 면적 합계(㎡)

Capture rate and Absorption rate

- 신규 공급에 대한 시장의 수요 흡수의 정도
- 수요(매매빈도, 점유율, 분양계약서 등) 및 공급(준공, 건축허가, 신규 토지공급 사업 등)을 참조

기 상황 분석이 투자의 관건이 된다. 부동산 서비스 회사 중 DTZ의 Fair value index는 이러한 시장 상황 판단을 위한 유용한 지표이다.

참고 자료

조사방법의 분류

일반적인 조사방법의 분류는 기초적 분석과 기술적 분석으로 나눈다.

	기초적 분석	기술적 분석
사용 수단	수급의 기초적 결정요인들이 시장가격에 대해 갖는 영향과 관계를 추정	과거 가격 자료만을 기초로 패턴을 분석
분석 목표	- 본질가치의 규명 - 본질가치에 대한 시장가격 규명 - 가격의 미래 진행방향 예측	- 패턴의 규명과 해석 - 가격 진행방향의 현황 규명 - 패턴의 적용으로 가격 진행방향의 목표수준 규명
예측 기간	중장기 예측	단기와 초단기 예측
가정	약형 효율적 시장	강형 효율적 시장

이 외에도 분석 대상의 성격이나 질적 요소를 중심으로 판단하는가 양적 요인을 중심으로 분석하는가에 따라 (1) 정성적 · 정량적 조사방법으로 나누고, 분석 주체에 따라 (2) 직접조사 · 간접조사로 나눌 수도 있다.

Ⅰ. 분석변수

GDP, inflation, 주식가격 변동, 이자율 변동 추이, refinancing의 가능성, 향후 이자율의 변동추이 예측, 환율(투자시점의 환율과 청산시점의 환율), 외환보유고, 수출입 동향 등의 거시경제 변수를 파악하여 향후의 경기 상황을 예측한다.

Ⅱ. 지표분석

다음의 각종 경제 지표를 참작하여 부동산 투자의사 결정을 한다.

(1) 경기동행지수: 시중유동성, 부동산 거래량, 기존 주택 판매량 등,

(2) 경기선행지수: 통화지표, 생산자. 소비자 물가지수 등 거시경제지표, 인구사회지표, 주택허가/재개발 동향,

(3) 경기후행지수: 근로자수, 실업률, 가처분소득 등, GDP, inflation, 주식, 이자, 환율, 외환보유고, 수출입이용

제3절 사회경제환경분석

부동산 투자 의사 결정시 사회경제전반에 대한 투자환경을 적절히 판단하는 것이 가장 중요한 의사결정 과정이 될 것이다.

이는 사회 경제환경에 대한 일반적 요인 분석, 투자지역에 대한 분석이 주요 내용이 된다.

Ⅰ. 일반적 요인

가장 중요한 조사사항이고 이에 대한 철저한 조사가 선행되어야 연속되는 지역분석과 개별분석에서 오류가 발생하지 않을 것이다.

■ 정치 · 문화적 요인

정치권력, 인구 및 구성, 언어, 산업구성, 근무시간 및 근무형태, 고용률, 인구구성, 공휴일, 관습

■ 사회적 요인

법적 인 · 허가, 시장 투명성, 종교, 조세제도, 금융, 과실송금 가능성, 고용인력의 확보의 정도 및 교육수준, 인구연령 · 성비 구성 등

■ 경제적 요인

- 정책(금융, 통화, 증시제도), 성장(투자동향, GNP, 경기지표, 투자지표)
- 외환(환율동향 및 추이), 수출입, 자본거래
- 물가동향(소비자물가, 도매물가, GNP Deflator)
- 금융(통화량, 금리)
- 경제력, 고용, 인구 및 세대수

■ 행정적 요인

행정적 제약사항 또는 지원사항의 유무, 개발관련 각종 인허가 제도 등

Ⅱ. 지역분석

투자 대상지역에 대한 분석으로 개발가능한 개발안 등에 대한 시장탐색-전반적 경제상황분석-경쟁시설의 재고-가능 수요량 조사-점유율 및 흡수율 산정-최적 시설 유형의 결정-마케팅 방안-선택안의 수익성 분석으로 이어지는 분석 과정을 말한다.

■ 지역발전 단계 분석

• 부동산의 가격형성, 이용상태 등, 지역적 경제 또는 행정적 경계로 인해 형성된 지역은 〈그림 13-1〉과 같이 개발단계, 성숙 단계, 천이단계를 거친 후 재개발을 통해 새로운 지역 발전단계로 접어들거나 아니면 슬럼화되거나 하는 발전단계를 가진다.

• 따라서 당해 지역은 상기 개발, 성숙, 천이단계 중에서 어떤 단계에 있는가? 향후 다른 지역으로 발전 가능한가 등에 대한 판단이 따라야 한다. 이외에도 택지후보지[2] 또는 이행지[3] 등에 대해 정확한 판단이 따라야 한다.

• 지역요인

상기 일반적 요인과 자연적 요인의 상관 결합에 의해 각 지역의 특성을 형성하고 그 지역에 속하는 부동산의 가격 형성에 전반적인 영향을 미치게 되는 요인으로 이러한 지역은 평가이론에서는 택지지역, 농지지역 및 임지지역으로 나눈다.

지역요인에 영향을 미치는 요인은 각 지역별 사회적 요인, 경제적 요인, 행정적 요인, 환경적 요인에 대한 분석이지만 보다 구체적으로는 지역 발전방향(도시계

2) 택지가 될 것으로 예상되는 지역의 토지를 말한다. 현재는 택지나 택지개발예정지구가 아닌 지역이지만 앞으로 택지로 개발될 것이 예상되는 지역이다. 예를 들면 현재는 농지로 사용되고 있으나 주변 지역이 택지로 변하는 지역 같은 경우에 앞으로 택지가 될 것이 예상되기 때문에 이러한 지역을 택지후보지라 부른다.

3) 후보지와 구별하여 부르는 말로, 임지지역(용재림지역 · 신탄림지역), 농지지역(田地 · 畓地 · 과수원지역), 택지지역(주택 · 상업 · 공업지역) 내의 지역 간 용도변경이 진행되고 있는 토지를 가리키는 용어다. 예를 들어, 택지지역 내에서 주택지역이 상업지역으로 전이가 진행되거나, 농지지역 중 과수원 지역이 전지지역(田地地域)으로 전이되는 것들이 이러한 예이다.

그림 13-1 지역 발전 단계

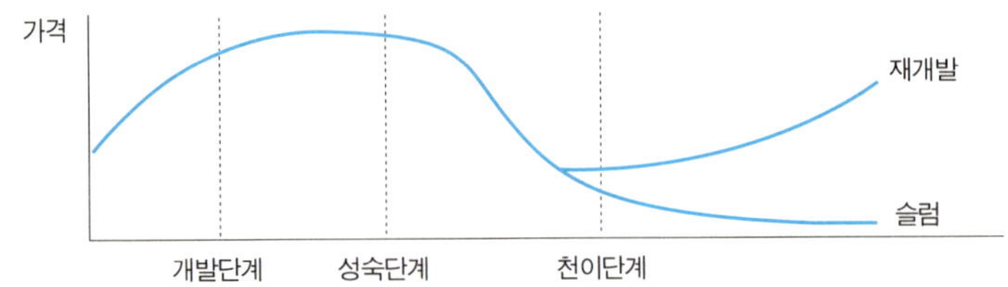

획), 타깃시장, 소득수준, 주거형태, 주택 보급률, CBD로부터의 거리, 권역별 부동산 유형별 · 상권별 수요공급분석, 경쟁시설과 상호보완 경쟁관계, 새로운 시설의 출점 가능성, 유사 시설의 운영 수익률, 공실률, 흡수율, 가격 및 임대수준 등.

리조트 개발 등의 경우에는 일조일수, 안개, 일몰 · 일출시간, 강우량 및 강설량, 기타 해충이나 식물의 유무, 문화재발굴의 가능성 등에 대한 조사도 함께 진행되어야 한다.

제4절 개별입지 분석

당해 입지에 최적 개발안을 찾거나 최적 이용 상황을 찾아가는 과정, 즉 최유효이용(highest & best use)을 찾아내는 과정이다.

Ⅰ. 개별요인

- 지형 · 지세, 도로접면(부지와 접하는 도로성격, 통행량, 접근성), 가시성, 향(일조, 조망), 소음, 통행량(도심입지, 통과형, 출퇴근형, 요인별/성별통행량), 공공시설의 근접도, amenity의 유무, 보안성, 인프라 설치 유무, 자연재해 가능성, 토지의 오염 등
- 도시계획 등: 개발인허가의 가능성, 주민동의여부, 개발제한 사항 등

Ⅱ. 최유효 이용의 판단

부동산의 최유효 이용은 여러 개발안에 대해 (1) 법적 허용여부, (2) 물리적으로 개발 가능한가, (3) 사업타당성이 있는가, (4) 상기 요건을 충족하는 개발안 중에서 최대의 수익을 실현하는 개발안을 찾아내는 과정이다.

• 용도전환의 가능성 및 수익성, 최유효 이용의 판단 –최유효 이용(highest and best use)은 개발부지에 대해 나지를 기준으로 최적의 개발안(land as though vacant)과 기존 건물이 있는 경우 건물의 최유효 이용(building as improved)을 찾아내는 것– 등을 거쳐 최적의 개발안을 확정한다.

• 여기에 개발비용 및 시간, 노동력, 관리비용, 임대차수요, 마케팅 및 분양 수요, 수요자의 대출가능성, 경쟁시설과의 유무, 당해 시설의 향후 수익성 등을 감안하여 최유효 개발방안에 대해 다시 한 번 점검하는 과정을 거친다.

제5절 가치판단

개발안에 대한 시장가격, 투자금액을 판단하거나 제한된 투자금액 범위 내에서 최적의 투자 포트폴리오를 구성하는 방법에 대해 알아보자.

Ⅰ. 투자가치 판단 목적

가치의 유형에는 평가편에서 언급한 것처럼 시장가치, 투자가치, 공정가치, 계속기업가치, 청산가치, 보험가치, 과세가치[4] 등 다양한 가치형태가 존재한다. 투자자의 입장에서는 자기의 목표수익률에 가장 적합한 가치를 알아내는 것이 관

4) 시장가치는 market value로서 시장에서 거래 가능한 가격을 말하고, 투자가치는 투자자의 목표수익률을 달성하기 위한 목적에서 바라본 가격, 공정가치는 IFRS에서 요구하는 가격이고, 계속기업의 가치는 공장 등 무형의 자산을 포함하고 있는 평가물건에 대한 가격을 말하고 청산가치는 공장 등이 청산할 경우 무형재산가치를 고려치 않고 토지, 건물, 기계장치 등 각각의 물건으로 매각하는 경우의 가격을 말한다. 보험가치는 보험 가입을 위해 필요한 가격이고 과세가치는 과세 산정을 위해 필요한 가격유형이다.

건이다. 투자가치는 목표 수익률을 달성하기 위해 필요한 가격이기 때문에 이는 향후 미래 수익을 투자자의 목표 투자수익률로 할인하여 가격을 구하게 되므로 시장에서 일반적으로 형성되는 '시장가격'과는 다르다

Ⅱ. 포트폴리오 구성 기준

제한된 투자금액 범위 내에서 최적의 부동산 투자조합을 찾아내는 방법을 말한다.

(1) 자본할당분석 기준

- NPV 기준: NPV가 큰 투자안으로 투자 포트폴리오를 구성
- 정수계획법: 장기간에 걸친 투자안이나 복수의 투자안이 있을 경우 최적의 투자 조합을 발견하는 OR기법

(2) 분산-평균 기준

투자자들이 수익률의 평균(기대수익)과 분산에 의하여 투자기회를 선택한다는 가설로 마코위츠에 의해 전개된 이론이다.

(3) Real Option 기준

불확실성이 높은 상황에서 하나의 대안을 선택해 투자하는 것이 아니라 복수의 대안별로 상황변화에 따라 단계적 투자의사결정을 하는 기법

- Chaos기준: 겉으로 보기에는 불안정하고 불규칙적으로 보이지만 나름대로 질서와 규칙성을 지니고 있는 현상들을 설명하려는 이론

예) 주식가격 변동, 환율 변동의 이론 설명

- 나비효과: 브라질 나비 날갯짓이 텍사스 토네이도 발생원인이 될 수도 있다는 것을 비유

제6절 기 타

- 소유권의 확보 방안
- 투자자금 회수가능성
- 투자자의 동향
- 회사설립 방안과 관련된 법제도 등
- Exit 방법
- 용도 전환 가능성 등

제7절 요 약

부동산 의사결정은 부동산 정보를 수집하고 그 정보를 분석하여 이에 근거한 결정에 이르는 일련의 절차라고 할 수 있다. 따라서 면밀한 시장조사가 수반되지 않는 부동산 투자는 당연히 투자 실패의 위험을 안게 마련이다. 본장에서는 해외에서 부동산 사업을 영위하기 필요한 시장 조사 방법에 대해 알아보았다.

부동산 시장의 조사방법은 거시경제 분석이 선행되고 나서 사회 경제환경 분석을 하게 된다.

물론 해외 부동산 투자는 세계경제 환경에 대한 조사가 함께 진행되어야 한다.

이후 개별입지에 대한 분석을 행하는 조사를 진행하는 순서를 예시하였으다. 시장조사는 많이 하면 많이 할수록 좋을 것이다. 하지만 이와 병행하여 많은 비용이 소요되므로 투자자는 어떠한 방법으로 조사를 진행할 것인가에 대한 조사 계획과 접근방법, 조사사항, 조사인력 및 기간, 조사관련 예산 등에 대해 사전 계획을 수립하고 진행하여야 한다.

Chapter 14

국내의 해외 부동산 관련제도

다음은 국내거주자의 해외 부동산 취득관련 「외국환거래규정」개정 연혁이다.

〈표 14-1〉에서 보듯이 국내 거주자의 해외 부동산 취득 제한 규정은 2008. 6.2. 자 개정을 통하여 전면 개방되었다.

그러나 〈그림 14-1〉에서 보듯이 국내거주자의 해외 부동산 취득 규모는 2007년을 기점으로 점차 줄어들고 있는 실정이다.

이는 국내 펀드들이 해외 상업용 부동산 투자 시장에 적극적으로 진출하는 데 비해 실수요 목적의 해외 투자 수요는 점차 줄어들고 있는 것을 보여주고 있다.

그러나 일본은 일본인의 해외 부동산 투자 규모가 커짐에 따라 일본인이 해외에 소유하고 있는 5000만 엔 이상의 국외재산에 대해 신고의무를 2012년부터 강제하고 있다.

이는 국외재산에 관한 보유 · 소득 신고 누락으로 소득세 및 상속세의 누락 현상이 점증하고 있어 이를 보완하기 위해 이 제도를 도입하였다.

표 14-1 국내 거주자의 해외 부동산 취득관련 법제 개정 연혁

구 분	05.7.1 이전	05.7.1 이후	06.1.9 이후	06.3.2 이후	06.5.2 2이후	08.6.2 이후
주거목적	30만 달러	50만 달러	100만 달러	한도 없음		
투자목적	투자목적의 해외 부동산투자 불허		100만 달러		300만 달러	한도 없음

주: 신고처리기관: 한국은행, 외국환은행, 송금한도 철폐, 국세청통보금액: 300만 달러 초과

그림 14-1 국내 거주자의 해외 부동산 취득

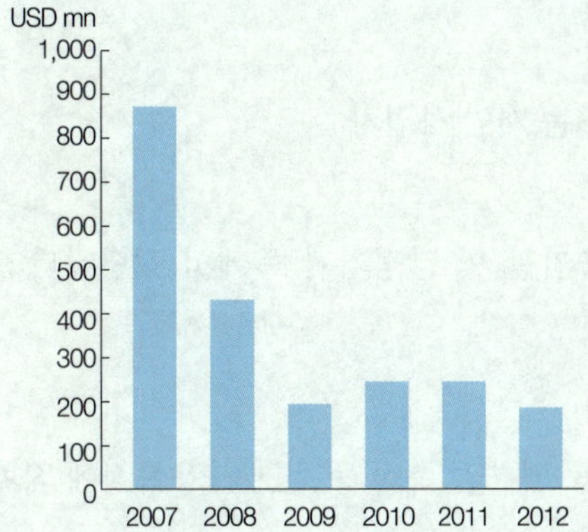

구 분		투자비중(2012)
주체별	개인	95%
	법인	5%
용도별	주거	38%
	투자	62%

제1절 투자단계

Ⅰ. 취득단계

(1) 신고대상과 신고인

1) 신고대상 부동산

–투자목적 부동산: 단순보유 또는 투자목적 부동산

–주거용 주택: 거주자 본인 또는 거주자의 배우자가 해외에서 2년 이상 체재할 목적의 주거용 주택

2) 신고인

–투자목적 부동산: 당해 부동산 소유권을 취득하고자 하는 자

–주거용 주택: 거주자 본인 명의, 거주자가 '해외에 체재하는 배우자' 명의일 경우 거주자가 신고

(2) 신고수리요건 심사

1) 투자자에 대한 심사

–신용불량자

–조세체납자

–해외이주 수속 중인 개인 또는 개인 사업자

2) 취득금액에 대한 심사

-부동산취득금액이 현지금융기관 및 감정기관 등에서 적당하다고 인정하는 수준인지 여부

3) 취득부동산에 대한 심사

–부동산 취득이 해외사업활동 및 거주목적 등 실제 사용목적에 적합한지 여부

(3) 신고절차

1) 신고 예외

i. 외국환업무취급기관이 해외지사의 설치 및 운영에 직접 필요한 부동산의 소유권을 취득하는 경우(당해 해외지점의 여신회수를 위한 담보권의 실행으로 인한 취득을 포함한다)

ii. 거주자가 비거주자로부터 상속 · 유증 · 증여로 인하여 부동산에 관한 권리를 취득하는 경우

iii. 정부가 외국에 있는 비거주자로부터 부동산 또는 이에 관한 권리를 취득하는 경우

iv. 외국인거주자와 외국환거래법 제3조 제1항 제14호 및 제2항 단서의 규정에 해당하는 거주자가 법 또는 영의 적용을 받는 거래 이외의 거래에 의하여 외국에 있는 부동산 또는 이에 관한 권리를 취득하는 경우

v. 외국환업무취급기관이 외국환업무를 영위함에 따라 해외소재 부동산을 담보로 취득하는 경우

vi. 부동산투자회사법에 의한 부동산투자회사, 자본시장과 금융투자업에 관한 법률에 의한 집합투자업자, 신탁업자 및 투자회사가 당해 법령이 정한 바에 의하여 외국에 있는 부동산 또는 이에 관한 권리를 취득하는 경우

vii. 법인세법 시행령 제17조 제1항 제4호에 의한 기금 및 국민연금법 제83조 제5항에 따라 국민연금기금의 관리 · 운용에 관한 업무를 위탁받은 법인이 해외자산운용목적으로 부동산을 매매 또는 임대하기 위한 경우〈재정경제부 고시 제2007-13호, 2007.2.26 개정〉

viii. 다음의 하나에 해당하는 자가 해외자산운용목적으로 부동산을 매매 또는 임대하기 위한 경우로서 다음의 하나에서 정하는 범위 내에서 외국에 있는 부동산 또는 이에 관한 권리를 취득하는 경우

1. 은행, 증권회사, 보험회사, 종합금융회사: 당해 기관의 관련 법령이나 규정 등에서 정한 범위 내
2. 종합무역상사: 잔액기준으로 전년도 수출입실적의 100분의 10 이내에서 최고 미화 3억 불 이내

2) 신고수리

신고예외절차 이외에 해당하는 경우를 제외하고 거주자가 다음에 해당하는 부동산 또는 이에 관한 권리를 취득하는 경우에는 지정 외국환 은행의 장에게 신고하여 수리를 받아야 한다.

가. 투자목적 부동산 취득

• 투자목적 부동산의 취득으로서 소유권 이전을 전제로 하지 않는 경우에는 신고가 불가

• 취득 후 잔여재산이 있는 경우에는 이를 즉시 국내로 회수하여야 한다. 다만, 인정된 자본거래로 전환하고자 하는 경우에는 국내로 회수하지 않을 수 있다.

나. 주거용 주택 취득

3) 한국은행총재 신고수리

위의 신고예외거래에 해당하는 경우 및 지정거래 외국환은행의 신고수리에 해당하는 경우를 제외하고 거주자가 외국의 부동산 또는 이에 관한 권리를 취득하고자 하는 경우에는 한국은행장에게 신고하여 수리를 받아야 한다.

4) 해외 부동산 취득 신고수리 후 사후관리

한국은행총재 또는 지정거래외국환은행의 장은 거주자의 외국에 있는 부동산의 취득 신고수리 내용을 매 익월 20일까지 국세청장에게 통보. 단 미화 300만

달러 이하인 경우에는 통보 대상에서 제외.

5) 해외 부동산 취득 신고시 제출서류

공동제출서류

• 해외 부동산 취득신고서

• 신고인 실명 확인증표 사본 각 1부

• 부동산 매매계약서 또는 분양계약서 등

• 매도인의 실체확인서류

• 부동산감정평가서(현지 부동산 중개업소 및 가격 정보사이트 가격도 인정) 또는 분양가격서

• 납세증명서

• 신고수리신청일로부터 과거 3영업일 이내 발급된 주민등록등본

• 거주예정자의 실명확인증표

• 2년 이상 체제 목적임을 입증할 수 있는 서류

• 부동산 담보대출 관련서류

• 해외에서 인정된 거래에 따른 자금으로 취득하고자 하는 경우

• 처분 후 취득시 부동산 매매 계약서

• 배우자의 납세증명서

• 부동산 중개인 자격증 대리인 자격 입증서류

• 기타 수리권자가 필요하다고 인정하는 서류

Ⅱ. 보유단계

1. 사후관리 서류제출

신고수리일 이후 2년마다 부동산 보유 사실 입증

–부동산 등기부등본

–해외체제 입증서류

–해외 부동산 투자 운용

2. 내용변경 신고(수리)

신고 수리한 내용을 변경하고자 할 경우

–건물의 증 · 개축으로 인한 금액변경

–토지 취득 후 건물을 신축하기 위한 금액 변경

• 투자목적의 부동산을 취득한 후 이를 주거용 부동산으로 내용 변경, 투자 대상 부동산의 목적물의 변경

Ⅲ. 처분단계

1. 해외 부동산 처분(변경)보고서

(1) 처분한 경우에는 부동산 처분 후 3개월 이내에 해외 부동산 처분 보고서를 제출

(2) 상속 · 유증 · 증여하고자 한다면 한국은행총재에게 기타 자본거래신고 후 지정거래 은행장에게 해외 부동산 처분신고서를 제출

(3) 주거용 주택을 취득 후 2년 이상 계속 해외에서 체재하지 않는 경우, 본인 또는 배우자의 귀국일로부터 3년 이내 주택을 처분하여야 한다.

(4) 부동산 처분 대금은 원칙적으로 국내에 회수하도록 하고 있으나, 인정된 자본거래로 전환하고자 할 경우에는 국내로 회수하지 않을 수 있음.

제2절 세 제

취득단계

증여세 해당여부(자금출처 소명)

* 제3자(특수관계자 포함)로부터 자금을 증여받아 해외 부동산을 취득할 때 「상속세 및 증여세법」에 의하여 증여세 신고 · 납부

보유단계

종합소득세 신고 · 납부

* 「소득세법」 제3조 및 「동법 기본통칙」 3-3의 규정에 따라 해외 부동산 임대

표 14-2 세 제

은행절차	세무절차	비 고
해외 부동산 취득계약	신고수리를 위한 서류준비	
	해외 부동산 취득 신고 · 수리(외국환거래은행 전 영업점)	해외 부동산 취득 신고 · 수리는 외국환 거래은행 한 곳만을 지정하여 거래하여야 하며, 사후관리도 지정 거래 외국환은행을 통해서 하여야 함 (신고 · 수리은행의 영업점)
해외 부동산 취득 후 3개월 이내에 「취득보고서」제출 (지정거래외국환은행)	취득대금 해외송금시마다 납세증명서 (전국 세무서 발급)제출 (지정거래외국환은행 영업점)	
신고 · 수리 후 일정시점마다 사후관리 서류제출 (지정거래외국환은행)	해외 부동산 임대소득에 대하여 다음 연도 5월 달에 종합소득세 신고 · 납부 (주소지 관할세무서)	
해외 부동산 처분 양도	해외 부동산 처분(양도)한 달의 말일부터 2월 이내에 부동산 양도소득세 예정신고 · 납부 (주소지 관할세무서)	
해외 부동산 처분 후 3개월 이내에 「처분보고서」제출 (지정거래외국환은행)	해외 부동산 처분연도 다음연도 5월 달에 부동산 양도소득세 확정 · 신고 납부 (주소지 관할세무서)	

소득을 타 소득과 합산하여 종합소득세를 신고 · 납부

* 현지국가에서 납부한 임대소득관련 외국납부세액은 세액공제를 받거나 필요경비에 산입

처분단계

양도소득세 신고 · 납부

* 「소득세법」 제118조의2~제118조의8 규정에 따라 양도소득세를 신고 · 납부

* 현지국가에서 납부한 해외 부동산 양도소득관련 외국납부세액은 세액공제를 받거나 필요경비에 산입

부록: 아시아 주요국의 투자 환경

제1절 호 주

(1) 회사설립 형태

–Partnership

–JV

–Companies:지사

–Trading Trust

(2) 소유권

–Torrens system(등기되어야 제3자에게 대항)

–freehold title

–leasehold title

–strata & community title(상업용 시설이나 콘도미니엄, 타운하우스 등의 구분 소유권)

–외국인 부동산 소유

–Foreign Investment Review Board 승인

–AUD 50m 이상의 비주거용 개발부지 취득(미국투자자 AUD 871m 이상)

–숙박 · 수용시설, 나지, 주거용 부동산

(3) 조 세

–법인세

• 매년 6월30일 기준 회계정산(법인세율 30%)

• 결손은 이월가능

–개인세

• 183일 이상을 호주 거주 시 호주거주자로 간주 과세

• 세율 0~45%

–양도소득세

–재산세(지방세성격으로 지방의 공공행정 유지 관리비용)

(4) 임대차

–3년 이상 임대차 등기(NSW: 토지등기소, Victoria는 등기 필요 없음)

–상업용 등 임대차 기간: 3~5년(갱신옵션부, 소비자물가지수 연계), 순임대면적 기준, 임차인재산세 부담

–주거용 임대차기간: 6~12개월(주당 금액, 선불)

(5) 거 래

–계약시: 거래금액의 5~10%

–LTV: 주거용 85~90%, 비주거용 50~70%

–인지세, 법률 · 행정비용, 중개수수료(3%)

제2절 중 국

(1) 회사설립 형태

–wholly foreign-owned Enterprise (WFOE)

–Sino-foreign Equity JV (EJV)

–Sino-foreign contractual JV (CJV)

(2) 소유권

–토지소유권은 국유, 개인은 토지사용권을 취득

• 주거용지 70년

• 상업용지 40년

• 산업용지 50년

• 기타용지 50년

–외국인 소유제한 사항

• 토지 취득 전에 중국에서 영업실체를 갖고 있어야 한다

• USD 10m 이상 개발사업은 등록자본금이 사업비용의 50% 이상이어야 한다.

• 외국인 부동산투자 기업의 설립은 당국의 인가를 받아야 한다.

• 중국 국내 기업으로부터 외국 부동산 투자기업으로 지분이나 사업권 양도할 때에도 승인받아야 한다.

• 상기의 경우 근로자 은행 부채정리 등에 대해 적절한 조치를 하여야 한다.

• 외자기업은 정부로부터 인허가등록증을 교부받아야 한다.

• 등록자본금납입, 토지사용허가증 및 프로젝트 개발 소요비용의 35% 이상을 확보하여야 한다.

• 부동산 개발시 상호 수익을 보장하는 조항을 삽입할 수 없다.

• 외자기업은 국내정책을 따라야 하며 불법행위는 범칙금 부과대상이 될 수 있다.

• 중국에 사무실이 있거나 1년 이상 중국에 거주할 경우 자가 용도로 부동산 취득 가능, 중화권은 무제한 취득 가능

• 외국인 부동산은 구매자의 실체 명의로 등기하여야 한다.

• 외국 송금기관은 부동산 구매용으로 해외펀드 등 자금이 RMB로 환전되어 송금되었다는 것을 증명해 주어야 한다.

• 지방정부는 부동산 시장의 해외 투자 규제에 대해 각종 책임을 부담하여야 한다.

• 지방정부는 해외자본의 부동산 시장 투자에 대해 시장정보체계를 개선하

여야 한다.

(3) 개 발

–USD 100m이상 개발은 관계 당국(성개발계획위원회)의 자문 및 인허가(토지이용계획 허가증)를 받아야 한다. 환경, 위생 등의 제반 사항에 대해서도 기타 지방정부의 자문 및 얻어야 한다.

–지방 정부는 개발전 가격과 개발후 가격을 기준으로 그 차액에 대해 '개발부담금'을 징수하되 개발업자와 협의를 거쳐서 징수하고 있어 일률적인 규제는 없다.

(4) 조 세

–법인세

- 국내기업이나 외자기업이나 동일한 법인세율 30% 적용
- 첨단기술이나 지방정부의 필요에 따라 15% 정도의 감세도 가능

–개인세

- 월소득에서 RMB 2,000기본 공제
- 세율 5~45%

–양도소득세(30~60%)

–사업세(business tax)

- 용역, 부동산이나 무형재산 등을 거래하는 업태를 가진 업체는 매출액의 3~30%범위(대개 3~5%)내의 세금을 내야 한다.
- 임대수입에 대해 법인은 5%,개인은 3%의 사업세가 부과된다.
- 이 외에도 도시유지비용 및 건설세 명목으로 대도시지역은 사업세의 7%, 중소도시지역은 사업세의 5%, 기타도시는 사업세의 1%를 납부한다.

–건물재산세는 도시지역, 지방도시, 산업단지 및 광산 등에 적용하되 과표는 건립시 재조달가의 70~90% 범위이며 세율은 지방정부별로 다르다. 임대자산에 대한 재산세는 임대소득의 12% 또는 자산과표의 1.2% 범위 내에서 과세된다. 단, 건물은 정액으로 상각되며 기간은 20년 이상이다.

–토지 이용세(land use tax)는 외자기업에 부과되며 위치 · 규모에 따라 RMB 0.6/m²~RMB 30/m²가 부과된다.

(5) 임대차

–상가 및 산업용은2~3년 기간단위의 고정임료 형태, 주거용은 1년 이상 장기 임대 가능

–임대면적 기준 m²당 임료, 관리비 및 유지관리는 별도

–보증금은 1~3개월분 임료

(6) 거 래

–30일 이내 등기

–LTV: 주거용 80%, 비주거용 60%

–인지세(0.05%), 등록세(3~5%), 중개수수료(1~2%)

제3절 인 도

(1) 회사설립 형태

–JV, wholly-owned subsidiaries

–Liaison office/Representative office, Project office, Branch office

- 3년 이후에 원금 송금가능
- 순수외자기업은 USD 10m이상, 인디아 합작기업은 USD 5m 이상의 자본금으로 설립가능하나 6개월 이내에 자금이 들어와야 한다.

(2) 소유권

–Freehold title

–Leasehold title

- 등기소에 등기하여야 제3자에게 대항

–외국인 부동산소유제한

• 개별프로젝트별 허가 절차가 아닌 일정 조건하에 자동적으로 인허가 가능

• 최소면적: 주거용 개발(25,000m^2 이상), 일반 개발 사업(50,000m^2) 등

• 투자금액: 독자외자기업(USD 10m), JV(USD 5m), 6개월 이내 자금 입금 등

(3) 조 세

–법인세

• 국내기업의 실효세율은 33.99%

• 외자기업의 실효세율은 41.82%

–개인세

• 182일 이상 인도에 거주한 경우 거주자로 간주

• 세율 0~33%

–양도소득세(3년 이상은 20% 단일 세율로 별도과세, 3년 이하는 연 소득과 합산 과세)

–재산세는 대도시는 일정 배수 곱하여 산정, 기타 도시는 임대소득기준 과표를 산정 방식에 의거 과세, 감가상각은 정액법을 사용하고 주거용은 20년, 상업용은 10년 기준 적용

(4) 임대차

–상가 및 산업용 등은3~5년 임대차(2~3년 단위 갱신가능 옵션부), 갱신시 12~15% 정도 임료 상승(보증금은 3~12개월)

–주거용은 11개월(보증금은 6~12개월)

–임대면적 기준 임료 결정

–중개수수료(1~3개월분 임료)

(5) 거 래

–계약 시 10% 계약금

–LTV: 주거용 75~90%, 비주거용 60~80%

–인지 · 등록세(1.5~12.5%), 중개수수료(1~3%)

제4절 인도네시아

(1) 회사설립 형태

–Joint Venture

–Partnership

–Straight Investment(100% 외국지분)

15년내 5% 이상의 지분을 내국인에게 매각

–foreign representative offices

(2) 소유권

–토지소유권은 freehold와 같은 개념 없음. 보유권리의 성격, 유효성, 담보가능성 및 권리증명의 여부 등에 따라 다양한 특성을 가짐.

- 소유권(Hak Milik): 최고 등급의 토지 소유권, 상속 가능하고 인도네시안만 보유
- 건축권(Kak Guna Bangunan): 지상에 건물을 건축할 수 있는 권리, 30년(20년 연장 가능), 담보 및 양도 가능
- 사용권(Hak Pakai): 토지사용권, 25년(20년 연장 가능하나 연방정부나 주정부, 국제기구, 외국대표부, 종교단체 등이 정해진 용도로 사용하는 경우 제한 없음), 담보 및 양도 가능
- 통제권(Hak Pengelolaan): 개별업체, 공사 및 정부기관이 국공유 자산을 이용하는 권리
- 경작권(Kak Guna Usaha): 국공유지를 농업용 목적으로 사용할 수 있는 권리, 담보 및 양도 가능
- 토지기본법에는 11종류의 토지 권리가 있음
- 개발권(Right to Exploit: Hak Guna Usaha)
- 임대권(Right to Lease: Hak Sewa) 등

–외국인 소유제한 사항

- 외국인은 아파트나 오피스의 구분 소유권은 매입 가능하나 토지 소유권 매입은 안 됨
- 인도네시아 거주 외국인은 사업용이나 거주목적으로 주택, 아파트 등을 구입가능하나 소유권이 아닌 사용권만 취득
- 부동산 투자 및 개발은 투자협력청(Investment Coordinating Board: BKPM) 승인을 받아야 함.

  -Jakarta소재 '투자 협력청'장

  -Indonesian Foreign Mission(BKPM 대행)

  -각 지역 투자협력청(BKPMD)
- 상기 외국인 투자 승인이 난 후 3년 이내 개발이 진행되지 않으면 승인취소
- 허가가 난 후 각 지역 투자협력청으로부터 토지개발권 및 소유권 등을 얻어야 하며,
- 주지사, 시장 및 지역행정청으로 건축과 관련된 감독 및 협조를 받는다. 이를 총괄하는 기관은 대개 Bappeda로 불리는 지방 개발당국이다.

(3) 조 세

–법인세

- 2009년 28%였으나 2010년부터 25% 적용

-개인세

- 183일 이상 거주시 내국인 간주
- 세율 5~30%

–양도소득세

- 5%
- 거래금액 IDR 60백만(Indonesian rupiah) 이하 부과 제외

–재산세

–토지 및 건물 재산세 부과 대상(세율 0.5%)

–과표: 거래가능금액기준×부과율(20%~40%); 국세청장이 과표 산정

(4) 임대차

–일반적으로 2~3년 기간, 상가는 5년 고정임료, 주거용은 1년 기준이나 서비스의 아파트 경우는 일 · 월 · 반년 또는 연단위 임대계약 가능

–보증금은 3개월분

–임대료 산정기준은 m^2기준 전용 및 일부 공유 부분 포함한 면적 기준

–임대인 부담, 총임료의 3~5%

(5) 거 래

–LTV: 70%

–인지세(0.05%), 중개수수료(2~3%)

제5절 일 본

(1) 회사설립 형태

–representative office

–branch offices

–subsidiary company

–LLP

(2) 소유권

–소유권, 지상권, 차지권, 지역권으로 구분

–외국인 토지 매입 후 20일 이내 일본은행에 보고

(3) 조 세

–법인세

• 22%~30%

–개인세

• 자진신고, 원천징수

• 세율 5~40%

–양도소득세

• 5년 이내 보유: 39%

• 5년 이상 보유: 20%

–재산세

–고정자산세: 과표의 1.4%

–도시계획세: 과표의 0.3%, 고정자산세와 동시납부

–취득세: 4%, 특정목적회사(REIT와 유사)는 기존 과표 대비 1/3과표 적용

–등록세: 2%(2011월 3월까지 1%적용, 특정목적회사는 0.8%)

(4) 임대차

–오피스임대 계약기간(2, 3~10년), 산업용은10년, 주거 2년, 상가는 기간 다양

– '차지차가법'에 의거 임대인은 특별한 이유 없이 계약갱신 거절 어려움.

–전용임대면적 기준 평당 임료, 월 선납

–상가는 비율 임료

–보증금은 12개월분 임료, 수수료는 임차인 1개월분 부담

(5) 거 래

–계약금 20%

–LTV: 주거용 80%~100%, 비주거용 50~70%

–인지세(JPY 200~600,000/서류당), 중개수수료(3%)

제6절 베트남

(1) 회사설립 형태

–partnership

–joint stock company

–JV,-Limited Liability Company

–wholly foreign-owned company

–Representative office,-branch of foreign business entity

–foreign investment shareholding company (FISC)

–business co-operation contracts (BCCs)

–Build-operate-transfer project

(2) 소유권

–외국인은 토지 소유권 취득 금지

- 임차권은 50년, 70년(재연장 가능)
- 12개월 이상 거주자, 투자확인증을 소지하고 있는 외국기업 및 종사자는 토지를 제외한 주택 및 아파트 매입 가능(2009년 8월부터 시행). 단, 50년 후에는 그 권리 매도하거나 무상 양여하여야 한다.

–외국인 소유제한 사항

- 투자 사업은 Ministry of Planning and Investment(MPI)의 허가를 받아야 한다.
- 원칙적으로 모든 거래는 베트남 Dong으로 해야 한다.
- 정부발급기관(ICIM)으로부터 '투자확인증'을 발급받아야 한다.
- VND300bn 이하의 투자 개발사업은 투자 등록을 하여야 한다.

(3) 조 세

–법인세

- 일반 25%, 50%(오일가스산업)
- 이월은 5년간 허용
- 사업등록세(commercial license tax): 매년 VND 1m~VND3m

–개인세

- 183일 이상 거주시 또는 90일 이상 임대계약을 소지하는 경우 내국인 간주, 0~35%세율 적용

• 외국인은 20% 세율 적용

–양도소득세: 법인지분 양도 차익(25%), 개인의 양도 차익은 소득세율 적용

–재산세

• 수입임대료에 적용(지역별, 사업형태별로 차등), 이전세는 차익에 10% 적용하나,

• 2011년 이후에는 VND600m~VND1.2bn 범위의 주택:0.05%, VND1.2bn 이상의 주택: 0.1% 지불

• 주거용지는 0.05~0.1%, 상업용지는 0.05% 고정률로 과세 예정

(4) 임대차

–상가 및 산업용은 3년 고정임료, 주거용은 1년 일반

–임대면적 기준 m^2당 임료, 전용면적 기준

–보증금은 3~6개월분 월임료, 중개료는 1개월분 월세

(5) 거 래

–구분소유권(계약서에 분양명세기재), 분양시 하자담보는 2년 보장(구조물하자 책임은 영구)

–인지세(1~5%), 등록세(1%), 중개수수료(2~3%)

참고문헌

Andrew, Baum et al., Grobal Property Investment, Wiley-Blackwell, 2012.

Barrow, Collin, Global Property Investor's Toolkit, John Wiley & Sons, INC., 2008.

Bromma, Hubert, Offshore Real Estate, McGraw-Hill Irwin, 2008.

Brueggeman, William B. et al., Real estate Finance and Investments 13th ed., McGraw-Hill Irwin, 2008.

Geltner, David et al., Cpmmercial Real Estate Analaysis and Investments, South Western, 2001.

Hines, M.,A., Investing in international Real Estate, QUORUM BOOKS, 2001.

Joseph, W. et al., Property Management, Prentice Hall, 1997.

Kalin, Chritian H., International Real Estate Handbook, John Wiley & Sons, INC, 2004.

Michael, Ball et al., The economics of commercial Property Markets, Routledge, 2004.

Miles, Mike E. et al., Real Estate Development 3rd ed., ULI, 2003.

Rondeau, Edmond P. et al., Facility Management, John Wiley & Sons, INC., 1995.

Seabrooke, William et al., International Real Estate, Blackwell, 2004.

Stefaniak, Nobert J., Real Estate Marketing, WALKER-PEARSE, 1997.

Weatherhead, Marion, Real Esatate in Corporate Strategy, palgrave, 1997..

不動産公正取引協議會, 不動産廣告の實務と規制, 住宅新報社, 2012.

井出保夫, 證券化のしくみ, 日本實業出版社, 2007.

川田剛, 國外財産 調書制度, 税務經理協會, 2012.

脇本和也, 不動産 ファソド, 秀和システム, 2010.

脇本和也, J-REIT 基本としくみ, 秀和システム, 2008.

浦田 健 外, 海外不動産投資, フォレスト出版, 2012.

김재태 외, 부동산금융, 부연사, 2007.

문창권, 국제비지니스 위험관리, 청목출판사, 2008.

신상헌, 글로벌시장조사, 계명대학교 출판부, 2005.

안정근, 부동산평가강의, 법문사, 2007.

오문석, 미국부동산 알고 투자하자, 뉴스타부동산, 2006.

오윤, 외국펀드와 조세회피, 한국학술정보, 2008.

윤택만, 해외부동산 개발실무입문, 청람, 2010.

이요섭, 금융시장의 이해 제5판, 연암사, 2009.

최해범, 국제금융론, 두남, 2013.

홍대희, 국제체 및 해외포트폴리오, 한국금융연수원, 2006.

홍성수, 환율, 새로운제안, 2006.

찾아보기

[ㄱ]
가격시점 • 302
가산방식 • 303
가용률 • 45
가치기준 • 310
가치의 극대화 • 216
감정평가 • 302
감정평가 기준 • 125
감정평가보고서 • 238
개발관리 • 394
개발단계 • 409
개발방식 • 303
개발법 • 304
개별매각 • 219
개별요인 비교 • 304
갱신료 • 141
갱신선택권 조항(renewal option) • 142
갱지 • 74
거래가격 기준 • 125
거래가능가격 • 313
거래될 가능성이 가장 높은 가격(most probable price) • 313
거래위험 • 132
거미집이론 • 29
거주권 • 49
거주자요건 • 189
거주지 • 185
건물 소유자 협회 • 47
건물실사 • 235
건물환원이율 • 307
건설 투자자 • 104
건설자금 • 356
경기동행지수 • 407
경기변동 • 28
경기선행지수 • 407
경기후행지수 • 407
경매출양 • 84
경쟁시장 • 313
경제적 감가요인 • 303
경제적 내부수익률 • 370
경찰권 • 231
계속기업가치 • 411
계속임료 • 141
고객지향 부동산 판매촉진 • 390
고정금리 • 336
고정비용 • 150
고정사업장 • 189
고정임료 • 140
고정자산세 • 76
공개경쟁입찰방법 • 390
공개시장가치 • 320
공동개발 후 매각 • 220
공시지가 • 75
공실률 • 45
공실 및 대손충당금 • 149
공정가치 • 309, 411
공제방식 • 303
과세가치 • 411
과세권 • 231
관리비 • 140
관리위험 • 132
관리의 난이성 • 250
관리자의 업무 • 398
관찰감가법 • 303
광의의 부동산 • 229
구매력 평가(PPP: purchasing power parity) • 286

구매 옵션 • 333
구매옵션부 임대차계약 • 172
국가별부패지수 • 130
국가 위험 • 130
국공채 수익률 • 251
국부펀드 • 105
국제평가기준 • 308
국제평가기준위원회(IVSC) • 308
국제 Fisher effect • 287
국제화 • 4
국제회계기준위원회 • 309
권리양도(포기)증서 • 236
권원보험 • 54, 235, 380
권원요약서 • 54, 234
권원조사사 • 54
권원증서 • 52, 54
귀속권 • 231
근린 궁핍화 • 9
글로벌라이제이션 • 10
글로컬라이제이션 • 10
금액가중수익률 • 159
금융비용 • 153
금융조건 • 305
기금재단 • 111
기능적 감가 303
기말(期末) 환원이율 • 152
기본 임료 • 140
기업광고 • 388
기입(期入) 환원이율 152
기존 사용가치 • 319
기준시가 • 75
기준시점 • 302
기준임료 • 142
기준환율 • 283
기타소득 • 150
기하평균수익률 • 159
기한부임차권 • 230

[ㄴ]

나비효과 • 412
남순강화 • 78
내부수익률법(IRR: internal rate of return) • 258
네팅 • 133, 292
노선가 • 75
녹색건물인증제도 • 372
농촌지역의 도시화 • 79
樓面가격 • 91

[ㄷ]

다국적 부동산 서비스회사 • 7
短期賃借權 • 233
달러본위제도 • 8
닷컴 버블 • 9
대내적 관리기법 • 133
대리인 문제 • 215
대물인수 • 376
대외적 관리기법 • 133
대조표접근법 • 131
대차대조표외 금융 • 383
대체투자 • 11
도관체 • 384
도급경영권 • 84
도덕적 해이 • 9
도로접면 • 410
도시토지평가규정 • 320
독자기업 • 87
독점중개계약 • 326
東京證券거래소의 REIT지수 • 71
動産 • 228
등기제도 • 37
디폴트위험 • 119

[ㄹ]

래깅 • 133
레버리지 • 342
론스타펀드 III • 192

리딩 • 133
리딩과 래깅 • 291
리스크 프리미엄 • 30
리테일 • 116
리포지셔닝 • 161

[ㅁ]
매각 후 재임대 • 331, 346
매매기준율 • 282, 283
매입계약 • 172
매출액 기준 • 406
매칭 • 291
맨션관리사 • 217, 396
메자닌 • 376
면밀한 시장조사 • 171
毛地가격 • 91
몬테카를로 시뮬레이션 • 258, 271
무기한부임차권 • 230
무료임대기간 • 144
무위험 수익률(risk free rate) • 151, 249
무차별곡선 • 247
무한책임사원 • 50
문화적 요인 • 10
물가상승률 비교 평가 • 289
물건광고 • 388
물건 · 기업의 절충광고 • 388
물리적 감가 • 303
물물교환 • 172
미국식 옵션 • 135
미국의 부동산개발사업 구조 • 356
미국의 부동산개발사업 평가 • 358
미국 중개인 협회 • 56
미래가치(FV) • 253
미래권 • 232
민감도 분석 • 258, 269

[ㅂ]
바젤위원회 • 10
발생감가액 • 302
방산국 • 89
房室소유권증서 • 90
방지산 • 77
배분법 • 304
배분효과 • 160
법률행위 당사자능력 • 328
법적 의견서 • 238
법정평가보고서 • 321
베이시스(basis) • 294
변동금리 • 336
변동비용 • 150
변동환율제도 • 282
병합관리 • 215
보고서 작성 • 399
보상평가기준 • 316
보완 수요 • 100
보유기간 • 307
보험가치 • 411
복귀권 • 232
복리연금종가율 • 254
복리연금현가율 • 255
복합부동산 • 229
부가가치세 • 208
부금 • 141
부동산 • 73, 227
부동산 감정평가기준 • 317
부동산관리 • 393
부동산관리사협회 • 396
부동산 관리업무 • 171
부동산 사모펀드 • 7
부동산소유자 및 관리자 국제 협회 • 396
부동산시설관리사 • 217
부동산시장의 특성 • 27
부동산유동화 • 382
부동산 유지관리 • 398
부동산의 고유한 특성 • 10
부동산의 대치가격(replacement cost) • 302

부동산 지수 파생상품 • 120
부동산지수펀드 • 118
부동산컨설턴트 • 75
부동산 파생상품 • 9
부동산펀드 • 178
부동산 평가규범 • 320
부동산평가사 • 75, 91
부동산 행정관리사 • 396
부미푸트라 • 37
부실 저당권 • 7
부실채권 • 108
부채상환비율 • 358
분양위험 • 379
불량권원 • 234
브레튼 우즈 협정 • 8
비교유추 접근 • 406
비담보저당 기관 대출 • 345
비상품펀드 • 106
비소구금융 • 343
비용 극소화 • 216, 395
비용 및 편익분석 • 370
비유동성 • 250
비율법 • 304
비율임료 • 140
비자유 보유권 • 230
비준방식(sales comparison approach) • 302
비준임료 • 400
비체계적인 위험 • 156
비현금흐름 • 139
빅맥지수 • 290
빈집관리 • 393

[ㅅ]
사내지향 부동산 판매촉진 • 390
사모 펀드 • 108
사법서사 • 75
사업 소득 • 190
사전입찰자격심사 • 368
사전적(ex ante) • 257
사정보정 • 304
4Ps • 388
사후적(ex post) • 256
3급시장 • 85
3선도시 • 80
三資企業 • 86
상권비 기준 • 406
상업용부동산관리사 • 396
상품펀드 • 106
상환기금률 • 255
샌드위치 임대 • 329
생애권 • 49, 232
生地가격 • 91
샤리아 • 111
서브프라임 모기지 • 9
서술식 감정평가보고서 • 321
선매각 대금 • 377
선매권 • 37, 130
선물가격 • 281
선물환 • 285, 292
선물환율 • 281, 283, 285
선물환 헤징 • 134
선불적 일시금 • 306
선수금환급보증서 • 369
선택권부 청구권 • 296
선택효과 • 160, 161
선형계획법 • 405
설비관리업무 • 398
성숙 단계 • 409
성편개발 • 85
세계화 • 3
(소득)세공제전 현금흐름 • 153
소도시 • 80
소득 • 153
소득수익률 • 18, 257
소비자 면접조사 • 405
소유권등기권리증 • 89

쇼핑센터관리사 • 396
쇼핑센터 국제협의회 • 396
수용권 • 231
수익방식(income capitalization) • 303
수익성지수(PI: profitability index) • 265
수익용부동산 • 148
수정내부수익률 (MIRR: modified IRR) • 259
수직적 직접투자 • 15
수쿠크 • 12
수평적 직접투자 • 15
熟地가격 • 91
순운영소득 • 148
순현재가치법(NPV: net present value) • 265
순흡수율 • 81
슈퍼세븐 • 106
스왑레이트 • 281
스프레드 • 336
시간가중수익률 • 159
시나리오 분석 • 269, 371
시뮬레이션·분석(Simulation) • 271
시설관리업무 • 171
시장가치 • 310, 313, 411
시장가치위험 • 136
시장성분석 • 370
시장성을 갖는 부동산 • 318
시장세분화 • 388
시장위험 • 137
시장컨설팅 보고서(MR) • 238
시장평균환율 • 283
시점수정 • 304
시차선호 이론 • 252
신규 수요 • 100
신라면지수 • 290
신앙펀드 • 113
신용보강 수단과 내용 • 355
신주인수권부 사채 • 376
신탁형 리츠 • 178
실효이율 • 254
실효임대료 • 329, 330
쌍방대리 • 7, 327

[ㅇ]

아베마리아 • 113
아부다비투자청 • 106
아파트 관리자격사 • 396
안전율 • 249, 261
약인 • 328
약정금 • 235
약정우선권 • 142
양해각서 • 238
에너지 성능증명 • 66
에쿼터블 권원 • 235
여유현금계수(DTBE: discount to break-even) • 372
역사적 수익률 • 256
역외선물환 • 294
역 플라자 합의 • 8
연간 운영경비 • 307
연금 • 254
연금부동산 협회 • 48
연금의 미래가치 • 254, 255
연기금 • 111
(원리균등부)연부상환율 • 256
영국왕립평가사협회 • 68, 322
완공위험 • 379
외국납부세액공제제도 • 211
외국 부동산 투자자 협회 • 43
외국인의 성씨체계 • 229
외국인투자촉진법 • 14
외국통화표시방법 • 281
외국통화표시환율 • 282
외국환거래법 • 13
외국환매매율 • 283
외화예금 및 차입 • 294
외환거래 • 281
외환리스크 헤지 • 291
외환시장 283

외환위험 • 132
요약 감정평가보고서 • 321
우량권원 • 234
우선배당 • 376
운영경비 • 150
원가방식(cost approach) • 302
원천지 • 185
원천징수세 • 21
위탁관리 • 215
위험부담할증률 • 152, 249, 250
위험중립형 • 248
위험추구형 • 247
위험회피형 • 247
유럽식 옵션 • 135
유보금환급보증서 • 369
유추법 • 405
유한책임사원 • 50
유한 파트너십 • 68
유효한 계약 • 328
의제(준)부동산 • 229
2급시장 • 85
이동수요 • 82
2선도시 • 80
이슬람 금융 • 111
이자율 위험 • 136
이자율 평가(IRP: interest rate parity) • 287, 289
이전수요 • 82, 100
2차 저당시장 • 57
이체위험 • 132
이행보증서 • 369
이행지 • 409
익명조합 • 52
인증부동산관리회사 • 396
인증부동산시설관리사 • 396
1031 교환 • 58
일괄도급계약 • 375
일괄매각 • 219
1급시장 • 85
일러스트 • 389
일물일가의 원칙 • 286
일반기업금융 • 352
일반보장증서 • 236
일반적 요인 • 409
일반중개계약 • 326
일방대리 • 327
일본 부동산 평가기준 • 6
1선도시 • 80
1차 저당시장 • 57
1평가격 • 91
임대보증금 • 345
임대부동산경영관리사 • 217, 396
임대사례비교법 • 400
임대소득수익률 • 148
임대수익 • 7
임대수익률 • 30
임대수입의 극대화 • 216, 396
임대차계약 협상 • 399
임료의 규제 방법 • 37
任意賃借權 • 233
임의조합 • 52
임지지역 • 409
임차시설물보조 • 143
임차인구성 • 216, 396
임차인 전가 • 171
입찰 • 84
입찰보증금 • 369
입찰보증서 • 369
입찰의향서 • 368
입찰초청장 • 368
입찰출양 • 84

[ㅈ]
자국통화표시방법 • 281, 282
자금의 안전성 • 250
자금재조달위험 • 137
자기금융 • 179

자본 누적액 비교법(CpA: capital accumulation) • 263
자본비용 • 259, 266
자본소득수익률 • 148
자본수익률 • 18, 30, 257
자본의 생산성 • 252
자본이득 • 7
자본자산가격결정모형 • 163
자본적 지출 • 154
자산관리업무 • 171
자산담보부 증권 • 350
資産 타이밍선택 이론 • 277
자산투자 • 210,211
자산평가사 • 91
자연적 특성 • 302
자유 보유권 • 230
자주관리 • 215
잔여권 • 232
장기 부동산 임차권 • 233
장애율 • 251
재무관리 수익률(FMRR: financial management rate of return) • 261
재무적 투자자 • 103
재정위기 • 9
재정환율 • 283
재조달 가격(reproduction cost) • 303
재투자 수익률 • 261, 266
재투자위험 • 137
저당상수 • 256
저당 · 지분환원 방식 • 305
저지 • 74
적산임료 • 400
적정기대이율 • 400
전국아파트협회 • 396
전략적 투자자 • 104
전속중개계약 • 326
전신환매도율 • 285
전신환매입률 • 285
전용 주택 정보 서비스 327
전환사채 • 345, 376
점유취득 • 235
정기차지권 • 74
정당보상 • 316
정률법 • 303
정리신탁공사 • 42
정보비율 • 160
정보의 비대칭성 • 137
정상가격 • 75, 318, 321
정상적인 거래 • 311
정액계약 • 375
정액법 • 303
정형화된 평가보고서 • 321
제한물권 • 235
제한용도 감정평가보고서 • 322
조기상환위험 • 118
조사표접근법 • 131
조선부동산 조사령 • 227
조세기준청 • 68
조합 • 175
종가세 • 186
종합수익률 • 148
주거용부동산관리사 • 396
주식전환권 • 376
주식투자 • 210, 211
주택거래 기간 • 45
주택금융전문회사 • 69
주택 대부조합 • 42
중국투자공사 • 106
증권시장선 • 164
지구화 • 3, 4
지대환원법 • 304
지리적 요인 • 10
지명(제한)경쟁입찰 • 390
지분투자자 금융 및 시공자금융 • 345
지역권 • 232
지역요인 • 304
지주회사 • 25, 172, 210

지형 · 지세 • 410
직접투자 구조 • 210, 211
직접환원법 • 304
집체소유 • 83

[ㅊ]
차가(借家)권 • 74
차입과 예금 • 134
차지(借地)권 • 74
참여대출 • 351
참여비율임료 • 140
채권 투자 • 173
책임준공 • 379
천이단계 • 409
청산가치 • 411
청약과 승낙 • 327
체계적 위험 • 156
체리피킹 • 12
체증식 임차 • 140
초코파이지수 • 290
총임료소득 • 148
최빈매매가능가격 • 313
최소요구수익률 • 251
최유효이용 • 6, 411
최적 보유기간 • 276
추적오차 • 160
추정가액 • 311
축척이율 • 249
출양 • 83
취득관련 위험의 매도인 전가 • 172
측정방법 • 37
72법칙 • 257

[ㅋ]
컨조인트 분석 • 405
콜옵션 • 296

[ㅌ]
탁상평가보고서 • 321
탐색적 조사 방법 • 404
택지건물거래업자 • 75
택지지역 • 409
택지후보지 • 303, 409
토네이도 차트 • 270
토지가옥조사사 • 75
토지관리법 • 77
土地局 • 89
토지등기 • 65
토지신탁 • 176
토지임차권 • 173
토지잔여법 • 306
토지취득 관련 위험 • 378
토지평가사 • 91
토지환원이율 • 307
톨라테지수 • 290
통계적 기법 • 303
통화선물 • 295
통화스왑(currency swap) • 298
통화옵션 • 134, 296
투자가치 • 411
투자요구수익률 • 30
투자위험 유형 • 129
투자의향서 • 172, 238
트로피자산 • 108
특대도시 • 80
특별가치 • 310
특별목적회사 • 181, 380
특별보장증서 • 236
특별한 거래조건 • 37
특별한 동기 • 318
특수가격 • 75, 317
특정가격 • 75, 311, 317

[ㅍ]
파생상품 • 120

파워센터 • 116
판매지향 부동산 판매촉진 • 390
평가절상 • 281
평가절하 • 281
포트폴리오 • 156, 157
표적시장 • 388
표준적인 건설비 • 303
표준편차 • 242
풋옵션 • 296
플라자 합의 • 8
필수기재사항 • 315
필요 제경비 • 306

[ㅎ]
하자보수 보증서 • 369
한계수익률(MRR: Marginal rate of return) • 274
한국은행집중률 • 284
한국투자공사 • 106
한정가격 • 75, 317
할부 판매 • 333
할인율 • 251
합리적인 투자 의사 결정 • 170
합명법인 • 175
합법성 • 328
합자기업 • 87
합작기업 • 87
합작투자 • 176
해외간접투자 • 13
해외지주회사 • 211
해외직접투자 • 13
행동경제학자 • 28
행사가격(excercise, strike price) • 281
헤지 펀드 • 108
현금할인 분석법(DCF: Discounted Cash Flow Analysis) • 258, 307
현금흐름 • 153
현물환율 • 281, 283, 284
현재가치 • 254
현재권 • 232
현찰매도율 • 284
현찰매입률 • 284
협의양도 • 84
협의의 부동산 • 229
협의출양 • 84
확률모형(stochastic model) • 271
확률분포 • 271
확률접근법 • 132
확실성등가법 • 250
확장 수요 • 100
확정모형(deterministic model) • 271
환부산권 • 49
환수권 • 328
환원이율 • 16, 151, 251
환위험 관리 • 172
환율 • 281
회사채 수익률 • 251
회사형 리츠 • 178
회수기간법 • 257
효용 • 246
효율적 시장 • 314
효율적 시장가설 • 28
희망가치 • 319

영문색인

[A]
AFIRE • 13
AI(Appraisal Institute) • 312
AIFMD • 9, 11
alternative investment • 11
AMC • 182
AMO • 56, 396
anti-globalization • 5, 6
Appraisal Qualifications Board • 309
Appraisal Standards Board • 309
APREA • 13

ARCHIBUS • 398
ARGUS • 253
ARM • 56, 340, 396
as valorem tax • 186

[B]
back office • 116
back-door • 372
Barber 붐 • 61
base lines • 54
Basel III • 9, 10
Black-Sholes 평가방법 • 277
Blue Book • 320
BOMA • 13
BOMI • 396
BOT • 370
break option • 141
bridge loan • 180, 376, 377
brown field investment • 15
building as improved • 411
buyback option • 331

[C]
CAM • 396
Canary Wharf • 62
Cancellation(breakout) option • 32
capitalization rate • 151
cap rate • 151
Capture rate and Absorption rate • 406
carrying cost • 294
carry trade • 288
Case & Shiller 지수 • 12, 125
CCIM • 56
C-corporate(Inc.) • 50, 176
Certified General Appraiser • 56
Certified Residential Appraiser • 57
CFM • 396
check • 54
Club Deal • 175
CM • 368
CMBS • 42
cold dark shell • 144
cold market • 30
collateralized mortgage obligations • 57
competitive market • 314
concession • 329
Constant Amortization Mortgage: CAM • 337
Constant Payment Mortgage: CPM • 337
contingency reserve • 374
corruption perception index • 130
council tax • 68
counter offer • 238
Country appraisal district • 59
country risk • 129
CPM • 56, 396
CRE • 56, 317
CSM • 396
currency risk • 129

[D]
Dodd Frank • 9, 43
Dow Jones US Real Estate Index • 128
DSCR • 358
Due Diligence • 236

[E]
EIRR • 370
EMIR • 9
EPC(Engineering, Procurement and Construction) • 375
equipment lease • 144
equitable title • 333
ER(engineering report) • 238
ERPA • 13
ERTA • 41
escrow • 235
estate • 228, 229, 232

Expansion option • 329
exposure time • 314
Extraordinary maintenance • 396

[F]
fair market value • 316
fair value • 312
Fair Value Index • 30
Fannie Mae • 57
FASB • 9
FDI • 24
feasibility study • 179
fee estate • 229
FIABCI • 13
fiduciary relationship • 324
Financial Institutions Reform, Recovery, and Enforcement Act • 56
financial risk • 129
FIRPTA • 20, 57
Fixed Rate Mortage • 337
fixture • 229
flat amount • 217
FM • 393
Foreign Investment Review Board • 39
Freddie Mac • 57
Freehold • 37, 65
Freehold Estate • 231
free rent • 329
front-door • 372
front office • 115
Fund of Fund • 179
fund placement agent • 114
fund promoter • 114

[G]
gap financing sharehold loan • 180
general partner • 50
GIC • 107
GIGO • 258
Ginnie Mae • 57
GIPS • 12
GIS • 405
globalization • 3, 4
Global Property Guide • 12
Government National Mortgage Association • 57
Government survey system • 54
GP • 52, 357
gradual lease • 140
Graduated Payment Mortgage: GPM • 337
greenfield investment • 15
grey field investment • 15
Gross lease • 144
gross-up lease • 141
GRP • 389

[H]
HANG SENG PROPERTIES INDEX (HKSE) • 128
hard cost • 374
highest price • 313
hot market • 30
House Price Index • 66

[I]
IAAO • 316
ICS • 396
IFMA • 217, 396
IFRS • 7, 11, 309
immobilier • 73
Income-Expense Report • 47
information cost • 137
information ratio • 160
INREV • 13
inside of term • 144
Interagency Land Acquisition Conference • 315
internationalization • 4
IO(Interest Only) • 42, 358

IPD • 7, 12, 18
IREM • 56, 396
IVSC • 6, 13

[J]
joint tenancy • 49
joint venture(JV) • 50
J-REIT • 70

[K]
KIC • 106

[L]
land acquisition loan • 377
land as though vacant • 411
Land Registry • 65
LEED • 372
leverage 효과 • 151
levered yield • 251
LIBOR • 336
licensed conveyancer • 66
Licensed Residential Appraiser • 57
lifeboat 조치 • 61
life estate • 230
like-kind exchange • 58
Limited Liability Limited Partnership(LLLP) • 52
Limited Liability Partnership • 52
limited partner • 50
LLC • 52, 176, 357
LOI(Letter of Intent) • 238
Lone Star • 7
Long Leasehold • 65
Loss leader • 365
LP • 52, 357
LTV • 42

[M]
MAI • 56
marketing time • 314
market mix • 388
market value • 312
Markov process • 277
Master lease • 144, 331
MAXIMO • 398
MBS • 118
Metes(distance) & Bounds(boundaries) • 54
mezzanine fund • 376
MIPIM • 13
monitoring cost • 137
Montecarlo Simulation • 277
mortgage-backed securities • 57
MOU(Memorandum of Understanding) • 238
MRI • 398
MSA • 126

[N]
NAFTA • 11
NAR • 13
NAREIT • 12
NCF(net cash flow) • 306
NCREIF • 12
net listing • 326
NNDR • 69
Non-freehold • 37
Non-freehold Estate • 231
non recourse loan • 343

[O]
OECD 모델 • 187
opportunity risk • 129
outside of term • 144

[P]
partnership • 50
P-bond • 369
PEF(Private Equity Fund) • 347

percentage of collected income • 217
per door • 217
personal property • 229
PFV • 346
PIR • 23
PLAM • 340
Planned Unit Development • 117
PM • 368, 393
PPC • 13
Preventive maintenance • 396
Price-Determining • 306
Price Return Swap • 123
principal • 324
principal meridians • 54
pro-globalization • 6
Project financing • 351
Property & Portfolio Research • 44
Property Index Certificate • 120
property risk • 129
Property Type Swap • 124
PTR • 23
putback option • 331

[Q]

Q/S • 368

[R]

Ratcliff • 313
Real Capital Analytics • 12
real estate • 228
Real Estate Transparency Index • 130
Real Estate Trust • 182
Real option • 258, 277
real property • 228, 229
reasonable exposure • 314
recording system • 52
Red Book • 309
REF • 348
REINS • 327
REIT • 41, 177
REIT(NAREIT)지수 • 128
Remainder • 232
Renewal option • 329
rent review • 61
REOC(real estate owned company) • 346
repatriation 문제 • 172
Reversion • 232
RICS • 6, 308
right of fist refusal • 329
Routine maintenance • 396
RPA • 396

[S]

S&LA(Saving & Loans Association) • 42
S&P/ASX 200 A-REIT • 128
sales and leaseback • 331
SAM • 340
S-corporation • 50, 176
section • 54
Service maintenance • 396
shell and core • 144
sinking fund factor • 255
SIR • 56
soft cost • 374
solicitor • 66
SPA(Sales and Purchase Agreement) • 356
SPC • 183, 382
SPE • 183
special fee • 217
SPV • 183
stress test • 371
subprime • 42
swap거래 • 122
SWOT분석 • 369
Syndication • 175

[T]

tax paradise • 192
tax resort • 192
tax shelter • 192
TEGoVA • 13
tenancy by the entirety • 50
tenancy in common • 50
tenancy in partnership • 50
tenant improvement • 143, 329
TIBOR • 336
title search • 235
Tokyo Stock Exchange REIT Index • 128
Torrens system • 52
Total Return Swap • 121
township • 54
Transparency International • 130
treaty shopping • 192
Triple net lease • 144, 331

[U]

UN 모델 • 187
Uniform Partnership Act • 50
unit trust • 68
unleverage • 151
UPREIT • 42
US-GAAP • 11
USPAP • 6, 11, 308

[V]

Vacuum기법 • 406
Variable Rate Mortgage • 339

[W]

WABO • 13
warm dark shell • 144
warm market • 30
What-if 분석 • 269
WOFE • 89
WTO • 11

[Y]

yield rate • 251

저자 소개

저자는 서울대학교 공과대학을 졸업하고 한국감정원에서 부동산 평가업을 시작으로 부동산업에 종사하게 되었다. 재직기간 동안 공인감정사, 토지평가사, 공인중개사 등 부동산관련 자격증을 취득하고 한국감정원과 감정평가업계 최초로 미국 플로리다대학 부동산학과에서 부동산학을 전공하였다. 대학원 재학기간 동안 HOMER 등 부동산 개발타당성 패키지 개발을 통해 전액장학생으로 졸업하고, 귀국 후 태평양 감정평가법인 및 프라임 감정평가법인을 설립하고 부동산 평가업을 시작하였다. 이후 한국감정평가협회 국제위원장, 부회장을 거쳐 전국감정인 연합회 회장을 역임하였다. 이 동안 연세대에서 경제학 석사, 인천대에서 경영학 박사를 취득하였다.

국내에서 미국 CRE 자격을 처음 취득하고 동 협회 편집위원을 역임하였으며, 영국 RICS와 관련하여 동 자격제도 국내도입 및 IPD의 국내시장 진출을 주도했다. 그 후 세계 3대 다국적 부동산 서비스회사인 DTZ 한국지사를 개설, 현재 프라임 감정평가법인과 DTZ Korea의 회장직을 겸하고 있다. 사회활동으로는 국내 최대의 부동산 산학모임인 '서울부동산포럼'의 태동부터 참여하여 현재는 회장직을 맡고 있으며 플로리다대학 한국총동문회에도 회장으로 봉사하고 있다.

건국대, 한성대, 성균관대, 한대 등에서 오랫동안 강의를 해왔으며 한국부동산분석학회, 한국감정평가학회 등의 부회장을 역임했다. 현재는 건국대 부동산대학원에서 해외부동산시장론을 강의하고 있다.

해외부동산투자론

2014년 4월 15일 초판 인쇄
2014년 4월 25일 초판 발행

저 자 신 종 웅
발행인 이 방 원
발행처 세창출판사
서울 서대문구 경기대로 88 냉천빌딩 4층
전화 723-8660 팩스 720-4579
E-mail: sc1992@empal.com
Homepage: www.sechangpub.co.kr
신고번호 제300-1990-63호

정가 32,000원

ISBN 978-89-8411-461-6 13320

이 도서의 국립중앙도서관 출판시도서목록(CIP)은 e-CIP홈페이지(http://www.nl.go.kr/ecip)와 국가자료공동목록시스템(http://www.nl.go.kr/kolisnet에서 이용하실 수 있습니다.(CIP제어번호: CIP 2014012377)